오늘날 현대 문화와 신학과 철학을 아울러 이야기할 수 있는 젊은 기독 학자는 그리 많지 않다. 제임스 스미스는 이를 이야기할 수 있는 학자 가운데 한 사람이다. 스미스는 인간은 예배하는 존재요 사랑하는 존재라는 관점을 가지고 오늘의 문화와 교육을 관찰한다. 이를 통해 세계관이 머리뿐만 아니라 가슴의 문제요 육체와 욕망의 문제임을 보여 준다. 네덜란드 개혁신앙과 신학의 영향 아래 형성된 기독교 세계관 운동이 그에게서 훨씬 더 심화되고 확장되는 것을 볼 수 있다. 이 책은 기독교 문화, 기독교 세계관, 기독교 교육, 기독교 변증에 관심 있는 독자들에게 앞으로 오랫동안 필독서가 될 것이다.

**강영안** 서강대학교 철학과 명예교수

창의성은 우리 시대의 가장 큰 화두다. 창의적 상상력에 목말라하는 아우성이 여기저기서 울려 퍼진다. 이 시대의 그리스도인들은 기독교적으로 정초된 창의성을 발휘해서 시대가 간절히 요청하는 참된 창의성을 실현해야 한다. 이 책은 이론적 지식을 넘어서는 참된 상상력과 창의성의 원초적 자리가 예배라는 사건 속에 있음을 생생하게 설명한다. 그리고 예배에서 그리는 참된 사랑과 욕망의 상상력을 다양한 삶의 자리에서 실현하는 사명으로 우리를 안내한다. 참된 창의성을 찾는 모든 사람에게 꼭 권한다.

**김재윤** 아세아연합신학대학교 조직신학 교수

최근 신학의 흐름에 익숙한 독자라면 하나님 나라, 제자도, 욕망, 몸, 상상력, 예전, 문화 등의 단어들이 이론과 실천의 담론을 주도하고 있음을 어렵지 않게 확인할 수 있을 것이다. 하지만 이러한 개념들이 어떻게 함께 엮이면서 신실하고 책임감 있는 그리스도인을 형성하고, 삶의 패러다임을 재조직하며, 교회와 사회의 관계를 정의할지에 대한 창조적이고 종합적인 통찰은 정작 빈곤하여 막막하고 무기력한 기분이 들곤 했다. 이런 답답함을 한 번이라도 느꼈다면 이 책을 통해 눈이 뜨이고 귀가 열리는 경험을 할 것이다.

이 책에서 스미스는 개혁주의 신학 유산을 공교회의 포괄적 전통에 위치시킴으로써, 창조자를 사랑하고 그분의 왕국을 갈망하는 존재라는 아우구스티누스적 인간 이해를 재발견한다. 이 단순하지만 중요한 초점의 변화 덕분에 욕망과 이성, 칭의와 성화, 예전과 세계관, 교회 예배와 고등 교육 사이에 넓게 벌어졌던 틈이 메꿔져 나갈 실천적 상상력도 함께 복원된다. 기독교 교육과 영성, 문화적 예전, 기독교 세계관의 적절성, 하나님 나라의 현실적 의미 등에 관심 있는 사람 모두가 욕망할 만한 책이 드디어 우리 곁에 왔다.

**김진혁** 횃불트리니티신학대학원대학교 조직신학 교수

기존 논의보다 한 걸음 더 나아간 전인적인 세계관 논의를 제시하는 스미스는 독자를 "철학적 인간론의 모험"으로 초대하여 새로운 눈으로 세상을 바라보도록 권한다. 예전을 매우 폭넓게 정의하고 삶 속의 다양한 예전에 대한 사례 분석과 논의를 설득력 있게 제공함으로써 교육과 세계관의 외연을 눈에 띄게 확장한다.

**신국원** 총신대학교 신학과 교수

"예배를 그렇게 많이 드리는데 왜 삶은 하나도 변하지 않을까?" 이것이 오늘날 한국 교회의 중요한 화두다. 종교개혁자들과 그 후예들은 말씀으로 세상을 변화시키는 '세계 형성적 기독교'에 대해 늘 고민해 왔다. 우리나라에서 그동안 유행했던 말씀 묵상 훈련, 기독교 세계관 운동, 각종 아카데미와 독서 세미나 역시 바로 그런 변화를 위한 것이었다. 하지만 정작 우리는 가장 중요한 것을 놓치고 있었으니, 그것은 바로 '예배' 자체다.

스미스는 이 책에서 '세계 형성적 예배'를 제안한다. 그는 예배를 통해서 세계관에 변화가 일어난 예배자가 각자 삶의 현장에서 성경적 가르침을 통해 세상의 보다 나은 변화를 위해 기여하기를 꿈꾼다. 인간을 사랑의 관점에서 보는 아우구스티누스의 생각을 철저하게 따르면서도 근·현대 철학을 기가 막히게 연결시켜 성경적 예배학을 엮어 내는 그의 다채로운 사유와 감칠맛 나는 글솜씨는 절로 감탄을 불러일으킨다. 이 책의 독자들은 '우리의 욕망 중에 하나님 나라와 무관한 것은 한 치도 없다'는 사실을 깨닫게 될 것이다. 그리고 이제 우리 삶의 자리는 예배를 통해 세계를 새롭게 형성해 나가시는 하나님을 위한, 하나님에 의한, 하나님의 비전 가운데서 더욱 충만해질 것이다.

**우병훈** 고신대학교 신학과 교수

'욕망'과 '사랑'이라는 키워드로 인간 존재의 본질을 조명하는 이 책은 기존의 문화 해석 및 기독교적 접근과는 다른 신선한 비전과 대안들로 우리의 지성과 감성과 영

성을 각성시킨다. 저자 스미스는 문화, 예술, 소비, 교육 현장의 최전선을 종횡무진하면서, 하나님 나라를 향한 욕망과 사랑만이 참된 존재로 나아가는 여정임을 역설한다. 스미스의 통찰은 우리의 예배와 기독교 교육, 문화 참여의 방향을 새롭게 정위시키는 이정표다.

**임성빈** 장로회신학대학교 총장

지혜롭고 도발적이며 영감을 주는 책이다. 이 책은 이론과 실천 사이, 신학과 다른 학문 분과 사이, 기술적 분석과 구성적 상상력 사이의 경계를 예언자적으로 흐릿하게 만든다. 기독교 교육에 참여하는 사람이라면 누구나 배움과 형성에 대한 통전적 전망을 엿보기 위해 이 책을 읽어야 한다. 기독교 공동체의 예배의 삶에 참여하는 사람이라면 누구나 우리가 실천에 관하여 내리는 선택에 어떤 의미가 담겨 있는지를 재발견하기 위해 이 책을 읽어야 한다.

**존 위트블릿** 캘빈 칼리지와 캘빈 신학교, 캘빈기독교예배연구소

제이미 스미스는 명확하고 단순하며 열정적인 문체로 예배가 형성과 어떤 관계가 있는지, 이 둘이 교육과 어떤 관계가 있는지 설명한다. 그는 예배가 우리에게 제공하는 하나님을 향한, 몸으로 구현된 사랑이 이 세 영역의 핵심 요소이며, 그리스도인으로서 가르침과 배움에 임하는 이들은 첫째로 그리고 마지막으로 사랑을 방향 짓는 데 주의를 기울여야 한다고 주장한다. 중요한 책이며, 학자들뿐만 아니라 훨씬 더 다양한 독자들이 읽어야 할 책이다.

**폴 그리피스** 듀크 대학교 신학대학원

제이미 스미스는 명쾌하고 생생한 문체로 칼뱅을 지나서 아우구스티누스로 되돌아가 세계관 대신 마음의 근본적 욕망에 초점을 맞추는, 고등 교육에 대한 새롭고 통찰력 넘치는 개혁주의적 전망을 만들어 낸다. 스미스는 교회에서—그뿐만 아니라 쇼핑몰과 스포츠 경기장, 광고 산업에서도—행하는 동시대의 삶의 '예전'을 능숙하게 묘사하면서, 기독교 대학은 학생들이 그저 세상에 관해 생각하는 법이 아니라 세상을 바르게 사랑하는 법을 배우는 공간이 되어야 한다고 주장한다.

**더글러스 제이컵슨과 론다 허스테트 제이컵슨** 메사이아 칼리지, *Scholarship and Christian Faith* 저자

하나님 나라를 욕망하라

IVP(InterVarsity Press)는
캠퍼스와 세상 속의 하나님 나라 운동을 지향하는
IVF(InterVarsity Christian Fellowship)의 출판부로
생각하는 그리스도인을 위한 문서 운동을 실천합니다.

Copyright ⓒ 2009 by James K. A. Smith
Originally published in English under the title
*Desiring the Kingdom* by Baker Academic,
A division of Baker Publishing Group
P.O. Box 6287, Grand Rapids, MI 49516, U. S. A.
All rights reserved.

Used and translated by the permission of Baker Publishing Group
through rMaeng2, Seoul, Republic of Korea.

This Korean edition copyright ⓒ 2016 by InterVarsity Press Korea
156-10 Donggyo-Ro, Mapo-Gu, Seoul 04031, Republic of Korea.

이 한국어판의 저작권은 알맹2 에이전시를 통하여
Baker Publishing Group과 독점 계약한 IVP에 있습니다.
신 저작권법에 의하여 한국 내에서 보호받는 저작물이므로
무단 전재와 무단 복제를 금합니다.

# 하나님 나라를 욕망하라

예배 · 세계관 · 문화적 형성

제임스 스미스 | 박세혁 옮김

Ivp

여호와를 기뻐하라.
그가 네 마음의 소원을 네게 이루어 주시리로다.
시편 37:4

**이성**: 보는 능력이 눈 안에 있듯이, 나 이성은 정신 안에 있다. 눈이 있다고 보는 것이 아니며, 본다고 이해하는 것이 아니다. 그러므로 영혼에는 세 가지가 필요하다. 즉 바르게 사용할 수 있는 눈, 보는 능력, 이해하는 능력이다.…손상되고 병든 정신은 하나님을 볼 수 없다. 건강한 정신만이 그분을 볼 수 있다. 그러나 만약 건강한 정신만이 그분을 볼 수 있다고 믿지 않는다면, 정신은 치유를 구하지 않을 것이다. 또한 정신이 이것이 참이며 오직 이러할 때에야 그분을 볼 수 있다고 믿는다 하더라도 치유에 대해 아무런 소망도 갖고 있지 않다면, 정신은 탐구하기를 포기하고 의사의 권고를 따르기를 거부하지 않겠는가?

**아우구스티누스**: 분명히 그럴 것이다. 특히 그 질병을 치유하기 위해 혹독한 치료가 필요하다면 더욱 그럴 것이다.

**이성**: 따라서 믿음에 소망이 더해져야 한다. [하지만] 정신이 이 모두가 참이라고 믿고 치유가 가능하다고 소망하지만 약속된 빛을 사랑하고 욕망하지 않는다면, 그리고 그러는 동안 어둠에 만족해야 한다고 생각하고 어둠은 습관을 통해 그에게 유쾌한 것이 되었다면, 정신은 의사를 거부하지 않겠는가?

**아우구스티누스**: 완벽히 옳은 말이다.

**이성**: 그러므로 세 번째로 필요한 것이 있다. 바로 **사랑**이다.

아우구스티누스, 『독백』(Soliloquies) 1.6.12.

앉아 있는 소년의 몸이 흔들렸다. 남자는 아이가 불 위로 꼬꾸라지지 않나 살피고 있었다. 그는 아이의 엉덩이와 어깨가 들어갈 수 있도록 모래를 발로 차 구덩이를 파서 아이가 들어가 잘 수 있게 해 주었다. 그리고 앉아서 아이를 붙잡고 아이의 머리를 말리기 위해 불 앞에서 머리를 털었다. 이 모든 것이 마치 고대의 어떤 도유식 같았다. 그래 좋다. 형식을 불러내라. 아무것도 없는 곳에서 예식을 만들어 내고 거기에 숨을 불어넣으라.

코맥 매카시, 『로드』(The Road)

매디슨에게

나에게는
너의 눈 안의 그 작은 반짝임이
하나님 나라가 사랑의 나라라는
확실한 증거란다.

차례

머리말   13
감사의 말   17
서론: '관점'을 넘어서   23

**1부 욕망하고 상상하는 동물**   53
   1장 예배하는 인간   55
   2장 사랑에는 실천이 필요하다   107
   3장 위험한 시대 속에서 사랑하는 사람들   131

**2부 하나님 나라를 욕망하라**   197
   4장 예배에서 세계관으로   199
   5장 하나님 나라의 실천   233
   6장 욕망의 교육   329

인명 찾아보기   353
주제 찾아보기   357

# 머리말

분명 이 책이 염두에 둔 일차 독자층이 있지만, 나는 이 책이 보다 광범위한 영향을 미치기를 희망한다. 이 책은 배움이 어떻게 예배와 연결되는지 또 이 둘이 어떻게 형성과 제자도의 실천을 이루는지를 강조하면서, 학생들(과 교수들)에게 참되고 온전한 기독교 교육이 어떤 모습인지를 보여 주고자 하는 욕망에서 탄생했다. 이 책에서는 그리스도인들이 무엇을 **생각하는**지에 초점을 맞추거나 기독교 신앙을 간략한 지적 공식(하나의 '세계관')으로 정제하는 대신, 그리스도인들이 무엇을 **하는**지에 초점을 맞춰 기독교 예배의 실천에 내재된 기독교의 '사회적 상상'의 형태를 규명하고자 한다. [알렉산더 슈메만(Alexander Schmemann)의 『세상에 생명을 주는 예배』(For the Life of the World, 복있는사람)는 영감어린 작업 모형이었다. 그렇다고 내가 이 탁월한 작은 책이 지닌 간결한 품격에 근접한 것처럼 보이려는 건 아니다.] 간단히 말해, 이 책의 목표는 세계관을 넘어 기독교 세계관을 배태한 모체인 예배를 살펴보고, 이것이 기독교 교육의 과제와 기독교 예배의 형태에 어떤 의미를 지니는지 고찰하는 것이다. 이를 위해서 세계관 담론을 거부할 필요는 없다. 그저 세계관 담론을 기독교적 실천, 특히 기독교 예배의 실천이라는 맥락 안에 위치시킬 뿐이다. 따라서 나는 이 책이 왈쉬(Walsh)와 미들턴(Middleton)의 『그리스도인의 비전』(The Transforming Vision, IVP)이나 월터스(Wolters)의 『창조 타락 구속』(Creation Regained, IVP), 플랜팅가(Plantinga)의 『기독

머리말  13

지성의 책임』(*Engaging God's World*, 규장)과 같은 세계관 교과서와 나란히 읽는 책이 되기를 바란다.

지난 여러 해 동안 이 기획을 실행하면서 여기서 주장하는 생각들을 다양한 환경에서 직접 시험해 볼 기회가 있었다. 이를 통해 나는 이 책의 주장이 더 광범위한 독자에게 흥미를 끌 수 있을 것이라고 생각하게 되었다. 첫째, 이 책에서는 예배의 형성적 중요성과 기독교 예배의 실천에 내재된 세계에 대한 전망을 설명한다. 따라서 목회자와 캠퍼스 사역자, 예배 인도자, 개교회에서 기독교 예배의 형태에 책임을 맡고 있는 사람들이 이 책에 흥미를 갖게 될 것이다. 이 책이 촉매제가 되어 복음주의 공동체와 개혁주의 공동체가 예배하기 위해 모인 백성으로서 우리가 행하는 바에 관해 더 의도적으로 성찰하게 된다면 나로서는 영광이자 기쁨일 것이다. 둘째, 이 기획의 초안에 관해 듣거나 읽은 동료 학자들은 여기서 다루는 문제나 주제 중 일부가 기독교 사상의 새로운 지평을 열고 새로운 길을 개척하는 것일 수도 있으며, 따라서 학자들(철학자, 신학자, 사회과학자, 그 밖의 다른 분야의 학자들)도 이 책에 관심을 가질 수 있다고 말해 주었다. 그러나 나는 이 기획의 교육적 의도를 포기한 채 학문적인 책을 쓰고 싶지는 않았다. 따라서 학자들은 이 책을 더 광범위한 기획의 요약이나 초록처럼 읽어도 좋다. 이 말은 더 광범위한 기획에 대한 일종의 약속어음인 셈이다.

나는 '문화적 예전'(Cultural Liturgies) 시리즈의 2권과 3권이 될 후속작에서 이 약속을 지킬 수 있기를 바란다. 두 번째 책에서는 실천에 의한 형성에 관한 현상학과 인지과학, 사회과학적 성찰 사이에서 진행되고 있는 최근의 대화에 특별히 주목하면서, 1장과 2장에서 간략히 소개한 철학적 인간론에 구체적으로 초점을 맞출 것이다. 세 번째 책에서는 정치신학에 관한 최근의 논쟁을 다룰 것이다. 그 책에서는 전통적 민주주의에 대한 제프리 스타우트

(Jeffrey Stout)의 전망과, 자유주의에 대한 '새로운 전통주의'의 비판[매킨타이어(MacIntyre), 하우어워스(Hauerwas), 밀뱅크(Milbank)] 사이에서 벌어진 논쟁뿐만 아니라, 개혁주의 전통[마우(Mouw), 월터스토프(Wolterstorff) 등]의 특수한 궤적 안에서 벌어진 논쟁에 대해서도 논할 것이다. 제1권에 해당하는 이 책은 이런 논의에 내가 어떤 기여를 하고 싶어 하는지 그 실마리를 보여 줄 것이다. 그러나 이 책의 핵심 독자층(학생과 교사들)에게 초점을 맞추기 위해 이런 학문적 궤적을 이해하기 쉽게 다듬었으며, 전문적 논의는 대개 각주에 담아냈다.

# 감사의 말

이 책은 캘빈기독교예배연구소(Calvin Institute of Christian Worship)의 소장인 존 위트블릿(John Witvliet)의 비전과 에너지 덕분에 시작되었다. 예전신학자인 존은 예배와 세계관을 다시 연결시키는 일의 중요성을 감지하고 이해했으며, 나에게 이 일을 맡기를 권했다. 그의 격려 덕분에 하나의 연구 주제가 생겨났으며, 나는 지금까지의 연구를 정리하는 동시에 향후 연구의 방향을 설정하고, 더 뚜렷한 목적의식을 가지고 철학적이며 신학적인 성찰을 통해 교회를 섬기기 위해 나의 관심사를 재정비할 기회를 얻었다. 이 책에서 다루고 있는 내용에 대해 그가 책임질 이유는 없지만, 촉매제가 되어 준 그의 비전에 대해 감사를 표한다. 또한 2005-2006년에 릴리재단(Lilly Endowment, Inc.)의 후원으로 캘빈기독교예배연구소에서 지원한 연구 기금 덕분에 이 기획에 착수할 수 있었던 점에 대해서도 감사를 표한다. 나는 또한 캘빈 칼리지의 릴리 소명 프로젝트(Lilly Vocation Project) 담당자인 셜리 롤즈(Shirley Roels)에게도 신세를 졌는데, 그녀는 내가 같은 해 릴리 소명 연구원이 되었을 때 강의 부담을 줄여 주었다. 2007년 가을에는 소명 탐색 기금(Vocation Venture Fund)의 지원으로 소중한 동료들과 함께 이 책의 초고를 읽는 퇴수회를 가질 수 있었다. 이를 위해 시간을 내고 귀한 통찰을 나눠 준 클라우디아 비버슬루이스(Claudia Beversluis), 제프 보먼(Jeff Bouman), 로널드 펀스트라(Ronald Feenstra), 셜리 롤즈,

커트 셰이퍼(Kurt Schaefer), 데이비드 스미스(David Smith), 빌 밴그로닝언(Bill Van-Groningen), 존 위트블릿에게 감사드린다.

이 주제에 관한 나의 생각은 내가 철학과 예전에 관한 연구 단체의 일원으로서 나눴던 대화를 통해 적잖이 발전하고 성숙해졌다. 이 연구 단체 역시 캘빈기독교예배연구소의 지원을 받았는데, 나는 닉 월터스토프(Nick Wolterstorff)와 존 위트블릿과 더불어 이 단체를 이끄는 즐거움을 누렸다. 이 단체는 나의 이력에서 지적으로 가장 중요했던 부분 가운데 하나였다. 지혜롭고도 자극이 되는 대화를 나눠 준 세라 코클리(Sarah Coakley), 테런스 큐니오(Terence Cuneo), 라인하르트 휘터(Reinhard Hütter), 피터 오크스(Peter Ochs), 닉, 존에게 대단히 감사드린다.

이 책은 다양한 맥락에서 했던 강연과 대담을 통해 모양을 갖추기 시작했다. 특히 몇몇 행사를 통해 이 문제에 관한 나의 생각을 심화시킬 수 있는 유익한 기회를 얻기도 했다. 2006년 봄에 나는 다시 한번 스위스 위에모에 있는 라브리(L'Abri)를 방문해 이 기획을 토대로 두 차례 강연을 했다. 라브리에 있는 사역자와 학생들과 대화하면서 이 주제를 훨씬 더 깊게 파고들 수 있음을 처음으로 깨달았고, 그 덕분에 이 기획은 짧은 한 권의 책에서 문화에 대한 철학적 신학을 설명하는 더 강력하고 체계적인 삼부작으로 바뀌었다. 그렉 로어리(Greg Laughery), 리처드 브래드포드(Richard Bradford), 그리고 내가 경험한 것 중에서도 가장 독특하고 활력 넘치는 기독교적 성찰의 공간 중 하나인 라브리를 계속해서 지켜 가고 있는 모든 사람에게 특별한 고마움을 전한다. 라브리에서 돌아온 직후, 나는 샴페인 일리노이 대학교(University of Illinois-Champaign)에서 열린 기독교개혁교회 캠퍼스사역자협회(Christian Reformed Campus Ministers Association)의 전국 대회에서 강연할 기회가 있었다. 그들은 대학과 교회 사이라는 흥미로운 공간에 살고 있기 때문에, 나는 이 교목들과 나눈 대화를 통해서 나의 전망을 확장시키고 이 기획이 어떻게 강의실 바깥에도 영향을 미칠 수 있는지에 관해 상상하기 시작했다. 또한 이 책의 여러 장에 있는 내용을 앨버타 주 에드먼튼의 킹스유니버시티 칼리지(King's University College)와 온타리오 주 앤캐스터의 리디머유니버시티 칼리지(Redeemer University College)의 청중 앞에서 발표하기도 했다. 두 자매기관에서 동료와 학생들과 함께 이 주제에 관해 토론할 수 있었던 것은 특별한 행운이었다. 그들의 동의와 비판은 나의 주장을 더 날카롭게 하는 데 확실히 도움이 되었다. 나를 초대해 준 킹스의 로이 버컨보쉬(Roy Berkenbosch)와 리디머의 시드 힐레마(Syd Hielema)에게, (캐나다 특유의!) 너그러운 환대를 베풀어 준 두 공동체에 감사드린다. 마지막으로, 린다 부어스마(Linda Boersma)의 초대로 브리티시 컬럼비아 주에 있는 랭리 기독교학교(Langley Christian Schools)의 교직원 수련회에서 했던 강연 덕분에, 나는 이 주제를 초·중등 교육에 어떻게 적용할 수 있는지 생각해 볼 특별한 기회를 얻었다. 고리타분한 철학자를 따뜻하게 맞아 주고 오히려 나에게 그토록 많은 것을 가르쳐 준 이 학교의 교사들에게 감사드린다.

이 책의 주장은 여기에 다 나열할 수 없을 정도로 많은 사람들의 영향에 크게 빚지고 있다. 이 점은 각주를 통해 어느 정도 분명해질 것이다. 특히 이 문제에 관한 나의 생각은 근래 에클레시아 프로젝트(Ekklesia Project)를 통해 우정을 나눈 많은 사람들로부터 큰 영향을 받았다. 스탠리 하우어워스(Stanley Hauerwas), 윌리엄 캐버너(William Cavanaugh), 스티븐 롱(D. Stephen Long), 마이크 버드(Mike Budde), 댄 벨(Dan Bell), 브렌트 레이섬(Brent Laytham), 샘 웰즈(Sam Wells), 터리스 라이소트(Therese Lysaught), 데이비드 매츠코 매카시(David Matzko McCarthy) 등의 작업에 익숙한 사람들은 이 책에서 익숙한 내용을 많이 발견할 것이다. 하지만 동시에 내가 다른 궤도에서 리처드 마우(Rich Mouw), 짐 브랫(Jim Bratt), 한스 부어스마(Hans Boersma), 니콜라스 월터스토프, 존 위트블릿, 존 볼트(John Bolt), 셰릴 브랜드슨(Cheryl Brandsen), 제프 보먼(Jeff Bouman)과 같은 개혁주의자들과 나눈 대화 때문에 그 내용이 다소 변형되었음을 알 수 있을 것이다. 나의 생각은 이렇게 가톨릭교인들, 개혁주의자들과의 대화를 통해 얻은 화학 반응의 결과물이다. 사실 이 책에서 나는 개혁주의 전통을 공교회 안에서 일어난 아우구스티누스적 갱신 운동으로 설명하고자 했다. 이 작은 기획은 전혀 특이한 것이 아니다. 그 기획은 슈메만의 『세상에 생명을 주는 예배』와 요더(Yoder)의 『교회, 그 몸의 정치』(Body Politics, 대장간) 같은 책에서 이미 예기되었다. 아마도 이 책의 독특한 점은, 가톨릭과 복음주의 독자 모두에게 다가가기 위해 개혁주의 전통을 현대적으로 풀어서 설명하고 있다는 점, 구체적으로는 기독교 고등 교육의 형태와 과제에 초점을 맞추고 있다는 점일 것이다.

그랜드래피즈는 친구들이 살고 있는 곳이기 때문에 우리는 이곳을 고향이라고 부른다. 나는 내가 캘빈 칼리지 공동체의 일원이라는 점을 감사하게 생각한다. 이 공동체는 자양분을 공급하여 풍성한 지적 환경을 지속시키며, 지혜로운 친구들과 협력할 수 있는 공간을 제공한다. 그랜드래피즈를 고향으로 삼는 기독교 출판사 역시 이 도시의 지적인 삶에 기여하고 있다. 나의 편집자인 밥 호잭(Bob Hosack)과 몇 블록 떨어진 곳에 살고 있으며 그를 친구로 여길 수 있다는 사실은 특별한 행운이다. 넉넉한 인내심을 가지고 이 기획을 기다려 준 것에 대해 밥에게 대단히 감사드린다. 또한 여기서 우리의 가족이 된 친구들에게 고마움을 전한다. 마크와 돈 멀더(수요일 밤 포도주 모임도, 우리가 '편한 옷'을 입고 있을 때조차 환영해 주는 것도 감사해요), 맷과 리사 윌후트("우린 항상 멕시코를 기억할 거예요!")는 우리 스미스 가족을 환영해 주었으며 우리의 결점과 흠까지도 받아들였다. 또한 우리를 맞아 준 닐랜드 애버뉴 기독교개혁교회 성도들에게 고마움을 전한다. 많은 점에서 나는 닐랜드에서 드리는 예배 덕분에 5장을 쓸 수 있었다고 생각한다.

   지난 몇 년 동안 이 책은 우리 집의 일곱 번째 가족과 같았다. 그리고 최근에는 점점 더 파괴적인 가족이 되었다. 이 훼방꾼을 위한 공간을 마련해 주고 그(와 나)에게 넉넉한 환대를 보여 준 가족들에게 감사드린다. 마지막으로, 이 책은 우리 인간이 무엇보다도 먼저 사랑하는 존재이며 하나님의 백성은 하나님 나라에 대한 사랑과 욕망으로 특징지어진다고 주장한다. 나는 사랑에 관해 내가 아는 모든 것을 디애나와의 결혼 생활이라는 '학교'에서 배웠다. 이 학교를 절대로 졸업하지 않았으면 한다. 그녀는 인내심이 많은 선생님이었다. 이 책이 그녀가 구현한 세상에 대한 낭만적 전망을 말하는 작은 증언이 되길 바란다.

   오랜 시간 이 책을 쓰면서, 패티 그리핀(Patty Griffin)의 *Children Running Through*, 니켈 크릭(Nickel Creek)의 *Why Should the Fire Die?* 바흐의 〈마태수난곡〉(*St. Matthew's Passion*), 인디고 걸스(Indigo Girls)의 *All That We Let In*, 엉클 투펄로(Uncle Tupelo)의 *March 16-20, 1992*와 *The Historical Conquests of Josh Ritter*, 로맨티카(Romantica)의 *It's Your Weakness That I Want*와 *America*를 비롯해 많은 음악의 도움을 받았다. 어쩌면 이 책을 읽는 동안 배경음악으로 이 곡들이 들릴지도 모르겠다.

# 서론: '관점'을 넘어서

### 신앙과 학문에는 실천이 필요하다

교육의 목적은 무엇인가? 더 구체적으로 말하자면, 특별히 기독교 교육에서 중요한 것은 무엇인가? 교육이라는 말에 붙은 **기독교**라는 수식어는 어떤 의미를 지니는가? (교육을 경력 증명이나 직업을 위한 수단에 불과한 것으로 취급하는 경우가 너무도 많기는 하지만) 대개는 교육을 사상과 정보에 관한 것으로 이해한다. 그러므로 **기독교** 교육 역시 기독교 사상에 관한 것으로 이해하며, 이런 이해는 '지성의 삶'의 중요성을 옹호할 것을 요구한다.[1] 이렇게 본다면 기독교 교육의 목표는 기독교적 관점, 요새 더욱 흔히 쓰이는 말로 기독교 세계관을 계발하는 것이다. 여기서 기독교 세계관은 기독교 신념, 사상, 교리의 체계로 이해된다.

그러나 이런 식의 생각이 시작부터 잘못된 것이라면? 고등 교육을 비롯한 교육이 일차적으로[2] 사상과 정보의 흡수에 관한 문제가 아니라 마음과 욕망

---

[1] 이에 대한 옹호도 필요하다. 북미의 그리스도인 다수가 연구를 하거나 이 세상에 관한 지식을 습득하는 '세속적인' 행위보다 영원과 개인 구원에 대한 관심을 더 귀하게 생각하는 신앙관을 가지고 있기 때문이다. 이러한 이원론에 따르면, 그리스도인은 암 연구나 미술사보다는 선교와 전도에 시간과 정력을 쏟아부어야 한다. 그러므로 기독교 고등 교육의 이상에 관해서 이야기하려 할 때는 왜 그리스도인들이 '지성의 삶'에 관심을 기울여야 하는지를 먼저 정당화해야 한다. 예를 들어, Clifford Williams, *The Life of the Mind: A Christian Perspective* (Grand Rapids: Baker Academic, 2002)를 보라.

[2] 나의 제안이 또 다른 형태의 반지성주의에 불과하다고 우려하는 독자들이 있다면 이 단락에서 사용한 부사 수식어(일차적으로, 근본적으로, 무엇보다도 등)에 특별히 주목해 주기를 바란다. 마음이나 지성 중 하나를 선택하라고 강요하는 새로운 형태의 이원론을 옹호하려는 게 아니다. 오히려 나는 지성의 활동을 뒷받침하고 가능하게 하는 정서의 우선성을 설명하고자 한다. 다시 말해서, 나는 우리가 사랑하니까 알 필요가 없다고 주장하지 않는다. 오히려 우리는 알기 **위해** 사랑한다. 이 점에 관해 오래전 아우구

의 **형성**에 관한 문제라면? 만약 우리가 어떻게 교육이 우리 머릿속으로 들어올 뿐만 아니라 (더 근본적으로) 우리의 오장육부(gut)—신약성경에서 '카르디아'(kardia), 즉 '마음'이라고 일컫는 것—를 사로잡는지 깨닫는 것으로부터 시작한다면? 교육의 일차적 목적이 자료와 정보를 전달하고 이를 우리의 생각에 주입하는 것이 아니라 우리의 소망과 열정—'좋은 삶'에 관한 우리의 전망—을 빚어 가는 것이라면? 교육의 일차적 과제가 우리의 지성을 만족시키는 것이 아니라 우리의 상상력을 변화시키는 것이라면? 그리고 이것이 우리의 지성만큼이나 우리의 몸과도 밀접하게 관련되어 있다면?

교육이 무엇보다도 우리가 무엇을 아는가의 문제가 아니라 우리가 무엇을 사랑하는가의 문제라면?

이것이 바로 이 책의 주장이다. 이 책은 기독교 교육을 정보 전달과 관련된 기획이 아니라 형성과 관련된 기획으로 새롭게 바라보기를 권하는 초청이다.[3] 우리는 독자를 '철학적 인간론의 모험'으로 초대하고자 한다. 그 근본 신념은 교육에 대한 우리의 생각이 인간에 대한 우리의 생각과 밀접하게 연관되어 있다는 것이다. (최근의 세계관 담론을 비롯해) 우리가 교육에 대해 생각할 때 교육을 정보 전달의 문제로 이해하는 경우가 너무도 많다. 이는 인간을 일차적으로 생각하는 사물(thinking things, 데카르트의 *res cogitans*를 염두에 둔 표현—옮긴이), 혹은 믿는 동물이라 가정하기 때문이다. 그러나 나는 이 두 가지 모형이 대단히 복잡한 인간의 본성을 왜소하게, 평면적으로 그리고 있다고 생각한다.

이러한 관점은 (적어도) 두 가지 중요한 의미를 지닌다. 그리고 이 두 가지는

---

스티누스(Augustine)와 고백자 막시무스(Maximus the Confessor)가 제기한 주장을 되풀이할 뿐이다. 이와 관련된 논의로는 Aristotle Papanikolaou, "Liberating Eros: Confession and Desire", *Journal of the Society of Christian Ethics* 26 (2006): pp. 115-136를 보라.

[3] 이 책에서 나는 일차적으로 기독교 고등 교육에 초점을 맞춘다. 그러나 이 책의 주장 대부분이 초·중·고등학교의 기독교 교육에도 적용될 수 있다고 생각한다.

나의 주장이 학교나 대학에만 적용되는 것이 아님을 보여 준다. 한편으로, 이러한 관점은 기독교 교육에 관한 우리의 생각, 특히 기독교 학교와 대학(college)과 대학교(university)의 사명과 과제에 관한 우리의 생각에 명백히 영향을 미친다. 내가 이 책에서 간략히 제시할 대안 모형에 따르면, 우리가 기독교 교육에 관해 생각하는 방식은 일차적으로 어떤 기독교 사상을 지성이라는 그릇에 담아낼지 선별하는 것에 관한 문제가 아니다. 오히려 기독교 교육이 어떻게 우리를 그 마음과 열정과 욕망이 하나님 나라를 지향하는 특정한 부류의 사람으로 형성하고 만들어 가며 빚어 가는가에 관해 생각하는 문제다. 그렇다면 그런 변화를 가져올 실천에 꾸준히 관심을 기울여야 할 것이다. 다시 말해서, 기독교 교육은 예배의 실천을 원천과 기초로 삼아야 한다. 다른 한편으로, 교육이 이루어지는 '공간'에 관한 우리의 이해도 넓혀야 한다고 생각한다. 교육이 일차적으로 **형성**—더 구체적으로는 우리 욕망의 형성—에 관한 문제라면, 어느 곳에서나 (좋든 나쁘든) 교육이 이루어지고 있는 셈이다. 형성으로서의 교육은 단지 학교나 대학이나 대학교 안에만 깔끔하게 머물러 있는 그런 종류의 일이 아니다. 교육이 형성의 문제라면, 대학 바깥에서—가정과 쇼핑몰에서, 축구 경기장과 독립기념일 퍼레이드에서, 예배와 일터에서—일어나는 형성에 영향을 미치는 모든 일에 주의를 기울여야 한다.

  무엇보다도 이 책은 기독교 교육의 위상을 높이려고 하며, 이는 또한 기독교 예배의 위상을 높이는 일이 될 것이다. 목표는 그 둘 모두에서 중요한 것이 무엇인지 인식하게 하려는 것이다. 즉, 하나님 나라를 욕망하는 급진적인 제자들을 형성하는 것이 기독교 교육과 예배의 근본 목적임을 깨닫게 하고자 한다. 그러나 이 목표를 달성하기 위해서는 우리의 환경과 습관을 마치 처음 보는 듯한 눈으로 주의 깊게 바라보아야 한다. 이를 위해 한 가지 사례를 생각해 보자.

**익숙한 것을 낯설게 하기: 문화적 예전의 현상학**

당신을 도시의 가장 중요한 종교적 공간 중 하나를 여행하도록 초대하고 싶다. 이곳은 많은 이에게 매우 익숙한 곳이겠지만, 나는 이 장소를 낯설게 만들어 보려 한다. 새로운 시각으로 이곳을 바라보자. 그러기 위해서는 눈에서 비늘을 벗겨 내듯 일상적인 익숙함을 떨쳐버리기 위해 노력해야 한다. 세세한 데까지 주의를 기울이는 집중력이 필요하다. 타르코프스키(Tarkovsky)의 영화처럼, 느릿하지만 끈질기게 응시하는 카메라의 프레임에 주의를 집중한다고 상상해 보라. 카메라의 시선을 돌려 언제나 보이지만 어쩌면 바라보지는 않을 무언가에 주목해 보라. 당신은 우리가 지구인의 예배와 종교적 습성에 관한 자료를 수집하기 위해 21세기 북미라는 이 낯선 세상에 온 화성인 인류학자가 되었다고 상상해 볼 수도 있다. 우리는 민족지를 작성할 준비를 하고 화성을 떠나 지구에 왔고, 이 문화의 가장 종교적인 공간 중 한 곳을 찾아 그곳에서 벌어지는 의례의 종교적 측면을 집중 관찰할 것이다. 나와 함께 그곳으로 가 보자.

먼저 멀찍이 떨어진 곳에서 건물을 둘러싸고 다채로운 물결을 이루는 주차장의 모습을 보며 이곳이 얼마나 인기가 많은 곳인지 주목하기 바란다. 이곳은 성지 순례를 하기 위한 수천 명의 순례자들로 일주일 내내 북적이고 있다. 환영하는 분위기를 제공하며 매일같이 몰려오는 신도들을 수용하기 위해, 이곳은 바다처럼 넓은 주차 공간을 갖추고 있다. 단조로운 검은 아스팔트는 건물 안에서 예배에 몰입해 있는 순례자들을 기다리며 한 줄 한 줄 줄지어 서 있는 형형색색의 자동차로 뒤덮여 있다. 이곳으로 통하는 인도가 없기 때문에 주차장은 마치 건물을 에워싼 해자(垓字)처럼 보인다. 이런 종류의 종교적 장소는 불가피하게 대부분 도시 주변 교외에 자리하고 있다. 자동차 위주로 설계된 교외에서 보행자는 의심의 대상이 될 뿐이다. 이 성스러운 건물은 자동차로 가득한 문화로부터 벗어날 수 있는 성소가 되기도 하므로, 몇몇 순례자들은—특히 겨울에—산책하기 위해 이 성소를 방문하기도 한다.

이제 우리는 검은 아스팔트와 형형색색의 자동차들이 반짝이는 바다 속으로 들어가 우리의 차를 위한 피난처를 찾는다. 성소까지는 아직 멀었다. 하지만 이 공동체는 벌써 우리를 맞을 준비를 하고 있다. 주차장을 가로질러 가면 건물 안으로 우리 가족을 인도할 기차 모양의 카트가 기다린다. 다른 순례자들도 함께 타고, 우리는 양쪽으로 뻗어 지평선에서 솟아오르는 듯한 모습의 건물을 향해 나아간다. 반짝이는 유리와 콘크리트로 만든 이 건물은 눈에 띄게 장식되어 있다. 이 특별한 종교적 장소는 국제적인, 그야말로 '보편적인'(catholic) 종교 공동체 네트워크의 일부이므로 건물의 구조가 일정한 양식을 지니고 있어 어느 도시에서든 익숙함을 느낄 수 있다. 입구에 있는 유리로 된 큰 마당에는 현수막과 깃발이 걸려 있다. 바깥벽에는 익숙한 글자와 상표가 붙어 있어 외지에서 온 신자들도 안에 무엇이 있는지 금세 알아차릴 수 있다. 펼쳐진 건물 군데군데에는 중세 성당의 현관을 닮은 넓은 공간이나 성소가 있다.

기차는 우리를 이 건물의 여러 웅장한 입구 중 한 곳으로 데려다준다. 크롬으로 칠한 아치형 주랑을 지나 거대한 유리문으로 우리를 옮겨 준다. 이 공간으로 들어서면 일종의 나르텍스(narthex, 예배당 입구와 본당 사이의 넓은 홀—옮긴이)를 만나게 된다. 새로운 구도자들을 맞이하고 안내하여 안으로 들이는 한편, 자주 이곳을 찾는 신자들이 영적인 공간으로 '진입'하기 전에 그들의 마음을 풀어 주는 곳이다. 여기엔 구도자를 위한—일종의 주보 역할을 하는—큰 지도가 있다. 이 지도는 초심자에게 다양한 영적 제사를 드리는 장소를 안내하고, 순례자들의 예배를 조직하고 연결시키는 미로 안으로 들어가는 방법을 가르쳐 준다. ('단골손님', 즉 매우 익숙하게 이 공간으로 들어서는 신자들을 한 눈에 알아볼 수 있다. 이들은 반복을 통해 형성된 습관 덕분에 이 공간의 리듬을 알고 있다.)

내부의 구조는 대부분 과할 정도로 매력적이어서 우리는 폐쇄된 내부 공간으로 빨려 들어간다. 벽에는 창문이 하나도 없어서 건물을 에워싼 자동차 해자는 보이지 않고 천장의 창문만 하늘을 향해 열려 있다. 이런 구조는 일종의 수직적이며 초월적으로 개방된 느낌을 제공하는 한편 수평적이며 일상적인 세계의 요란함과 산만함을 차단시킨다. 이처럼 닫혀 있고 둘러싸인 건물 구조는 성소, 피난처, 도피처라는 느낌이 들게 한다. 입구의 나르텍스에서부터 우리는 길을 잃는다. 이 공간은 순례자를 8각형과 원형 미로로 이끈다. 우리는 이 미로를 헤매면서 목적 지향적인 '외부' 세계의 생활 방식으로부터 자유로워졌다고 생각한다. 또한 이 순례는 우리를 일상의 시간 흐름으로부터 벗어나 다른 시간, 거의 무시간에 가까운 시간이 지배하는 공간에 머물도록 초대한다. 창문도 거의 없고 바로크 양식처럼 빛이 통제된 이 공간에서는 마치 해가 그 안에 멈춰 있는 것처럼 보인다. 우리는 시간의 흐름을 의식하지 못한 채 예배에 몰입하며 우리 자신에 대해 잊는다. 그러나 일상의 시간은 정지되는 반면, 여러 색깔, 상징, 이미지가 끊임없이 이어지는 축일과 축제 행사로 다양하게 뒤덮인 일종의 예전적, 축제적 달력이 이 예배 공간을 지배한다. 그리고 여기에 새로운 축일과 축제가 정기적으로 추가된다. 새로운 축제를 만들면 더 많은 순례자들이 성소로 몰려와 예배에 참여하기 때문이다.

이 성전의 구조는 중세 성당과 유사한 건축 양식을 가지고 있다. 이 거대한 종교적 공간에서는 모든 종류의 종교 활동이 동시에 벌어진다. 이 종교적 건물 안에는 묵상을 위한 복잡한 미로가 있고, 이와 더불어 여러 성인에게 헌정된 수많은 예배당이 있다. 묵상하면서 미로를 헤매고 예배당에 들어갈 준비를 하는 동안 우리는 벽면과 내부 공간에 줄지어 선 수많은 성상에 압도

된다. 스테인드글라스의 평면적인 성인들의 모습과 달리, 여기에는 화려한 옷으로 장식된 3차원의 성상들이 늘어서 있다. 모든 성상이 그러하듯 이 성상들은 우리에게 이런 모범을 모방하려는 마음을 불러일으킨다. 이 입상과 성상들은 '좋은 삶'의 구체적인 이미지를 우리 눈앞에 보여 준다. 추상화된 이상이나 규칙, 교리를 전달하는 대신 그림과 조상(彫像), 움직이는 이미지로 우리의 상상력을 자극함으로써 종교적 메시지를 선포한다. 다른 종교는 얇고 무미건조한 책과 메시지를 통해 구원을 약속하는 반면, 이 새로운 세계 종교는 구속받은 사람의 생생한 모습을 제시함으로써 우리가 그들이 제시하는 모습처럼 바뀔 것을 상상해 보라고 권한다. 다른 모습의 우리 자신을 상상하고, 그리하여 성상을 통해 재현되는 성인들처럼 되기 위한 훈련에 기꺼이 복종하라고 권한다.

여기서 다시 한번 이 성상들의 보편성을 이해할 필요가 있다. 이 나라와 세계 전역에 있는 성전에서 좋은 삶을 구현한 똑같은 성상들을 볼 수 있다. 세계 어디에서든 이 종교와 관련된 상징과 색깔, 이미지를 쉽게 찾아볼 수 있다. 이 성상들은 다양한 매체를 통해 성소 바깥에까지 널리 퍼지고, 이를 통해 우리에게 우선 이 순례에 참여하라고 초대한다. 세계 곳곳에서 새롭게 생겨나고 있는 수많은 다른 성전들과 마찬가지로 이 성전은 우리의 마음을 끌어당기는 풍성하며 생생한 시각적 전도 방식을 제시한다. 이 복음이 지닌 힘은 **아름다움**으로, 우리의 가장 심층적인 욕망에 호소하며, 끔찍한 도덕주의보다는 이렇게 눈에 보이는 좋은 삶을 나누자고 초대하며 우리가 찾아오도록 만든다. (그렇지만 이 전도 방식에는 독점성이 있다는 점에도 주의를 기울여야 한다. 이 종교가 각 민족을 개종시키는 데 놀라운 성공을 거둠에 따라 이 종교를 믿지 않기가 점점 더 어려워졌기 때문이다.) 그리고 이 종교의 포교를 뒷받침해 주는 전도자와 봉사 활동으로 이루어진 초국가적 네트워크는 통일된 메시지를 선포하여 분열된 다른 종교들을 부끄럽게 만들고 있다. 만약 일치가 종교의 진리와 힘에 대한 증거라면 이 보편 종교보다 더 강력한 종교는 찾기 어려울 것이다.

잠시 멈추어 서서 예배당 바깥의 성상 몇몇을 묵상한 후 우리는 예배당 안에서 벌어지는 일에 관해서도 생각해 보라는 초대를 받는다. 예배 행위에 제대로 참여하여 직접 맛보고 이해하라는 권유를 받는다. 복사(服事)가 인사하며 우리를 맞이한다. 그는 우리의 체험을 안내해 주겠다고 제안하기도 하고, 현명하게도 우리 스스로 둘러보도록 내버려 두기도 한다. 우리는 신중하지만 호기심에 찬 태도로, 때로는 머뭇거리며 이 미로를 헤쳐 나간다. 우리는 막연하게나마 무언가 필요하다고 느끼지만 그 필요가 어떻게 충족될 것인지는 확실히 알지 못한다. 그러므로 그 영이 우리를 예상하지 못했던 경험으로 이끌어 갈 때 우리는 깜짝 놀라게 된다. 우리는 무언가가 필요하다고 느끼며 이곳으로 들어와 둘러본다. 무엇을 찾는지는 확실치 않지만 분명 여기에 우리에게 필요한 것이 있으리라는 것을 알기에 기대에 차 있다. 그리고 결국 우리는 필요한 것을 떠올린다. 선반을 구석구석 뒤지며 우리를 충족시키는 경험과 물건들을 찾아낸다. 분명한 의도와 목적을 가지고 굳은 결심으로 예배하는 경우도 있다. 오직 이 순간을 맞을 준비를 한 채 이곳을 찾기도 한다. 그런 경우 우리는 왜 이곳에 왔는지, 무엇을 찾기 위해 왔는지 정확히 알고 있다.

어떤 경우든, 신자들이 '선반'이라 부르는 것을 집중적으로 뒤진 후에, 우리는 새로 발견한 성물을 손에 들고 제단으로 나아간다. 이곳에서 예배는 절정에 이른다. 복사와 그 밖의 예배를 돕는 이들이 우리의 체험을 돕는 한편, 제단 뒤에는 이 절정의 거래 행위를 관장하는 사제가 서 있다. 이것은 거래의 종교, 교환과 교제의 종교다. 이곳에서 예배드리라는 초대는 주라는 초대일 뿐 아니라 받으라는 초대이기도 하다. 우리를 변화시키는 이 체험을 통해 우리는 그저 좋은 느낌이나 일반적인 신앙심만 가지고 가는 것이 아니다. 구체적이며 만질 수 있는 어떤 것, 새로 만든 성물을 얻는다. 이것이 바로 애초에 우리에게 이 예배에 참여하라고 초대했던 성상들이 표현하는 좋은 삶에 이르는 수단이다. 그렇게 우리는 제물을 바치고 헌금을 드리지만 그 대신 성인과 절기의 색깔과 상징으로 포장된 견고한 무언가를 받는다. 사제의 축복을 받은 후 예배당을 빠져나옴으로써 우리는 일종의 대단원에 이른다. 그렇다고 꼭 밖으로 나갈 필요는 없다(우리의 시간 감각은 이미 지워졌다). 오히려 계속 묵상하고 다른 예배당에도 들러 보라는 초대를 받는다. 좋은 삶의 가시적인 실체를 이토록 풍성하고 솔깃한 모습으로 제시하는데 누가 이를 거부할 수 있겠는가?

이 '종교적' 공간의 현상학에 관한 묘사가 반은 농담일 것이라고 생각할지도 모른다. 하지만 나는 그렇게 생각하지 않는다. 우리는 이 종교적 공간의 정체성을 분명히 확인할 필요가 있다. 지금쯤 대부분의 독자들은 지역의 쇼핑몰이 이를 구현하고 있음을 알았을 것이다. 교외에서 흔히 볼 수 있는 쇼핑몰이 다 그러하다. 이 종교의 보편성 때문에 어느 쇼핑몰에서나 완벽히 동일한 형태의 복음이 선포되고 있기 때문이다. 그러나 나는 쇼핑몰을 종교적 공간으로 그리는 것은 단순한 비유나 유비가 **아니라고** 단호히 주장하고 싶다. 그저 불경한 장난이나 하자는 것이 아니다. 오히려 나의 목표는, 우리에게 너무나도 익숙한 것을 낯설게 만듦으로써 쇼핑몰 경험의 일부인 이 형성적 훈련이 어떤 의미를 지니는지를 이해하도록 돕고자 하는 것이다. 쇼핑몰에 대한 묘사는 묵시를 의도했다. 어떤 의미에서는, 상냥한 모습으로 나타나는 어떤 것의 실체를 밝혀내려는 것이다.⁴ 우리의 시선과 관점을 바꾸어 우리 모두가 가치 중립적인 장소로 여기며 살아가는 문화적 공간의 **종교적** 본질을 깨닫게 하려는 것이다. 그 경험의 일부를 이루는 구체적이고 물질적인 실천에 주의를 기울이며 예배와 예전의 눈으로 쇼핑몰을 바라볼 때 우리는 이 문화적 기관을 이해하는 관점을 얻게 된다. 이를 통해 쇼핑몰이 그 자체의 교육 방법을 지니고 있으며 욕망을 가르치려 한다는 것을 깨닫게 된다. 『헨리 애덤스의 교육』(The Education of Henry Adams)까지는 아니더라도 『해나 몬태나의 교육』(The Education of Hannah Montana)이라고 생각해 볼 수 있다(헨리 애덤스는 19세기 말, 20세기 초 미국의 작가이며 해나 몬태나는 디즈니 채널의 인기 시리즈다—옮긴이).⁵ 따라서 우리는 쇼핑몰이 **예전적** 기관이기 때문에 종교 기관이며, **형성적** 공간이기 때문에 교육 기관이라는 것을 곧바로 이해할 수 있다.

쇼핑몰을 예전적, 교육적 기관으로 바라볼 때 우리는 그 속에서 행하는 일이 얼마나 중요한지를 이해할 수 있다. 또한 나는 이와 같은 이유로, 쇼핑몰 예전의 현상학은 세계관의 접근 방식이 지닌 한계도 분명히 지적하고 있다고 생각한다. 세계관의 방식을 따라 쇼핑몰을 관념이 제시되는 공간으로 바라보는 태도는 수긍하기 어렵다(오히려 그 반대다!). 그러나 사랑과 실천의 관점에서 쇼핑몰을 바라본다면, 이 공간의 중요성에 주목하게 되며 전에 미처 보지 못

---

4 이처럼 문화에 대한 '묵시적' 읽기의 개념에 관해서는 3장에서 더 자세히 논의할 것이다.
5 『헨리 애덤스의 교육』에 대해 Exiles from Eden: Religion and the Academic Vocation in America (New York: Oxford University Press, 1993), pp. 94-126에 실린 마크 쉔(Mark Schwehn)의 평가를 보라. 흥미롭게도 문학사에서는 "…의 교육"에 관한 작품이 여럿 등장한다. 예를 들어, 에라스뮈스(Erasmus)의 『군주의 교육』(The Education of a Prince, 1516), 쉴러(Schiller)의 『인간의 미적 교육에 관한 편지』(Letters upon the Aesthetic Eduction of Man, 1794, 청하), 러시아의 대공비 마리(Marie)의 회고록 『공주의 교육』(The Education of a Princess, 1890), 그리고 가장 유명한 『헨리 애덤스의 교육』이 있다. 이와 같은 문학 전통에서는 교육에 대한 더욱 통합적인 이해를 보이는 경향이 있는데, 여기서 교육은 정체성을 형성하고 성품을 빚어내는 역할을 한다. 즉, 교육이 특정한 **종류**의 인간을 만든다고 이해한다.

했던 것들을 발견하게 된다. 세계관의 접근법에서는 흔히(그리고 올바르게도) 모든 인간이 본래 종교적이라고 주장한다. 이는 근원적으로 모든 인간은 자신이 의식하지 못할 때에도 우리의 존재와 행위를 지배하고 통제하는 일련의 근본 신념에 의해 구속되며 정향(定向)되는 **신자들**이라는 말이다. 제임스 올타이스(James Olthuis)는 이를 "삶을 바라보는 시각이자 삶의 목적을 규정하는 시각"이라 부른다.[6] 또한 세계관의 사고방식에서는 이런 세계관들이 어떻게 개인뿐만 아니라 공동체와 기관, 체계를 방향 짓는지를 알아내려 한다.[7] 하지만 (나 역시 전적으로 폐기하고 싶지는 않은) 세계관 담론은 인간을 생각하는 기계로 환원하는 합리주의의 인간관에 대해 비판적이라 하더라도, 상당히 '주지적인' 혹은 인지 중심적인 인간 이해를 견지하는 경향이 있다. 그렇기 때문에 여전히 세계관과 근원 동기 사이에 경합이 벌어지는 자리는 관념의 영역이라고 생각한다.

그러나 우리가 쇼핑몰(이는 단지 하나의 중요한 문화 기관을 꼽아 본 것이고, 우리는 또한 대학이나 국가 등에 대해서도 생각해 볼 수 있다)을 이해하고자 할 때 이 접근법은 한계에 부딪칠 수밖에 없다고 생각한다. 치열한 연구와 일종의 지적 재주넘기를 통해 쇼핑몰의 문제를 관념이나 신념에 관한 것이라고 주장할 수도 있다. 그러나 신실하게 홀리스터(Hollister라는 의류 브랜드 매장―옮긴이)로 순례하는 이들에게 이런 주장은 그다지 설득력이 없을 것이다. 사실 쇼핑몰 종교의 비범함은, 이 종교가 기독교 교회가 생각하는 것보다 더 전인(全人)적이며 정서적이고 구체적인 인간론(즉, 인간에 관한 이론) 속에서 작동한다는 데 있다! 세계관의 사고는 여전히 관념과 신념에 초점을 맞추기 때문에, 쇼핑몰과 같은 공간

---

[6] James Olthuis, "On Worldviews", *Christian Scholar's Review* 14.2 (1985): pp. 153-164.
[7] 예를 들어, Herman Dooyeweerd, *Roots of Western Culture*, trans. John Kraay (Toronto: Wedge, 1979)를 보라. 『서양 문화의 뿌리』(크리스찬다이제스트).

이 지니는 문화적 형성의 영향력을 감지해 내지 못한다. 신념에 초점을 맞추는 이런 지적인 접근 방식으로는 쇼핑몰과 같은 공간에서 일어나는 유사 예전적 행위를 제대로 이해할 수 없다. 관념 중심적이거나 신념 중심적인 접근법으로는 쇼핑몰에서 작동하는 교육 방식을 이해할 수 없으며, 따라서 이를 제대로 비판하거나 그에 대항하는 교육 방식을 제시할 수 없다. 쇼핑몰의 종교적인 힘과 형성하는 능력을 파악하기 위해서는, 문화적 비판과 분별의 패러다임을 채택할 필요가 있다. 이것은 신념이나 세계관보다 더 심층적인 차원에서 사고하고, 형성적 실천—혹은 앞으로 이 책에서 **예전**이라고 부르게 될 것—의 핵심 역할을 진지하게 받아들이는 패러다임이다.

많은 문화적 행위의 구성이 유사 예전으로서 우리의 욕망을 형성하고 우리를 특정한 사람으로 만들어 가는 교육의 기능을 한다면, 우리는 이렇게 자문할 필요가 있다. 우리를 다른 방식으로 형성하는 공간, 즉 대항적 형성의 공간이 존재하는가? 우리가 어떤 피조물—정서와 욕망, 예전의 동물—인지 이해한다면, 단지 새로운 관념이나 기독교적 관점만으로는 이 문제를 제대로 다룰 수 없다. 쇼핑몰의 교육법은 일차적으로 지성을 지배하려 하지 않는다. 다시 말해 이 교육법은 우리의 마음, 우리의 오장육부, 우리의 '카르디아'를 겨냥한다. 그것은 몸을 통해 우리를 사로잡는 욕망의 교육 방식이다. 우리의 욕망을—따라서 우리의 정체성을—형성하려 하는 시장과 쇼핑몰의 유혹에 저항하려면 어떻게 해야 하는가? 쇼핑몰과 그 '선교 단체'인 텔레비전과 광고에서 날마다 우리의 마음을 형성하기 위한 예배를 제공하고 있다면, 교회는 이에 대해 어떻게 대처할 수 있는가? 만일 교회가 무의식적으로 시장이나 쇼핑몰과 동일한 예전적 실천을 도입하고 있다면? 그렇다면 교회는 진정한 대항적 형성의 공간이 될 수 있는가? 우리를 전혀 다른 무언가를 욕망하는 사람—하나님 나라를 욕망하는 사람—으로 형성하고자 한다면 교회의 실천은 어떤 모습이어야 하는가? 대안적인 욕망의 교육법은 어떤 모습인가?

우리의 마음은 일차적으로 욕망에 의해, 우리가 무엇을 사랑하는가에 따라 그 방향이 결정되고, 그 욕망은 습관을 형성하는 실천에 우리가 참여함으로써 만들어지므로, 쇼핑몰과 시장에서 행하는 예전적 실천이 우리의 상상력과 우리가 세상에서 자신을 지향시키는 방식을 결정짓는다. 그 속에는 인간 번영에 대한 공동의 전제가 내포되어 있으며, 그것은 다시 우리 자신의 욕망과 행위의 암묵적 '텔로스'(telos), 즉 목적이 된다. 다시 말해서, 우리가 이런 기관들의 의례와 리듬에 참여할 때 그런 실천 안에 내포된 좋은 삶에 관한 전망이 은밀하게 우리 안에 새겨진다. 이런 유사 예전은 욕망을 가르치는 마음의 교육학과 같은 효과를 낸다. 그러나 교회조차도 이런 형성 방식과 공모한다면, 어디에서 대안적인 욕망의 교육 방식을 찾을 수 있겠는가?

이 책의 핵심 주장은, 예전들—그것이 '성스러운' 것이든 '세속적인' 것이든—이[8] 우리의 가장 근원적인 욕망과 세상에 대한 우리의 가장 기본적인 기분(attunement, 적응)을 형성함으로써 우리의 정체성을 만들고 확립한다는 것이다. 다시 말해서, 예전은 우리를 특정한 사람으로 만든다. 우리가 **사랑하는** 것이 우리를 규정한다. 예전이 이런 기능을 하는 까닭은, 우리는 세상에 대한 우리의 방향 설정이 머리로부터 아래로 내려가며 이루어지기보다는 몸으로부터 위로 올라가며 이루어지는 동물이기 때문이다. 예전은 우리의 몸을 통해 우리 마음을 훈련시킴으로써 우리의 사랑을 다른 방향으로 향하게 만든다. 예전은 우리로 하여금 특정한 방식으로 세상에 다가가게 하고, 특정한 물

---

8　이 책 전체에서 나는 '예전'(liturgy)이라는 말을 '예배'(worship)의 동의어로 사용한다. 독자들은 이 책에 나오는 예전이라는 말에서 특정한 형식이나 스타일에 대한 가치 평가를 찾으려 해선 안 된다. 더불어 예전이라는 말에 부정적인 의미를 부여하는 독자들도 판단을 보류하고 이 말을 모든 종류의 예배를 지칭하는 하나의 약어로 이해하기 바란다. 이에 관해서는 4장의 마지막 부분에서 더 자세히 논의했다.

건의 가치를 평가하게 하며, 특정한 목표를 추구하게 하고, 특정한 꿈을 좇게 하며, 특정한 일을 이루기 위해 협력하게 한다. 요컨대, 모든 예전은 온갖 선인지적인 방식으로 우리를 가르쳐 우리로 하여금 특정한 사람이 되게 하는 교육을 구성한다. 따라서 모든 예전은 교육이며, 모든 예전에는 암묵적인 세계관이나 세상에 대한 '이해'가 내재되어 있다.⁹ 이 말은 예전 안에 있는 것이 예전에서 추려 낼 수 있는 모든 종류의 관념이라는 뜻이 아니다. 오히려 예전 안에는 아직 이론화되지 않은 세계에 대한 이해, 관념과는 다른 차원의 이해가 내재되어 있다는 말이다. 그렇기 때문에 욕망의 교육에서는 머리 아래를 겨냥하는 작업이 필요하다. 말하자면 머리보다는 오장육부('카르디아')와 더 가까운, 우리의 상상력을 형성하는 교육이 필요하다.

지금까지 쇼핑몰에서 벌어지는 일이 얼마나 중요한지를 강조했던 것처럼, 이제 나는 상가 예배당에서든 도심의 대성당에서든 기독교 예배에서 일어나는 일이 얼마나 중요한지를 강조하고자 한다. 이런 리듬과 의례는 어떤 습관을 길러 내는가? 이러한 예배의 맥락에 빠져 있는 사람들에게는 어떠한 욕망의 교육이 일어나고 있는가? 이러한 실천—이러한 예전—에 내재된 세계관을 해석할 수 있는가? 3장에서는 세속적 예전에 대한 해석에 초점을 맞출 것이다. 4장과 5장에서는 기독교 예배의 실천을 철저히 분석할 것이다.

그런데 이것은 기독교 교육과 어떤 관계가 있는가? 예전은 배움과 어떤 관계가 있는가? 교회는 기독교 대학과 어떤 관계가 있는가? 서론에서는 이에 관한 문제와 논점을 제기하고 앞으로 이 책에서 집중해서 다루게 될 몇 가지 주제를 소개하고자 한다. 첫째로, 나는 실천, 더 구체적으로는 의례의 관점에

---

9  다음 절과 1, 2장에서는, 찰스 테일러(Charles Taylor)가 "사회적 상상"(social imaginaries)의 개념으로 발전시킨 하이데거(Heidegger)의 "이해"(Verstehen) 개념을 원용하여 이 주장을 약간 누그러뜨릴 것이다.

서 교육이나 교육 방식에 관해 생각해야 한다고 주장했다. 특히, 교육은 일차적으로 **정보**(information)를 제공하는 지성의 작업이 아니라고 주장했다. 오히려 교육은 가장 근본적으로 **형성**(formation)의 문제, 특정한 사람을 빚어내고 창조하는 일이다. 그들이 사랑하거나 욕망하는 것—'좋은 삶', 혹은 인간 번영의 이상적인 모습에 대해 상상하는 것—이 그들을 독특한 사람으로 만든다. 그렇다면 교육이란, 물질적이며 구체화된 실천을 통해 마음속에(오장육부 속에) 좋은 삶에 대한 특정한 비전을 새겨 넣거나 주입함으로써 그러한 비전을 되풀이해서 가르치는 일련의 실천과 의식, 반복적 행위와 다름없다. 그리고 이러한 정의는, 정보를 제공하는 것을 일차적인 목적으로 삼는 가장 도구적이며 실용적인 교육 프로그램('숙련된 노동자'를 만들어 내는 데 열중하는 공립 학교와 대학을 지배하고 있는 교육 프로그램과 같은 것들)에까지 적용된다. 그 배후에는 인간 번영을 일차적으로 생산과 소비의 관점에서 이해하는, 좋은 삶에 대한 전망이 자리하고 있기 때문이다. 기술과 지식, 정보를 제공하는 데 관심을 기울이는 것으로 보이는 '가치 중립적인' 교육 이면에도 여전히 형성적 교육관이 자리하고 있는 셈이다. 형성적이지 않은 중립적 교육은 없다. 다시 말해서, '세속적' 교육 같은 것은 존재하지 않는다.

이와 연관된 두 번째 주제를 강조하는 이유가 바로 이 때문이다. 예전은 곧 우리를 형성하는 실천—우리의 핵심적 혹은 궁극적 정체성을 형성하는 실천—으로 이루어진다. 1장과 2장에서 이 주장을 더 자세히 논의하고 여기서는 간략히만 설명하겠다. 나는 인간이 그저 생각하는 사물이 아니라 일차적으로 욕망하는 동물이기 때문에, 우리가 사랑하는 것이 우리의 궁극적인 정체성—우리를 우리 되도록, 어떤 종류의 사람이 되도록 만드는 것—을 결정짓는다고 생각한다. 더 구체적으로, 우리의 정체성은 우리가 궁극적으로 사랑하는 것, 혹은 우리가 궁극적인 것**으로서** 사랑하는 것—결국 우리에게 의미와 목적, 이해를 부여하며 세계-내-존재(being-in-the-world)로서 우리를 방향 짓는 가장 중요한 것—에 의해 형성된다. 우리가 궁극적으로 욕망하거나 사랑하는 것은 곧 우리가 소망하거나 좋은 삶이라고 생각하는 것에 관한 (대개는 내재되어 있는) 전망이다. 우리가 잘 의식하지 못하는 순간에도, 좋은 삶에 대한 전망은 우리의 모든 행동과 결정, 습관을 형성한다. 그러므로 사랑이 우리를 규정한다고 말할 때, 이는 시카고 컵스나 초콜릿 칩 쿠키에 대한 사랑을 말하는 것이 아니라 삶의 방식에 관한 우리의 욕망을 말하는 것이다. 나는 이러한 궁극적인 요소가 근본적으로 **종교적**이라고 주장할 것이다. 그러나 여기서 **종교**는 일차적으로 일군의 신념이나 교리가 아니라 삶의 방식을 일컫는다. 중요한 것은 일차적으로 관념이 아니라 그와 다른 차원에서 작동하는 사랑이다. 우리의 궁극적 사랑/욕망은 그저 우리에게 전달되는 관념이 아니라 실천에 의해 형성된다. 이런 이유로 나는 교회와 쇼핑몰 모두에서 이루어지는 형성적 '시민 교육'을 예전이라고 부른다. 이는 이 두 곳에서 일어나는 일이 얼마나 중요한지를 강조하고자 하는 것이다. 이런 형성의 교육을 예전으로 이해할 때, 이것이 단순한 정보 전달(informative)이 아니라 일차적으로 형성의(formative) 문제이며, 이러한 형성은 궁극적 관심에 관한 문제임을 깨닫게 될 것이다.

그렇다면 "이것은 교육과 무슨 관계가 있는가?" 하고 묻는 사람이 있을 것이다. 이러한 예배의 맥락과 기독교 대학은 무슨 관계가 있는가? 대학을 그만두고 교회나 열심히 다니라는 말인가? 나는 우선 이것이 두 가지 중요한 의미를 지닌다고 분명히 주장하고자 한다(그 밖에 다른 의미에 관해서는 6장에서 더 자세히 논의하게 될 것이다). 첫째로, 이 모형은 우리에게 이런 물음을 제기한다. '기독교' 교육은 무엇을 **위한** 것인가? 기독교 교육의 목표 혹은 텔로스는 무엇인가? 둘째로, 이것은 우리로 하여금 기독교 학교와 대학에서 주문처럼 자주 하는 말, 즉 기독교 교육의 목적은 기독교 세계관을 제공하는 것과 관련 있다는 주장을 재고하게 한다. 만약 배움을 예전—예전으로서의 교육—의 관점에서 이해하고자 한다면 기독교 교육의 목적을 재정의해야 하며, 이를 위해서는 현재 기독교 교육의 개념들을 지배하게 된 세계관 담론[10]을 재고해 보아야 한다.

### 기독교 교육의 목적: 세계관에서 예배로(그리고 다시 예배에서 세계관으로)

먼저 공리(公理) 하나를 제시하고자 한다. 모든 교육의 이면에는 철학적 인간론이 존재한다. 쉽게 말해 모든 교육 행위의 이면에는 인간 본성에 관한—우리가 어떤 피조물인지에 관한—일련의 가정들이 존재한다. 그러므로 교육을 일차적으로 정보 전달의 문제로 보는 교육에서는 인간을 일차적으로 '생각하는 사물'이자 인지하는 기계로 가정하는 경향이 있다. 이런 교육은 일차적으로 머리를 겨냥하기 때문에 사상과 관념이 그 핵심을 이룬다. 여기서는 주지주의적인 철학적 인간론이 작동하기 때문에 몸에 대해서는 이야기하지 않는 경향이 있다. 물질적 실천에 관한 핵심 세부사항과 그것이 교육에서 수행하는 역할에는 거의 관심을 기울이지 않는다. 반대로, 교육을 일차적으로 형성으로 이해하는 교육에서는 인간을 다른 종류의 동물이라고 가정한다. 우리가 생각하지 않는 존재라는 말이 아니다. 우리의 사고와 인식이 세상에 대한 정향으로부터 비롯되며, 이 정향은 더욱 근원적이면서도 인식 이전의 차

---

10  이 책에서 이 말을 사용할 때는 Mary Ann Glendon, *Rights Talk: The Impoverishment of Political Discourse* (New York: Free Press, 1993)를 염두에 두었다.

원에 속해 있다는 말이다.[11] 그리고 이처럼 인식이나 이성을 앞서는 세상에 대한 정향은 매우 물질이며 구체적인 실천을 통해 형성되고 준비된다. 그러므로 이런 교육에서는 의례가 형성에서 차지하는 역할에 훨씬 더 주의를 기울인다.

### 오웰의 『위건 부두로 가는 길』에 묘사된 형성으로서의 교육

교육을 형성과 정서의 문제로 바라보기 어려운 까닭은 교육을 사상을 전달하는 인식적 활동과 연결시키려 하는 경향이 너무 강하기 때문이다. 상상력이 틀에 박혀 버려서 다른 가능성을 생각하기 어려워진 것이다.[12] 이런 상황에서는 이론적 주장을

---

11 이러한 구별을 선명하게 드러내 줄 마땅한 어휘를 찾기 어렵다. 특히, 같은 용어가 학문 분과마다 전혀 다른 뜻으로 사용되기도 하기 때문이다. 이 문제와 씨름하는 것이 두 번째 책의 핵심 과제가 될 것이다. 지금은 **인지적**(cognitive)이라는 용어를, 관념적이며 명제적인 방식으로 사고와 사상이 교환되는 세계에 초점을 맞추는 태도를 묘사하는 말로 사용했다. 한편, **정서적**(affective)라는 말은 관념, 심지어 신념을 진술하기 전에 이루어지는 세계에 대한 선(先)반성적이며 상상적인 '기분'(attunement)이라는 뜻으로 사용했다. ["조율"이나 "영향 받음"을 뜻하는 하이데거의 Befindlichkeit(처해 있음)와 비슷한 개념을 염두에 두고 있다.] 그다지 명료하지는 않지만, 이러한 구별(대립이 아니라)은 신문이나 교과서 읽기 사이, 또는 시나 소설 읽기 사이의 구별과 유사하다고 할 수 있다. 두 경우 모두 내용이 있지만, 저마다 우리 속에 있는 다른 부분을 끌어들여 세상에 대해 전혀 다른 태도를 자아낸다.

12 이것은 특정한 형태의 '사회적 상상'이 너무 우세해져서 그것이 특수하고 우연적인 구성물임을 보지 못하는 상황의 한 예다. 이런 인식의 습관이 깊이 뿌리를 내려 '지금의 상황'을 그대로 받아들이는 것이다. 그러므로 찰스 테일러는 '근대'의 사회적 상상은 "이제 너무나도 자명해져서 우리는 그것이 여러 가지 가능한 관념들 중 하나임을 이해하기가 어려울 지경"이라고 주장한다[*Modern Social Imaginaries* (Durham, NC: Duke University Press, 2004), p. 2]. 『근대의 사회적 상상』(이음). 이와 비슷하게, 크리스천 스미스(Christian Smith)는 '자유 민주주의적 자본주의'가 근대 서구에 편만해짐에 따라 투명성을 확보하게 되었다고 주장한다. "그것은 어디에나 존재하며 지배하게 되었기 때문에 그것이 가정하는 신념들, 그것이 깊이 신뢰하는 전제들, 그것의 기초를 이루는 문화적 존재론이 우리에게 거의 보이지 않을 정도가 되어 버렸다"[*Moral, Believing Animals* (Oxford: Oxford University Press, 2003), p. 60]. 다시 말해서, 이러한 사회적 상상이 편만하고 우세해져서 다른 무언가를 상상하기가 거의 불가능해진 것이다. 교육과 예배 모두 우리의 상상을 해방시키고 확장함으로써 다른 방식으로 상상할 수 있도록 해 주는 실천이 되어야 한다. 이에 관해서는 1장과 2장에서 더 자세히 논의할 것이다.

통해서 이런 상상의 습관을 뒤흔들 수 없다. 형성으로서의 교육에 대한 논증—인식하는 머리를 겨냥하는 종류의 활동—으로는 그보다 더 뿌리 깊은 우리의 상상력을 건드리기 어렵다. 상상력의 무게 중심은 우리의 머리보다는 몸과 더 가깝기 때문이다. 상상력을 뒤흔들어 놓기 위해서는 더 정서적인 묘사가 필요하다. 그렇기 때문에 이 책에서는 이따금씩 문학과 영화라는 상상력의 보고를 활용하여 주장을 전개할 것이다. 목표는 더 정서적인 표현 방식을 활용함으로써 인식의 차원에서 설득할 뿐만 아니라 더 정서적인 차원에서도 공감하도록 만드는 것이다.[13]

예를 들어, 나는 교육이—인식하든 그렇지 못하든—특정한 사람들의 일부가 될 특정한 개인을 만들기 위해 욕망과 상상력을 형성하는 과정이라고 주장했다. 그 과정의 일부로 배우는 사실과 정보는 언제나 계속해서 배워 왔던 더 근원적인 무언가, 즉 좋은 삶에 대한 특정한 전망 속에 위치하여 단단히 심긴다. 이에 대한 하나의 고약한 예가 조지 오웰(George Orwell)이 쓴 『위건 부두로 가는 길』(*The Road to Wigan Pier*)에 나타나 있다. 이 책은 산업화된 북부의 석탄 광산 도시에 사는 영국 노동 계급의 곤경을 폭로하는 글을 써 달라는 의뢰를 받고 쓴 작품이다. 오웰은 이 글을 쓰면서, 제대로 먹지도 못하고 저임금에 시달리던 광부들과 그들의 가족이 이른바 집이라 부르며 살고 있던 황량한 빈민가에서 지냈다. 당시 이 광부들의 노동은 대영제국의 나머지 모두를 뒷받침하고 있었다. 특별히 오웰은 독자들 중에서도 남부에 살던 독자들, 진짓불과 욕실을 갖춘 난방이 잘되는 집에서—광부들의 실존과는 완전히 동떨어진 현실 속에서—편안히 그의 책을 읽을 '좌파 지식인들'에게 이 사실을 상기시켜 주고 싶었다. 그래서 이 점을 기억하는 것이 참으로 중요했다.

---

13 여기서 나는 밀뱅크(Milbank)의 *Theology and Social Theory*와 데이비드 벤틀리 하트(David Bentley Hart)의 *The Beauty of the Infinite*에서 사용되는 "설득" 개념을 염두에 두고 있다. 설득은 논증보다 더 심미적인 방식이다. 이에 관해서는 James K. A. Smith, "Questions about the Perception of 'Christian Truth': On the Affective Effects of Sin", *New Blackfriars* 88 (September 2007): pp. 585–593를 보라.

체스터턴(Chesterton)에게는 미안한 말이지만, 우리 문명은 사람들이 인식하는 것 이상으로 철저히 석탄에 의존해 있다. 우리가 살아갈 수 있도록 해 주는 기계와 기계를 만드는 기계 모두 직간접적으로 석탄에 의존한다. 서양 문명이 돌아가는 과정에서 석탄 광부는 농사짓는 사람 다음으로 중요하다. 광부는 마치 검댕을 묻힌 채 검댕이 묻지 **않은** 거의 모든 것을 어깨에 짊어지고 서 있는 여인상과도 같다.[14]

이 책 전반부에서 오웰은 탐사 저널리스트로서의 진가를 발휘하여, 몸소 경험한 노동 계급의 곤궁한 삶을 그려 낸다. 영양실조와 질병, 되풀이되는 실직과 가난으로 쇠약해진 심리 상태를 처절하게 묘사한다. 하지만 후반부에서 오웰은 놀라운 방식으로 방향을 전환한다. 그는 노동 계급을 옹호한다고 자처하는 중간 계급과 좌파 지식인들에 맞서 그들의 동정심에 이의를 제기한다. 특히 그들이 런던의 응접실과 강당에서는 거부하는 계급 구조를 정말로 내던져 버릴 준비가 되었는지 묻는다.

바로 이런 맥락에서 그는 교육의 영향을 탁월하게 설명해 낸다. 오웰은 단순한 명제로 진술해 낼 수 없는 공리를 통해 이 계급 제도의 끔찍한 본질을 포착해 낸다. 그의 말처럼, "서양에서 계급 차별의 진짜 비밀"은 대개 입 밖으로 내지 않는 "소름끼치는 네 마디 말로 요약"될 수 있다. **하층 계급은 냄새가 난다**(The lower classes smell).[15] 이 말은 그 자체로 (여러 감각을 뒤섞으며) 우리의 귀를 강하게 자극한다. 그러나 오웰의 주장은 영국의 계급 차별은 근본적으로 지적인 것이 아니라 후각적인 것이라는 말이다. 이 체제의 습관과 리듬은 대뇌와 관련된 문제라기보다는 내장과 관련된 문제라는 것이다. 그것은 이론적으로 진술될 수 없는 세상에 대한 몸의 정향

---

[14] George Orwell, *The Road to Wigan Pier* (London: Penguin, 2001), p. 18. 『위건 부두로 가는 길』(한겨레출판).

[15] 같은 책, p. 119.

에 뿌리내리고 있다. 따라서 장황한 이론적 비판으로는 이 체제를 무너뜨릴 수 없다. 그러므로 오웰은 우리가 "넘을 수 없는 벽"에 맞서고 있다고 지적한다. "왜냐하면 그 어떤 좋아하거나 싫어하는 감정도 **육체적** 감정만큼 근원적인 것은 없기 때문이다." 다른 종류의 차별은 거의 대부분 사실과 관념, 정보라는 무기를 통해 이론적으로 타파할 수 있다. "그러나 육체적인 혐오감에 대해서는 그럴 수가 없다."[16]

그런데 이런 육체적이며 본능적인 태도가 어떻게 중간 계급과 상류 계급의 사람들 안에 깊숙이 자리 잡게 되는 것인가? 그것은 형성의 문제("어렸을 때 우리는 그들이 더 럽다고 믿도록 양육받았다"), 더 구체적으로는 교육의 문제다. 그러므로 오웰은 이렇게 설명한다.

> 열네댓 살이었을 때 나는 끔찍한 속물이었다. 그렇다고 같은 계급의 또래 남자아이들보다 더 나빴다는 말은 아니다. 잉글랜드의 퍼블릭 스쿨(public school)만큼 속물근성이 두드러지는 곳, 치밀하고도 교묘한 형태의 속물근성을 심어 주는 곳은 세계 어디에도 없다고 생각한다.[17] 이 점에서는 적어도 잉글랜드의 '교육'이 제구실을 못한다고 말할 수 없다. 당신은 졸업한 지 채 몇 달이 지나기도 전에 라틴어와 그리스어를 잊어버리겠지만—나는 8년, 혹은 10년 동안 그리스어를 공부했지만 서른셋이 된 지금 그리스어 알파벳조차 기억하지 못한다—당신의 속물근성은 잡초를 뽑듯 끈질기게 뽑아 버리지 않는 한 무덤에 갈 때까지 들러붙어 있을 것이다.[18]

퍼블릭 스쿨에서 제공하는 정보—라틴어와 그리스어 같은—는 제대로 뿌리를 내리지 못했다. 하지만 세상과 사회에 대한 전반적인 태도는 학생들의 마음속에 새

---

[16] 같은 곳.
[17] 북미 독자들은 영국의 '퍼블릭' 스쿨이 미국 용어로는 엘리트 '사립' 학교라는 점에 주의해야 한다.
[18] Orwell, *Road to Wigan Pier*, p. 128.

서론: '관점'을 넘어서 **43**

겨졌다. 새로운 사실이나 자료, 정보로는 이렇게 훈련된 '속물근성'을 쉽게 뒤엎거나 없앨 수 없다. 이런 감정적 성향을 '뿌리 뽑기' 위해서는 마찬가지로 감정적이며 육체적인 교육이나 대항적 형성이 필요하다. 그러므로 오웰은 어느 정도는 반전을 주는 방식으로 교육이 우리의 존재 자체를 포착하고 세상에 대한 우리의 정향을 만들어 가는 육체적인 형성이라는 핵심적인 직관에 대한 실례를 들고 있는 셈이다. 그의 이야기는 형성으로서의 교육을 이해하는 데 도움이 될 수 있다. 그러나 이는 기독교 교육도 퍼블릭 스쿨의 교육과 마찬가지로 끔찍한 효과를 낳는 것은 아닌지 물을 기회가 되기도 한다. 우리는 온갖 기독교적 관념과 정보로 가득한 기독교 교육을 제공하면서도 그 비전을 거스르는 형성을 제공하고 있지는 않은가?

---

두 가지 전혀 다른 교육관(정보 전달 교육과 형성 교육)과 그 이면에서 작동하는 서로 다른 인간관을 고려할 때, 지난 몇십 년 동안 기독교 교육 기관들은 자기도 모르게 전자에 몰두하고 후자를 기피해 온 것처럼 보인다. 많은 기독교 학교, 대학, 대학교―특히 개신교 전통에 속한―에서는 전인적이며 성경적인 인간관을 취하기보다 근대성과 계몽주의의 영향을 더 많이 받은 인간관을 받아들여 왔다. 특히, 기독교 교육은 인간을 일차적으로 생각하는 사물로 이해하는 철학적 인간론을 전적으로 수용했다. 그 결과 정보 전달의 관점에서 교육을 이해하게 되었다. 더 구체적으로, 기독교 교육의 목적은 독특한 사람들을 형성하기보다는 기독교 사상을 전파하고 전달하는 것으로 이해되어 왔다. 기독교 교육의 전망이 '기독교 세계관'의 관점에서 설명되어 왔다는 사실이 이를 가장 극명하게 보여 준다고 생각한다.

지난 20년 동안 기독교 대학과 대학교들이 성장함에 따라 이들 학교에서 내건 '신앙과 학문의 통합'이라는 사명에 대해서도 활발한 논의가 이루어졌다.¹⁹ 흔히 기독교 대학과 대학교의 학생들은 '기독교 세계관'을 배우게 된다고 말한다. 혹은 다른 모든 사람들이 배우는 것을 '기독교적 시각' 또는 '기독교적 관점'에서 배우게 된다고 말한다. 그러나 '기독교 세계관'은 일차적으로 교리의 집합이나 신념의 체계와 동일시된다. 예를 들어, 최근에 발표한 글에서 프랜시스 베크위스(Francis Beckwith)는 **세계관**을 이렇게 정의한다.

> 기독교 신앙은 히브리어-기독교 성경과 성경의 권위 아래서 만들어진 신조와 신학, 공동체, 윤리 규범, 제도 등으로부터 유래한 상호의존적인 관념과 원리, 형이상학적 주장의 철학적 태피스트리다. 이러한 신념은 개인적이고 종교적인 경건의 발화(發話)에 불과한 것이 아니라 우주와 인간, 우리가 하나님과 맺는 관계, 공동체, 도덕적 삶에 관해 우리를 올바르게 교육시키는 명제들이다.²⁰

'세계관적으로 사고하는 것'과 '세계관에 대한 사고'의 중요성을 지지하는 좀 더 대중적인 주장 역시 이런 태도를 반영한다. 이런 입장에서는 '한 사람이 **생각**하는 방식이 그의 **행동**에도 중대한 영향을 미치기' 때문에 기독교의 '신념 체계'를 우리 인식의 핵심으로 삼아야 한다고 주장한다.²¹ 세계관은 겉으로 드러나지 않는 관념의 집합으로 이해된다.

---

[19] 여기서 나는 '통합' 담론에 초점을 맞추지 않을 것이다. 이에 대한 나의 비판으로는 James K. A. Smith, *Introducing Radical Orthodoxy: Mapping a Post-secular Theology* (Grand Rapids: Baker Academic, 2004), pp. 143-179를 보라. 『급진 정통주의 신학』(기독교문서선교회).

[20] Francis Beckwith, introduction to *To Everyone an Answer: A Case for the Christian Worldview*, ed. Francis Beckwith, William Lane Craig, and J. P. Moreland (Downers Grove, IL: InterVarsity, 2004), p. 14.

[21] Kenneth Richard Samples, *A World of Difference: Putting Christian Truth-Claims to the Worldview Test* (Grand Rapids: Baker Books, 2007), p. 15. 이런 합리주의 노선의 다른 대중적인 설명으로는 포커스 온 더 패밀리(Focus on the Family)의 '진리 프로젝트'(The Truth Project)를 보라(www.thetruthproject.org).

세계관에 대한 이런 해석은 기독교 신앙이 이원론적이며 따라서 환원론적이라는 잘못된 이해를 전달한다. 이런 이해는 기독교 신앙을 일차적으로 우리가 알고 믿는 사상과 원리, 주장, 명제의 집합으로 환원시킨다. 이 모든 것의 목적은 '올바르게' 생각하기다. 그러나 이런 생각은 마치 우리를 본질적으로 데카르트(Descartes)가 말한 사물, 즉 관념의 저장소로서 생각하는 사물이라고 주장하는 것과 같다. 하지만 만약 그것이 우리의 참 모습 중 극히 일부에 불과하다면? 게다가 가장 중요한 부분도 아니라면? 합리주의 인간관에서 우리는 일차적으로 생각하는 사물로 환원될 뿐만 아니라, 우리의 몸은 지성을 담고 있는 본질적이지 않은(그리고 오히려 유감스러운) 부분에 불과하다. 이런 식의 기독교 세계관 이해가 이원론의 경향을 띠는 것 역시 바로 이 때문이다. 우리의 영혼과 몸이 구별된다고 가정한 다음, 우리의 신체성을 무시하려 한다(혹은 그런 게 없기를 바란다). 그러나 만약 우리 몸이 우리 정체성의 본질적인 요소라면? 우리는 몸을 지닌 피조물로 창조되지 않았던가? 만약 우리 정체성의 핵심이 지성보다는 몸에 자리하고 있다면?

1장에서 나는 세계관 담론이 불완전한 합리주의 인간관과 밀접하게 연관된 개념에 의해 작동하고 있기 때문에 기독교 교육의 본질과 책임을 잘못 이해해 왔다고 주장할 것이다. 다시 말해서, '세계관'은 잘못된 철학적 인간론이라는 수레에 매달려 있었다. 나는 분명 이것이 더 풍성하며 더 균형 잡힌 개혁주의 전통의 세계관 이해를 왜곡된 모습으로 보여 주는 것이라 생각한다. 그러나 현재의 세계관 담론에 대한 이해를 감안하여, 1장과 2장에서는 세계관 너머에 그리고 세계관 기저에 있는 핵심적이고 형성적인 예배의 역할에 대해 살펴보기 위해 우리의 인간관을 바로잡을 것이다. 원래 예수님의 제자가 된다는 것은 올바른 행동을 하기 위해 머릿속에 바른 사상과 교리, 신념을 집어넣는 것이 아니다. 오히려 그것은 바르게 **사랑하는** 사람, 하나님과 이웃을 사랑하고 무엇보다 이 사랑을 통해 세상과 관계하는 사람이 되는 것에 관한 문제다. 우리는 기독교 예배의 물질적 실천에 몰입함으로써—오랜 시간 동안 물과 포도주를 바라보고 그 냄새를 맡으며 정서적인 영향을 받음으로써—그런 사람으로 만들어져 간다.

예전은 '마음과 지성'의 전략이다. 즉, 우리의 마음을 사로잡고 우리의 사랑이 하나님 나라를 '향하게' 하는 반복적인 실천에 몸소 참여함으로써 우리를 제자로 훈련시키는 교육 방식이다. 우리는 세계관을 진술하기 전에 먼저 예배한다. 존재론이나 인식론을 말로 표현하기 전에 먼저 하나님의 치유하심과 조명하심을 구하며 기도한다. 하나님의 본성을 이론화하기 전에 먼저 그분을 찬양한다. 도덕적 원리를 표현하기 전에 먼저 용서받는다. 그리스도의 두 본성 교리를 정리하기 전에 먼저 성만찬에서 그리스도의 몸을 받는다. 생각하기 전에 먼저 기도한다. 무엇보다도 우리는 사랑하고, 욕망하며, 정서적이고, 예전적인 동물이다. 대부분의 경우 우리는 생각하는 존재나 인식하는 기계로서 세상을 살아가지 않는다. 4장에서 나는 이를 예배가 세계관보다 중요하며 예전이 교리보다 선행한다는 말로 설명할 것이다. 그러나 근본적으로 이런 주장은 '렉스 오란디, 렉스 크레덴디'(lex orandi, lex credendi), 교회가 기도하는 바가 곧 교회가 믿는 바라는 고전적인 원리의 재천명이자 해설일 뿐이다. 우리가 어떤 동물인가를 생각해 보면, 우리는 믿기 **전에** 기도하고 알기 전에 예배한다. 더 정확히 말하자면 우리는 알기 **위해** 예배한다.

그렇다면 기독교 교육의 본질과 과제, 그리고 기독교 대학의 중요성에 대한 우리의 이해도 달라져야 한다. 6장에서는 기독교 교육의 텔로스와 실천에 대한 새로운 전망을 제시함으로써 기독교 교육의 **목적**을 재진술할 것이다. 텔로스, 즉 목적과 관련하여, 앞서 제안했던 형성하는 교육으로서의 교육의 본성을 고려하며, 나는 기독교 교육의 일차적 목적은 특정한 사람들—하나

**생각해 볼 문제: 기독교 교육의 형태**

다음에 제시된 토론거리를 생각해 보라.

- 기독교 교육을 일차적으로 정보의 문제로 생각한다는 점에서, 또한 그 배후의 철학적 인간론을 고려해 볼 때, 기독교 신앙이 우리의 교육 방식에 영향을 미치지 못하는 것은 당연하다. 우리는 합리주의적 근대성의 교육을 채택하고 기독교 사상을 그 기계 안에 집어넣는다. 그러나 이것은 마치 피자 크러스트 위에 강낭콩과 으깬 완두콩을 올려놓고 영국 요리라고 부르는 것과 같다. 기독교 인간관이 교육의 **내용**뿐만 아니라 교육의 **방식**까지도 결정짓게 하려면 어떻게 해야 하는지에 관해 더 깊이 생각할 필요가 있다.

- 더 나아가 기독교의 이야기가 가르치는 이유와 배우고 싶어 하는 이유를 어떻게 형성해야 하는지에 관해서도 더 생각할 필요가 있다. 기독교 교육의 목표는 무엇인가? 정직하고 유쾌하며 감사할 줄 알면서도 경건한 생산자와 소비자를 길러 내는 것인가? 아니면 기독교 예배의 실천을 통해 진술되는 기독교의 이야기는 인간 번영을 전혀 다른 방식으로 그려 내고 있는가? 기독교 교육은 이에 관한 문제가 되어야 하지 않겠는가? 그렇다면, 우리의 학교와 대학, 대학교는 어떻게 바뀌어야 하는가?

- 셋째로, 현재 지배적인 모형으로 자리 잡은 왜곡된 세계관 이해에서는 합리주의적, 주지주의적, 인지 중심적 인간관을 상정한다. 따라서 우리가 몸을 지닌 존재이자 물질적이며 근본적으로 **욕망하는** 동물이라는

사실과, 우리가 인지하든 그렇지 못하든(그리고 대부분은 우리가 인지하지 못하는 사이에) 우리의 하루하루가 물질적인 예배—쇼핑몰과 경기장, 텔레비전 등에서 이루어지는—라는 다른 교육에 의해 형성되고 있다는 사실에 충분히 주의를 기울이지 못한다. 기독교 교육은 날마다 우리를 형성하고 있는 문화적 예배에 제대로 맞서지 못했기 때문에 그 기회를 놓치고 말았다. 기독교 교육의 비전을 새롭게 하기 위해서는 그것을 대항적 형성으로 이해해야 한다.

- 마지막으로 기독교 교육의 이원론적 모형은 또 다른 의미에서 그 기회를 놓치고 말았다. 이 모형은 우리가 하나님 나라의 백성으로 형성되어 가는 데에 신체적이고 물질적이며 예전적인 실천이 핵심적인 역할을 한다는 점에 주의를 기울이지 않기 때문에 우리를 그런 백성으로 형성해 내지 못한다. 홀리스터와 스타벅스가 손으로 만질 수 있는 물질적인 예배로 우리의 마음을 사로잡고 있는 반면, 기독교 학교는 이에 '맞서기' 위해서 젊은이들에게 기독교 **사상**을 전달하고 있다. 우리는 젊은이들에게(그리고 나이 든 사람에게도!) '기독교 세계관'을 쥐어 주고 나서 "그걸로 문제가 풀릴 거야"라고 말한다. 그러나 그런 전략은 머리를 겨냥할 뿐 진짜 표적, 즉 우리의 마음, 우리의 사랑, 우리의 욕망을 적중시키지 못한다. 형성으로서의 기독교 교육은 **욕망**의 교육이 되어야 한다.

님 나라를 욕망하며 따라서 그 욕망을 표현하는 것을 그들의 소명으로 삼는 사람들—을 형성하는 것이라고 주장할 것이다. 기독교 학교와 대학, 대학교의 책무는 그저 근처에 있는 공립 학교나 주립 대학에서도 얻을 수 있는 정보를 전파하는 '안전한' 장소를 제공하는 것이 아니다. 무질서한 사회에서 출세하는 생산성 높은 시민이 될 수 있도록 하는 지식이라고 세상에서 여기는 것에 관해 단지 '기독교적 관점'을 제공하는 것도 아니다. 오히려 기독교 대학의 사명은 그보다 더 급진적이다. 특히 이 사명은 제자 형성을 포함한다. 요컨대, 기독교 대학은 교회의 가르치는 사명을 담당하는 **형성**의 기관이다.

실천에 관해, 나는 이러한 기독교 교육의 사명을 성취하기 위해서는 물질적 실천이 형성에 미치는 영향을 중시하는 교육 방식이 필요하다고 주장할 것이다. 다시 말해서, 기독교 대학의 교육을 그저 비유나 은유가 아니라 보다 실질적인 의미에서 예전으로 이해해야 한다고 주장할 것이다. 더 단호하게 말하자면, 나는 기독교 사상을 전달하는 장소로 이해되는 '기독교 대학' 모형으로부터 교회와 긴밀하게 연결된 기관으로서 교회가 행하는 실천의 연장으로 이해되는 '교회의 대학'으로 전환해야 한다고 주장할 것이다. 만약 기독교 학문이 기독교 세계관에 의해 증진되고 그 세계관은 무엇보다도 기독교 예배의 실천에 함축된 이해 속에 든든히 자리하고 있다면, 기독교 대학의 강의실은 교회의 예배에 전적으로 의존하는 공간일 수밖에 없다. 즉 기독교 대학은 기독교 예배라는 자원에 기대어 존재한다.

### 문화 신학의 구성 요소: 교육, 예전, 교회

이 책에 대한 개괄적인 소개로부터 각 장에서 논의할 구체적인 내용으로 넘어가기 전에, 이 책에서 설명할 많은 내용은 학생과 교수뿐만 아니라 목회자와 교인들에게도 적용된다는 점을 밝혀 두고 싶다. 앞서 지적한, 기독교 교육에 대한 왜소하고 이원화된 시각으로 인한 여러 실패들은 지난 몇십 년 동안 우리가 '교회 생활을 해 왔던' 방식에도 똑같이 적용된다. 이 책에서 제시할 핵심 주장은 넓은 의미의 제자도와 밀접한 관계가 있다. 그런 의미에서 이 책을 '문화 신학'(혹은 더 일반적으로 기독교 문화 이론)으로 이해할 수도 있다. 문화 신학에서는,

- 인간을 단지 생각하는 사물이 아니라 **몸을 입은 행위자**로 이해한다.
- 도전과 저항이 일어나는 자리로서 사상보다는 **실천**에 더 관심을 기울인다.
- 예배나 예전의 관점에서 문화적 실천과 제도를 바라본다.
- 단순한 '반문화'가 되지 않으면서도 강력한 **반대**의 요소를 견지한다.

나의 관심은 일차적으로 사상이 아니라 실천에, 더 구체적으로는 정체성을 형성하는 예전으로서의 실천에 민감한 탐지기를 가진 문화 이론을 개발하는 데 있다. 그 목적은 일종의 양가성의 여지를 허용하는 문화 신학을 서술하는 것이다. 복잡성을 인식하고 설명해 낼 수 있는 명민한 문화 이론인 동시에 교회라는 무게 중심을 잃지 않는 신학이라 할 수 있다. 예배와 예전의 관점으로 문화적 제도를 바라봄으로써 우리가 이런 문화적 의례에 몰입해 있다는 것이 얼마나 중요한 의미를 갖는지 보여 주고자 한다. 그리하여 대안적인 문화적 형성으로서의 기독교 예배의 실천이 얼마나 중요한지를 새롭게 이해하게 되기를 바란다.

# 1부  욕망하고 상상하는 동물

우리가

사랑하는 것이

곧 우리다

서론에서 나는 공식 하나를 제안했다. 모든 교육의 이면에는 철학적 인간론이 존재한다. 다시 말해서, 모든 종류의 교육 행위 속에는 인간의 본성에 관한 일군의 전제가 있다. 기독교 예배를 욕망의 교육으로 보는 전망, 기독교 교육을 일종의 예전적 형성으로 보는 상호 연관된 그림을 설명하기 위해서는 먼저 이 전망을 특징짓는 인간관을 명확히 진술하는 것이 중요하다. 1부 전체의 목표는 어떤 점에서 교육을 정서적 실천에 의한 상상력의 형성으로 이해할 수 있는지를 간략히 설명하는 것이다. 1장에서는 인간을 사랑에 의해 규정된 존재로 이해하는 철학적 인간론을 제시한다. 이에 따르면 인간은 욕망하는 주체이자 예전적 동물이며, 인간이 세계를 대면하는 가장 주된 방식은 사랑이고 그 사랑은 결국 상상력을 형성한다. 그런 다음 2장에서는 어떻게 우리의 사랑/욕망이 물질적이며 구체적인 실천에 의해 형성되고 방향 지어지는지 간략히 설명한다. 3장에서는 '세속적' 예전을 해석함으로써 그것이 왜, 어떻게 예전으로서 기능하는지 밝혀내고자 한다.

# 1장 예배하는 인간

### 사랑하는 존재로서의 인간

나는 예전, 배움, 형성 사이의 관계를 생각함으로써 예배와 세계관 사이의 관계를 재고하자고 제안하고 있다. 같은 문제에 접근하는 두 가지 다른 방식을 나타내는 두 가지 물음이 그 동기가 되었다. 그 한편에는 기독교 고등 교육의 본질과 과제에 관한 물음이 있다. 왜 우리는 기독교 대학에서 공부하는가? 기독교 대학에서는 무엇을 가르치는가? 왜 기독교 대학이 필요한가? 그래서 우리는 이렇게 묻는다. 기독교 교육의 과제와 교회의 예전적 삶의 흐름 사이에는 어떤 관계가 있는가? 다른 한편으로, 문화 신학과 문화적 형성으로서의 예배와 관련해 우리는 이렇게 묻는다. 어떤 점에서 다른 문화적 실천은 (그와 경쟁하는) 예전인 동시에 교육이라고 할 수 있는가? 그리고 기독교 예배는 어떤 방식으로 우리를 다르게 형성하는 대안적 교육의 기능을 하는가?(혹은 하지 못하는가?) 이 두 종류의 물음은 모두 교육과 형성의 문제를 다룬다. 두 물음과 관련해 그리고 두 관점으로부터, 우리는 어떻게 물질적 실천이 우리에게 욕망을 교육함으로써 우리의 정체성을 형성하는지에 관심을 기울이고자 한다. 교육은 일차적으로 추상적이며 비물질적인 사상을 통해 이루어지는 무언가가 아니다. 오히려 교육은 우리의 욕망을 겨냥하고 우리의 상상력을 훈육하며 우리가 세상을 지향하게 하는 형성의 과정에서, 우리가 그것에 관해 **생각**해 보기도 전부터 이미 몸을 비롯한 우리의 전인에 영향을 미친다.

사상을 통해서만 가르치려는 교육 전략이 실패하는 경우가 많은 것은 바로 이 때문이다. 즉, 이런 교육은 사람을 **형성**하는 데 실패한다. 형성과 신체성 사이의 이러한 연관성을 생각해 보면, 교육은 우리가 흔히 생각하는 것보다 훨씬 더 '몸과 밀착된' 과제라고 말할 수 있다.

우리는 그저 이것이 어떻게 작동하는가를 생각하기 전에, 먼저 왜 이것이 작동하는지를 생각해 보아야 한다. 몸으로 행하는 의례와 물질적 실천이 우리의 정체성을 규정하고 우리의 욕망을 형성하는 데 그토록 효과적인 까닭은 무엇인가? 그러므로 물질적 실천이 어떻게 우리를 이런 식으로 훈육하는지에 관해 생각해 보기 전에(2장), 그리고 각기 다른 예배가 다른 목적을 지향한다는 점에 관심을 기울이기 전에(3장), 먼저 우리는 서론에서 제시한 공리인 모든 교육의 이면에는 철학적 인간론, 즉 인간에 관한 모형이나 그림이 존재한다는 주장을 철저히 규명할 필요가 있다. 이번 장에서는, 인간이 근본적으로 욕망하는 피조물이기 때문에 인간을 궁극적으로 **예전적 동물로**[1] 이해하는 철학적 인간론을 해명하는 데 초점을 맞춘다. 우리가 사랑하는 것이 곧 우리다. 그리고 우리의 사랑은, 우리의 오장육부를 사로잡고 특정한 목적을 지향하게 하는 예배의 실천에 의해 형성되고 훈육되며 그 방향이 결정된다. 그러므로 일차적으로 우리는 합리적 인간(*homo rationale*)이나 도구적 인간(*homo faber*), 경제적 인간(*homo economicus*)이 아니다. 심지어 흔히 말하는 종교

---

[1] 이어지는 논의를 통해 분명히 드러나겠지만, 여기서 **동물**이라는 말은 단순히 부차적이거나 은유적인 표현이 아니다. 이 장에서 제시하는 철학적 인간론에서는 알래스데어 매킨타이어(Alasdair MacIntyre)가 바르게 묘사한 "우리의 동물적 조건" 혹은 우리의 "인간적 동물성"을 강조한다. MacIntyre, *Dependent Rational Animals* (Chicago: Open Court, 1999), p. 5를 보라. 이 점에 관해, 로버트 브랜덤(Robert Brandom)의 용례를 따르면(뒤에서 더 자세히 논의할 것이다), 나의 기획—내 생각에는, 매킨타이어와 마찬가지로(같은 책, p. 8를 보라)—은 '동화주의적'(assimilationist)이다. 이 책 1부의 제목 "욕망하고 상상하는 동물"은 매킨타이어의 『의존하는 합리적 동물』(*Dependent Rational Animals*)와 크리스천 스미스의 『도덕과 신앙의 동물』(*Moral, Believing Animals*)을 빗댄 표현이다.

적 인간(*homo religiosus*)도 아니다. 더 구체적으로 말하자면 우리는 예배하는 인간(*homo liturgicus*)이다. 인간은 일차적으로 믿는 동물이 아니라 예전적 동물—몸을 지니고 있으며 실천하는 동물, 그의 사랑/욕망이 궁극적인 무언가를 지향하는 동물—이기 때문에 종교적인 동물이다. 하나의 교육이 하나의 철학적 인간론을 전제한다면, 독특한 기독교적 교육을 이야기하기 위해서 우리는 먼저 기독교의 철학적 인간론을 이루는 구성 요소가 무엇인지를 해명해야 한다. 이를 위해서 우리는 먼저 일반적인(그러나 환원론적인) 인간 유형에 대해 검토할 것이며, 그다음으로 인간을 사랑하며 예배하는 동물로 이해하는 대안적인 인간관을 제시할 것이다.

**생각하는 사물에서 예배하는 동물로**

기독교 대학이라는 이 낯선 짐승을 어떻게 이해하는가—그러므로 교회와 대학 사이의 관계를 어떻게 이해하는가—라는 물음은, 인간의 본질이 무엇인지 묻는 훨씬 더 깊은 물음과 연결된다. 우리는 너무 오랫동안 기독교 대학이라는 이 잡종의 짐승을, 더 근본적으로는 교회와 대학의 관계를 **사상**의 관점에서 이해하려고 노력해 왔다. 그래서 우리는 이 문제를 성(聖)과 속(俗)의 관계 문제나 신앙과 학문을 어떻게 통합할 것인가의 문제로 생각하거나, 세계관 사이의 충돌로 논의를 이끌어 가는 경우가 많다. 대학과 교회의 차이는 일차적으로 **사고와 믿음**의 차이에 있다고 생각하는 것이다. 그러나 나는 둘 사이의 관계—와 도전—는 그보다 더 심층적이라고 생각한다. 그리고 그 이유는 바로 인간이 일차적으로 혹은 많은 부분에 있어서 생각하는 존재, 심지어 믿는 존재가 아니기 때문이라고 생각한다. 오히려 인간은 일차적으로 그리고 근본적으로 사랑하는 존재다. 나는 여러 철학적 인간론을 간략히 살펴봄으로써 이 주장을 해명하고자 한다. 여기서 핵심 질문은 다음과 같다. 인간이란 무엇인가? 우리는 어떤 피조물인가? 우리는 어떤 존재가 되라고 부름받았는가? 철학사와 신학사에는 서로 다르며 또한 경쟁하는 인간관이 존재한다.

"나는 생각한다. 그러므로 나는 존재한다": 생각하는 존재로서의 인간

일찍이 플라톤(Plato)이 주장했고 데카르트에 의해 재탄생했으며 근대 이후 지속적으로 계발되고 있는 지배적인 모형에서는, 인간을 근본적으로 생각하는 사물로 이해한다. 『방법서설』(Discourse on Method, 문예출판사)과 나중에 쓴 『성찰』(Meditations, 문예출판사)에 제시된 데카르트의 기본적인 주장을 떠올려 보라. 데카르트는 이전에 가지고 있던 확실성이 난파를 당해 의심의 해안에 좌초한 후 불안함으로 괴로워하며, 자신이 실존적 위기에 빠졌음을 깨닫는다. 자신에게 그토록 확실해 보였던 것들이 나중에 거짓으로 밝혀질 수 있다면, 무언가에 관해 확신한다는 것이 어떻게 가능하겠는가?

이 불안과 정면으로 대결하기 위해 데카르트는 며칠 동안 골방에 틀어박혀 이 문제를 어떻게 해결할 수 있을지 **생각했다**. (데카르트가 그저 데이트를 했다면 세상은 얼마나 달라졌을까?!) 당신은 아마도 이 이야기를 대충 알고 있을 것이다. 지식의 조건에 대해 숙고하던 데카르트는 무언가를 확실히 알 수 있는지를 따져 보기 시작했다. 감각과 몸을 속임수와 의심의 원인으로 보고, 심지어는 수학적 진리의 영역까지 제외시킨 후, 데카르트는 그 어떤 것도 확실하지 않다며 체념한다. 내가 2+2=4가 확실한 진리라고 생각할 때도, 신이 악마 같은 존재로서 나를 속여 그것이 참이 아닌데도 명백히 참이라고 생각하게 만들었을 가능성을 배제할 수 없다. 이 사나운 의심의 바다에 빠져 허우적대던

데카르트는 한 줄기 희망—굳건한 토대를 약속하는 일종의 지적 등대—을 발견한다. 그의 추론에 의하면, 비록 내가 가장 확실해 보이는 것에 관해서 속고 있을지라도 내가 속기 위해서는 내가 존재해야만 하기 때문이다. 그리고 『성찰』에서는 "나는 생각한다. 고로 나는 존재한다"라는 데카르트의 유명한 경구가 훨씬 더 단호한 형태를 띤다. "나는 속는다. 고로 나는 존재한다." 왜냐하면 내가 속고 있을지라도, 속기 위해서는 내가 존재해야 하기 때문이다. 이 같은 통찰에 힘입어, 확실성을 찾아 헤매다 난파되었던 데카르트의 배는 마침내 해변에 이르게 된다.[2]

그리하여 데카르트는 확실성을 갖고 나는 존재한다고 결론 내린다. 그러나 이는 다음 물음을 제기한다. 즉, 나는 **무엇인가**? 가장 확실히 존재하는 이 '나'의 본질은 무엇인가? 그의 성찰에서 이미 감각과 몸을 제외시켰기 때문에, 데카르트는 '나'란 '생각하는 사물'이라고 결론 내린다. 다시 말해서, 나라는 존재는 본질적으로 비물질적인 지성이나 의식—이따금 일시적으로 몸을 갖기도 하지만 본질적으로 그렇지는 않은—이라는 것이다.[3] 이러한 생각은 우리에게 인간은 근본적으로 생각하는 사물—일차적으로 관념과 이성적 활동에 의해 규정되는 생각하는 기계—이라는, 지배적이며 강력한 인간관을 물려주었다. 이를 넓은 의미에서 '합리주의적' 또는 '주지주의적' 인간관이라 부를 수 있다. 이 인간관은 그 역사가 (플라톤까지 거슬러 올라갈 정도로) 오래되었으며, (칸트를 거쳐 현재까지) 수많은 계승자가 있다. 이 인간관에서는 사고를 인간의 본질로 보며, 인간을 몸과 분리시켜 이해하는 경우가 많다(즉, 생각하는 사

---

2 데카르트의 추론은 이보다 더 복잡하다. 제3성찰에서 그는 "나는 생각한다"라는 명제를 다시 회의한다. 여기서는 더 복잡하고 논쟁적인 해석은 일단 제외하겠다.

3 『성찰』에서 데카르트의 관심사 중 절반은 영혼의 불멸성을 논증하는 데 있었다는 점을 기억해 보라(그의 "소르본 신학자들에게 보내는 편지"를 보라). 이와 마찬가지로 인간 정체성의 핵심이 합리적이며 비물질적인 영혼에 있다고 보는 견해는, 훨씬 전 플라톤의 『파이돈』(*Phaedo*, 서광사)에서도 제시되었다.

물로서의 인간은 몸과 부차적으로만 관계가 있을 뿐이다). 따라서 '나'를 자라게 하고 움직이게 하는 길은 꾸준히 사상을 섭취하는 것이며, 그런 사상은 명제와 정보의 형태로 정맥주사처럼 머릿속에 주입된다.

근대를 지나며 생각하는 사물로서의 인간관은 여러 다른 형태를 취하게 되지만(예를 들어, 칸트나 헤겔의 철학에서), 특히 (자유주의적이든 보수적이든) 개신교는 이러한 합리주의적 인간관을 전적으로 수용했다. 개신교는 지나치게 인지 중심적 인간관을 기반으로 삼았고, 그로 인해 그리스도인이 무엇이며 어떻게 그리스도인이 되는지에 대해서 지나치게 주지주의적인 관점을 발전시켜 왔다.[4] 앞서 이야기한 것처럼 합리주의로 인해 '세계관'이 왜곡된 것도 이 때문이라고 말할 수 있다. 그리고 개신교 예배가 (파워포인트 슬라이드로 쉽게 요약되는) 기독교 사상과 추상적 가치를 전파하는 '메시지'에 집중하게 된 것도 이러한 합리주의적이며 인지 중심적인 인간론을 받아들였기 때문이다.[5] 그 결과, 개신교는 역설적으로 마치 일종의 반지성주의와 동맹을 맺기라도 한 것처럼 교리와 사상에 집착하는 수다쟁이 기독교가 되고 말았다. 이를 '가분수 인형' 기독교라고 표현할 수 있는데, 이 기독교는 인지적인 측면에 집착한 나머지 인간을 가분수 인형처럼 이해한다. 머리만 거대하고 몸은 거의 보이지 않는 사람을 그리는 셈이다. 요컨대, 교회는 인지 중심적인 인간론을 받아들였기 때문에 지성에만 몰두하는 발육부진의 교육학을 채택하고 말았다. 그래서 이 환원론적 인간론에 이의를 제기하지 못하고, 동일한 지성의 정맥주사를 통해 다른 사상을 주입하려 노력할 뿐이다.

---

4 Stanley Hauerwas, "How Risky Is *The Risk of Education?*" in *The State of the University: Academic Knowledges and the Knowledge of God* (Oxford: Blackwell, 2007), pp. 50-51를 보라.

5 '합리주의적 예배'에 대한 나의 비판으로는, James K. A. Smith, *Who's Afraid of Postmodernism? Taking Derrida, Lyotard, and Foucault to Church* (Grand Rapids: Baker Academic, 2006), pp. 140-141를 보라. 『누가 포스트모더니즘을 두려워하는가?』(살림출판사).

### "나는 이해하기 위해 믿는다": 믿는 존재로서의 인간

이처럼 인간을 '생각하는 사물'로 보는 합리주의적, 인지 중심적 인간관은 도전을 받아 왔다. 특히 개혁주의 전통에서는, 이런 인간관이 풍성하고 복잡한 인간 본성을 존중하지 못하며 인간의 생각이 중립적, 객관적 근거를 이룬다고 순진하게 상상하는 환원론이라고 지적한다. 비판자들은, 생각이 얼마나 **믿음**에 근거해서 작동하는지를 깨달아야 하며, 생각이 중립적이고 객관적인 행위가 아니라 세계를 바라보는 특정한 방식으로서 그보다 우선하는 믿음이나 신뢰에 기초를 둔다는 사실을 알아야 한다고 주장한다. 그러므로 우리는 생각하는 사람이기 이전에 믿는 사람이다. 세상에 대한 합리적인 설명을 내놓기 전에 우리는 이미 세상에 대한 우리의 인식을 지배하고 결정짓는 일련의 신념―**세계관**―을 상정하고 있다. 본래부터 우리는 생각하는 사람이 아니라 믿는 사람으로서 세상에 대한 지향이나 태도를 갖는다. 믿음이 사상보다 더 '근원적'이라고 말할 수 있다.[6] 이 대안적 인간론에서는, 근본적으로 인간을 생각하는 기계가 아니라 전-이성적 혹은 초-이성적인 세계관에 의해 규정되는 믿는 동물이나 본질적으로 종교적인 피조물로 이해한다.[7] 우리를 규정하는 것은 우리가 생각하는 바―우리가 동의하는 일군의 사상―가 아니라 우리가 **믿는** 바 곧 우리의 세계-내-존재를 방향 짓는 헌신과 신뢰다. 이 관점에서는 인간의 본질이 추상적이며 몸과 분리된 사상의 세계가 아니라 인간 안에 더 깊이 뿌리내린 전-이성적 헌신의 차원에 존재한다고 이해한다. 우리는 생각하는 사람이기 이전에 믿는 사람이다. 이처럼 개혁주의 전통에서

---

6  그런 의미에서 앨빈 플랜팅가(Alvin Plantinga)는 "가장 기본적인 신념"(properly basic beliefs)에 대해, 니콜라스 월터스토프는 "통제 신념"(control beliefs)에 대해 이야기한다.

7  이런 관점에 관한 더 전문적인 논의로는, Herman Dooyeweerd, *In the Twilight of Western Thought: Studies in the Pretended Autonomy of Theoretical Thought*, ed. James K. A. Smith, Collected Works B/4 (Lewiston, NY: Edwin Mellen, 1999)를 보라. 『서양 사상의 황혼에서』(크리스챤다이제스트).

비롯된 계열의 세계관 사상은, 지금까지 합리주의라는 목표에 부합하도록 세계관 담론을 사로잡고 있던 합리주의적 기독교 이해에 대한 비판을 정교하게 발전시켰다.

합리주의—특히 기독교화된 합리주의—에 대한 이러한 비판은 고무적이고 중요하다. 믿는 사람으로서 우리의 정체성이 갖는 전인적 성격을 더욱 강조하는 개혁주의 인간관은, 학계와 대중의 의식을 계속해서 지배하고 있는 환원론적 합리주의를 반박한다.[8] 또한 이것은 합리주의적 인간관에 수반하는 한 가지 중요한 특징, 즉 대학을 비롯한 '공적' 영역의 세속화를 야기한 이성의 '객관성'에 관한 주장—'기독교 대학'을 세우는 식의 경계 짓기는 형용모순으로 들린다는 주장—에 이의를 제기한다.[9] 이런 주장을 반박함으로써, 인간이 근본적으로 그리고 불가피하게 믿는 동물임을 강조하는 개혁주의는 세속주의의 논리를 밀어내고 독특한 기독교적 교육의 정당성을 마련한다.[10] 나 역시 이런 비판에 상당 부분 동의하지만, (합리주의적이지 않고) 믿음을 기반으로 하는 이러한 인간론에 대해 두 가지 의구심을 가지고 있다.

1. 이 인간관은 편협하며 소박하게 관념만 강조하는 태도를 반대하지만,

---

[8] 이것은 사회과학 방법론에 관해 크리스천 스미스가 주장하는 내용의 요지이기도 하다. *Moral, Believing Animals* (Oxford: Oxford University Press, 2003)에서 그는 사회과학의 지배적 패러다임이 여전히 인간을 합리적인 기계(혹은 단지 생물학적 기계)에 불과한 존재로 이해하는 환원론적 인간관을 반영한다고 주장한다. 그러므로 스미스는 인간을 **믿는** 동물, **이야기하는**(*narratological*) 동물로 이해하는 더 풍부하며 전인적인 인간관으로부터 출발하는 사회 이론이 필요하다고 말한다. 전자(믿는 동물—편집자)에 관해, 그는 특히 월터스토프의 연구를 원용하기 때문에 여기서 내가 설명하는 전통 속에 있다고 말할 수 있다.

[9] 이 점에 관해서는, James K. A. Smith, *Introducing Radical Orthodoxy: Mapping a Post-secular Theology* (Grand Rapids: Baker Academic, 2004)의 5장에서 훨씬 더 자세히 논한 바 있다.

[10] 조지 마스덴의 열정적인 설명을 보라. George Marsden, *The Outrageous Idea of Christian Scholarship* (New York: Oxford University Press, 1997).

단지 관념의 충돌을 한 차원 낮춰 신념의 충돌로 바꾸어 놓기만 한 것처럼 보인다. 이런 신념은 여전히 합리주의 모형의 명제와 사상과 비슷해 보이며, 신념은 단지 원-관념(Ur-ideas)—모든 관념을 뒷받침하는 본래적 신념—의 지위를 부여받는다. 그러한 신념은 여전히 관념을 제공하는 합리주의자의 목록과 질적으로 다르지 않은 목록을 가지고 P를 P'로 표현하는 느낌이 든다. 이런 식의 (단순히 의미론적인?) 전환만으로도 인간의 풍성함을 존중하는 것이 가능한가? 앞서 지적한 것처럼, 세계관 모형이 우리가 신앙과 대학 사이의 관계를 이해하는 방식에 영향을 미치고 있다는 것은 분명하다. 비록 그것을 관념의 문제로 환원시키지는 않지만, 세계관 모형은 여전히 둘 사이의 차이와 관계를 일차적으로 신념의 관점에서 이해하려는 경향이 있다. 관념에서 그 관념을 뒷받침하는 세계관으로 한 단계 내려오기는 했지만, 세계관 담론은 인간을 생각하는 존재로 이해하는 모형과 매우 비슷해 보인다.

2. 나는 인간을 믿는 존재로 이해하는 모형이 여전히 신체성을 무시하는 개인주의적 인간관을 견지한다고 생각한다. 나를 무언가 지향하게 하는 신념은 여전히 내 몸과 분리되어 있으며, 몸으로서 내가 행하는 것과 거의 혹은 전혀 관계가 없고, 내 몸이 부딪치고 끌어안고 만지는 다른 이들과도 거의 관계가 없는 것처럼 보인다. 이 모형은 신앙과 이성, 믿음과 앎 사이의 관계를 더 통합적으로 설명하려 하지만, 여전히 개개의 그리스도인을 개별적 신념에 근거해서 알고 믿는 사람으로 이해하는 경향이 있다. 그러므로 신앙과 학문의 관계를 논할 때도 대개 기독교나 기독교 신앙을 학문 분과나 대학과 연결하는 측면에서 이야기한다. 교회에 관해서는 거의 이야기하지 않는다. 이처럼 신체성을 무시하며 인간을 믿는 존재로 보는 개인주의적 인간관은 X, Y, Z에 관한 '기

'독교적 관점'을 개발하는 데 초점을 맞춘다. 이러한 인간관에서 몸의 물질성(그리고 그에 수반하는 몸으로 행하는 실천)과 교회의 구체성은 제외된다. 하우어워스가 올바르게 지적한 대로, 기독교가 "하나의 신념 체계"가 될 때 그것은 "교회의 중재 없이도 얻을 수 있는" 무언가로 축소되고 만다.[11] 그러므로 인간을 믿는 존재로 이해하는 모형에서는, 인간이 '수조 안에 든 뇌'[brain in a vat, 분석철학자 힐러리 퍼트넘(Hilary Putnam)이 제안한 가설로, 사람의 뇌가 육체에서 분리된 채 뇌를 계속 살아 움직이게끔 해 줄 영양분이 가득 담긴 통 속에 담긴 상황을 가정한다—옮긴이]는 아니지만 여전히 고립되고 몸과 분리된 신념의 집합체에 불과해 보인다. 이 모형에서 '믿는 존재'로서의 인간은 억제된 합리주의자처럼 보인다. 신념은 여전히 생각과 더 어울리는 것처럼 보인다. 다르게 말하자면, 길에서 '생각하는 사물'과 '믿는 사물'을 우연히 마주친다면, 둘 사이에서 큰 차이점을 발견하지 못할 것 같다.

종합하자면 이 두 비판이 주장하는 바는, 인간을 믿는 존재로 보는 모형에서는 여전히 다소 환원론적인 인간관, 지적이며 인지 중심적인 인간관을 제시한다는 것이다. 이것은 중요하다. 이 인간관은 그에 입각한 교육을 만들어 내기 때문이다. 우리의 작업가설―모든 교육은 하나의 인간론을 전제하며 그것을 표현한다―을 떠올리며 우리는 이렇게 물어야 한다. '믿음의' 교육이 정말로 '합리주의적' 교육과 크게 달라 보이는가? 전자가 우리는 몸을 지닌 존재이며 실천에 의해 형성된다는 점에 주의를 기울이지 않는 한, '믿음의' 교육은 정보 전달 패러다임의 변형된 형태에 불과할 것이다. 그리고 나는 이 대륙

---

11  Hauerwas, "How Risky?" p. 51.

의 기독교 학교와 대학의 교과 과정과 교육 방식에서 이를 확인할 수 있다고 생각한다. 개혁주의 전통의 세계관 담론이 합리주의와 합리주의가 내세우는 객관성과 세속성에 대한 주장을 근본적으로 비판하기는 하지만, 체현과 실천의 중요성을 깨닫지 못하는 한 그런 비판은 여전히 환원론적인 것처럼 보인다. 이런 맹점으로 인해 세계관 담론은 계속해서 유사 합리주의적 교육을 만들어 낸다.

그러나 이러한 비판이 세계관 모형 자체에 대한 거부를 의미하지는 않는다. 나는 합리주의에 대한 세계관 모형의 비판이 옳다고 생각한다. 우리의 앎은 관념보다 더 근원적인 일군의 신념에 의해 통제되고 결정된다. 그러므로 나의 비판은 세계관 모형을 거부하자는 말이 아니다. 오히려 비판의 핵심은, 신념에 대한 강조를 충분히 밀어붙이지 않았다는 것이다. 사람을 믿는 존재로 이해하는 개혁주의 세계관이 올바른 방향으로 한 걸음 나아가기는 했지만, 충분히 아우구스티누스주의적이지 못하다고 말할 수도 있겠다. 우리는 아직도 세계에 대한 우리의 근원적인 정향이 앎도, 심지어 신념도 아니고 **사랑**이라는 사실을 이해하지 못하는 다소 미숙한 인간론에 머물러 있다.[12] 그러므로 나는 인간을 생각하는 존재나 믿는 존재로 이해하는 모형에 반대하며, 인간을 가장 근본적으로 사랑에 의해 정향되고 규정되는 존재로 보는 더 강력한 아우구스티누스주의적 인간론을 제시하고자 한다. 이렇게 강력한 인간론─신체성을 더 중요한 형성의 장소로 보는 인간론─을 통해서만 참으로 대안적인 교육 이해를 이끌어 낼 수 있다. 그리고 그러한 대안적 교육학은 두 가지 중요한 열매를 맺을 것이다. 첫째, 그것은 우리로 하여금 어떻게 모든 종

---

[12] 아우구스티누스의 두 도성(지상의 도성과 하나님의 도성)을 구별 짓는 것은 관념이나 신념이 아니라 **사랑**이라는 점을 기억하라. Augustine, *City of God*, 19.24를 보라. 『신국론』(분도출판사).

류의 문화적 실천이 욕망의 교육학을 구성하는지에 주의를 기울이게 만들고, 그리하여 평범한 문화적 제도처럼 보이는 것들이 실제로는 얼마나 중요한 것인지를 깨닫게 해 줄 것이다. 둘째, 그것은 우리가 독특한 기독교적 교육을 더 통합적이며 근원적으로 이해하도록 도와줄 것이다.

## "내가 사랑하는 것이 곧 나다": 사랑하는 존재로서의 인간

나는 앞서 인간을 생각하는 존재로 보는 모형과 믿는 존재로 보는 모형이 모두 환원론적이라고 설명했다. 두 모형이 인간의 복잡성과 풍요로움을 존중하지 않고 우리와 우리의 핵심 정체성을 그 본래의 가치에 미치지 못하는 다른 무언가로 축소시키고 말았다고 주장했다. 이 환원론을 두 가지로 설명할 수 있다. 어떤 면에서, 이 두 모형은 지나치게 협소하다. 인간 존재의 한 작은 부분만을 강조하여 인간 정체성을 구성하는 더 중요한 요소들을 보지 못하는 경향이 있다. 오히려 그 작은 부분을 전체라고 생각하며 인격을 이루는 단 하나의 측면만을 절대화한다. 특히, 두 모형은 모두 우리 본성의 인지적 측면에만 협소하게 초점을 맞추고 (사상의 차원이든 신념의 차원이든) 우리를 그 측면으로 축소시키는 경향이 있다. 그 결과 우리가 누구인지에 관한 중요한 부분들—특히 우리의 신체성이나 동물성과 밀접하게 연관되어 있는 세계-내-존재의 비인지적 측면—을 포착하지 못하거나 본질적이지 않은 것으로 취급해 버린다. 다른 면에서, 이 모형들은 지나치게 정태적(static)이라고 말할 수 있다. 두 모형은 인간을 스냅 사진으로 포착해 낼 수 있는 사물처럼 취급하는 경향이 있다. 우리의 신체성을 배제하듯 우리의 시간성도 배제한다. 만약 인간을 거의 몸을 가지고 있지 않은 존재처럼 생각한다면, 역사도 없고 시간에 따른 변화와 발전의 감각도 없는 피조물로 그려 낼 수밖에 없다. 그러므로 이 두 모형은 우리의 신체성을 무시한다는 의미에서 지나치게 협소하며, 우리의 시간성을 무시한다는 의미에서 지나치게 정태적이다.

그와 반대로, 우리에게는 인간을 몸을 입은 욕망의 혹은 사랑의 주체로 이해하는 비환원론적 인간관이 필요하다. 이러한 아우구스티누스주의적 인간관은 인간 정체성의 핵심을 머리와 관련된 지성의 영역에서 우리 몸의 중심부, 특히 카르디아(*kardia*, 마음 또는 오장육부)로 이동시킴으로써 이전 모형의 합리주의와 유사 합리주의에 저항한다. 요컨대, 우리는 일차적으로 생각하는 존재나 심지어 믿는 존재가 아니라 육체를 지닌 정서적 피조물로서 세상 속에서 더듬어 길을 찾으며 살아간다. 렘브란트(Rembrandt)의 스케치에 묘사된 눈먼 사람들처럼, 우리는 세상 속에서 손을 뻗은 채 우리의 몸을 통해 촉감을 느끼며 살아간다.[13] 우리가 세계-내-존재로서 매일을 평범하게 살아갈 때 머리가 아니라 마음과 손으로 살아간다고 말할 수도 있다. 또한 인간을 욕망하는 피조물로 보는 이 모형은, 인간의 정체성을 더 역동적으로 설명한다는 점에서 이전의 모형에 반대한다. 인간을 시간이 지남에 따라 변화하고 발전하는 존재(형성의 과정), 일종의 역동적 흐름에 의해 특징지어지는 존재로 이해한다. 인간은 스냅 사진으로 결코 포착할 수 없는 피조물이다. 이러한 역동성을 제대로 포착하려면 비디오가 필요하다.

이 대안적 모형을 풀어 설명하기 위해, 먼저 도표를 통해 이 인간론의 주요 특징을 살펴보겠다(그림 1을 보라). 그런 다음 각각의 특징을 설명할 것이다.

---

13 이에 관한 논의로는, Jacques Derrida, *Memoirs of the Blind: The Self-Portrait and Other Ruins*, trans. Pascale-Anne Brault and Michael Naas (Chicago: University of Chicago Press, 1993)를 보라. 또한 "Is Deconstruction an Augustinian Science? Augustine, Derrida, and Caputo on the Commitments of Philosophy", in *Religion with/out Religion: The Prayers and Tears of John D. Caputo*, ed. James H. Olthuis (London: Routledge, 2001), pp. 50-61에 실린 나의 해설을 보라.

1. 지향성: 사랑의 방향

이 모형은, 우리가 앞으로 **지향적**(intentional) 인간관이라 부르게 될 것으로부터 시작한다. 인간을 사상이나 신념을 담고 있는 정태적인 존재로 생각하기보다는 지향적인 존재로 생각하는 이 인간관에서는,[14] 우리의 세계-내-존재는 지각의 대상으로서 언제나 세상을 '지향'하거나 '겨냥'하는 역동적, '비-정태적'(ek-static) 방향성에 의해 특징지어진다는 점을 강조한다. 라틴어 '인텐티오'(*intentio*)는 '겨누다'로 번역할 수 있다. 그러므로 인격이나 의식이 **지향적**이라는 말은 그것이 언제나 무언가를 '겨눈다'는 뜻이다. 그것은 대상으로서 무언가를 지향**한다**. 이것이 후설(Husserl) 현상학의 핵심 공리다. 의식은 언제나 '**…에 대한** 의식'이다. 데카르트와 반대로, 나는 결코 그냥 '생각'할 수 없다. 나는 반드시 무언가**에 대해** 생각할 수밖에 없다. 이를 확인하기 위해 작은 실험을 해 보자. 잠깐 동안 그냥 생각해 보는 실험이다. 준비됐는가? 책을 내려놓고 눈을 감고 그냥 생각해 보라.…자, 어떻게 했는가? 그냥 생각할 수 있었는가? 아니면 무언가**에 대해** 생각했는가? 생각하기에 대해 생각했을 수도 있으며, 그냥 생각하기가 가능한가에 대해 생각했을 수도 있고, 좋아하는 간식에 대해 생각했을 수도 있다(그랬다면 다시 이 책으로 돌아오기가 참 싫었을 것이다). 어쨌든 내 주장은, 이 실험은 우리가 생각할 때에는 언제나 그리고 반드시 무언가에 대해 생각할 수밖에 없다는 사실을 확인시켜 준다는 것이다. 인간의 의식이 **지향적**이라는 말은 바로 이런 뜻이다. 인간은 점이나 기호로 도식화

---

[14] 아우구스티누스와 아퀴나스(Aquinas)의 고대적 관점이든 후설과 하이데거의 현상학적 관점이든 '지향성'을 설명하는 이 두 방식은 서로 무관하지 않다. 아우구스티누스의 모형은 후설과 하이데거의 '현상학적' 설명 둘 다에 영향을 미쳤다. 이에 관한 논의로는, James K. A. Smith, "Confessions of an Existentialist: Reading Augustine after Heidegger", *The Influence of Augustine on Heidegger: The Emergence of an Augustinian Phenomenology*, ed. Craig J. N. DePaulo (Lewiston, NY: Edwin Mellen, 2006), pp. 221-257를 보라.

될 수 있는 피조물이 아니다. 오히려 우리 존재의 이러한 역동적, 지향적 성격 때문에, 먼저 인간을 세상을 지향하거나 겨냥하는 화살로 묘사하는 것이다.

그러나 이것은 첫걸음일 뿐이다. 우리가 지향적인 존재라고 말함으로써 앞서 살펴본 정태적인 인간관으로부터 거리를 두기는 했지만, 그것으로는 충분하지 않다. 우리가 세상을 지향하거나 겨냥한다고 말했을 뿐, 우리가 **어떻게** 그러는지에 관해서는 별로 말하지 않았다. 현상학 전통―시대착오적으로 보이지만, 아우구스티누스에게로 거슬러 올라간다고 말할 수도 있는―에서는 인식하는 데에 여러 가지 방식이 있다고 본다. 세상을 지향하는 데에는 여러 방식이 있다. 예를 들어, 우리는 친구인 테드에 대해 **생각할** 수도 있고 그를 **지각할** 수도 있다. 또한 그를 **기억할** 수도 있고 **기대할** 수도 있다. 조금 이상한 경우이긴 하지만, 심지어 그를 **무서워할** 수도 있다. 혹은 그를 **사랑할** 수도 있다. 이 모든 것(과 그 외에 다른 것)이 세상을 지향하는 여러 다른 방식, 즉 지향성의 여러 **형식**이다. 여기서 우리는 무엇이 인간됨의 가장 근원적이며 기초적인 형식인가에 관해 후설과 하이데거 사이에 벌어진 현상학의 핵심 논쟁을 만난다. 일차적으로 그리고 대부분의 경우 우리는 세상에 대해 **생각하는가**? 아니면 대부분의 경우 그와 다른 어떤 방식으로 세상을 지향하는가? 하이데거는 후설이―데카르트적인 방식으로[15]―인간을 일차적으로 인지적, 합리적 동물로 보는 경향이 있다고 주장했다. 마치 우리가 근본적으로 그리고 대부분의 경우 생각하거나 인지하는 방식으로 세상을 지향한다고 보았다는 것이다. 앞서 우리가 여러 모형에 대해 제기했던 비판과 유사한 방식으로,

---

15 『존재와 시간』(*Being and Time*, 까치)에서 하이데거는 스승인 후설을 공격하고 싶을 때마다 그것을 데카르트의 책임으로 돌린다(그렇게 함으로써 데카르트의 합리주의와 지나치게 인지주의적인 후설의 현상학 사이에 근본적인 연속성이 있다고 주장한다). 그러나 후설은 자신이 비판의 대상이 되었다는 것을 어렵지 않게 간파했다. 후설은 자신이 가지고 있던 『존재와 시간』에 이렇게 휘갈겨 써 놓았다. "플라톤은 친구다. 그러나 진리가 더 위대한 친구다."

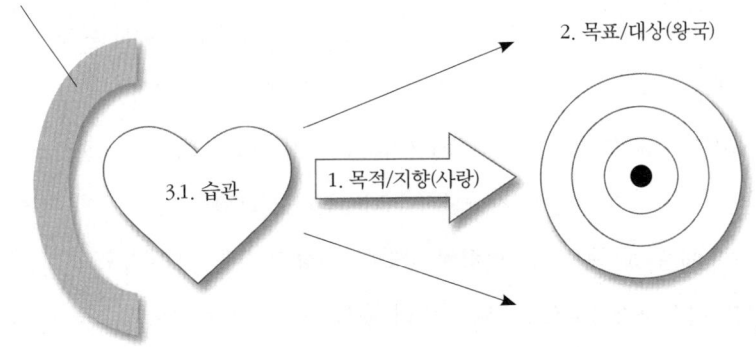

그림 1. 예전적 인간: 욕망하는 동물로서의 인간

하이데거는 지향성에 관한 후설의 설명이 환원론적이라고 생각했다. 후설은 우리 삶의 생생한 경험이 지닌 풍성함과 복잡성을 단순한 지각이나 인식으로 환원시켰고, 그렇게 함으로써 세상의 구조를 '대상'의 집합으로 환원시키는 경향이 있다. 마치 우리가 의자에 앉거나 친구와 포옹을 나누며 훨씬 더 흥미로운 방식으로 세상을 살아가는 대신, 하루 종일 의자를 **지각**하고 친구를 **지각**하며 돌아다닌다는 것이다.

그에 반해, 하이데거는 우리가 일차적으로 그리고 대부분의 경우 대상 세계에 대해 **생각**하지 않는다고 주장했다. 오히려 우리는 계승된 행위자로서 세계와 **관계를 맺는다**. 세계는 우리가 거리를 두고 관찰하는 그림이 아니라 우리가 헤엄치는 환경이다.[16] 그러므로 하이데거는 지각이나 단순한 인식이 지향적인 의식의 근본 형식이라고 주장하지 않고, **염려**(care, 관심)가 세상을 '지향'하는 가장 원초적인 형식이라고 주장했다.[17] 이로써 하이데거는 매우 중

---

16  이에 관해서는 James K. A. Smith, *Speech and Theology: Language and the Logic of Incarnation* (London: Routledge, 2002), pp. 67-82에서 더 자세히 논의했다.

17  Martin Heidegger, *Being and Time*, trans. John Macquarrie and Edward Robinson (New York:

요한 전환을 이루었다. 그는 인간의 무게 중심을 인지적인 것에서 비인지적인 것으로, 즉 머리에서 마음으로, 지성의 영역에서 몸과 밀접히 연결된 정서의 영역으로 옮겼다.[18] 하이데거를 따라 우리는, 나는 세상 속에서 나의 길을 **생각하지 않고 느낀다**고 말할 수 있을 것이다. 이러한 전환을 통해, 하이데거는 자신이 아우구스티누스[그리고 후대의 아우구스티누스주의자인 파스칼(Pascal)]의 영향을 받았음을 보여 주는 한편, 그 당시까지 지배적이었던 인지주의적 패러다임 (그리고 남아서 작동하고 있던, 앞서 살펴보았듯 인간을 생각하는 존재와 믿는 존재로 보는 입장) 에 대한 대안이 될 만한 인간론을 주장하기 시작했다.

따라서 사랑하는 존재로서의 인간이라는 관점은 인간의 지향하는 본성에 대한 긍정으로부터 출발한다. 더 나아가 우리는 하이데거와 더불어 우리가 세계를 지향하는 가장 근본적인 방식은 인지적이지 않으며 비인지적이라고 주장할 수 있다. 우리가 세계를 지향하는 일차적인 혹은 기본적인 방식은 반성적이거나 이론적이지 않다. 우리는 교실까지 어떻게 갈 것인지에 관해 **생각하거나** 이를 어떻게 닦을지에 관해 **생각하거나** 우리의 친구들을 **지각하며** 하루를 보내지 않는다. 우리는 그저 세계에 참여하며 하루 중 대부분의 시간을 보낸다. 우리는 대개 생각하지 않고도 자신의 위치를 파악하며 길을 찾아간다. 마치 퇴근길에 차를 몰고 갈 때 돌아오는 길이 매우 익숙해서 '의식'하지도 않은 채 운전하며, 때로는 퇴근길을 기억하지도 못한 채로 주차장 진입로에 와 있는 자신을 발견한다. 우리가 세계를 지향하는 기본적인 방식은 비인지적이며 선(先)반성적이다. 세계 안에서 '길을 더듬어 느끼며' 살아가는

---

Harper & Row, 1966), §§41-42를 보라.

**18** 대단히 '세속화된'(형식화된) 설명을 제시하는 『존재와 시간』에서조차도, 하이데거는 이 점에 관해 아우구스티누스를 구체적으로 언급한다. "저자는 아우구스티누스적 인간관, 즉 희랍적이며 기독교적인 인간론을 해석해 보려고 하다가 '염려'를 중심으로 현존재(Dasein)를 실존적으로 분석해야겠다는 생각이 떠올랐다"(같은 책, p. 405n7).

정서적인 방식이다. 하이데거는 이를 세계에 대한 우리의 '기분'(attunement)이라고 말했다. 아우구스티누스—하이데거는 **염려**의 현상학과 관련해 그에게 적잖이 빚지고 있다—는 이 점을 약간 다르게 설명하며, 그렇게 함으로써 하이데거가 후설을 비판한 것과 비슷한 방식으로 하이데거에게 이의를 제기할 것이다. 아우구스티누스는 지향성의 가장 근원적인 방식을 설명하고자 할 때 '염려'나 '관심'처럼 포괄적인 개념에 만족하는 대신, 우리가 세계를 지향하는 가장 근원적인 방식이 **사랑**이라고 주장했을 것이다.[19]

인간을 '욕망'하는 존재로 이해하는 인간관은, 우리가 무엇보다도 먼저(그리고 궁극적으로) **사랑**의 방식으로 세계를 지향하는 지향적 존재라는 인식으로부터 출발한다. 우리는 근원적으로 그리고 본질적으로 욕망이나 갈망의 구조를 취하는 사랑의 주체들이다.[20] 우리는 본질적으로 그리고 궁극적으로 욕망하는 동물이다. 이 말은 곧 우리가 본질적으로 그리고 궁극적으로 사랑하는 존재라는 말과 같다. 사람이라는 것은 곧 사랑하는 존재라는 말이며, 우리가

---

19 Augustine, *Teaching Christianity*, trans. Edmund Hill (New York: New City, 1996), 1.26.27-1.29.30를 보라. 『그리스도교 교양』(분도출판사). 이에 관한 해설로는 Smith, "Confessions of an Existentialist"를 보라. 이 시리즈의 제2권에서는, 특히 메를로-퐁티(Merleau-Ponty)와의 대화를 통해 이 주제를 더 자세히 다룰 것이다. 그 책에서는 예배가 일종의 '함께 있음'(existentiale)이라는 주장을 설명할 것이다.

20 Augustine, *Homilies on I John*, 4.6를 보라. 『요한 서간 강해』(분도출판사). "좋은 그리스도인의 삶이란 거룩한 갈망의 삶이다.…그것은 갈망에 의해 훈련되는 삶이며, 거룩한 갈망을 통한 우리의 훈련은 우리의 갈망이 점차 이 세상에 대한 사랑으로부터 멀어지는 방향으로 나아간다"[*Augustine: Later Works*, ed. John Burnaby (Philadelphia: Westminster, 1955), p. 290]. 여기서 말하는 "이 세상"의 의미에 관해서는 5장을 보라. 기본적으로 나는 이 책에서 **사랑**과 **욕망**을 구별하지 않았고, **에로스**(*eros*)와 **아가페**(*agapē*)도 구별하지 않으려 했다. 이후의 논의를 통해 분명해지겠지만, 아가페는 올바른 방향을 지향하는 에로스다. 이와 관련해 아우구스티누스가 말하는 **카리타스**(*caritas*)와 **쿠피디타스**(*cupiditas*) 사이의 구별이 도움이 되기는 하지만, 나는 이 둘 모두 서로 다른 방향을 지향하는 **델렉타티오**(*delectatio*)라고 본다(카리타스는 '하나님을 향한 사랑', 쿠피디타스는 '세상을 향한 사랑', 델렉타티오는 '기쁨'을 말한다—옮긴이). 이런 해석이 아우구스티누스의 사상에 부합하는지는 다른 사람들의 판단에 맡긴다. 이에 관한 유익한 논의로는, John von Heyking, *Augustine and Politics as Longing in the World* (Columbia: University of Missouri Press, 2001)를 보라.

사랑하는 것이 우리가 누구인지를 규정한다. 우리의 (궁극적인) 사랑이 우리의 정체성을 이룬다.[21] 그러므로 우리는 지금 피자나 보스턴 레드삭스를 '사랑'한다고 말할 때처럼 사소한 사랑에 관해 이야기하는 게 아니다. 심지어 부모나 배우자를 '사랑'한다고 말할 때처럼(비록 이런 사랑이 우리가 관심을 기울이는 사랑 안에 포함되기는 하지만) 중요한 사랑에 관해 이야기하는 것도 아니다. 오히려 우리가 이야기하는 사랑은 **궁극적** 사랑이다. 그것은 우리가 근본적으로 지향하는 사랑, 좋은 삶에 대한 우리의 전망을 궁극적으로 지배하는 사랑, 우리의 세계-내-존재를 형성하고 빚어내는 사랑이다. 다시 말해서, 다른 모든 것보다 더 욕망하는 것, 우리의 다른 모든 이차적인 욕망과 행위를 형성하고 그 위치를 정하며 그것에 의미를 부여하는 궁극적인 욕망을 말한다.

이런 궁극적인 사랑은 우리가 궁극적으로 충성을 맹세하는 것이라고 설명할 수도 있다. 혹은, 종교적이면서 고대적인 언어를 사용하자면, 우리의 궁극적인 사랑은 우리가 **예배**하는 대상이다. 이것이 사랑의 문제임을 강조하는 까닭은 궁극적인 것에 대한 우리의 지향성이 일차적으로 사고의 문제가 아니라는 것을 분명히 하고자 함이다. 내 삶을 아래로부터 형성하는 것은 내가 생각하는 대상이 아니다. 나의 열정에 생기를 불어넣는 것은 내가 욕망하는 대상, 사랑하는 대상이다. 인간이라는 것은 이러한 근원적, 궁극적 사랑—비록 우리가 이에 대해 실제로 전혀 생각하지 않는다 할지라도—에 의해 정향되는 피조물이라는 뜻이다. 사실, 때로는 이 보이지 않는 선반성적 욕망은 우리가 이에 대해 생각하지 않을 때 우리를 가장 강력하게 지배한다(뒤에서 논의할 내용처럼, 이러한 사실이 문제가 될 수 있다).

---

21 이에 관한 논의로는 James H. Olthuis, *The Beautiful Risk: A New Psychology of Loving and Being Loved* (Grand Rapids: Zondervan, 2001), pp. 68-70를 보라.

그러므로 이러한 사랑이나 욕망이 인간됨의 구조적 특징이다. 그것은 열정적인 사람이나 낭만적인 사람, 심지어 특별히 종교적인 사람만의 특징이 아니다. 인간이라는 존재가 곧 사랑하는 존재라는 말이다. 이는 자신이 궁극적으로 사랑하는 것에 의해 삶의 지향과 형태가 근본적으로 형성되는 피조물이라는 뜻이다. 그리고 궁극적으로 사랑하는 대상은, 반성보다 선행하며 심지어 관념적으로 설명할 수조차 없는 방식으로 세상에 대한 우리의 정서적이며 본능적인 정향을 결정짓는다. 인간이 근본적으로 사랑하는 존재라고 말하는 것은, 우리가 흔히 설명하지 않는(그리고 설명할 수 없는) 방식으로 우리에게는 사물이 **중요하다**는 사실을 강조하는 것이다. 우리로 하여금 특정한 방식으로 행동하고, 특정한 관계를 맺고, 특정한 상품을 추구하고, 특정한 방식으로 희생하고, 특정한 것들을 즐기도록 우리를 떠미는(혹은 끌어당기는) 일종의 추진력(혹은, 어떤 비유를 사용하느냐에 따라 견인력이라고 할 수도 있다)이 존재한다. 가장 중요한 점은, 우리가 왜 이렇게 행동했느냐는 질문을 받게 된다면 왜 그랬는지 '알고' 있음에도 결국에는 설명하지 못하는 한계에 부딪치게 된다는 것이다. 우리는 사랑하기 때문에 그렇게 행동한다.

그러나 이 말은 우리 모두가 같은 것을 사랑한다는 뜻이 아니다. 사랑의 구조는 다른 방향을 취할 수 있으며, 그것은 곧 이 사랑이 잘못된 방향으로 나아갈 수도 있음을 뜻한다.[22] 그것은 우리의 사랑이 어떤 방향을 향하는가에 달려 있다. (개인으로서뿐만 아니라 '공동체'로서)[23] 우리를 구별시키는 것은, 우리가 사랑**하는가** 그렇지 **않은가**가 아니라 우리가 **무엇을** 사랑하는가다. 우리

---

[22] 이를 설명하고 발전시키는 데 Albert Wolters, *Creation Regained* (Grand Rapids: Eerdmans, 1985), pp. 72-95에 제시된 구조와 방향의 구별을 원용한 것이 유용했다. 『창조 타락 구속』(IVP).

[23] Augustine, *City of God* 19.24-26를 보라.

존재의 중심에는 일종의 '사랑의 펌프'[24]가 있다. 이 펌프는 심지어 죄나 타락에 의해서도 절대로 꺼지지 않는다. 오히려 죄는 사랑의 펌프에 영향을 미쳐, 펌프가 제대로 작동하지 않게 만들고 잘못된 방향으로 나아가게 하며 그릇된 것을 지향하게 만든다.[25] 우리의 사랑은 다른 목적을 지향하거나 다른 방향을 가리킬 수 있으며, 이 차이가 개인으로서 또한 공동체로서 우리를 규정한다. 이것은 '욕망의' 인간관의 두 번째 요소와 연결된다(그림 1을 떠올려 보라).

## 2. 목적론: 사랑의 목적

우리가 역동적이며 지향적인 피조물이라고 말할 때, 그 말은 두 번째 특징을 수반한다. 즉, 우리는 **목적론적**(teleological) 피조물이다. 우리는 우리의 사랑이 서로 다른 목적이나 목표[그리스어로는 **텔로이**(*teloi*)]를 지향하는 동물이다. 사랑은 지향적이기 때문에 언제나 목표를, 지향하거나 겨누는 대상을 가진다. 그러므로 우리가 일차적으로 비인지적이며 정서적인 방식의 지향성을 띠고 이 세상을 살아갈 때, 그 사랑 안에는 하나의 목적, 즉 텔로스가 담겨 있다. 다시 말해서, 우리가 사랑하는 것은 곧 좋은 삶에 대한 특정한 전망, 우리가 생각하는 인간 번영에 관한 암시적인 그림이다.[26] 이러한 그림에는 모든 요소가

---

[24] 마음을 "욕망의 공상"(desire factory)으로 표현하는 존 파이퍼(John Piper)의 개념과 비교해 보라. *Future Grace* (Sisters, OR: Multnomah, 1995), pp. 277-279. 『장래의 은혜』(좋은씨앗). 나에게 파이퍼의 이해를 알려 준 노리스(Norris)와 로이스 앨스마(Lois Aalsma)에게 감사드린다.

[25] 아우구스티누스는, 죄가 우리의 사랑에 미치는 영향은 우리가 사랑하기를 그치는 것이 아니라 우리의 사랑이 왜곡되는 것이라고 말할 것이다. 왜곡된 사랑은 잘못된 목적을 향하게 되며, 단순히 '사용해야' 할 대상을 '즐기려' 한다(아우구스티누스가 말한 *uti*와 *frui*를 대조한 것이다—옮긴이). 혹은 다른 말로 하면, 우리의 사랑은 **카리타스**가 되지 못하고 **쿠피디타스**가 된다. Augustine, *Teaching Christianity* 1.26.27-1.27.28를 보라.

[26] Charles Taylor, *A Secular Age* (Cambridge, MA: Harvard University Press, 2007), p. 16와 비교해 보라. "모든 사람과 모든 사회는 인간 번영이란 무엇인가에 관한 관념(들)을 가지고, 혹은 그것에 따라 산다. 무엇이 만족스러운 삶을 이루는가? 무엇이 삶을 참으로 살 만한 가치가 있게 해 주는가? 우리가 어떤 사람을 우러러보는 가장 중요한 이유는 무엇인가?"

포함된다. 좋은 인간관계란 어떤 것인가, 정의로운 경제와 자원 분배란 어떤 것인가, 어떤 여가와 놀이를 선호하는가, 자연과 환경과는 어떤 관계를 맺어야 하는가, 어떤 일이 좋은 일인가, 번성하는 가족은 어떤 모습인가 등에 관한 전제가 그 안에 내포되어 있다. (아마도 이 시점에서 가장 중요한 것은 이것이 **사회적 전망**임을 강조하는 것이다. 이것은 그저 내가 '구원'받았다는 것이 무엇을 뜻하는가에 관한 그림이 아니다. 인간 번영에 관한 비전은—심지어는 **개인주의적인** 비전조차도—인간의 상호주관성과 사회적 제도에 대한 설명을 포함한다.) 우리의 궁극적인 사랑은 우리가 잘 사는 삶이란 어떤 것인가에 관한 그림에 의해 정향되며 또한 그 그림을 지향한다. 그리고 이 그림은 우리의 결정과 행동을 지배하고 형성하며 자극한다.

이것이 하나의 **그림**이라는 점을 강조해 두는 것이 중요하다. 같은 이유로 나는 우리가 근본적으로 비인지적이며 정서적인 피조물이라고 강조했다. 우리의 사랑이 지향하는 텔로스는 사상이나 명제, 교리의 목록이 아니다. 추상적이며 구체적이지 않은 관념이나 가치의 목록이 아니다. 오히려 좋은 삶에 대한 이러한 전망이 우리를 움직이는 까닭은 그것이 좋은 삶이란 무엇인가에 관한 보다 더 정서적이고 감각적이며 심지어는 심미적인 **그림**이기 때문이다. 좋은 삶의 전망은, 일군의 규칙이나 사상을 제공하기보다는 번영하고 잘 사는 삶이란 어떤 모습인가에 관한 그림을 그려 보임으로써 우리의 마음과 상상력을 사로잡는다. 이 때문에 이런 그림은 논문이나 메시지, 학술서가 아니라 이야기, 전설, 신화, 연극, 소설, 영화를 통해서 가장 강력하게 전달된다.[27] 우리는 인지적이기 전에(그리고 심지어 인지적일 **때조차도**) 정서적이기 때문

---

[27] Stanley Hauerwas, "A Story-Formed Community: Reflections on Watership Down", in *The Hauerwas Reader*, ed. John Berkman and Michael Cartwright (Durham, NC: Duke University Press, 2001), pp. 171–199를 보라. 예배가 이러한 정서적인 측면에 영향을 미치고 **이야기를 그려 보일 수 있다는** 점에서 중요한 이유가 바로 여기에 있다. 현재 이런 식으로 기능하는 상상의 장르(연극, 소설 등) 중 다수는 실제로 구체적인 형태를 띠는 기독교 예배의 어떤 세속화된 모습을 이룬다. 성만찬의 세속

에,²⁸ 선에 대한 전망은 일차적으로 정서적이며 상상적인 우리의 본성에 상응하는 방식으로 우리 안에 새겨진다. 그렇다고 인지적이거나 명제적인 것이 우리에게 전혀 낯설다는 말은 아니다(만약 그렇다면, 이 책을 쓰는 일은 쓸데없는 짓일 뿐이다!). 그러나 그것은 똑같은 방식으로 혹은 똑같은 효과를 지닌 채 (비인지적인) 우리의 뼛속까지 파고들지는 못한다.²⁹ 좋은 삶을 매력적으로 묘사한 **그림**이 우리의 마음과 상상력을 사로잡을 때, 인지적이며 명제적인 것은 축소되어 그저 '어쩌고저쩌고'에 불과한 것으로 취급되기 쉽다. 마치 텔레비전이 켜져 있을 때 누군가가 하는 이야기를 듣기는 어려운 반면, 텔레비전의 깜빡이는 이미지는 자석처럼 우리의 주의를 잡아끄는 것과 같다.

우리의 궁극적인 사랑이 우리를 움직이고 자극한다. 우리는 이런 인간 번영에 관한 그림에 매료되기 때문이다. 우리는 신념에 의해 추동되기보다는 우리가 욕망하는 텔로스에 이끌린다. 지적으로 설득된 다음 의지력을 발휘해 우리가 해야 할 바를 추구하는 것이 아니다. 오히려 우리는 선인지적 차원에

---

화된 형태로서의 드라마에 관한 논의로는, Graham Greene, "Dramatists", in Elizabeth Bowen, et al., *The Heritage of British Literature* (London: Thames & Hudson, 1983), pp. 67-107를 보라. 같은 맥락에서 오페라에 관해 논의한 글로는, Jean-Luc Marion, *The Crossing of the Visible*, trans. James K. A. Smith (Stanford: Stanford University Press, 2004), pp. 64-65를 보라.

28 이것은 매킨타이어가 *Dependent Rational Animals*에서 자주 강조했던 바다. 인지적인 반성에 참여할 때에도, 우리는 비인지적인 동물이기를 **그치지 않는다**. 그의 말처럼, "인간의 정체성이 신체적이기만 하지는 않더라도, 일차적으로는 신체적이다"(p. 8). 그러므로 "선(先)언어적"인 것(내가 비인지적이거나 정서적이라고 칭한 것)은 우리가 벗어나야 할 단순한 "삶의 초기 단계"가 아니다. 그것은 "우리 삶 전체를 통해" 계속해서 기능하며(그리고 일차적으로) 남아 있다(p. 36). 이에 관해서는 다음 절에서 더 자세히 살펴볼 것이다.

29 그레이엄 워드(Graham Ward)는 "Narrative and Ethics: The Structures of Believing and the Practices of Hope", *Literature and Theology* 20 (2006): pp. 438-461에서 둘 사이의 관계를 유용하게 분석해 냈다. 하우어워스와 러플린(Loughlin)의 내러티브 신학(narrative theology)을 보완하기 위해, 워드는 **모든** 내러티브는ㅡ복음서든 프루스트(Proust)든ㅡ"우리가 믿는 바에, 그리고 우리가 어떤 행동에 가치를 부여하게 되는 데에 영향을 미치는 감정과 욕망, 바람을 체계화한다"는 사실을 증명하려 한다(p. 439). 그는 "내러티브는 우리의 기대하는 감정에 영향을 미침으로써 초월적인 지평을 열어 주며, 이를 통해 무엇이 실제적인 것이며 가치 있는 것인지 느끼는 우리의 감각을 구성한다"고 말한다(pp. 455-456).

서 이야기와 신화, 이미지와 성상을 통해 그려 낸 좋은 삶의 전망에 이끌린다. 일차적으로 우리의 지성이 사로잡히는 것이 아니라 우리의 **상상력**이 사로잡힌다. 그리고 상상력이 사로잡힐 때 **우리도** 그 전망에 매료된다(때로 우리의 상상력은 우리가 지성에 주입하는 것과는 전혀 다른 전망에 매료되기도 한다). 그렇게 함으로써 우리의 마음을 사로잡는 좋은 삶에 관한 전망은 우리의 자아를 사로잡고, 은연중에 혹은 조용히 우리를 끌어당기기 시작한다. 좋은 삶에 관한 이 매혹적인 그림이 제시하는 상품과 인간 번영의 여러 양상은 우리의 (일상적, 비인지적) 존재(즉, 우리의 마음)에 속속들이 침투하기 시작하며, 그렇게 함으로써 우리의 결정과 행동, 습관을 지배하고 형성한다. 그리하여 우리는 특정한 부류의 사람이 된다. 우리는 우리가 욕망하는 특정한 전망을 모방하고 흉내 내며 반영하기 시작한다. 우리는 이 전망에 이끌리고 그것을 향해 움직이면서, 이 전망을 따라 살기 시작한다. 우리가 좋은 삶으로 묘사한 세계에서 살아가는 사람들을 닮아 가기 시작한다. 우리는 그 전망을 지금 여기에서 구현하기 위해 노력하면서, 그 상상하는 세계의 일부를 이루는 소우주가 된다. 그러므로 우리의 모든 결정, 행동, 진로는 은연중에 그리고 궁극적으로 우리가 사랑하기에 추구하기 **원하는** 좋은 삶의 전망을 실현하려는 쪽으로 향하게 된다.

이는 곧 인간의 본질이 '왕국' 곧 **특정한** 왕국을 욕망하는 데 있으며, 이 왕국이 우리가 추구하는 목표라는 말과 같다. 우리는 모두 아서 왕과 그의 기사들처럼 '성배'(Holy Grail), 즉 우리가 끊임없이 바라고 갈망하며 꿈꾸는 좋은 삶에 관한 그림—인간이 번영을 누리며 사는 그 땅—을 찾고 있다. 이 왕국에 관한 그림은 암시적이며 암묵적인 방식으로 우리로 하여금 아침에 일어나 옷을 차려입고 그것을 추구하게 만든다.

그러나 모든 인간이 왕국을 욕망한다고 해서 우리가 모두 **같은** 왕국을 욕망한다는 뜻은 아니다. 구조적으로 우리는 사랑하는 존재이며, 이 '사랑의 펌프'는 꺼지지 않는다. 그리고 사랑은 지향적이며 목적론적이기 때문에, 우리의 사랑은 언제나 우리 앞에 제시된 좋은 삶에 관한 **특정한** 전망을 지향한다.[30] 그러나 사랑의 구조가 잘못된 방향으로 향할 수 있기 때문에 서로 다른 수많은 **텔로이**(목적들)가 존재할 수 있다. 다시 말해서, '왕국'의 모습에 대한 전혀 다른 전망들이 존재한다. 이 왕국의 형태는 경쟁적이어서, 전혀 다른 이야기와 다른 사람들 곧 자신을 서로 다른 왕의 신민(臣民)이라고 생각하는 사람들을 만들어 낸다. 수많은 원탁이 있다. 문화적 분별의 핵심 과제는 여러 다른 문화적 제도와 이야기들이 전제하는 왕국의 특정한 구성을 '읽어 내는' 것이다.[31]

### 3.1. 습관: 사랑의 지렛목

우리가 개관한 인간론에서는, 우리는 근본적으로 욕망 혹은 사랑의 피조물이며, 우리의 사랑은 언제나 그리고 이미 좋은 삶에 관한 궁극적 전망, 인간 번영에 대한 특정한 이미지를 구현하는 왕국의 그림을 지향한다는 사실을 강조했다. 더 나아가 우리는 이 그림—좋은 삶에 관한 정서적인 우상—이 우리의 뼛속과 마음속에 파고들어 우리의 욕망이 특정한 목적을 지향하게 함으로써 우리의 성품을 형성한다고 주장했다. 그러나 이것은 중요한 질문을

---

**30** 상황이 이렇게 단순하거나 분명하지 않다는 것을 나도 알고 있다. 우리는 많은 경우에 서로 **경쟁하는** 여러 가지 선에 대한 비전들에 동시에 사로잡히는 분열되고 '쪼개진' 자아들이다. 단 하나의 이야기가 지배하는 고립된 지역에서 사는 사람은 거의 없다. 오히려 우리는 여러 경쟁하는 이야기가 울려 퍼지는 공간에 있다는 사실을 깨닫는다. 워드가 올바르게 지적하듯이, "다른 인간과 마찬가지로 그리스도인은 하나 이상의 공동체에 의해 형성되며 이에 참여한다"("Narrative and Ethics", p. 439). 그리고 바로 이 이야기와 비전이 정서적, 선반성적으로 작동하기 때문에, 우리는 인지적으로는 그 이야기를 비판하면서도 여전히 그 이야기에 상당히 사로잡히기도 한다. 이 복잡한 층위에 관해서는 아래(2장과 5장)에서 더 자세히 논의할 것이다. 우선 처음 개관하는 이 부분에서는 단순한 논리를 유지하도록 하겠다.

**31** 이러한 문화적 해석은 3장에서 다룰 것이다. 3장에서는 시장과 경기장, 대학에 깊이 자리한 왕국의 특정한 전망을 읽어 낼 것이다. 5장에서도 이에 초점을 맞추어, 기독교 예배의 실천에 깊이 자리한 왕국의 특정한 전망을 읽어 낼 것이다.

불러온다. **어떻게** 그런 일이 일어나는가? 어떻게 우리의 사랑이 다른 방향을 지향하게 되는가? 일종의 마술이나 신비한 힘에 의해 이런 일이 일어나는가? 우리를 납득시켜 이 전망을 추구하게 하는 사상과 명제를 퍼뜨림으로써 이런 일이 일어나는가? 좋은 삶에 관한 특정한 전망이 우리 마음속에 주입되어 삶의 방식(결정, 행동, 노력, 관계)을 자극하고 지배하는 일은 어떤 방식으로 일어나는가?

이런 물음은 그림 1의 세 번째 요소와 연결된다. 즉, 좋은 삶(왕국)에 대한 특정한 전망을 향한 욕망과 지향은, 우리의 **성향**─특정한 방식으로 특정한 목적을 지향하며 행동하는 우리의 선인지적 경향성─을 조직하는 필수 요소가 됨으로써 우리 안에서 작동하게 된다(행동과 결정 등을 자극한다). 아리스토텔레스(Aristotle), 아퀴나스, 매킨타이어 같은 철학자들은 이런 성향을 '습관'이라고 말한다. 예를 들어, 좋은 습관은 '덕'인 반면 나쁜 습관은 '악덕'이다. 이런 습관은 일종의 '제2의 본성'이 된다. 습관은 습득하는 것이지만(그러므로 단순한 생물학적 본능과는 다르지만), 우리의 존재라는 조직 안으로 들어와 복잡하게 얽혀 **마치** 타고난 것처럼 혹은 유기적으로 작동한다.[32] 습관은 특정한 방식으로 행동하고, 특정한 상품을 추구하며, 특정한 것에 가치를 부여하고, 특정한 관계를 소중히 여기는 우리의 근본 경향, 거의 자동적이라 할 만한 성향을 나타낸다. 그러므로 덕 있는 사람이란, '그에 관해 생각하지 않고도' 바른 일을 행하는 거의 자동적인 성향을 지닌 사람이다. 습관은 우리로 하여금 생각해 볼 필요도 없이 특정한 방식으로 행동하게 한다. 대부분의 경우 우리는

---

[32] 다시 한번 매킨타이어는 이 둘 사이의 연속성과 상호의존성을 강조한다. "우리가 습관에 의해 교정되고 개조된 동물이라는 사실이 가장 중요하다. 언어를 사용하는 우리의 두 번째 본성은 문화적으로 형성된 것으로서, 우리의 첫 번째 동물적 본성을 부분적으로만 변형시킨 것일 뿐이다"(*Dependent Rational Animals*, p. 49).

거의 우리의 관심을 끌지 않지만 덮개 아래에서 조용히 돌아가는 엔진에 의해 움직인다. 이 선인지적 엔진은 오랜 발전과 형성의 산물이다. 그것은 **만들어진** 것이지만, 전자 부품을 배선하는 방식으로 만들어지지는 않았다. 오히려 우리의 반성이나 인지를 요구하지 않는 방식으로 작동하도록 만들어졌다.

그러므로 습관은 욕망의 **지렛목**과 같다. 그것은 우리의 마음과 사랑을 '움직이고' 특정한 방향으로 향하게 하는 경첩과도 같다. 즉, 이 일은 대부분 우리가 눈치채지 못하는 사이에 벌어진다. 우리는 아침마다 잠에서 깨어 좋은 삶의 전망에 관해 **생각**한 다음 의식적이고 반성적으로 우리의 궁극적인 목적을 이루기 위한 덜 궁극적인 수단으로 '오늘 무엇을 할지' 개별적인 결정을 내리지 않는다. 그런 아침은 굉장히 이상한 아침으로, 마치 잠에서 깨었지만 여전히 우리가 계속해서 인식하는 기계처럼 작동하는 일종의 데카르트적 꿈속에 머물러 있는 것과 같을 것이다(이는 아침을 시작하기에 좋은 방법이 아니다!).[33] 오히려 대부분의 경우 우리는 욕망하고 상상하는 비인지적 동물이기 때문에, 왕국에 대한 우리의 욕망은 의식적인 반성과 무관하게 성향과 습관, 기능 속에 새겨진다.[34] 그러므로 인간이 사랑하는 존재, 왕국을 욕망하는 존재라고

---

[33] 영화 〈메멘토〉(*Memento*)의 속편을 상상해 볼 수 있다(*Who's Afraid of Postmodernism?* 2장에 실린, 〈메멘토〉에 관한 나의 논의와 비교해 보라). 속편에서 레너드는 기억이 아니라 비인지적인 습관이나 성향을 기르는 능력을 상실한다. 그는 오직 명제적인 내용에 대한 의식적인 성찰이나 의도적인 집중에 근거해서 살아갈 수 있다. 그러므로 그는 침대 머리맡에 아침마다 자신에게 방향을 알려 줄 진술된 명제를 써 붙여 놓아야 한다. 그는 온 집안과 자동차를 처리해야 할 명제로 도배하고, 지갑 속에는 중요한 명제가 적힌 코팅된 카드를 지니고 다닌다. 가장 중요한 명제는 몸에 문신으로 새겨 놓는다. 티모시 윌슨(Timothy Wilson)도 이와 크게 다르지 않은 D 씨의 사례를 기록하고 있다. 이 사례에서, D 씨(데카르트를 존경하는 마음에서 그렇게 이름 붙였다)는 모든 신체 기능을 다루기 위해 의식적으로 생각을 집중해야 한다. Timothy D. Wilson, *Strangers to Ourselves: Discovering the Adaptive Unconscious* (Cambridge, MA: Harvard University Press, 2002), pp. 18-22를 보라.

[34] 나의 의도는 의식적인 반성이 불가능하거나 나쁘다고 주장하려는 것이 아니다. 한 걸음 물러나 우리의 성향과 습관에 관해 비판적으로 반성하는 것은 중요하다[사실 매킨타이어는 이러한 반성이 **인간**이라는 동물의 고유한 특징이며 따라서 인간의 의무라고 강조한다(*Dependent Rational Animals*, pp. 66-69)]. 그러나 나는 다음의 두 가지를 인식하는 것 역시 중요하다고 생각한다. (1) 이런 반성이 선행하는 것이 아니다. 사실 이런 반성은 반성의 대상이 되는 선반성적('동물적') 성향을 전제한다(같은 책,

말할 때, 그것은 왕국의 좋은 삶에 관한 이 전망이 우리의 습관과 성향 안에 새겨지고 주입되어 우리의 선인지적(제2의) 본성으로 짜인다고 주장하는 것과 같다.

그러나 이것은 우리의 물음에 대한 절반의 대답일 뿐이다. 만약 습관이라는 지렛목이 우리의 사랑이나 욕망의 방향을 결정한다면, 우리는 다시 이렇게 물을 수밖에 없다. 습관은 어떻게 우리 안에 새겨지는가? 이러한 성향은 어떻게 형성되는가? 이러한 경향성은 어디로부터 오는가?

## 3.2. 실천: 사랑의 형성

바로 여기서 우리가 몸을 입은 존재임을 강조하는 것이 중요해진다. 나는 우리가 정서적이며 비인지적인 욕망하는 동물이라는 점을 강조하는 동시에 우리가 **몸을 입은** 피조물임을 강조해 왔다. 더 나아가서 우리는 욕망하는 피조물인 인간을 이해할 때 인간 정체성의 무게 중심을 머리에서(혹은 더 구체적으로는 몸과 분리된 지성에서) 우리의 감각적이며 정서적인 본성과 더 긴밀하게 결합되어 있는 마음으로 옮겨야 한다고 주장해 왔다. 따라서 나는 카르디아(*kardia*, 마음)를 『메시지』(*The Message*)처럼 우리에게 익숙하지 않은 충격적인 표현인 '오

---

p. 56). (2) 이런 반성은 한결같을 수 없다. 기껏해야 간헐적이다. 철학자조차도 특정한 날의 일부분 동안만 의식적 반성에 임할 수 있다. 나머지 시간 동안에는 다른 모든 사람처럼 비인지적인 동물로 세상을 살아간다. 그러므로 그의 세계-내-존재를 방향 짓는 선인지적 성향을 고려하는 것이 대단히 중요하다. [이 점에 관해 나에게 자극을 준 제프 듀디액(Jeff Dudiak)에게 감사드린다.] 나는 정신 장애가 있는 사람들이 세상을 살아가는 방식을 존중하는 태도도 이러한 방향 재설정의 중요한 결과라고 생각한다. 어쩌면 그들은 사상가나 이론가만큼 숙달되지 않았을지 모르지만, 그럼에도 사랑하는 사람으로 세상을 살아가고 있다. 이에 관한 논의로는 같은 책, pp. 73-74와 Amos Yong, *Theology and Down Syndrome: Reimagining Disability in Late Modernity* (Waco: Baylor University Press, 2007), pp. 188-191를 보라. 뿐만 아니라 나는 이 모형이 마틴 마티(Martin Marty)가 "아이의 신비"라고 묘사한 바를 더 충실히 존중하며, 이것이 왜 아이들이—이론적, 인지적 반성에 몰두하지 않음에도—하나님 나라를 더 잘 이해하는지를 파악하고 있다고 생각한다. Marty, *The Mystery of the Child* (Grand Rapids: Eerdmans, 2007)를 보라.

장육부'(gut)로 번역해야 한다고 주장해 왔다. 이것은 우리 정체성의 무게 중심이 우리의 내면 가장 깊은 곳에 자리하고 있다는 점과 우리가 몸을 입은 존재라는 사실이 주는 껄끄러움을 동시에 포착하는 말이기 때문이다. 우리는 생각하면서 세상을 뚫고 지나가기보다는 더듬거리며 세상을 살아간다. 우리의 세계관은 지성보다는 상상력의 문제이며, 상상력은 감각에 의해 전달된 이미지를 연료로 삼아 움직인다.[35] 그러므로 우리의 정서적, 비인지적 성향은 우리의 동물적, 신체적 본성의 한 양상이다. 이는 인간을 본질적으로 몸을 지닌 존재로 이해하는 훨씬 더 통전적인(그리고 덜 이원론적인) 인간관으로 귀결된다. 따라서 우리의 마음으로 들어가는 통로가 배라는 사실은 전혀 놀랍지 않다. 혹은 구체적으로 배가 아니더라도, 우리의 마음으로 들어가는 통로는 우리의 몸이라고 말할 수 있다. 우리는 적어도 두 가지 점에서 이것을 이해해 볼 수 있다.

첫째, 이미 주장했듯이 좋은 삶에 대한 특정한 전망을 지향하는 태도는, 그 전망이 비인지적인 차원에서 우리를 끌어당기는 구체적이며 매력적인 방식으로(이 책의 첫머리에서 쇼핑몰을 분석할 때 제시한 '성상'에 대한 설명을 상기해 보라) **그려짐으로써** 우리의 성향 혹은 '적응 무의식'(adaptive unconscious) 안에 새겨진다. 좋은 삶에 대한 '그림'이란 이미지와 이야기, 영화(또한 선전과 광고, 시트콤)를 통해 인간 번영을 심미적으로 표현한 것을 뜻한다. 이런 그림들은 체현된 것, 정서적인 것들을 전달하기 때문에 우리의 적응 무의식에 호소하는 힘이 있다. 이야기는 사실에 관한 보도보다 우리 안으로 파고드는 힘이 더 강하다. 그리고 우리 안에 머물며 수시로 출몰한다. 〈크래쉬〉(Crash) 같은 영화는 우리의 마음과 생각을 사로잡고, 인종차별주의에 관한 교과서는 결코 할 수 없는 방

---

**35** 참고. Thomas Aquinas, *Summa theologica*, Ia.76. 『신학대전』(바오로딸).

**생각해 볼 문제: 척추로 하는 독서에 관한 나보코프의 말**

상상력의 이런 역할을 감안할 때, 예전은 몸을 통해 우리에게로 다가온다는 점에서 문학과 비슷하다고 말할 수 있다. 이에 관해, 블라디미르 나보코프(Vladimir Nabokov)가 디킨스(Dickens)의 『황폐한 집』(*Bleak House*, 동서문화사) 읽기에 관해서 했던 말을 생각해 보라.

『황폐한 집』을 읽을 때 우리는 긴장을 풀고 우리의 척추가 반응하도록 내버려 두기만 하면 된다. 비록 우리는 지성으로 책을 읽지만, 예술 작품이 주는 희열을 느끼는 곳은 어깨뼈 사이의 공간이다. 등골을 통해 전해지는 그 작은 전율은 인류가 순수 예술과 순수 과학을 발전시켰을 때 이른 가장 높은 형태의 감정이 분명하다. 척추가 짜릿함을 느낀다는 사실을 찬양하자. 우리가 척추동물임을 자랑스러워하자. 우리는 끝에 신성한 불꽃을 지닌 머리를 가진 척추동물이기 때문이다. 뇌는 단지 척추로 이어지지만, 이 심지는 초의 끝까지 뻗어 있다. 만약 우리가 이 전율을 즐길 수 없다면, 만약 우리가 문학을 즐길 수 없다면, 모든 것을 포기하고 만화책과 비디오, 주간 추천 서적에만 집중하자. 하지만 나는 디킨스의 책이 훨씬 더 강할 것이라고 생각한다.

[Vladimir Nabokov, *Lectures on Literature* (New York: Harvest, 2002), p. 56]

식으로 우리를 움직인다. 이것은 영화가 정서적인 이미지를 전달하는 매체이며, 그런 정서적 표현은 우리 존재의 핵심과 더 가까운 파장을 통해 우리에게 전해지기 때문이다. 따라서 시간이 지남에 따라 그러한 강력한 전망은 우리 안으로 파고들어 욕망을 형성하고 그런 전망을 향한 성향을 부추긴다.

그뿐 아니라, 습관은 특정한 목적을 욕망하도록 마음을 훈련시키는 육체적 실천과 의례를 통해 우리 마음에 새겨진다. 이것은 비인지적인 종류의 훈련, 많은 경우에 우리가 깨닫지도 못하는 사이에 우리를 형성하는 일종의 교육이다. 다양한 물질적 실천이 의례와 반복을 통해 우리 안에 비인지적 성향과 기술을 주입한다. 이것은 바로 (습관의 자리인) 우리 마음이 우리의 몸과 매우 밀접하게 연결되어 있기 때문이다. 감각은 마음으로 들어가는 관문이며, 따라서 몸은 우리의 핵심 성향과 정체성에 이르는 통로다. 시간이 흐름에 따라 의례와 실천은—많은 경우 그림과 이야기와 같은 심미적 현상과 더불어—우리의 욕망을 훈련시킴으로써 세상에 대한 우리의 선인지적 성향을 만들고 빚어 간다. 이는 마치 우리에게 딸려 있는 어떤 것이 우리의 적응 무의식으로 연결되는 통로 기능을 하는 것과 같다. 즉, 규칙적인 행동을 몸으로 수행할 때 그 동작과 리듬이 우리의 정신과 마음을 훈련시키고, 그 결과 우리는 특정한 목적을 향해 특정한 방법으로 행동하는 경향을 갖게 만드는 습관—일종의 태도로서의 반사 신경—을 만들어 간다. 두 가지 사소한 사례에 대해 생각해 보라. 첫째, 우리 몸은 우리의 의식적 지성은 알 수 없는 방식으로 자판의 배열을 알고 있다. 그래서 만약 내가 당신에게 "자판에서 'ㄹ' 왼쪽에 무슨 글자가 있는가?"라고 묻는다면, 당신은 대답하는 데 1, 2초—혹은 더 오래—걸릴 것이다. 어쩌면 답을 위해 탁자 위에 손을 올려놓고, 손가락이 '알고 있는' 내용과 지성이 말할 수 있는 내용을 다시 연결하기 위해 가상으로 자판을 누르는 행동을 해 보아야 할지도 모른다. 그런데 당신의 손은 어떻게 이를 '알게' 되었는가? 당신의 적응 무의식을 훈련시키는 의례와 반복적 행위, 연습을 통해서다. 이러한 훈련은 이 노하우가 의식적으로 자주 떠오르지 않는 당신 뇌의 한 부분 안에 자리 잡을 때까지 당신의 몸이 그 동작을 반복하도록 만든다. 이 물음이 그 체계와 일종의 충돌을 일으키는 것도 바로 이 때문이다.

 우리는 이런 훈련을 어떻게 우리 몸을 통해 우리 마음이 훈련되는지에 관한 평범한 사례라고 생각할 것이다. 「뉴욕 타임스」(New York Times)의 칼럼니스트인 데이비드 브룩스(David Brooks)가 [티모시 윌슨(Timothy Wilson)과 제프 호킨스(Jeff Hawkins)의 연구를 인용하며] 들었던 예, 즉 야구에 대해 생각해 보라. 여섯 살이든 예순 살이든 야구 경기를 위해서는 일련의 훈련―의례와 비슷한―이 거의 필수적으로 선행되어야 한다. 그 목적은 단지 몸에 피가 돌게 하는 것뿐만 아니라 다양한 시나리오에 맞춰 자동적으로 대응하고 반응하도록 (뇌를 포함해) 몸을 훈련시키는 것이다. 따라서 내야 연습 때에 하는 전통적인 '페퍼' 훈련에서는 각각 다른 속도로 다른 위치에 땅볼을 쳐서 선수가 다양한 바운드의 공에 반응해 공을 잡고 1루로 재빨리 송구할 수 있게 한다. 강하게 맞은 타구가 3루선상으로 빠질 때 선수는 무엇을 해야 할지 생각하고 싶어 하지 않는다. 선수는 수년간 이 훈련을 해 왔으므로 무엇을 해야 할지 생각할 **필요가 없다**. 그 사람―몸과 정신―은 '자동적으로' 대응하고 반응하도록 훈련되고 준비되어 있다. 따라서 브룩스는 말한다. "수십 년에 걸쳐 야구계에서는 무의식을 훈련시키고 그것이 행하는 바를 개선할 수 있는 방법을 알아냈다. 자동적인 두뇌가 만들어 내는 행위에 의해서만 그 자동적인 두뇌를 알 수 있는 것과 마찬가지로, 특정한 행동을 반복하도록 강제함으로써만 그 두뇌를 훈련시킬 수 있다. 제프 켄트(Jeff Kent)는 그렇게 오랫동안 선수 생활을 해 왔지만 지금도 1루 수비 훈련을 하고 있다. 왜냐하면 뇌가 자동적으로 반응하는 유형을 계속해서 그리고 반복해서 강화해야 하기 때문이다."[36] 특정한

---

[36] David Brooks, "Your Brain on Baseball", *New York Times*, March 18, 2007, http://select.nytimes.

상황과 환경에 자동적으로 반응하는 습관이나 성향을 개발하도록 (두뇌를 포함해) 몸을 훈련시키는 것은 바로 신체적 실천(훈련)이다. 우리의 욕망도 그와 같은 방식으로 훈련된다.

우리의 비인지적 성향이 물질적이며 신체적인 요소에 의해 형성된다는 이런 주장은 아리스토텔레스만큼이나 오래된 주장이다. 이 주장은 사변적이며 관념론적이고 행동주의에 가깝다고 비판을 받아 왔다.[37] 그러나 이토록 오래된 주장들이 현대의 신경과학과 인지과학에 의해 입증되고 지지를 받고 있다.[38] 나는 인간을 '욕망'하는 존재로 보는 관점이 (하이데거의 구분법을 채택하자면) 세상에 대한 인지적 '지식'보다는 세상에 대한 비인지적 '이해'에 우선성과 시원성(始原性)을 부여한다고 주장해 왔다. 논점은, 대부분의 경우 우리는 의식에 잡히지 않는 직관과 기분을 통해 세상을 살아간다는 것이다. 우리는 아는 바에 따라서 살기보다는 노하우에 따라서 산다. 우리는 욕망하고 상상하는 동물이기에 세상에 대한 우리의 일차적인 정향은 대뇌와 관련 있기보다는 내장과 관련 있다. 우리의 기분과 행위가 우리를 본능적인 영역과 연결해 주는 신체적 실천에 의해 깊이 형성되는 것도 바로 이 때문이다.

인지심리학과 신경과학의 최근 연구는 이런 관점을 뒷받침해 준다. 티모

---

com/2007/03/18/opinion/18brooks.html.

[37] 이런 류에 관한 현대의 비판으로는 *Public Worship and Public Work: Character and Commitment in Local Congregational Life* (Collegeville, MN: Liturgical Press, 2004), pp. 19-40에 있는, 하우어워스에 대한 크리스천 셰런(Christian Scharen)의 비평을 보라. 이 비평은 신학에 대한 사회과학의 일반적인 비판, 즉 형성에 관한 신학자들의 주장이 경험적으로 입증되지 않았다는(그리고 입증될 수 없을 것이라는) 주장을 되풀이하고 있다. 나는 신학자들이 일종의 경험적인 주장을 따라 나온 사실에 의거할 필요가 있다는 셰런의 주장에 동의한다. 이 시리즈의 2권에서 인지과학과 '신경가소성'(neuroplasticity)에 관한 최근의 연구가 이러한 오랜 철학적, 신학적 직관을 경험적으로 뒷받침한다고 주장함으로써 이 문제를 다룰 수 있기 바란다. 이에 더해, 우리가 어떻게 다수의 '예전들' 안에서 살아가고 있는지에 관한 더 복합적이며 섬세한 설명이 필요할 것이다.

[38] 티모시 윌슨(Timothy Wilson)은 *Strangers to Ourselves*, pp. 211-216에서 이러한 아리스토텔레스주의적인 입장을 선명히 드러낸다. 『내 안의 낯선 나』(부글북스).

시 윌슨이 요약하듯, 행동주의(특히 파블로프의 개 실험을 통해 대중적으로 알려진 스키너식 행동주의)에 대한 심리학의 거부는 심리학계에서 '인지주의'의 도래를 알렸고, 이는 '우리 머릿속에서' 무슨 일이 일어나고 있는지에 대해 새롭게 주의를 기울일 것을 요청했다. 그러나 정신생활 내부에 대한 이런 새로운 관심은 (프로이트의 정신분석학과 비슷하게 들리고 따라서 '과학적' 엄격성을 결여한) '무의식' 개념에 대한 불만, 심지어 거부와 맞물렸다. 그 결과 정신생활에 대한 관심은 언제나 좁은 의미의 의식적, 적극적, '의도적' 차원에만 초점을 맞췄다. 윌슨은 이렇게 꼬집는다. "그러나 인지심리학과 사회심리학이 성공을 거둠에 따라 재미있는 일이 일어났다. 사람들은 심리학자들이 머릿속에서 일어난다고 가정하는 인지 과정 대부분을 말로 표현할 수 없다는 게 분명해졌다."[39] 따라서 심리학자들은 (여전히 프로이트를 연상시키는) '무의식'과 비슷한 무언가가 실제로 작동할 뿐만 아니라 어쩌면 세상에 대한 우리의 기분을 대부분 설명할지도 모른다는 것을 점차 인정할 수밖에 없었다. 이제 심리학계에서는 '비(非)의식적' 혹은 '자동적' 지향의 중대한 영향력을 인정한다.[40] 윌슨은 프로이트(Freud)의 무의식 개념이 지닌 문제점을 인정하면서, 특히 프로이트가 무의식의 범위를 제대로 파악하지 못했다고 지적한다.

[프로이트가] [초기 실험심리학자인 구스타프 페히너(Gustav Fechner)를 따라] 의식이 정신이라는 빙산의 일각이라고 말했을 때, 그는 과녁에서 약간 빗나갔다. 정신은 그 빙산 위에 있는 눈덩이의 크기에 더 가까울 것이기 때문이다. 현대식 초대형 제트 여객기가 인간, 즉 '의식하는' 조종사가 거의 혹은 전혀 개입하지 않고도 자동 항

---

**39** 같은 책, p. 4.
**40** John A. Bargh and Tanya L. Chartrand, "The Unbearable Automaticity of Being", *American Psychologist* 54 (1999): pp. 462-479와 비교해 보라.

법으로 날 수 있는 것처럼, 정신은 고차원적이고 복잡한 사고를 상당 부분 무의식에 위임할 때 가장 효과적으로 작동한다. 적응 무의식은 세상을 판단하고, 사람들에게 위험에 대해 경고하며, 목표를 설정하고, 정교하고 효과적인 방식으로 행동을 발생시키는 일을 탁월하게 수행한다.[41]

윌슨이 말한 무의식에 위임된 작용에는 앞서 내가 욕망과 연결된다고 말했던 몇몇 작용도 포함된다. 나는 우리의 사랑이나 욕망—우리를 움직이고 우리에게 동기를 부여하는 좋은 삶에 대한 전망을 향한—이 대체로 무의식의 차원에서 작동한다고 주장한다. 더 나아가, 흔히 세계관과 연결된다고 보는 기능—해석, 평가, 목표 설정 등의 작용—중 일부 역시 적응 무의식의 차원에서 작동한다고 본다.[42] 다시 말해서, 나는 대개 '세계관'이라고 묘사되는 지향성이 실은 대부분의 경우에 이러한 무의식의 차원에서 작동한다고 주장한다. 만약 중요한 의미에서 기독교 세계관을 형성하는 것이 기독교 교육의 목적이라면, 우리는 무의식이 어떻게 만들어지고 형성되는지를 고려해야 한다. 윌슨과 다른 이들의 연구는 적응 무의식이 오랜 시간에 걸쳐 '촉각적으로' 학습한다는 점을 지적한다.[43]

---

[41] Wilson, *Strangers to Ourselves*, pp. 6-7. '새로운' 무의식과 프로이트의 무의식 사이의 핵심적인 차이 중 하나는, '새로운' 무의식 개념에서는 억압이 아니라 효율성의 관점에서 무의식을 설명한다는 것이다. 무의식은 우리가 트라우마에 대처하도록 돕기 위한 '방어 기제'로 작동하도록 강제되지 않고, 오히려 우리의 능력을 최대화하기 위해 작동한다(pp. 8-9).

[42] 같은 책, pp. 27-35.

[43] 윌슨은 에두아르 클라파레드(Edouard Claparède)가 만난 기억상실증 환자의 사례를 인용한다. 기억상실증에 걸린 그 여자는 의식적 기억을 유지하는 능력을 잃어버렸다. 즉, 그를 만날 때마다 그녀는 전에 그를 만났던 것을 기억하지 못했다. "어느 날 클라파레드는 언제나 그랬듯 손을 뻗어 그녀와 악수를 했다. 그러나 이번에는 자기 손 안에 핀을 숨겼다. 그 여자는 핀에 찔린 통증에 놀라 재빨리 손을 뺐다. 그다음에 클라파레드가 그 여자를 만났을 때, 그 여자는 그를 알아보지 못했다. 그래서 그는 다시 자신을 소개하고 손을 내밀었다. 그러나 이번에는 그녀가 악수하기를 거부했다. 그녀는 클라파레드를 만났던 것을 의식적으로 기억하지는 못했지만 왠지 모르게 이 남자와 악수하는 것이 위험할 수 있음을

신체적 실천과 적응 무의식 사이의 밀접한 관계는 인간의 통전적 성격을 드러내는 증거이기도 하다. 우리는 살로 이루어진 용기 안에 '거주하는' 의식적인 정신이나 영혼이 아니다. 우리는 우리의 몸이 곧 자아인 존재다. 따라서 욕망을 훈련시키기 위해서는 특정한 텔로스가 내재된 신체적 실천이 필수적이다.[44]

2장에서 우리는 실천에 대해 더 자세히 살펴볼 것이다. 여기서는 욕망의 인간론의 구성 요소를 간략히 소개한다는 점에서 두 가지 특징만 더 지적하고자 한다. 첫째, 실천은 **공동체적** 혹은 사회적이다. '사적' 실천이란 존재하지 않는다. 오히려 실천은 제도적 기반과 표현을 갖는 사회적 산물이다. 실천은 사회 안에서 부유하지 않고, 구체적인 장소와 제도 안에서 표현되고 구현된다. 이것이 바로 실천이 실제로 체현된 인간을 형성하는 방법이자 그럴 수 있는 이유이기도 하다. 제도 없이는 실천도 없다. 둘째, 텔로스는 언제나 이미 이런 실천과 제도 안에 내재되어 있다. 즉, 우리가 정향되는 텔로스와 그 방향으로 우리를 빚어 가는 실천 사이에는 밀접해서 떼려야 뗄 수 없는 연관 관계가 존재한다. 실천은 그 안에 텔로스를 '담고' 있다. 욕망하는 동물인 우리가 지향적이며 목적론적인 존재이듯이, 실천 자체도 목적론적이다. 본질적으로 실천은 좋은 삶에 대한 특정한 전망―텔로스에 대한 구체적인 전망―으로 가득 차 있으며, 이는 다시 실천을 통해 우리의 욕망으로 전달된다.

따라서 우리는 왕국의 특정한 형태를 그저 '자연스럽게' 욕망하지 않는다. 우리는 좋은 삶의 특정한 형태를 지향하도록 형성되고 훈련받는다. 그렇다면 그런 훈련은 어디에서 일어나는가? 이런 훈련을 시키는 특수한 교육 기관이

---

'알고 있었다'"(같은 책, p. 25). 마찬가지로 그녀는 식당에 어떻게 가는지를 설명하지는 못했지만 식당에 가는 길을 학습할 수 있는 능력을 보여 주었다. 이것이 바로 윌슨이 무의식을 형성하는 '암시적' 학습이라고 설명했던 사례다(pp. 24-27).

44 이에 관해서는 훨씬 더 많은 논의가 필요하다. 이 주제들은 2권에서 더 자세히 다룰 것이다.

존재하는가? 그렇다. 하지만 그런 교육 기관은 어디에나 존재한다! 3장에서는 이 문제로 돌아가 이를 구체적으로 분석할 것이다.

요약

지금까지 우리는 인간을 생각하는 존재, 믿는 존재로 바라보는 모형에 대한 대안으로서 인간을 사랑하는 존재로 이해하는 모형을 제시했다. 우리는 이 모형의 네 가지 핵심 요소를 강조했다. 인간은 세상을 '지향'하는 근본적인 방식으로 사랑이나 욕망을 가지고 있는 지향적 피조물이다. 이 사랑이나 욕망—이는 무의식적이거나 비인지적이다—은 언제나 좋은 삶에 대한 특정한 전망, 왕국에 대한 특수한 표현을 지향한다. 우리를 이렇게 지향적인 존재로 만드는—그리고 그에 따라 행동하게 만드는—것은 일군의 습관이나 성향이다. 이 습관이나 성향은 정서적, 신체적 수단, 특히 우리의 신체적 감각과 밀접하게 연결된 우리의 상상력을 통해 우리의 마음을 사로잡는 신체적 실천, 반복적 행위, 의례를 통해 우리 안에 형성된다.

이는 기독교 고등 교육이라는 맥락 속에서 교육과 세계관에 관해 우리가 생각하는 방식에 있어 일종의 패러다임 전환을 나타낸다. 이 함의에 관해 더 자세히 생각해 보기 위해 우리는 세계관 담론에 대한 대안을 검토할 것이다. 그리고 아마도 이 대안이 '욕망' 모형에서 제시한 인간 정체성의 복잡성에 더 잘 부합할 것이다.

**세계관에서 사회적 상상으로**

나는 수차례에 걸쳐, 인간을 사랑하는 존재로 이해하는 모형에서는 인간 정체성의 무게 중심을 사유와 관념, 교리에 대한 집중에서 이동시켜서 그보다 더 낮은 곳, 즉 우리의 정서적, 비의식적 작용의 영역에 위치시킨다고 주장해 왔다.[45] 이를 그림으로 표현하면 그림 2와 같다(다음 페이지를 보라).

이것은 세계관 담론과 무슨 관계가 있는가? 나의 우려는, 세계관 담론—특히 최근의 왜곡된 형태의 세계관 담론, 그리고 어쩌면 최선의 순간까지도—이 인간 정체성의 무게 중심을 오장육부/마음/몸이라는 정서적 영역보다는 정신이라는 인지적 영역에 위치시키는 인간관을 여전히 유지하고 있다는 점이다. 세계관 담론은 인간을 생각하는 사물이라고 보는 입장을 거부하긴 하지만, 여전히 '믿음'을 동의해야 할 유사 관념이나 명제로 취급하며 인간을 믿는 사물로 이해하는 입장에 사로잡혀 있는 경향이 있다. 다시 말해서, 세계관 담론에서는 인지적인 측면에 대한 강조를 여전히 유지하면서 인간 정체성의 중심이 정서적, 신체적 영역에 있다는 중대한 사실을 깨닫지 못하고 있는 경우가 많다. 그 결과 우리가 일차적으로 정서적이며 비인지적인 방식으로 세계-내-존재로서 살아가고 있음을 제대로 설명해 내지 못하는 협소하고 환원론적인 인간관을 견지한다. 이러한 인지 중심적 인간관의 중요한 함의 중 하나는 그로부터 기인한 교육 모형이다. 교육의 범위와 초점은 사상과 신념, '관점'과 같은 지적인 영역에 집중하고 있다. 물론 사상과 신념은 모든 교육에서 중요한 요소다. 그러나 인지 중심적 모형에서는 거의 전적으로 교육의 **내용**에만 관심을 기울인다. 따라서 '기독교' 교육에서는 '만들어지고 있는 정신' 안에 저장될 '독특한 기독교적' 사상과 신념에 초점을 맞춘다.

이러한 인지적 요소에 대한 강조와 연관된 두 가지 점이 있다. 첫째, 이런

---

[45] 하이데거에서 정점에 이르는 이러한 역사적 발전에 대한 개관으로는 Eva Brann, "Are Humans Ultimately Affective?" *Expositions: Interdisciplinary Studies in the Humanities* 1 (2007): pp. 53-70을 보라.

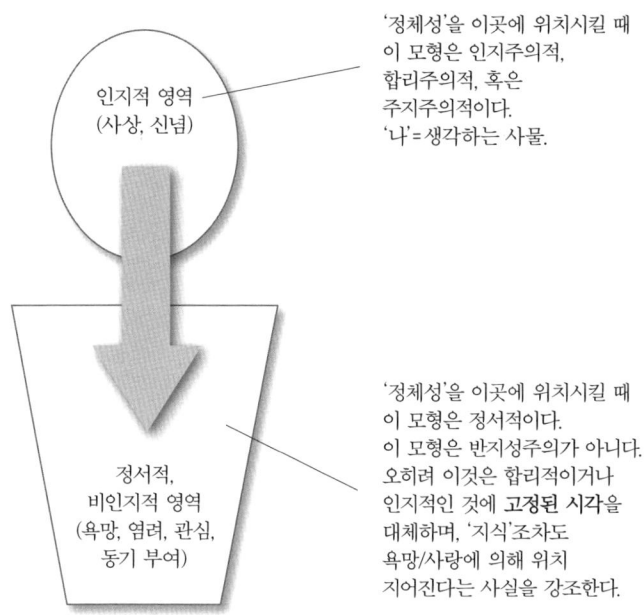

그림 2. 자아의 무게 중심 이동: 인지적 영역에서 정서적 영역으로

식으로 신념과 교리의 체계로서의 기독교 세계관에 초점을 맞추게 되면 예배—아마도 그리스도인들이 **행하는** 가장 중요한 행동—를 구성하는 독특한 기독교적 **실천**의 중요성을 주변화하거나 무시하고 만다. 대개의 경우 '기독교 세계관'에 대한 설명만 듣고서는 그리스도인들이 예배한다는 사실은 짐작하기 어려울 것이다! 세계관 담론에서 암시하는 그리스도인의 모습만 보아서는 우리가 세례와 성만찬, 기도, 노래, 춤이라는 공동체적 실천에 참여함으로써 제자가 된다는 사실을 상상조차 하지 못할 것이다. 둘째, 이렇게 신념에 초점을 맞출 때 물질적 실천이 교육에서 차지하는 중요성에 대해 관심을 기울일 수 없다. 인지 중심적 접근법은 인지적 영역에만 집중하는 태도를 보인다. 마치 어두운 터널에서 밖의 빛만 바라보듯이 정신에만 협소하게 초점을 맞춘

다. 그 때문에 몸—그리고 상상력처럼 몸과 연관된 모든 것—은 탐지기에 잡히지 않는다. 그리고 이것은 두 가지 중요한 함의를 갖는다. 한편으로, 이는 이런 접근법이 모든 종류의 문화적 실천이 지닌 **교육적** 효과에 대해 무지하다는 것을 뜻한다. 물질적 의례가 지닌 형성의 효과에 관심을 기울이지 않는 세계관 중심의 인간관에서는 쇼핑과 운동 같은 문화적 실천이 실제로 욕망을 형성하는 교육을 이룬다는 사실을 이해하지 못한다. 다른 한편으로, 세계관 담론과 연관된 인지 중심적 인간관에서는 독특한 기독교적 교육에서 실천이 차지하는 역할에 관해서도 생각하지 못한다. 더 구체적으로는, 기독교 교육에서 기독교 예배가 핵심적인 중요성을 갖는다고 생각하지도 않고 예배에 그런 중요성을 부여하지도 않는다.

인간 정체성의 무게 중심을 인지의 영역에서 정서의 영역으로, 정신에서 몸과 연결된 마음으로 이동시키는 방법을 따라, 나는 '세계관'이라는 개념의 사용을 (일시적으로) 중단하고 그 대신 찰스 테일러(Charles Taylor)의 '사회적 상상'(social imaginaries)이라는 개념을 채택하는 것을 고려해 보아야 한다고 주장하고자 한다.[46] 테일러 역시 문화를 이해하기 위해서는 우리가 사상과 이론에 집중하는 대신 실천에 내재된 '이해'에 초점을 맞추어야 한다고 확신한다. 따라서 우리가 사상에 집중하는 대신 욕망의 신체적 형성에 관심을 기울이려고 노력하는 것과 마찬가지로, 테일러는 근대성을 설명하면서 '이론'(근대인들이 '생각'하거나 '믿는' 바)에 대해 집중하는 대신 구체적으로 **근대적인** '사회적 상상'을 주의 깊게 묘사하는 데에 초점을 맞춘다. 그는 모든 사회와 공동체가 사

---

[46] Charles Taylor, *Modern Social Imaginaries* (Durham, NC: Duke University Press, 2004), pp. 23-30. 『근대의 사회적 상상』(이음). 더 확장된 논의로는 Taylor, *A Secular Age*, pp. 171-176를 보라. 이 개념에 관해 테일러는 Benedict Anderson, *Imagined Communities* (London: Verso, 1991)에 빚지고 있음을 인정한다. 『상상의 공동체』(나남출판).

회적 상상에 의해 움직인다고 강조하지만, 이는 모두가 하나의 이론에 의해 정향된다는 뜻이 아니다. 그는 사회적 상상이 "사람들이 초연한 태도로 사회적 실재에 관해 **생각할** 때 머릿속으로 그리는 지적 체계보다 훨씬 넓고 깊다"고 말한다.[47] 적응 무의식의 중요성에 대한 윌슨의 설명과 궤를 같이하며, 테일러는 우리가 '생각하는' 바는 빙산의 일각일 뿐이며 우리가 세상 속에서 어떻게 그리고 왜 우리의 길을 헤쳐 나가는지를 온전히 혹은 적합하게 설명할 수 없다는 것을 직감한다. 인지의 영역 아래 있는 무언가, 더 덜컹거리는 무언가가 우리의 행동과 행위를 상당 부분 추동한다는 말이다. 테일러는 이것을 **상상**이라고 설명한다. 상상은 "평범한 사람들이, 이론적 용어로 표현되지 않고 이미지와 이야기, 전설 속에 담겨 있는 자신의 사회적 환경을 '상상하는' 방식"을 가리킨다.

이것을 '상상'이라고 부르는 것 자체가 이미 무게 중심을 사상으로 이루어진 인지의 영역에서 몸과 '더 가까운' 보다 정서적인 영역으로 이동시켰음을 뜻한다. 상상력은 몸을 연료로 삼아 작동되기 때문이다. 따라서 **상상**이라는 말은 이미, 우리가 세상 속에서 어떻게 정향되는지를 이해하고자 할 때 우리가 몸을 지닌 존재라는 점에 관심을 둘 것을 암시하고 있다. 상상은 인지적인 지식 혹은 일군의 신념이라기보다는 일종의 비인지적 **이해**다. 테일러는 객관적이며 명제직인 "지식"(Wissen)과 "우리의 전체 상황에 대한 불명확한 이해"이자 우리 지식의 "배경"을 이루는 "이해"(Verstehen)를 구별하는 마르틴 하이데거(Martin Heidegger)를 원용한다.[48] 이러한 "이해"는 명제적 지식보다는 노하

---

[47] Taylor, *Modern Social Imaginaries*, p. 23, 강조는 추가됨.
[48] 같은 책, p. 25. 특히 여기서는 *Being-in-the-World* (Cambridge, MA: MIT Press, 1991)에 실린 휴버트 드레이퍼스(Hubert Dreyfus)의 하이데거 해석을 원용한다. 이에 관한 하이데거 자신의 논의로는 *Being and Time*, §31를 보라. 하이데거는 후설의 '인지주의'를 비판하며―드레이퍼스 역시 동일한 비판을 반복한다―이런 입장을 전개한다. 이와 관련해 후설을 옹호하는 글로는 Christian Lotz, "Cog-

우에, 지성보다는 **상상력**에 더 가깝다.⁴⁹ 상상력('상상')이라는 면에서 이를 설명하는 것은 세상을 지향하고 구성하는 우리의 가장 근본적인 방식이 감정적이며 촉각적임을 뜻한다. 즉, 그것은 감각에 의해 제공된 '이미지'를 연료로 삼아 작동된다.

그러므로 테일러가 우리의 행동과 세상에 대한 우리의 태도 전체를 비인지적으로 방향 짓는 '사회적 **상상**'의 근본적이며 필수적인 기능을 강조할 때, 나는 신체적인 차원에서 우리에게 세상을 이해하게 해 주는 정서적 능력으로서의 상상력에 대한 강조에 귀를 기울여야 한다고 생각한다. 이것은 의미 있게 세상을 지향하는—세상에 의미를 부여하는—방식이다. 그러나 이것은 인지적이거나 명제적인 방식이 아니다. 통상적인 말을 사용하자면 우리는 이것을 일종의 직관이라고 설명할 수 있다. 테일러가 지적하듯이, 이것을 명제적 진술로 표현하기는 어렵다. "분명한 교리의 형태로는 결코 이것을 제대로 표현할 수 없다."⁵⁰ 오히려 지성보다는 상상력과 비슷하게 작동하는 사회적 상상은 "이론적 차원에서 표현되지 않는 경우가 많으며 이미지와 이야기, 전설 안에 담겨 전해진다."⁵¹ 사회적 상상은 우리가 세상에 관해 어떻게 **생각하는가**가 아니라, 우리가 세상에 관해 생각하기도 전에 그것을 어떻게 **상상하는가**의 문제다. 따라서 사회적 상상은 상상력을 불러일으키는 것들, 즉 이야기, 신화, 그림, 서사로 이루어진다. 더 나아가 그런 이야기는 언제나 이미 공

---

nitivism and Practical Intentionality: A Critique of Dreyfus's Critique of Husserl", *International Philosophical Quarterly* (2007): pp. 153-166를 보라. 테일러는 비트겐슈타인(Wittgenstein)과 폴라니(Polanyi)에게서도 이와 유사한 '이해' 개념을 발견한다.

49 나는 '상상력'이라는 말을 '허구'라는 낭만적인 의미로 사용하지 않는다. 안타깝게도 '상상력'에 대한 온전한 논의를 위해서는 2권을 기다려야 한다.
50 Taylor, *Modern Social Imaginaries*, p. 25.
51 같은 책, p. 23.

동체적이며 전통으로 내려온다. 사적인 이야기란 존재하지 않는다. 모든 서사는 전해 내려온(traditio) 이야기를 이용한다. 따라서 상상은 두 가지 면에서 사회적이다. 한편으로, 그것은 다른 이들에게 전해 받고 그들과 공유하는 사회적 현상이다. 다른 한편으로, 그것은 사회적 삶의 전망이며 사회적 삶을 위한 전망이다. 즉, 인간의 번영이란 무엇인지, 의미 있는 관계란 무엇인지, '좋은' 가정이란 무엇인지 등에 관한 전망이다.

이렇게 우리 정체성의 무게 중심을 인지적인 것에서 정서적인 것으로 전환하는 일―이것이 바로 '상상'이라는 개념을 쓴 목적이다―은 이 그림 내에서 신체적 실천의 역할을 통해 마무리된다. 테일러는 이런 이해와 실천 사이의 역동적 관계를 강조한다. "만약 이해가 실천을 가능하게 한다면, 그 이해를 주로 담아내는 것이 실천이라는 말 또한 옳다."[52] 혹은 달리 말하자면, 이해는 "실천 안에 내재되어 있다."[53] 이런 '이해'는 '이론적' 혹은 명제적 지식과 여전히 구별되며 그런 지식으로 환원될 수도 없다. 이것은 피에르 부르디외(Pierre Bourdieu)의 "실천의 논리"라는 개념과 유사하다. 그 어떤 이론적 설명을 통해서도 제대로 밝혀낼 수 없는 실천을 특징짓는 일종의 합리성이 존재한다. 파스칼의 격언["마음에는 이성(reason)이 결코 알 수 없는 이유(reasons)가 있다"]을 환기하며, 부르디외는 "실천에는 논리학자의 논리와는 전혀 다른 논리가 있다"라고

---

[52] 같은 책, p. 25.
[53] 같은 책, p. 26. 이 점에 관해서는 테일러에게 트집을 잡아 볼 수 있다. 그는 "상상"(이해)과 실천 사이의 관계가 "일방적이지 않다"고 강조하고 싶어 하지만(p. 25), 그의 설명은 다소 모호해 보인다. 그는 때로 이해가 공통된 실천을 "가능하게 하는" 것처럼(p. 23), 실천이 선재하는 이해를 "나타내는" 것처럼 말한다. 그러나 때로는 이해를 "담아내는" 것이 실천임을 강조하기도 한다(p. 25). 그가 이 둘 사이의 역동적, 변증법적 관계를 중시하는 것이 옳다고 생각하지만, 나는 후자를 강조하는 것이 특히 더 중요하다고 생각한다. 만약 닭이 먼저냐 달걀이 먼저냐 하는 이 문제에서 어느 쪽이 먼저인지를 따져야 한다면, 나는 실천이 이해보다 선행한다고 생각한다. 뒤에서 그가 강조하듯이 "사상은[바꾸어 말하자면, 이해는] 언제나 특정한 실천 안에 둘러싸인 역사 속에서 등장한다." George Lindbeck, *The Nature of Doctrine: Religion and Theology in a Postliberal Age* (Philadelphia: Westminster, 1984), p. 35와 비교해 보라.

강조한다.⁵⁴ 나는 '이론'이 결코 필요하지 않은 이해를 가지고 행동할 수 있다. 그리고 대부분 그런 식으로 행동한다.

여기서 테일러는 유용한 유비를 제시한다. 실천에 내재된 이해는 당신이 주변이나 동네 지리를 아는 것과 유사하다. 이것은 당신의 적응 무의식에 새겨진 일종의 노하우다. 한 지역에서 오랫동안 자랐어도 우리는 동네 지도를 한 번도 본 적이 없을 때가 많다. 하지만 우리는 동네 주변 환경을 이해하고 있는데, 이는 우리가 이 주변 환경에 완전히 몰입해 있기 때문이다. 우리는 수년간 동네 거리에서 자전거를 타거나 걸었다. 어떻게 가는지 생각하지 않고도 동네 야구장에서 집으로 돌아올 수 있다. 만약 우리가 그 동네에 오랫동안 살아왔고 다른 곳에서는 살았던 적이 없다면, 동네에 처음 온 사람이 보도에서 우리를 붙잡고 볼드윈 가에 어떻게 가는지 물었을 때 우리는 당황할지도 모른다. 도로 표지판을 주의 깊게 본 적이 한 번도 없기 때문이다. 우리는 집에서 경기장이나 친구 집, 길모퉁이 가게까지 **어떻게** 가는지 알고 있다. 하지만 지도를 보고 누군가에게 길을 가르쳐 주는 것으로는 전환시킬 수 없는 방식으로 알고 있다. 지도를 통해 동네를 아는 지식은 집에서 학교까지 수년간 걸어 다니는 사이에 우리 몸에 새겨진 노하우와는 전혀 다르다.

테일러는 사회적 상상이 동네에 대한 우리의 노하우와 같은 차원에서 기능하는 "이해"인 반면, 이론이나 교리는 지도에 더 가까운 일종의 "지식"이라는 점을 강조한다. 그리고 우리들 대다수는 대부분의 경우 지도에 의지하지 않고도 이 세상 속에서 길을 찾아간다(여기서 전형적인 완고한 남편에 관한 농담을 굳

---

54 Pierre Bourdieu, *The Logic of Practice*, trans. Richard Nice (Stanford, CA: Stanford University Press, 1990), p. 86. 계속해서 그는 이 "실천의 논리"가 이론적 설명으로 환원될 수 없음을 강조한다. "실천의 논리에는 이론적으로 이해할 수 없는 특징들"이 존재한다(같은 곳).

이 언급하지는 않겠다). 그리고 이런 노하우나 이해는, 테일러가 강조하듯 지도 안에 "적절히 표현될" 수 없다. 그렇게 옮기고자 할 때 잃어버릴 수밖에 없는 것들이 있다. 이 둘(이해와 지식)이 전혀 어울리지 않는다는 말이 아니다. 실천 속에서 이해한 것은 이론이나 교리를 통해 어느 정도 설명할 수 있다. 그러나 번역 과정에서는 언제나 잃어버리는 것이 있게 마련이다. 더 나아가 테일러는 실천의 우선성을 강조한다. 그가 간결하게 설명하듯이, "인간은 자신에 관한 이론화를 시작하기도 전에 사회적 상상을 활용했다."[55]

핵심 요소를 적소에 배치한 다음, 우리는 '사회적 상상'에 관한 테일러의 설명을 앞서 제시한 인간 정체성의 '무게 중심'을 인지적인 것에서 정서적인 것으로 전환하는 문제에 적용시켜 볼 수 있을 것이다(그림 3).

'사회적 상상'은 세상에 관한 정서적, 비인지적 이해다. 이것은 지성보다는 상상력으로부터 원동력을 얻기 때문에 (이론이라기보다는) **상상**으로 불린다. 상상은 이야기와 서사, 신화, 아이콘으로 구성되어 있으며 이런 것들 안에 내재되어 있다. 이런 전망들은 이를테면 우리의 상상력을 위한 배경을 제공함으로써—우리가 사는 세상과 그 안에서 우리의 소명을 이해하기 위한 '의미'의 틀을 제공함으로써—우리의 마음과 상상력을 사로잡는다. 세상에 대한 환원 불가능한 이해는 이런 이야기들에 대한 우리의 직관적, 선인지적 파악 안에 자리하고 있다.

그렇다면 이것은 기독교 세계관과 무슨 관계가 있는가? 나는 세계관이 독특한 기독교적 '지식'이라고 생각하는 대신에, 기독교 예배의 실천 안에 내재되어 세상에 관한 독특한 기독교적 이해를 구성하는 기독교의 '사회적 상상'에 대해 이야기해야 한다고 주장한다. 제자도와 형성은 기독교 지식의 체계

---

[55] Taylor, *Modern Social Imaginaries*, p. 26.

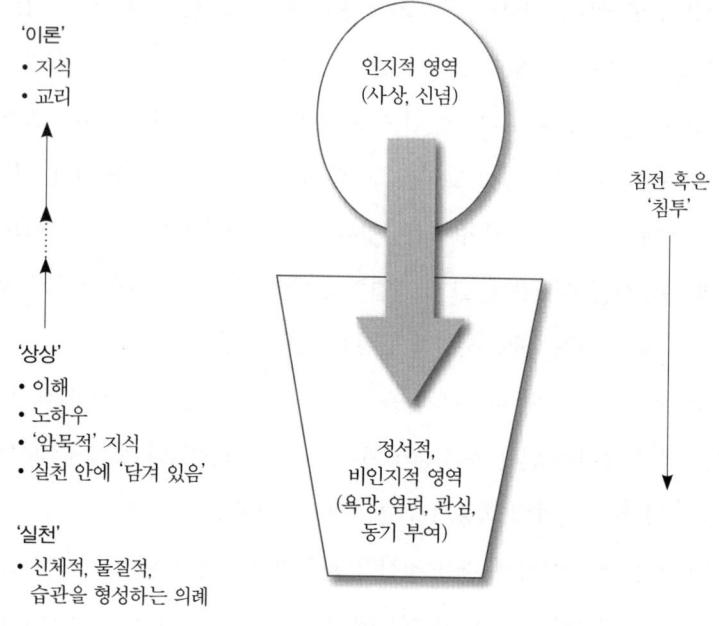

그림 3. '세계관'에서 '사회적 상상'으로

를 세우는 문제라기보다는 복음의 온전함에 비추어 세상을 직관적으로 '이해하는' 기독교적 노하우를 개발하는 문제다. 그리고 이해가 실천 안에 내재되어 있다면, 기독교 예배의 실천은 세상에 대한 독특한 기독교적 이해를 개발하는 데 핵심적−필수적−이다. 기독교 예배의 실천은 자전거를 타고 동네 주변을 도는 것에 비유할 수 있다. 우리를 둘러싼 환경을 속속들이 이해하는 이 과정은 선인지적이고 우리의 적응 무의식에 새겨지며 이루어진다.

이를 테일러의 설명에 적용시켜 보면, 이것이 가진 몇 가지 중요한 함의를 이해할 수 있다. 첫째, 만약 인간이 인지적 이론화를 시작하기도 전에 사회적 상상을 활용한다면, 이를 유추해 볼 때 인간은 교리적 신학을 개발하기도 전에 종교적이라고 말할 수 있다. 대부분의 평범한 사람들에게 종교적 경건은 이론의 문제가 아니다.⁵⁶ 오히려 세상에 대한 이해는 종교적 예배와 헌신의 실천에 수반되며 또한 그 안에 내재되어 있다. 이런 의례는 실천 안에 내재된 형성에 근거해 세상을 특정한 환경으로 해석하는 사람들의 상상력을 형성한다. 이런 의미에서 기독교는 설교와 기도라는 모판 안에 '거주하며' 그로부터 나오는 독특한 사회적 상상이다. 기독교 예배의 리듬과 의례는 기독교 세계관의 '표현'이 아니라 그 자체가 실천 안에 내재된 '이해'—실천과 **별개로는** 얻을 수 없는 이해—다. 우리는 신념과 교리로부터 시작해 이런 (인지적) 신념을 적절히 '표현하는' 예배의 실천을 생각해 내지 않는다. 오히려 우리는 예배로부터 시작하며, 표현된 신념은 예배로부터 솟아오른다. '교리'는 우리가 기도할 때 '이해하는' 바에 관한 인지적, 이론적 표현이다.

둘째, 실천 안에 내재된 이해를 현재의 세계관 담론에서 흔히 사용하는 사상이나 신념, 교리와 단순히 동일시해서는 안 된다. 이해—본원적인 차원에 속하는 이해—는 나머지를 배제한 채 교리나 사상, 공식으로 정제해 낼 수 없다. 테일러가 강조하듯이 실천 안에 자리하고 있는 환원할 수 없는 정수가 있다. 이는 시스티나 성당(Sistine Chapel)에 있는 그림 안에 내재된 '이해'가 그저 바울 신학에 관한 논문의 '대체물'이 될 수 없으며 그 반대도 마찬가지인 것과 같다.⁵⁷ 사회적 상상의 여러 양상을 인지적, 명제적 차원에서 설명

---

56 테일러의 모형은 여기서 인식할 필요가 있는 역할, 즉 '이론'이 때로는 사회적 상상 속으로 '흘러내리고' '침투한다'는 점에 대해 설명할 수 있다(같은 책, p. 24). 사실 그는 이것이 바로 근대성 안에서 일어난 일이라고 생각한다. 즉, 그로티우스(Grotius)와 로크(Locke)의 '사상'은 서서히 우리의 사회적 상상 안으로 "침투해 그것을 변화시켜" **근대의** 사회적 상상 안에 내재된 독특한 이해를 만들어 냈다(pp. 28-29). (비슷하게 하이데거는 이론이 우리의 이해 안에 '침전'될 수 있다고 설명한다. *Being and Time*, §62.) 나는 기독교 예배에서도 비슷한 일이 일어난다고 주장한다. 신학적 성찰의 '열매'(예컨대 니케아 신조)는 기독교의 사회적 상상 안으로 흘러내리고 침투해 들어와 이제는 일종의 비인지적 '이해'로 흡수된다. 나는 *Introducing Radical Orthodoxy*, pp. 178-179에서 이와 비슷한 주장을 한 바 있다.

57 이 유비는 예술적 '진리'의 환원 불가능성에 관한 고든 그레이엄의 논의에서 제시된 것이다. Gordon Graham, *Philosophy of the Arts*, 2nd ed. (London: Routledge, 2000), pp. 46-51. 예술에서 말하는 '이해'는 '명제에 대한 동의'라는 의미로 환원될 수 없다. 만약 그런 식으로 환원된다면 예술은 명제적

하고 표현할 수 있지만—심지어 유용한 방식으로 정제하고 성찰할 수도 있지만—그런 설명이나 표현은 인지적 범주로 설명하기 어려운 이해를 '담고 있는' 실천에 참여하는 것의 대체물로는 결코 기능할 수 없다. 창조-타락-구속-완성이라는 관점에서 기독교 세계관을 정제해 내는 방식으로는 우리가 성만찬에 참여하여 부서진 세상을 새롭게 하기 위해 부서지신 그리스도의 몸을 먹을 때 **이해하는** 바를 결코 제대로 파악할 수 없다. 그리고 그런 이해는 그 후에 얻는 모든 '지식'을 위한 가능성의 조건이다.

이것을 앞서 우리가 했던 논의와 연결시켜 보면, 우리는 이것을 그 자체가 욕망인 이해라고 말할 수 있다. 그것은 그 자체가 일종의 사랑인 이해다. 따라서 테일러와 하이데거가 강조하듯이, 만약 내가 알기 전에 이해하는 것이 사실이라면 우리는 알기 전에 사랑한다고 주장할 수 있다. 우리의 선인지적 성향—세상을 '지향'하는 우리의 근본적인 방식—은 사랑 혹은 욕망이며, 우리가 '알게' 되는 것은 바로 이 근본적인 '이해'(Verstehen)를 통해서다. 이 결론은 "욕망이 지식을 형성한다"라는 공리로 표현할 수 있는 기독교 전통의 오랜 지혜를 되풀이하는 것이다.[58] 우리가 행하는 바(실천)는 우리가 욕망하는 바(사랑)와 밀접하게 연결되어 있으며, 따라서 우리가 행하는 바는 우리가 알 수 있는지 없는지, 어떻게 알 수 있는지, 무엇을 알 수 있는지를 결정한다. 고대 기독교의 금욕주의 전통에서는 이 연관 관계—우리가 테일러와 하이데거를 통해 도출해 낸 것—를 이미 이해하고 있었다. 이 전통에서는 알기 위해

---

진리를 전달하기 위한 많은 매체들 중 하나에 불과할 것이다. 그레이엄은 예술은 "풀어서 다시 말할" 수 없으며(p. 51), 동일한 목적을 위해 다른 매체와 단순히 '교환할' 수도 없다고 강조한다. 이와 마찬가지로 이론과 실천은 단순히 변환할 수 있는 것이 아니다. 이론을 '얻었다고' 할 때 여기서 실천을 제거하는 것은 불가능하다.

[58] Aristotle Papanikolaou, "Liberating Eros: Confession and Desire," *Journal of the Society of Christian Ethics* 26 (2006): p. 128.

욕망을 형성하는 것이 중요하다는 점을 강조했다. 욕망은 사람들이 세상을 바라보고 이해하는 방식을 규정하며, 따라서 그리스도인이 지식을 추구할 때 핵심 문제는 먼저 자신의 욕망의 모습과 '목표'에 관해 성찰한 다음 하나님을 향한 욕망이 커지기를 구체적으로 추구하는 것이다. 그것은 어떻게 가능한가? 『사랑에 관한 400개의 글』(The Four Hundred Chapters on Love)을 쓴 고백자 막시무스(Maximus the Confessor)에 따르면, 하나님에 대한 욕망을 방향 짓고 증가시키고자 할 때 핵심은 덕을 습득하는 것이다. 기억하겠지만, 앞에서 덕이란 실천을 통해 습득한 비인지적 '성향'이라고 설명한 바 있다. 그렇다면 어떻게 그런 덕을, 그런 욕망의 성향을 습득할 수 있는가? 바로 고해와 같이 구체적인 기독교적 실천에 참여함으로써 가능하다.[59]

나는 이 대안적인 욕망의 인간론이 기독교 학교나 대학의 교육과 사명, 책무에 대한 우리의 접근 방식에 새로운 자극을 제공할 수 있음을 우리가 느끼기 시작할 수 있을 것이라 생각한다. 다음 장들을 통해 그 함의를 더 자세히 살펴보기 전에, 나는 먼저 욕망의 역학에 주의를 기울이는 더 섬세한 신학을 요청하는 이러한 인간 모형이 문화적 제도에 대한 우리의 이해를 어떻게 바꿀 수 있는지에 관해 잠시 생각해 보고자 한다.

### 영역에서 목적으로: 예전적 제도

나는 인간을 사상이나 신념을 가득 담고 있는 존재가 아니라, 결국 그렇게 되(기를 바라)는 인간상을 반영하는 거울이 되는 궁극적인 무언가를 가리키고

---

[59] 이에 대한 명쾌한 설명으로는 같은 글, pp. 128-131를 보라.

겨냥하는, 역동적이며 욕망하는 '화살'로 보아야 한다고 주장해 왔다. 근본적으로 우리는 왕국—좋은 삶—에 대한 특정한 전망을 열망하는 욕망의 피조물이며, 우리의 욕망은 이를테면 마음으로 향하는 실천에 의해 형성되고 규정된다.

지금까지 우리는 인간에 관해 논할 때 인간을 마치 개인인 **것처럼** 취급하는 경향이 있었다. 따라서 그림 1에서도 한 개인을 도식화했다. 그러나 개인은 언제나 이미 사회적 관계와 제도라는 망 안에 자리하고 있다. 앞의 도식에서도 이 점을 확인할 수 있다. 즉, 자아는 언제나 이미 실천에 의해 형성되며, 실천은 구체적인 사회 제도와 얽혀 있고 그 안에 자리하고 있다. 사적 실천이란 존재하지 않는다. 따라서 우리의 마음은 계속해서 다른 이들에 의해, 그리고 대부분의 경우 우리가 만드는 문화적 제도를 통해 형성되고 있다. '문화'란 '저기 바깥에 존재하는 것이 아니라 하나의 활동임을 명심하자. 문화는 명사라기보다는 동사라고 할 수 있다. 그것은 인간의 '만드는' 활동 혹은 제작 활동(*poiēsis*)의 산물이다. 따라서 문화적 제도는 인간의 필요와 욕구, 욕망에 부응하기 위해 오랜 시간에 걸쳐 세워지고 발전된 실천(그리고 만들어진 환경)의 복합체다. 이런 제도는 다 만들어진 채 하늘에서 떨어지지 않았다. 다시 말해서, 문화적 제도는 '창조되지' 않는다. 그것은 (톨킨이 다른 맥락에서 사용했던 말을 사용하자면) 보다 아래에서 창조된다(sub-created).[60] 제도는 지구 안에 내재된 자극에 대응하는 과정에서 인간의 창조에 의해 생성되고 발전된다. 예를 들어, 가정은 식량 공급과 보호에 대한 신체적 필요뿐만 아니라 친밀함과 삶의 의미 만들기와 같은 더 고차원적인 갈망을 포함한 모든 필요와 욕구에 대

---

[60] J. R. R. Tolkien, "On Fairy-Stories", *Tree and Leaf* (San Francisco: Harper Collins, 2001), pp. 70-71를 보라.

응하는 과정에서 오랜 시간에 걸쳐 세워진 문화적 제도다.

혹은 병원이나 의학에 대해 생각해 보라. '의학'은 건강 증진, 질병 억제, 상처 치료 등의 필요에 대응하는 과정에서 나타난 실천과 자원, 장소의 총합을 지칭하는 실체라고 말할 수 있다. 우리는 날마다 수많은 기관을 들락거린다. 사실 근대성을 규정하는 특징 중 하나는 분화의 폭발적 증가다. 이를 통해 기업, 국가, 대학, 시장, 교회 등 수많은 제도가 나타났다. 근본적인 차원에서 이런 문화적 제도는 인간의 제작 활동의 산물이다. 다시 말해서, 제도는 그저 '자연적이지' 않다. 병원이나 대학은 '자연적으로 나타난' 실체가 아니다. 연기가 불이 났음을 알려 주는 신호이듯이, 문화적 제도는 인간의 만드는 활동을 말해 주는 신호다. 그러나 중요한 의미에서 문화적 제도는 그 나름의 생명을 지닌다. 제도는 궁극적으로 인간이 만든 것이지만, 일단 운영되기 시작하면 그것은 특정한 인간들의 특정한 변덕이나 이해관계로 환원될 수 없다. 제도는 개별 행위자와는 별도로 영향력을 행사하는 일종의 조직적 힘을 지닌다. 결국, 문화적 제도는 본질적으로 인간이 만들어 낸 것이지만, 중요한 의미에서 인간은 문화적 제도를 통해서 받아들이는 형성의 산물이기도 하다.

보다 아래에서 창조된 실체로서 문화적 제도는 우발적이다. 즉, 아예 **존재하지 않을 수도** 있고 **다른 방식으로** 존재할 수도 있다는 뜻이다. 인간의 문화적 산물인 제도는 유연하며 변화에 적응할 수 있다. 제도는 그것이 지향하는 목적에 따라 다른 방식으로 재편될 수도 있다. 따라서 인간이 하나의 텔로스를 지향하는 역동적이며 목적 지향적인 피조물이듯이, 제도 역시 특정한 목적에 대한—특히 왕국에 대한 특정한 전망과 좋은 삶의 특별한 형태에 대한—역동적인, 비-정태적인 지향에 의해 특징지어진다는 점이 중요하다. 문화적 제도의 본질적 요소인 실천은 우리의 욕망을 특정한 목적으로 향하게 하려는 의도를 가지고 있다. 왜냐하면 제도 자체에 그런 지향이 새겨져 있기 때문이다. 만약 그림 1이 개인을 도식적으로 표현하고 있다면, 이는 문화적 제도의 역학에 관한 도식이기도 하다. 다시 말해서, 문화적 실천과 제도의 특정한 구성은 예전으로서, (궁극적) 욕망의 교육으로서 기능한다.

   문화적 제도를 예전적 제도로, 욕망의 역동적 구조로 이해할 때 우리는 이런 제도의 중요성을 더 고차원적이며 섬세하게 이해할 수 있다. 앞서 개인에 관해 주장했듯이, 이러한 역동적이며 목적 지향적인 제도 역시 단편적으로는 이해할 수 없다. 현재 혹은 표면에 나타난 것만 보아서는 주어진 문화적 제도의 중요성을 제대로 파악할 수 없다. 그것이 지향하는 텔로스를 포착하기 위해서는 이런 제도와 실천을 '해독'(解讀)해야 한다. 하나님 나라에 대한 기독교적 전망과 현재의 수많은 형태의 문화적 제도 안에 내재된 인간 번영에 대한 전망 사이의 대립은 이러한 텔로스의 차원에서 이해해야 한다. 따라서 문화를 비판할 때 우리는 '문화' 안에서 어떤 사상과 신념이 유포되는지를 물어서는 안 된다. 오히려 우리는 모든 종류의 문화적 제도가 우리의 **사랑**이 **어떤 목적을** 지향하게 만들려고 하는지를 분별해 내야 한다. 요약하자면, 우리에게 욕망을 가르치는 다양한 예전이 문화 속에서 작동하고 있음을 인식할 때에야 비로소 우리는 문화를 제대로 '해독'할 수 있다.

# 2장 사랑에는 실천이 필요하다

**예전, 형성, 그리고 대항적 형성**

> 빅토리아가 비밀을 알고 있고 있는 이유:
> 〈물랑 루즈〉에서 그려 본 제자도

1장의 핵심 주장은 인간이 근본적으로 **사랑하는 존재**라는 것이다. 즉, 일차적으로 우리는 '생각하는 사물'이나 '믿는 동물'이 아니라 궁극적인 것에 대한—'왕국'의 전망에 대한—**열정적인** 지향을 지닌 욕망하는 행위자다. 이것이 인간됨의 구조적 특징이다. 우리는 사랑하는 존재가 **아닐** 수 없다. 우리는 **어떠한** 왕국을 욕망하지 **않을** 수 없다. 문제는 우리가 사랑**하느냐 마느냐**가 아니라 우리가 **무엇을** 사랑하느냐다. 대부분의 경우 적응 무의식의 차원에서 작동하는 이 구조적 지향은 다른 방향을 취하거나 다른 목적 혹은 좋은 삶에 대한 다른 전망을 지향할 수도 있다. 이러한 인간 모형은 우리 문화 속에서 욕망이 어떻게 기능하는지를 볼 수 있는 새로운 눈을 우리에게 준다. 예를 들어, 이 모형은 우리가 음악부터 마케팅에 이르기까지 문화적 현상 속에서 성(性)이 편재(遍在)함을 깨닫고 이해할 수 있게 해 준다. 그리고 나는 이것이 전적으로 나쁜 것은 아니라고 주장하고 싶다.

성은 팔리는 것이며 성을 가지고 거의 모든 것을 팔 수 있다는 점은 납득시킬 필요도 없다고 생각한다. 성은 너무나도 곳곳에 퍼져 있어서 어쩌면 우리는 성의 편재를 제대로 파악하지 못하게 될 수도 있다. 누군가가 우리에게 자동차나 맥주, 몸에 뿌리는 스프레이를 사라고 설득할 때 우리는 그 연관성을 쉽게 예상한다. 그러나 이따금씩 우리는 성의 편재가 너무나도 낯설게 느껴져서 우리 바로 앞에 있는 것을 다시 바라보게 된다. 예를 들자면, 나는 전자레인지에 데워 먹는 엉클 벤의 밥 광고에서 무엇보다 물을 끓일 시간을 아껴서 슈퍼모델과 열정적인 섹스를 할 수 있게 해준다고 약속하던 것이 기억난다.

그러나 특히 흥미로운 점은 마케팅(그리고 여기에 마케팅 산업의 부속물로서 연예 산업의 거의 모든 양상을 포함시킬 수 있다)에서 열정과 초월을, 성과 종교를 아주 의도적으로 결합시킨다는 것이다. 시민 종교가 소비를 인간 번영의 절정이라고 칭송하는 문화 속에서, 마케팅은 우리의 에로스적인 종교적 본성을 건드려 이 열정과 욕망이 낯선 신들, 다른 예배, 다른 왕국을 지향하도록 만들려 한다. 그리고 이를 위해 우리의 에로스적 핵심—마음—을 건드리고 자극한다. 따라서 마케팅을 보면 에로스의 특정한 조야화(粗野化)와 연관된 일종의 초월을 약속하고 있음을 발견한다. 특정한 광고 기법에서는 **에로스**, 성적 욕망과 낭만적 사랑에 더 직접적으로 호소한 다음, 우리의 욕망을 이에 대한 대체물인 상품으로 인도한다. 혹은 적어도 이 상품을 그 욕망과 연결시키며 일종의 성취를 약속한다. 이런 광고의 표준적인 예는 더 조잡하며 일반적으로 남성을 겨냥하는 경향이 있다(맥주 광고, 면도기 광고, 아니면 더 최근의 AXE 바디 스프레이 광고를 생각해 보라). 하지만 이는 여성을 겨냥한 마케팅에도 적용된다. 위생을 위해 머리를 감는 것처럼 평범한 일을 하면서도 다양한 황홀경을 경험할 수 있다고 약속하는 샴푸 광고를 떠올려 보라. 그런데 어디에서든 빅토리아 시크릿(Victoria's Secret, 미국 최대의 란제리 회사—옮긴이)을 볼 수 있다는 점은 특별히 흥미로운 경우다. 왜냐하면 이 브랜드는 남성과 여성 모두를 겨냥하는 것처럼 보이기 때문이다. 한편으로, 빅토리아 시크릿의 광고는 ESPN과 TSN에서 미식축구 중계를 하는 동안에도 나온다. 다른 한편으로, 빅토리아 시크릿의 고객 대다수는 매력적인 사람이 되고 싶어 하는 여성들이다. 그리고 이 모든 것은 대단히 정서적이며 시각적인 수단, 즉 우리의 욕망하는 감각에 호소하며 우리의 상상력 속에 새겨지는 이미지로 가득한 작은 서사들을 통해서 전달된다. 여기서 비밀(secret)은 욕망을 어떻게 이용해야 하는지 알고 있으며 욕망 덕분에 번창하는 산업이다.

이런 문화적 상황에 대한 일반적인 '교회의' 반응은 기본적으로 플라톤주의를 따르는 방식으로 나타난다. 즉, 문화에 침투하는 맹렬한 성의 열정을 진압하기 위해서는 더 '고등한' 부분을 통해 우리의 몸과 열정을 통제해야 할 필요가 있다는 것이다. 우리는 뇌가 다른 신체 기관을 통제하게 하고, 그리하여 열정을 지성에 복종시켜야 한다. 그리고 이렇게 하는 방법은 **사상**이 **열정**을 이기도록 만드는 것이다. 다시 말해서, 교회에서는 사상과 신념을 우리의 머리에 채우려고 함으로써 욕망을 활성화하고 형성하는 압도적인 문화의 힘에 대응한다.

하나의 차원에서 보자면, 나는 교회가 그동안 잘못해 왔던 바로 그 지점에서 빅토리아 시크릿은 옳았다고 주장한다. 더 구체적으로, 나는 우리가 마케팅 산업—우리의 마음 및 상상력과 연결된 매체를 통해 에로틱하고도 강력한 초월을 약속하는—이 다수의 (복음주의) 교회보다 더 낫고, 더 창의적이며, 더 성육신적이고, 더 통전적인 인간론에 따라 움직인다는 점을 먼저 인식하고 인정해야 한다고 생각한다. 다시 말해서, 마케팅 산업에서는 우리의 세계-내-존재가 상상력에 의해 지배되며 우리가 몸을 지닌 욕망하는 피조물임을 바르게 인식했기 때문에, 이 산업이 우리의 욕망을 사로잡고 형성하며 조종할 수 있음을 우리가 인정해야 한다고 생각한다. 마케터들은 '이를 이해했기' 때문에 우리의 마음을 파고드는 법을 알아냈다. 그들은 우리가 근본적으로 **에로스적인** 피조물—일차적으로 사랑과 열정, 욕망에 의해 정향되는 피조물—임을 바르게 이해하고 있다. 요컨대, 나는 빅토리아가 아우구스티누스의 비밀을 알고 있다고 생각한다. 하지만 그 사이에 교회는 근대성에 속아 데카르트적 인간 모형을 받아들였고, 사상과 신념이라는 지적인 영역이 우리 존재의 핵심이라고 잘못 가정해 왔다. 사상과 신념은 물론 인간의 한 부분이지만, 나는 그것들이 체현된 욕망 뒤에 오는 것이라고 생각한다. 그리고 그렇기 때문에 교회는 머리에 초점을 맞춤으로써 마음을 사로잡는 소비자 형성에 맞서려고 노력해 왔지만 과녁에서 빗나가고 말았다. 말하자면 교회는 우리 마음속의 불을 끄려고 머리에 물을 들이붓고 있다.

만약 다른 접근법을 취한다면 어떨까? 열정과 욕망을 문제로 여기는 대신에 그 방향을 재설정하려고 애쓴다면? 마케팅 산업이 제대로 이해한 바—우리가 일차적으로 사랑과 욕망의 피조물이라는 점—를 존중하여, 일차적으로 사상과 신념에 초점을 맞추는 것이 아니라 열정에 초점을 맞추는 대안을 가지고 동일하게 대응한다면? 교회가 열정이라는 우리의 본성을 인정하고 그 방향을 재설정하려고 애쓴다면?

그 결과는 잉클링스(Inklings, 1930-1940년대 옥스퍼드 대학교의 토론 모임으로 루이스와 톨킨 등이 소속되어 있었다—옮긴이) 회원 찰스 윌리엄스(Charles Williams)가 '낭만적 신학'이라고 부른 것이 될 것이다. (불행히도) 이제는 잊히고 만 작은 책들을 통해 전개한 내용에 의하면, 윌리엄스의 주장은 낭만적 사랑과 성적 욕망이라는 인간의 경험은 그 자체로 하나님에 대한 욕망의 증거라는 것이다. 윌리엄스는 이를 훨씬 더 강력히 표현했을 것이다. 낭만적 사랑을 경험하는 인간은 사랑이신 하나님의 무언가를 경험한다. 베아트리체에 대한 단테의 묵상을 통해 열린 길을 걸어가면서, 윌리엄스는 낭만적 사랑이 "비록 순간에 불과하더라도 본성을 새롭게 한다. 그것은 사랑하는 사람이 소유하기로 되어 있던 생명을 잠시 동안 그 사람 안에 비쳐 준다"고 주장한다.[1] 윌리엄스의 말에 의하면, 사랑은 신적인 것이 인간 경험 안에 침투하거나 출현할 것이라는 약속이며, 따라서 우리의 가장 심층적인 에로스적 열정 곧 하나님에 대한 욕망의 표현이라고 확언할 수 있다.

---

[1] Charles Williams, *He Came Down from Heaven* (1938; repr., Grand Rapids: Eerdmans, 1984), p. 96.

열정을 가지고, 자기를 망각한 채, 헌신적으로 그 자체가 아닌 어떤 목적을 이루기 위해 일할 때, 그 일은 신적인 것으로 나아가는 관문이다. 넋을 잃고 자기 여인의 얼굴을 바라보는 사람이나 사랑하는 이가 부르는 소리에 기쁘게 귀를 기울이는 소녀가 우리 주님의 은밀한 성전에서 예배하는 사람들이라면, 넋을 잃고 크리켓 타자의 타격을 바라보는 관중이나 숭배하듯이 희귀한 우표를 응시하는 수집가 역시 예배자가 아니겠는가?[2]

뒤에서 보겠지만 워커 퍼시(Walker Percy)의 『폐허 속의 사랑』(*Love in the Ruins*)에서도 암시하듯이, 에로스는—심지어 잘못된 방향으로 나아가는 에로스조차도—우리가 어떤 동물인지를, 즉 우리는 하나님을 **욕망하는** 피조물임을 말해 주는 신호다. 아우구스티누스는 유명한 말을 남겼다. "당신은 우리가 당신을 향하도록 만드셨기에 우리 마음은 당신 안에서 쉬기까지 안식할 수 없습니다."[3] 이것은 지성의 문제가 아니다. 아우구스티누스는 우리가 하나님을 '알지' 못한다는 사실에 초점을 맞추지 않는다. 여기서 문제는 무지나 회의가 아니다. 문제는 뼛속까지 사무친 불안과 동요이며, 이는 '안식'을 통해서—우리의 선인지적 욕망이 우리의 사랑을 되돌려 주지 못하는 욕망의 대상(우상) 때문에 계속 좌절하기보다는 마침내 올바른 목적(그것이 만들어진 바로 그 목적)을 지향할 때—해소될 수 있다. 그러나 이것은 잘못된 방향으로 '향하는' 욕망조차도 여전히 욕망하는 동물이라는 우리의 본성에 대한 증거임을 의미한다. 윌리엄스의 '낭만적 신학' 배후에는 정서와 욕망이 인간의 '핵심'임을 이해하는 인간관이 작동하고 있다.

아우구스티누스가 제시한 욕망의 인간론을 통해 우리는 이런 낭만적 신학을 채

---

[2] Charles Williams, *Outlines of Romantic Theology*, ed. Alice M. Hadfield (Grand Rapids: Eerdmans, 1990), p. 70.
[3] Augustine, *Confessions* 1.1.1. 『고백록』(경세원).

택할 수 있다. 그리고 나는 이것이 우리가 학문과 제자도를 이해하는 방식에 관해서도 흥미로운 시사점을 수반한다고 생각한다. 나는 〈물랑 루즈〉(Moulin Rouge)를 염두에 두고 있다. 이 영화는 자유분방한 보헤미아 혁명의 열기가 드높았던 20세기 초 죄악의 소굴이었던 몽마르트르(Montmartre)를 배경으로 한다. '크리스티앙'이라는 굶주린 예술가는 (사무원이나 세일즈맨이 되어) 아버지의 '점잖은' 부르주아 생활 방식을 답습하기를 거부하고, 문학과 희곡에 일생을 바쳐 오직 아름다움을 추구하는 삶을 살고자 한다. 그는 아홉 시에 출근해 다섯 시까지 기계처럼 일하는 '보통' 사람의 삶을, 중산층 생산자와 소비자로 환원되기를 거부하고, 대신에 몽마르트르에 모여 사는 예술가 동네—외설적인 쇼와 홍등가로 악명이 높지만 르누아르(Renoir)와 툴루즈-로트렉(Toulouse-Lautrec), 반 고흐(van Gogh) 같은 화가와 예술가들이 사는 곳으로도 유명한—에 자리를 잡는다. 마을에서 일어나는 모든 일은 언덕 꼭대기에 자리한 사크레-쾨르 대성당(Basilique Sacré-Cœur)이 주의 깊은 눈으로 내려다보고 있다. 따라서 몽마르트르는 성과 속의 어떤 혼합을 상징한다. 성과 속 모두가 젊은 예술가 크리스티앙이 거부한 생산과 소비의 부르주아적 삶과 배치되는 것처럼 보인다. 사크레-쾨르가 가까이 있다는 사실은 대개 우리에게 자유분방한 예술가들과 탁발 수도사들을 나란히 놓고 비교해 보기를 권한다. 퇴폐적인 화가와 순결을 지키는 사제라는 두 부류는 모두 돈 벌기를 목적으로 삼는 삶을 거부하지만, 왕국 곧 좋은 삶에 대한 전혀 다른 전망을 가지고 있다. 그러나 만약 자유분방한 예술가와 수도사 모두 안락함과 부의 추구를 거부하는 왕국을 욕망한다면, 왕국에 대한 그들의 전망 사이에는 어떤 은밀한 유사성이 존재하는 것이 아닐까? 물랑 루즈는 이미 언덕 위의 대성당을 가리키고 있는 것은 아닐까? 결국 크리스티앙은 무엇을 추구하는가?

무엇보다도 루어먼(Luhrmann)의 〈물랑 루즈〉는 극 안의 극—또 하나의 사랑 이야기인 "스펙터클하고 스펙터클한"(Spectacular, Spectacular)의 제작기—을 중심으로 펼쳐지는 '스펙터클한' 사랑 이야기다.[4] 이 젊은 남자로 하여금 예술에 끌리게 하고 스스로 자유분방한 문학가의 가난한 삶을 택하게 만든 것은 바로 욕망이다.[5] 그리고 이 욕망을 쫓던 중 또 다른 욕망이 불타오른다. 바로 물랑 루즈 최고의 고급 창부 사틴에 대한 그의 열정이다. 이상하게도, 사틴은 그녀를 위한 송가인 "다이아몬드는 여자의 가장 좋은 친구"(Diamonds Are a Girl's Best Friend)가 말해 주듯이 주로 돈벌이에 관심이 있는 속물을 상징한다. (사실 그녀의 직업이 사랑의 상품화를 상징한다.) 따라서 그녀는 그의 구애를 거부한다. 무엇보다도 그녀는 ["엘리펀트 러브 메들리"(Elephant Love Medley) 장면이 보여 주듯이] 그의 자유분방한 삶이라는 이상, 사랑에 대한 그의 순진한 헌신을 거부한다. 그러나 사랑이 이긴다. 사랑에 대한 헌신을 전파하는 크리스티앙의 열정이 사틴의 마음을 사로잡는다. 그리고 이는 삶을 변화시키는 결과를 낳는다. 그녀는 큰돈을 벌 수 있는 공작의 제안을 거부하고 자유로운 삶을 추구하는 사람이 된다. 소유에 대한 욕망은 사랑과 아름다움에 대한 열정으로 바뀐다. "무슨 일이 있더라도"(Come What May)라는 두 사람의 송가가 보여 주듯이, 사랑은 일종의 인식론적 혹은 인지적 영향력까지도 가지고 있다. "이런 걸 느끼리라고는 상상도 못 했죠. 마치 전에는 한 번도 하늘을 본 적이 없는 것처럼 말예요." 사랑 때문에 세상이 다르게 '보인다.'[6] 영화의 끝 무렵 우리는 이 모든 것이 일종의 **교육**을 위한 것이

---

4  배즈 루어먼은 정서적, 적응적 무의식의 대가다. 이 영화 전체가 하나의 스펙터클이다. 그리고 이 영화의 스펙터클은 당신이 제대로 설명할 수 없는 방식으로 '당신에게 영향을 미친다.' 이토록 자극을 받아서는 안 된다는 생각이 들 정도인데, 이 영화가 우리의 감정을 가지고 놀기 위해 만든 일종의 '통속물'에 불과할지도 모르기 때문이다. 하지만 이 매체 자체에는 정서적이며 거의 저항할 수 없는 매력이 존재한다.

5  다른 맥락에서 자유분방한 삶의 이상을 흥미롭게 엿보는 책으로는 Virginia Nicholson, *Among the Bohemians: Experiments in Living, 1900–1930* (New York: William Morrow, 2002)가 있다.

6  사랑 역시 나름의 경제(혹은 유사-경제)를 가지고 있다. "스펙터클하고 스펙터클한"의 드레스 리허설을 지켜보면서 (이 연극에 자금을 대는) 공작은 그 결말을 거부한다. 창부가 돈 많은 인도 왕이 약속하는 '안정' 대신 '무일푼의 시타르 연주자'를 택하는 것은 말이 안 된다는 것이다. 도대체 왜 그런 어처구니없는 선택을 한단 말인가? 사랑 때문에. 이것이 크리스티앙의 답이다.

없음을 알게 된다. "당신이 **배울** 수 있는 가장 위대한 것은 그저 사랑하고 사랑받는 것이다."

한편으로, 이것은 하나님 나라에 맞서는 반명제인 것처럼 보인다. 이 영화는 음탕한 쾌락을 좇는 창부와 중독된 예술가들의 세계를 그린다. 이런 비판은 크리스티앙의 부르주아 아버지의 모습을 통해 구현된다. 그는 자유분방한 문화의 죄를 꾸짖고 있는데, 이는 대체로 이 문화가 '생산적'이지 않다는 점과 연결되는 것처럼 보인다. 그러나 '혁명의 아이들'[children of the revolution, 사운드트랙 앨범에서 보노(Bono)가 부르는 노래를 들어 보라]에게 최고의 소명은 그저 생산자가 되는 것이 아니다. 오히려 그들은 '아름다움, 자유, 진리, 무엇보다도 **사랑**'이라는 자유분방한 삶의 이상에 자신을 바친다. 그리고 이 영화의 스펙터클은 낭만적 사랑—계시적이며 새로운 세계를 열어 주는 사랑("이런 걸 느끼리라고는 상상도 못 했죠. 마치 전에는 한 번도 하늘을 본 적이 없는 것처럼 말예요…")—에 대한 윌리엄스의 신학이라는 관점으로 분석하기에 꼭 알맞다. 그리스도인들은 "아, 하지만 그것은 사랑이 아니다. 그것은 **에로스**다. **아가페**가 아니다!"라고 말하려 할 것이다. 하지만 낭만적 신학은 그런 구분을 거부한다. 왜냐하면 이 신학은 우리가 에로스적 피조물—아가페는 바르게 지시된 에로스다—임을 인정하기 때문이다. 따라서 하나님의 사랑은 콜로라도 스프링스(Colorado Springs, 많은 기독교 기관의 본부가 자리하고 있는 미국 중서부의 도시—옮긴이)보다는 몽마르트르와 더 비슷하다고 주장할 수도 있다! 하나님 나라는 차분하고 엄숙한 700 클럽 방송(700 Club, 미국의 대표적인 기독교 방송국 CBN의 대표적인 방송 프로그램으로 정치적, 사회적으로 보수적인 메시지가 주를 이룬다—옮긴이)보다는 물랑 루즈의 열정적인 세계와 더 닮아 있을 것이다. 배움의 목표는 사랑이다. 제자도의 길은 낭만적이다.[7]

---

7  나는 정서, 사랑, 또는 욕망을 중심으로 삼는 철학적 인간론을 통해서, 하나님을 우리의 남자친구와 혼동하는 것처럼 보이는 '지나치게 감상적인' 찬양팀에 대한 우리의 비판을 어느 정도는 재평가해 볼 수 있다고 생각한다. 우리가 이런 찬양팀의 자기중심적인 어법(분석해 보면 하나님보다는 '나', 우리보다는

## 두꺼운 실천과 얇은 실천: 문화를 형성하는 의례의 힘

우리의 '욕망' 모형—우리의 낭만적 신학—에서는 우리가 무엇보다도 먼저 사랑하는 피조물임을 강조한다. 우리가 세계를 지향하는 가장 근본적인 방식은 사랑이라는 정서적 질서를 통해서다. 이 사랑이 세상에 대한 우리의 근본적이며 지배적인 지향을 결정한다. 우리의 사랑은 그 자체로 언제나 궁극적으로 하나의 텔로스, 즉 우리를 그쪽으로 끌어당기며 그렇게 함으로써 우리의 행동과 행위를 형성하는 좋은 삶에 대한 전망을 겨냥한다. 이 지향은 생각보다 우선한다. 따라서 우리는 이것을 선인지적이라고 묘사했다. 이것은 적응 무의식 혹은 '사회적 상상'의 차원에서 작동한다. 우리의 사랑은 우리 욕망의 지렛목—우리의 성품 혹은 핵심 정체성을 구성하는 습관들—으로부터 지향된다. 그리고 우리의 사랑이나 욕망이 특정한 방향을 향해 겨누어지는 방식은 우리의 사랑을 형성하고 빚어내며 방향 짓는 실천을 통해서다.

따라서 지금까지 주장했듯이 습관(선인지적 성향)은 실천, 즉 우리의 성품 안

---

'나'에 대한 노래인 경우가 많다)에 대해 비판하는 것은 옳겠지만, 나는 그들에게 있는 '낭만적', 심지어는 '에로스적' 요소(이와 관련해서 아가서가 머릿속에 떠오른다)를 성급히 거부해서는 안 된다고 생각한다. 또한 이것은 예배에서 그러한 노래를 부를 때 왜 그리고 어떻게 그토록 많은 사람들이 깊이 감동을 받는지에 대한 증거이기도 한다. 이것은 감정지상주의나 하나님의 초월성에 대한 일종의 길들이기로 전락할 수도 있지만, 그런 예배에 관해서도 '적합성'이라는 핵심은 여전히 남아 있다. 이를 수용하는 것은 위험할 수도 있지만 나는 예배나 제자도의 일차적인 목적이 안전이라고 생각하지는 않는다. [*The Heart of the Matter* (New York: Viking, 1948,『사건의 핵심』, 범한출판사)를 쓴] 그레이엄 그린(Graham Greene), [*Love in the Ruins* (New York: Farrar, Straus & Giroux, 1971)를 쓴] 워커 퍼시(Walker Percy), [*Brideshead Revisited* (Boston: Little, Brown, 1945,『옥스포드의 떠돌이들』, 김영사)를 쓴] 에벌린 워(Evelyn Waugh) 같은 가톨릭 소설가들은 성적 욕망으로부터 하나님에 대한 욕망으로 이어지는 이 가는 지렛목을 인식하고 있다. 불안정하게 서 있는 이 '위험한' 지렛목의 끝에서 사람은 하나님께 가장 가까워진다는 것을 그들은 알고 있다. 예배의 에로스적 요소를 경멸하며 이런 위협으로부터 예배를 '안전히' 지키는 데만 관심이 있는 유사 합리주의는 여성—특히 여성 신비가—의 종교적 경험을 끈질기게 주변화했던 바로 그 합리주의이기도 하다. 이에 관한 매혹적인 논의로는 Virginia Burrus, *The Sex Lives of Saints: An Erotics of Ancient Hagiography* (Philadelphia: University of Pennsylvania Press, 2004)를 보라.

에 특정한 행위를 계속해서 새겨 넣어 그것이 우리에게 제2의 본성이 되게 하는 일상적 반복과 의례에 의해 형성된다. '새로운 무의식'에 대한 연구에 따르면, 이런 성향은 일종의 '자동성'을 지닌다. 그것은 우리가 생각 없이 따르게 되는 기본적인 경향과 성향이다.[8] 그것이 단순한 생물학적 본능이나 자극에 대한 '자연적인' 반응 같은 것은 아니다. 왜냐하면 습득되는 것이기 때문이다. 그것은 제1의 본성이 아니라 '제2의' 본성이다.[9] 하지만 어떻게 그런 '자동성'을 습득하는가? 바그(Bargh)와 차트런드(Chartrand)의 연구는 "대부분 습득된 형태의 자동성(예컨대 기술 습득)의 발달은 외적 사건과 내적 반응의 빈번하고 지속적인 결합에 달려 있음"을 보여 준다. 오랜 시간에 걸쳐 이것이 반복될 때, "의식적 선택은 더 이상 필요하지 않아 떨어져 나가게 된다."[10] 이런 자동적 성향과 경향의 습득은 '의도적으로' 발생한다. 다시 말해서, 우리는 "빈번하고 지속적인 결합"을 통해—즉, 실천을 통해—이를 습득하기로 결정한다. "우리는 그 기술의 구성 요소 다수를 승화시키기 위해 필요한 상당한 실천(빈번하며 지속적인 수행)에 목적을 갖고 임한다."[11] 처음 피아노를 배울 때, 타자를 배울 때, 운전을 배울 때를 기억해 보면 이 과정을 떠올릴 수 있을 것이

---

[8] John A. Bargh, Tanya L. Chartrand, "The Unbearable Automaticity of Being", *American Psychologist* 54 (1999): pp. 462–479와 Neal J. Roese et al., "The Mechanics of Imagination: Automaticity and Control in Counterfactual Thinking", *The New Unconscious*, ed. Ran R. Hassin (New York: Oxford University Press, 2006), pp. 138–170을 보라.

[9] 그러나 바그와 차트런드는 "우리가 설명한 자동적 안내 체계의 일부는 '자연적'이며 이를 개발하기 위한 경험을 필요로 하지 않는다"고 지적한다. 그러나 "다른 형태의 자동적 자기 규제는 반복적이며 지속적인 경험으로부터 개발된다"("Unbearable Automaticity," p. 476). 여기서 우리는 후자에 초점을 둔다. 그러나 전자의 '자연적' 혹은 '선천적' 자동성에 대한 흥미롭고도 적합한 사례는 인간과 다른 영장류가 지닌 "모방 행위와 대리 학습이라는 선천적 능력"이다(p. 465). 여기에는 다른 이들의 행위를 모방하는 선천적 성향도 포함된다. 다시 한번 현대의 인지과학이 아리스토텔레스의 고대적 지혜를 확증해 주는 것처럼 보인다.

[10] 같은 책, p. 468.

[11] 같은 곳.

다. 처음에는 그 활동을 하기 위해 엄청난 정신적('의식적') 에너지와 집중이 필요하다. 각각의 움직임은 의도적이며 의식적인 선택을 요구한다. 하지만 오랜 시간에 걸쳐 지속적으로 이 실천에 임할 때 점점 더 많은 것들이 '승화'된다. 즉, 무의식적으로 행하게 된다. 마침내, "처음 자동차를 운전할 때 잔뜩 긴장했던 십대는 곧 대화를 하면서, 라디오 주파수를 맞추면서, 운전이 아니라 저녁에 있을 데이트 때문에 긴장하면서 운전할 수 있게 된다."[12]

아주 많은 자동적 성향이 우리의 적응 무의식의 일부가 된다. 왜냐하면 우리는 이런 식으로 무의식을 훈련시키는 실천과 일상적 반복에 참여하겠다고 의식적이고 의도적으로 선택하기 때문이다. 우리는 매일 한 시간씩 피아노 연습을 하겠다고 결정한다. 우리는 조수석에 앉아 아빠와 드라이브를 하며 시간을 보내기를 의식적으로 선택한다. 그러나 바그와 차트런드는 또한 의도적이지 않은 방식으로 자동성을 습득할 수도 있음을 지적한다. 이들이 말했듯이 "자동화 과정 자체가 자동적이다." 따라서 우리가 선택하지 **않았고** 의식하지도 못하는 온갖 종류의 '자동화'가 진행 중일 수도 있다. 이런 자동화가 일어나는 것은 우리가 공통적으로 '결합되는' 반응을 이끌어 내는 환경에 주기적으로 몰입하기 때문이다. 다시 말해서, 이런 방식으로 형성되겠다고 의식적으로 혹은 의도적으로 **선택하지** 않아도 자동화를 위한 모든 요건이 마련될 수 있다. 이 경우에 자동화는 자동적으로 발생한다. "이 과정 역시 자동화된다. 그러나 우리는 이런 방식으로 그 과정을 진행하겠다고 의도하지 않았기 때문에 그것이 진행되고 있음을 알지 못한다. 따라서 그 상황에서 자동화 과정이 자동적으로 이루어질 때 우리는 이를 인식하지 못한다."[13] (이들

---

12 같은 책, pp. 468-469.
13 같은 책, p. 469. 윌슨은 이를 "암시적 학습"이라고 설명한다[Timothy D. Wilson, *Strangers to Ourselves: Discovering the Adaptive Unconscious* (Cambridge, MA: Harvard University Press, 2002),

이 드는 예는 정형화된 생각이다.) 우리가 어떤 실천에 참여하겠다고 의도적으로 선택하든지, 아니면 의도와 무관하게 오랜 시간에 걸쳐 그 실천에 몰입하게 되든지 결과는 동일하다. 그 성향이 우리의 무의식 안에 새겨져 우리는 훈련된 대로 '자동적으로' 반응하게 된다. 이로부터 바그와 차트런드는 매우 오싹한 결론을 이끌어 낸다. "사람들은 외적 수단과의 맞물림을 통해 목적을 성취할 수 있으며, 따라서 전적으로 '의지를 우회할' 수 있다."[14] 이 연구에서는 우리의 일상적 행위 중 고작 5퍼센트만이 우리가 '선택하는' 의식적, 의도적 행위의 산물이라고 말하기 때문에, 우리의 자동적 무의식의 형성이 얼마나 중요한지를 알 수 있다. 이에 관해서는 잠시 후 다시 논의할 것이다.

철학 전통과 최근의 인지심리학 모두 우리의 성향이나 자동적 습관이 실천에 의해 습득되고 형성된다고 강조한다. 실천은 특정한 상황과 환경에서 우리 몸이 자동적으로 반응하도록 훈련시키는 의례이며 일상적인 반복이다. 이것이 가능한 것은 우리가 1장에서 강조했던 바, 즉 자아의 무게 중심이 정서와 무의식에 위치하기 때문이다. 그러나 이 점에 관해 매우 다양한 것들이 실천으로 간주될 수 있다. 바로 여러 다른 목적이 존재하기 때문이다. 이는 자동적으로 타자(打字)를 배우는 목적과 '자동적으로' 용서하는 사람이 되는 목적 사이에 있는 중요한 차이처럼 보인다. 자동차를 운전할 수 있게 하는 자동적 습관과 기질적으로 비폭력적인 사람을 만드는 자동적 습관 사이에는 차이가 있다. 이를 닦는 것은 자동화된 활동일 수 있지만, 이는 자동적으로 긍휼을 베푸는 사람이 되는 것과는 상당한 차이가 있는 것처럼 보인다. 따라서 우리는 다양한 '차원' 혹은 다양한 목적과 습관, 실천을 구별하는 해석적 장

---

pp. 25-26]. 『나는 내가 낯설다』(부글북스).

14  Bargh and Chartrand, "Unbearable Automaticity", p. 469.

치를 임시로 도입해 볼 수 있다.

- 어떤 습관은 이를 닦거나 매일 아침 같은 시리얼을 먹거나 매일 밤 11시 뉴스를 보거나 날마다 운동을 하는 것처럼 대단히 **얇다**. 즉, 평범하다. 이런 습관은 대개 그 자체가 목적이 아니다. 다른 어떤 목적을 위한 수단이다.[15] 이는 또한 우리의 정체성에 영향을 미치는 습관이 아니다. 예를 들어, 내가 나 자신을 무엇보다도 먼저 '이 닦는 사람'이라고 생각한다면 이는 이상한 일일 것이다. 이런 실천과 습관은 우리의 **사랑**이나 근원적 **욕망**에 영향을 미치지 않는다.
- 다른 습관은 우리가 **두껍다**고, 즉 의미가 가득하다고 부르는 것이다. 이것은 우리의 정체성에, 우리가 어떤 사람인지를 형성하는 데에 중요한 역할을 하는 습관이다. 이 습관을 형성하는 실천에 임하는 것은 우리에 대해 무언가를 말할 뿐만 아니라 우리를 그런 사람으로 계속해서 빚어 간다. 따라서 두꺼운 습관은 우리의 핵심 가치나 우리의 가장 중요한 욕망을 상징하는 동시에 형성하는 경우가 많다. 우리는 주일 예배 참석, 매일 드리는 기도, 다른 이들과 만나 도움과 격려를 주고받는 것과 같은 종교적 습관과 실천을 여기에 둘 것이다. 그러나 여기에는 다른 습관과 실천도 포함된다. 예를 들어, 만약 내가 규칙적으로 대중교통을 이용한다면 이것은 나에 관해 중요한 무언가를 말해 주는 습관일 뿐만 아니라 나를 규칙적으로 형성하는 (혹은 변화시키는) 실천일 수도

---

[15] 이것은 이런 일상적 반복이 **정말로** 매킨타이어가 말하는 '실천'이 아니라는 말이다. 추구하는 '선'이 실천에 대해 외재적이기 때문이다[MacIntyre, *After Virtue*, 2nd ed. (Notre Dame, IN: University of Notre Dame Press, 1984), pp. 187-188를 보라]. 『덕의 상실』(문예출판사). 그러나 자동화로 이어지는 그런 일상적 반복은 바그와 차트런드가 말하는 '실천'이라고 볼 수 있다. 따라서 나는 이 맥락에서 이 용어를 더 느슨하게 사용하고 있다.

있다. 혼자서 매일 세 시간씩 선동적인 토크쇼를 들으며 405번 고속도로를 타고 통근하는 규칙적인 습관도 그런 실천이 될 수 있다. 그러므로 모든 두꺼운 습관이 명백히 종교적이지는 않지만, 모든 두꺼운 습관은 의미 있으며 정체성에 중대한 영향을 미친다.

이제 우리는 이 구별에 약간의 제한을 가해야 한다. 때때로 얇은 실천과 두꺼운 실천을 구별하는 선이 흐릿해져 그 선을 긋기가 어렵기 때문이다. 예를 들어, 얇은 습관처럼 보이는 것―이를테면, 일주일에 한 번 친구들과 함께 아침식사를 하는 것―이 공동체와 인간관계에 대한 우리의 헌신에 관해 무언가를 표현하기 때문에 실제로는 두꺼운 실천에 가까울 수 있다. 혹은 매일 운동하는 것은 평범하고 얇은 실천이지만, 실제로는 정체성 형성이라는 더 두꺼운 역할을 할 수도 있다. 그리고 이것은 여러 다른 방식에서 그럴 수 있다. 한편으로, 나는 [〈아메리칸 뷰티〉(*American Beauty*)에서 레스터 버넘이 말했듯이] "벗었을 때 멋있게 보이고 싶어서" 운동을 할 수도 있는데, 멋있게 보이기 원하는 이유는 쾌락주의자 플레이보이가 되는 것이 **내가 누구인지**에 대한 핵심적이며 중요한 측면이기 때문이다. 육체적 쾌락을 방탕하게 추구하는 것이[레스터 버넘은 운동을 하면서 "찾는 이"(The Seeker, 록 밴드 '더 후'[The Who]가 1971년에 발표한 곡―옮긴이)를 듣는다] 좋은 삶에 대한 나의 전망이다. 따라서 그런 사람이 되겠다는 나의 더 두꺼운 욕망 때문에 나는 날마다 운동하는 더 얇은 실천에 임한다. 다른 한편으로, 나는 건강을 유지해 스스로 즐기고 자녀가 자라는 것을 보며 아내와 오랫동안 우정을 나누며 살고 싶어서 규칙적으로 운동할 수도 있다. 이 경우 운동이라는 얇은 실천은 결혼과 가정이라는 성례전 안에서 의미를 찾는다는 두꺼운 목적에 기여한다.

이런 편차를 통해 우리는 어떤 습관이나 실천도―우리가 구성한 욕망의 틀 안에서—중립적이지 않다는 것을 깨달을 수 있다. 모든 습관이 두꺼운 습관이라는 말이 아니다. 가장 얇은 습관과 실천조차도 궁극적인 무언가를 지향하는 욕망과 궁극적으로 연결된다는 말이다. 특정한 습관과 실천은 특정한 목적(텔로스)을 지향하며, 다른 습관과 실천은 다른 목적을 지향한다. 그리고 중요한 점에서 이 다른 목적들은 상호 배타적이다. 즉, 결국 둘 중 어느 하나를 지향하는 문제로 귀결된다(참고. 마 6:24). 모든 습관과 실천은 궁극적으로 우리를 특정한 사람으로 만들려고 한다. 따라서 우리가 물어야 할 가장 중요한 물음은 다음과 같다. 이 습관이나 실천은 어떤 사람을 만들려고 하는가? 그리고 이 실천은 어떤 목적을 지향하는가?

이를 염두에 둘 때 우리가 인식해야 할 두 가지 중요한 사실이 있다. 첫째, 얇은 실천처럼 보이는 것이 사실은 두꺼운 실천이라는 점이다. 다시 말해서, 중립적 실천이란 존재하지 않는다는 인식은(다른 목적을 가리키는 중간 단계의 실천이 있다 하더라도) 우리로 하여금, 우리가 규칙적으로 몰입하는 몇몇 습관과 실천이 사실은 오랜 시간에 걸쳐 좋은 삶에 대한 특정한 전망을 지향하는 욕망을 우리 안에 새겨 넣는 두꺼운 형성적 실천임을 깨닫게 할 것이다. 간단히 말해, 그것은 우리의 사랑을 장악하고 있기 때문에 우리를 교묘하게 형성해 가는, 의미를 가득 담고 있으며 정체성을 형성하는 실천이다. 그것은 우리가 의식적으로 인지하지 못하는 사이에 우리의 욕망과 행동을 자동화한다. 서론에서 쇼핑몰 여행으로 시작한 것은, 우리에게 익숙한 쇼핑몰이라는 평범한 현실을 낯설게 만들어 바로 이 점을 깨닫게 하기 위해서였다. 즉, 쇼핑몰에 가는 행동은 평범하고 일상적인 습관처럼 보이지만 사실은 미묘하더라도 강력하게 우리의 욕망을 형성하고 방향 짓는, 철저하게 형성적인 의례적 실천이다. 우리는 이것을 얇은 실천으로 취급하지만, 사실 이것은 예수님의 제자가 되는 것과 반대되는 목적을 지향하는 두꺼운 실천이다.

## 생각해 볼 문제: 실천 검토

따라서 문제는 이런 것이다. 우리가 알지 못한 채 습득하게 되는 습관과 실천이 존재하는가? 우리가 순진하게 몰입하고 있는—따라서 그것에 의해 형성되는—즉 더 주의 깊게 살펴보면 어떤 궁극적 목적을 지향하는 문화의 의례적 힘이 존재하는가? 우리가 참여하는 평범하고 반복적인 일상의 행위 중에서 우리가 주의를 기울인다면 좋은 삶의 특정한 전망을 지향하는 두꺼운 실천으로서 기능하는 것들이 존재하는가?

이런 물음에 답하기 위해서는 우리 내면과 공동체를 끈기 있게 숙고하고 분석해 보아야 한다. 이번 주에 시간을 내어 자신을 점검해 보라. '실천에 대한 검토'를 실시해 보라. 일기를 쓰는 것도 한 방법이 될 수 있다. 그런 다음 친구들과 이 문제에 관해 이야기해 보라. 다음 질문을 통해 토의를 시작할 수 있을 것이다.

- 당신의 행동과 태도—당신이 무엇을 생각하고 무엇을 행하는지—를 결정하는 가장 중요한 습관과 실천으로는 어떤 것이 있는가?
- 당신은 시간을 어떻게 사용하는가? 매주 당신이 규칙적으로 몰두하는 실천은 무엇인가? 다른 활동을 하는 데에는 얼마나 많은 시간을 할애하는가?
- 당신의 삶에서 가장 중요한 의례적 힘은 무엇이라고 생각하는가? 그리고 스스로에게 정직하게 평가하자면, 이 힘은 긍정적인가(당신을 하나님 나라를 구현하는 사람으로 빚어 가는가), 아니면 부정적인가?(당신을 그 왕국에

반대하고 다른 왕국을 지향하는 가치와 욕망을 지닌 사람으로 빚어 가는가?)
- 우리 문화에서 가장 강력한 실천은 무엇이라고 생각하는가? 혹은 만약 자녀가 있다면 당신의 자녀가 영향받지 **않기**를 원하는 문화적 힘은 무엇인가? 그들의 욕망을 형성**하기**를 원하는 의례적 힘은 무엇인가? 각각에 대해 그 이유는 무엇인가?
- 한 걸음 뒤로 물러나 생각해 볼 때, 처음에는 중립적이거나 얄팍하다고 생각했지만 더 깊이 숙고해 보니 더욱 두껍고 중요하다는 것을 깨닫게 된 습관과 실천이 있는가?
- 예배를 두꺼운 습관으로 볼 수 있는가? 어떻게 그러한가? 그렇지 않다면 왜 그런가?
- 기독교 예배가 두꺼운 실천이라면, 이 예배의 가장 중요한 '경쟁자'는 무엇이라고 생각하는가?

전형적인 세계관식 사고에서는 이런 주장을 인정하려고 하지 않는다. 왜냐하면 인지적인 것에 과도하게 초점을 맞추기 때문이다. 만약 당신이 문화 비판이 사상이나 신념에 기초하며 문화적 '위협'이 메시지와 '가치'의 형태로 들어온다고 생각하다면, 당신은 사상과 신념만 포착하도록 만들어진 문화 탐지기를 가지고 있는 셈이다. 그러나 쇼핑몰이 문제가 되는 까닭은 그것이 싱크 탱크이기 때문이 결코 아니다. 대체로 사람들은 갭(Gap)이나 월마트(Walmart)가 문화 전쟁이 벌어지는 곳이라고 생각하지 않는다. 이런 곳에서는 사상이 유통되지 않기 때문이다. 그 결과 이런 장소의 위협은 세계관 탐지기에 나타나지 않는다. 세계관식 접근법에서는 인지적인 것에만 초점을 맞추고 있기 때문에 쇼핑몰 같은 것들은 탐지기에 감지되지 않는다(반면에 연방 대법원 같은 기관은 지나치게 증폭하여 감지한다). 그러나 쇼핑몰의 의례적 실천은 마음을 장악하고 상상력을 사로잡아 우리의 사랑과 욕망을 빚어 가고 실제로 강력하고 근본적인 방식으로 우리를 형성한다. 만약 우리의 문화 비판이 인지적 인간론에 사로잡혀 있다면, 우리는 실천이 어떤 역할을 하는지 알아차리지도 못할 것이다. 이것은 세계관식 사고라는 깃발 아래서 벌어지고 있는 대부분의 기독교 문화 비판이 지닌 중대한 맹점이다. 그러나 비록 우리가 실천을 더 중요하게 고려할 준비가 되었다고 하더라도, 만약 특정한 습관이나 실천이 사실은 매우 두꺼우며 의미로 가득 차 있음에도 그저 중립적이며 심지어 얄팍하다고 착각한다면, 우리의 욕망은 우리 자신도 모르는 사이에 하나님 나라에서 멀어지는 쪽으로 형성될 것이다.

    이것은 두 번째 문제를 제기한다. 즉, 바그와 차트런드 같은 인지심리학자들이 수행한 '새로운 무의식'에 관한 연구에서는 많은 종류의 자동성—우리 안에 깊이 자리를 잡아 자동적으로 변한, 목적을 지향하는 성향—이 의도와 무관하게 습득됨을 보여 준다. 우리의 습관(자동성) 중 일부는 특정한 실천에 임하기로 결정함으로써 습득되지만(예를 들어, 운전 교육에 등록하거나 피아노 레슨을 시작하는 것처럼), 다른 많은 것은 우리가 알지 못하는 사이에 습득된다. 그리고 이런 일은 특히 우리가 의식하지 못할 때 발생하기 쉽다. 만약 실천이 가진 형성하는 기능에 주의를 기울이지 않으면, 혹은 두꺼운 실천을 얇은 실천으로 취급한다면, 우리는 그런 실천이 우리가 알지 못하고 의도하지 않은 상태에서 자동화되는 모든 방식에도 주의를 기울이지 않을 것이다. 우리는 그런 실천이 우리 안에서 특정한 목적을 지향하는 습관과 욕망을 형성한다는 것을, 그 습관과 욕망은 정서적이며 무의식적인 차원에서 우리를 그 목적으로 이끌어 결국 우리가 알지도 못한 채 특정한 사람으로 변하도록 기능한다는 것을 인식하지 못할 것이다.

## 형성, 잘못된 형성, 대항적 형성: 세속적 예전과 기독교 예전

지금까지 나는 우리의 습관이 실천에 의해 형성되며 이런 실천은 얇을 수도 있고 두꺼울 수도 있다고 주장했다. 두꺼운 실천은 정체성을 형성하고, 텔로스로 가득하며, 우리의 핵심적 욕망—어떤 근본적인 방식으로 우리를 규정하는 우리의 궁극적 사랑—을 장악하고 있다. 나는 한 단계 더 나아가 우리의 가장 두꺼운 실천은 **예전**을 구성하고 **예전**으로서 기능한다고 주장하고자 한다. 하지만 이 말이 무엇을 의미하는가? 그리고 왜 우리는 이런 식으로 설명하려고 하는가?

앞서 우리는 실천이 다양한 의례라고 주장했다. 그것은 우리가 반복적으로 행하는 물질적이며 신체적인 일상적 행위다. 그것은 대개 특정한 목적이나 목표를 향한다. 그리고 그것은 반복과 실천을 통해 점점 더 자동화되며 결국 우리 성품의 일부가 되고 제2의 본성으로 자리 잡는다. 수많은 일상적 반복이나 의례는 대단히 얇다. 당신은 언제나 정확히 같은 방식으로 이를 닦을 수도 있다. 어쩌면 입 안의 각 부분을 어덟 번씩 닦는 의례를 어김없이 준수할지도 모른다[영화 〈스트레인저 댄 픽션〉(*Stranger Than Fiction*)의 해롤드 크릭이 머릿속에 떠오른다]. 혹은 당신은 언제나 허리띠를 매기 전에 양말을 신을지도 모른다. 그래서 어느 날 아침에 아직 맨발인 채로 바지에 허리띠를 맨다면 세상이 잘못된 것처럼 느낄지도 모른다. 혹은 당신은 언제나 야채를 먹은 다음 감자를 먹고, 그다음에 고기를 먹을지도 모른다. 어떤 경우든 이런 것들은 시시콜콜한 반복적 일상—우리가 흔히 (대단히 느슨한 의미로) **의식**(의례)이라고 부르는 것—일 것이다. 이를테면, 우리가 "나의 룸메이트는 잠자리에 들기 전에 꼭 치르는 의식이 있다"라고 말하는 것과 같다('그것 때문에 진저리가 날 지경이야'라고 생각하면서 말이다). 하지만 우리는 이런 것들을 **예전**이라고 부르지는 않는다. 왜냐하면 우리는 대체로 **예전**을 특별히 종교적인 의식과 관련지어 생각하기 **때문이다**(그리고 이 점에서 우리는 예전과 의식에 관해 실제로 부정적인 견해를 가지고 있을지도 모른다).[16]

나는 이른바 세속적 의례가 실제로 예전이라고 주장함으로써 우리가 가지고 있는 이런 식의 사고 습관을 바꾸어 놓고자 한다. 여기서 나는 (예전이 여러 종교의 필수적인 요소임을 이해하기 위해) **예전**이라는 말을 (모든 의례가 예전이라는 식으로) 그 의미를 희석하지 않으면서도 광범위하고 풍부한 의미로 사용한다. 따라서 우리는 여기서 논의의 지형도를 그리기 위해 몇 가지 구별을 해야 한다. 실천과 의례, 예전은 서로 어떤 관계가 있는가? **의례**는 (타석에 들어서기 전에 타자가 행하는 의식처럼) 일상적 반복을 지칭하는 매우 광범위한 의미로 사용될 수 있다. 이런 의미에서 모든 의례가 실천인 것은 아니다. 왜냐하면 모든 의례가 어떤 목적을 지향하지는 않기 때문이다. 그러나 어떤 중요한 점에서 이미 의례가 아닌 실천을 생각하기는 어려울 것이다. 따라서 실천은 의례의 한 종류라고 주장할 수 있다. 그렇다면 예전은 어떤가? 모든 의례가 예전인 것은 아니다. 모든 실천이 예전인 것도 아니다(예를 들어, 석공 기술은 하나의 실천으로 이해할 수는 있지만 예전인 것 같지는 않다). 따라서 예전은 실천의 한 종류다.

더 구체적으로 나는 예전을 **궁극적 관심을 표현하는 의례**로 구별하고자 한다. 예전은 정체성을 형성하고, 좋은 삶에 대한 특정한 전망을 심어 주며,

---

16 기독교 예배를 의례와 예전과 관련짓는 것에 대한 거리낌이 있다면, 4장의 보론 "기독교 예배의 모습"으로 가 보라.

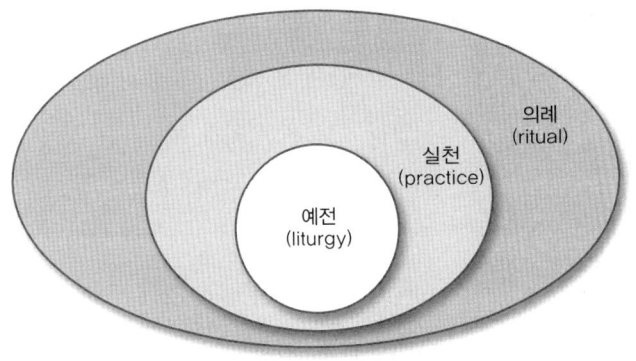

그림 4. 의례, 실천, 예전

그럼으로써 어떤 면에서는 다른 의례적 형성보다 우선하는 의례다. 분명히 이것은 (나치 파시즘의 의례나 전체주의적 국가주의의 다른 의례처럼) 전통적 종교와 관계 없는 의례를 포함할 수도 있다. 핵심은 무엇을 '예배'라고 생각할 것인가에 관한 우리의 이해를 확장시키는 것이다.[17] 우리의 가장 두꺼운 실천—이것이 제도 종교와 반드시 연결되는 것은 아니다—은 우리가 왕국—인간 번영에 대한 이상—이라고 상상하는 바에 대한 우리의 욕망을 빚어 감으로써 그야말로 우리의 정체성을 형성하는 것을 목표로 삼는 특정한 의례적 실천이라는 점에서 **예전적** 기능을 한다. 예전은 가장 많은 의미를 담고 있는 의례적 실천의 형식이다. 그야말로 우리의 마음을 사로잡으려고 하기 때문이다. 예전은 우리가 궁극적으로 무엇을 사랑하는지를 결정하고 싶어 한다. 여기서 **궁극적**이라는 말은 우리가 '무엇보다도' 사랑하는 대상, 우리가 충성을 맹세하는 대

---

17 또한 Philip Kenneson, "Gathering: Worship, Imagination, and Formation", in *The Blackwell Companion to Christian Ethics*, ed. Stanley Hauerwas and Samuel Wells (Oxford: Blackwell, 2006), pp. 53-67를 보라. 케네슨은 "예배"의 기본적 특성이 "가치를 부여하는 것"이기 때문에 인간이 모이는 모든 종류의 모임은 그것이 특정한 목적에 가치를 부여하도록 우리를 훈련시키는 한 "근본적으로 형성적"이라고 지적한다(pp. 53-54).

2장 사랑에는 실천이 필요하다    127

상, 어떤 면에서는 다른 모든 관심을 압도할 정도로 우리가 몰두하는 대상이라는 뜻이다.[18] 우리의 궁극적인 사랑은 우리를 규정하는 것, 우리를 지금의 우리로 만든 것이다. 간단히 말해, 그것은 우리가 예배하는 것이다. 앞서 사용한 용어를 가지고 달리 말하자면, 예전은 궁극적 욕망을 교육하는 의례적 실천이다.

**예전**이라는 말을 이런 의미로 사용하는 까닭은 다양한 문화적 실천과 의례 속에서 벌어지고 있는 일이 얼마나 중요한지를 강조하기 위해서다. 문화적 실천과 의례들이 우리의 욕망을 형성하고 우리의 궁극적 관심을 규정하는 한, 그것들은 다름 아닌 예전의 기능을 하고 있는 셈이다.[19] 앞에서 우리는 (쇼핑몰에서 쇼핑을 하거나 축구 경기를 관람하거나 대학에서 '신입생 환영회'에 참여하는 것처럼) 얇은 실천처럼 보이는 것이 실은 정체성을 형성하며 텔로스를 담고 있는 두꺼운 실천임을 깨닫는 것이 중요하다고 강조했다. 그렇다면 우리는 그런 깨달음으로부터 한 걸음 더 나아가 이 두꺼운 실천의 종교적 본성을 이해하기 위해 그것이 예전적 기능을 수행함을 인식할 필요가 있다. 문화의 이러한 의례적 힘은 그저 일상적으로 남아 있는 데서 만족하지 못한다. 그 안에는 무엇이 궁극적으로 중요한가에 관한 하나의 의식이 깊이 자리하고 있다(빌 1:10과

---

[18] 이 말은 우리 모두가 동일한 '궁극적' 대상을 사랑한다는 주장—거칠게 보아 나는 이것이 폴 틸리히(Paul Tillich)의 주장이라고 생각한다—이 **아니다**. 나는 예전을 '궁극적 관심을 표현하는 의례'라고 설명하지만, 이것은 종교가 공유하는 실존적 핵심을 파악하고자 하는 폴 틸리히의 기획과는 관계가 없다. 내 말은 사람들과 공동체들이 궁극적 대상으로 삼고 예배하는 것들은 다원적이라는 것이다.

[19] 이 점에서 린드벡은 그가 제시한 종교의 문화-언어적 모형이 갖는 함의를 충분히 밀고 나가지 못했다. 그는 "프랑스 혁명의 박애(*fraternité*)"를 "유사 종교적 현상"으로 인식한다[George Lindbeck, *The Nature of Doctrine: Religion and Theology in a Postliberal Age* (Philadelphia: Westminster, 1984), p. 40]. 그러나 왜 그저 **유사** 종교적이기만 한가? 사실 이것은 "가장 중요한 모든 것을 다루기 위한 용어"를 제공하며(같은 곳), "궁극적으로 선하며 옳은 것에 대한 특정한 정의를 의례적으로 반복하는" 기능을 한다(같은 책, p. 41). 나는 '유사'라는 말을 빼고 이러한 형성적인 '세속적' 의례가 철저히 '종교적'임을 인식해야 한다고 주장한다.

비교해 보라). '세속적'[20] 예전은 근본적으로 형성적이며, 그 안에는 분별하고 평가해야 할 왕국에 대한 전망이 내재되어 있다. 기독교 신앙의 관점에서 보면, 이 세속적 예전은 우리의 욕망을 **잘못된** 방식으로 형성하는 경우가 많다. 즉, 우리의 마음을 창조주에게서 멀어지게 하고 피조물의 특정한 양상이 마치 하나님인 것처럼 생각하여 그것을 추구하게 만든다. 세속적 예전은 우리의 상상력을 붙잡고 우리를 하나님 나라와는 전혀 다른 무언가를 사랑하라고 '가르치는' 의례적 실천으로 이끌어감으로써 우리의 마음을 사로잡는다.

같은 의미에서 기독교 예배는 이런 잘못된 형성과 잘못된 방향 설정에 **대항하기** 위해 의도적으로 예전적이고 형성적이며 교육적이어야 할 필요가 있다. 기독교 예배의 실천은 본래적인, 창조될 때 부여된 하나님에 대한 욕망을 회복하는 것으로 이해하는 것이 가장 정확하다. 실제로 기독교 예배는 우리가 어렸을 때부터 '던져진' 세속적 예전의 잘못된 형성에 대한 대항적 형성의 기능을 한다.[21] 3장에서 우리는 몇몇 지배적인 세속적 예전을 해석하여 그 안에 내재된 왕국의 모습을 분별해 볼 것이다. 그런 다음 4장과 5장에서는 기독교 예배 안에 내재된 사회적 상상을 더 온전히 해명하고, 기독교 예전이 어떻게 **대항적** 형성의 기능을 할 수 있는지 알아볼 것이다. 이것은 어떻게 독특한 기독교적 교육이 대항적 교육이 될 수 있는지를 숙고하기 위한 토대가 될 것이다.

---

20 나는 **세속적**이라는 용어를 느슨하게 사용한다. 왜냐하면 이런 분석이 갖는 함의 중 하나는 세속적인 것이란 존재하지 않는다는 것이기 때문이다. 만약 인간이 본질적으로 예전적 동물이고 문화적 제도가 예전적 제도라면, '세속적'(종교와 무관하거나 비종교적인) 제도란 존재하지 않는다. 이것을 '세속적' 예전이라고 설명한 이유는, 논의를 위해 일반적인 사고 습관을 인정하기로 했기 때문이다.

21 그렇기 때문에 다음 장들에서 나는 먼저 세속적 예전을 검토한 다음 기독교 예배를 해석하고자 한다. 창조될 때 주어진 인간의 사랑과 욕망의 규범은 바로 기독교 예배다. 그러나 우리는 지금 우리가 있는 곳에서 시작해야만 하며, 우리 대부분은 우리가 **처음부터** 무질서한 세속적 예전 안에 잠겨 있었음을 발견한다.

# 3장 위험한 시대 속에서 사랑하는 사람들

'세속적' 예전에 대한 문화적 해석

## 예배의 렌즈를 통해 문화 '읽기'

**실천에 대한 문화적 해석**

지금까지 나는 세계관 패러다임의 렌즈를 통해서만 문화를 바라보는 기독교적 문화 분석과 비판으로는 충분하지 않다고 주장해 왔다. 나는 우리가 문화를 바라볼 때 다른 안경을 쓰기를 권한다. 정체성을 형성하는 실천, 즉 지금 우리가 예전이라고 부르고 있는 것을 통해 문화를 생각해 보자는 말이다. 그러므로 '이런저런 제도가 무엇을 **말하는가**?' 혹은 '이 영화는 무슨 메시지를 전달하고 있는가?' 혹은 '이런저런 정책 안에 어떤 사상이나 가치가 담겨 있는가?' 등의 질문은 우리가 문화에 대해 제기해야 할 일차적인 혹은 유일한 물음이 아니다. 오히려 우리가 던져야 하는 질문은 전혀 다르며, 지금까지 거의 관심을 받지 못한 문화 영역을 향할 때가 많을 것이다. 우리는 이런 물음을 던져야 한다. 이런저런 실천 안에는 인간 번영에 대한 어떤 전망이 내포되어 있는가? 문화적 의례 안에 내재된 좋은 삶은 어떤 모습인가? 이런저런 문화적 예전에 몰입한 후에 나는 어떤 인간이 되는가? 이것은 문화적 해석이라고 부를 만한 과정이다. 문화적 해석에서 첫 번째 물음은 문화적 실천과 제도가 지향하는 왕국의 모습을 식별하기 위한 것이다. 이런 문화적 실천을 **통**

해서 읽어 낼 때—말하자면, 만약 우리가 행간을 읽어 내고 그 목적론적 지향을 식별한다면—우리는 무엇을 볼 수 있는가? 이런 실천과 제도는 무엇을 좋은 삶으로 그리고 있는가? 이런 실천 속에는 인간 번영에 관한 어떤 그림이 내재되거나 '담겨' 있는가? 이 장에서는 몇 가지 '세속적' 예전에 관한 해석에 초점을 맞추어 이런 실천과 제도가 왜 중요한지를 알아보고, 그 안에 내재된 왕국의 전망을 해명하고자 한다.[1]

하지만 우리는 기독교 예배의 실천(4장과 5장의 주제)에 관해서도 같은 질문을 던져야 한다. 기독교 예배의 실천은 어떻게 교리와 신념을 파악하는 것보다 더 정서적인 방식으로 우리 안에 하나님 나라에 대한 욕망을 새겨 넣는가? 어떤 의미에서 예배는 세계관보다 선행하는가? 기독교 예전 안에는 하나님 나라에 대한 어떤 그림이 내재되어 있는가? 우리가 기독교 예배에 참여할 때 좋은 삶에 대한 어떤 전망이 우리 안에서 '자동화'되는가? 그리고 이를 다른 문화적 실천에 내재된 인간 번영의 전망들과 어떻게 비교할 수 있는가? 우리는 기독교 예배에 대해 이러한 질문을 던지기 전에 세속적 예전으로서의 문화적 실천을 먼저 해석해 볼 것이다.

---

[1] 여기서 **세속적 예전**이라고 부르는 것을 해명하면서, 나는 세속적인 것을 "무엇보다도 **예배의 부정**", 더 구체적으로는 "인간이 예배하는 존재(*homo adorans*)임을 부정하는 것"으로 본 슈메만의 설명에 신중하고도 정중하게 이의를 제기한다. Alexander Schmemann, "Worship in a Secular Age", *For the Life of the World: Sacraments and Orthodoxy*, 2nd ed. (Crestwood, NY: St. Vladimir's Seminary Press, 1973), p. 118에 부록으로 실려 있다. 슈메만은 뒤에서 "세속주의자 역시 어떤 점에서는 정말로 예배에 사로잡혀 있으며"(p. 124), "아무리 세속주의, 심지어 무신론에 경도되어 있더라도 인간은 여전히 본질적으로 '예배하는 존재'로서 자신에게 제공된 모조품이 아무리 공허하고 인공적이라고 할지라도 의례와 의식을 영원히 그리워함"(p. 125)을 인정한다. 그러나 그는 **예배**라는 용어를 "참된"(즉, 그가 보기에는 기독교의) 예배에만 한정시키는 듯하다(p. 125). 나는 세계-내-존재로서 인간의 형식적이며 근본적인 구조로서의 예배와 그것이 취하는 특정한 **방향**을 구별한다(그 방향은 참될 수도 있고 참되지 않을 수도 있다). 내가 보기에 우상숭배는 여전히 '예배'다. 『세상에 생명을 주는 예배』(복 있는사람).

### 바벨론의 아름다움 간파하기: 묵시로서의 문화 비판

내가 문화적 실천과 제도를 세속적 예전이라고 설명하는 이유 중 하나는 그 중요성을 강조하기 위해서다. 나는 당신이 지금까지 기독교의 제자도와 아무런 상관이 없다고 생각했을지도 모르는, 우리가 거주하고 있는 문화적 제도 다수가 **종교적** 본성을 지니고 있음을 더 분명히 깨닫기 원한다. 여기서 **종교적**이라는 말은 이것들이 우리의 충성을 요구하고, 우리의 열정을 얻기 위해 경쟁하며, 좋은 삶에 대한 특정한 전망으로 우리 마음을 사로잡으려고 하는 제도라는 뜻이다. 이런 제도들은 그저 우리에게 오락이나 교육을 제공하기를 원하지 않는다. 우리를 특정한 사람으로 만들기 원한다. 따라서 이러한 문화 신학의 가장 중요한 요소 중 하나는 첫째로 **인식**의 순간, 즉 예전**으로서의** 문화적 실천과 의례를 인식하는 것이다. 우리는 이런 실천이 가치 중립적이거나 우호적인 것이 아니라 우리를 특정한 사람으로 만들려는 ─우리도 모르는 사이에 우리를 경쟁하는 왕의 제자, 경쟁하는 왕국의 애국 시민으로 만들려는─ 의도를 지닌 것임을 깨달아야 한다.

이런 식으로 세상과 우리 문화를 바라보기 위해서는 일종의 경종, 즉 이런 제도에 대한 우리의 단조로운 익숙함과 편안함을 탈피하여 그 본색을 볼 수 있도록 우리를 흔들어 깨울 전략이 필요하다. 흥미롭게도 성경은 그런 전략을 가지고 있다. 그것은 **묵시** 문학(apocalyptic literature)이라고 불린다.[2] 묵시 문학 ─다니엘과 요한계시록의 낯선 이야기 속에서 찾아볼 수 있는 종류─ 은 우리로 하여금 우리의 환경을 이루는 제국을 보고(혹은 간파하고) 그 제국의 참

---

2 다음의 논점에 관해 나는 스캇 대니얼스(Scott Daniels)에게 감사드린다. T. Scott Daniels, *Seven Deadly Spirits: The Message of Revelation's Letter for Today's Church* (Grand Rapids: Baker Academic, 2009)를 보라. 또한 Wes Howard-Brook, Anthony Gwyther, *Unveiling Empire: Reading Revelation Then and Now* (Maryknoll, NY: Orbis Books, 2000)를 보라.

### 생각해 볼 문제: '오크 박사'의 도전

문화적 제도와 실천이 **예전적**이라고 설명할 때 나의 주된 목적은 여기에 참여하는 데 관심을 기울이는 게 중요하다는 점을 강조하는 것이다. 그리스도인들이 이원론의 관점에서 '영적인 것'만을 강조하면서 문화로부터 물러나 고립되어 온 오랜 역사가 존재하기는 하기에, 나는 단순히 물러나기를 권하려는 게 아니다. 하지만 나는 문화적 제도가 예배의 기능을 수행하는 형성적 공간임을 인식함으로써 문화적 참여가 지닌 위험성을 더욱 분명히 감지하는 것이 중요하다고 생각한다. 이를 '오크 박사의 문제'라고 말할 수 있다. 스파이더맨 이야기, 특히 최근에 나온 영화 〈스파이더맨 2〉에 등장하는 악명 높은 악당을 기억할지 모르겠다. 뛰어난 핵물리학자이며 발명가인 오토 옥테이비어스 박사는 핵물리학 분야에서 고난도 연구를 수행한다. 연구의 한계를 뛰어넘기 위해 그는 네 개의 기계팔을 개발한다. 이 팔들은 방사능에 대한 저항력을 가지고 있는 데다가 대단히 정교하다. 중추신경계로의 입력을 통해 옥테이비어스 박사의 정신에 접근하는 두뇌-컴퓨터 접속 장치에 의해 제어되고 있다. 그는 이 기계 장치를 자신의 몸에 고정하고 조심스럽게 척추와 목에 전극을 삽입하여 자신의 두뇌에 접속하게 함으로써 이 장치가 자신의 확장된 몸으로 기능할 수 있도록 만든다. 어떤 점에서 그는 기술에 몰입해 있다. 덕분에 그는 더 심층적인 연구를 추구할 수 있으며, 이 모두가 최선의 의도를 가지고 있었다.

그러나 기계팔 실험은 완전히 잘못되고 만다. 핵폭발로 인해 기계팔이 그의 몸과 융합되고, 전극이 그의 중추신경계 안으로 결합된다. 게다가

이 폭발로 인해 그의 아내 로지가 죽고 만다. 분노가 박사를 압도하기 시작하고, 이제 박사는 비록 인공적이기는 하지만 영구적인 문어—'오크 박사'—가 되고 만다. 이상하게도 그의 분과 격노는 스스로 지성을 지닌 것처럼 보이는 기계팔에 의해 통제된다. 기계팔이 그에게 말을 하고, 극악무도한 행동을 하라고 지시하며, 훌륭한 목적을 통해 이를 정당화한다. 박사가 자신의 발명품(문어처럼 생긴 장치)과 밀접한 관계를 맺은 것은 변혁을 이루기 위함이었을 것이다. 하지만 안타깝게도 그 장치가 그를 변화시키는 결과를 낳고 만다.

- 문화적 실천에 대한 우리의 애착은, 이를테면 어떤 점에서 우리의 중추신경계에 영향을 미치는가?
- 문화에 대한 우리의 참여는 언제 문화에 대한 동화로 변질되고 마는가?
- 문화를 변혁하겠다는 우리의 훌륭한 목적이 우리도 모르는 사이에 오히려 우리가 그 문화의 형상으로 변화되고 그 문화의 목적을 취하도록 이끄는 경우가 있을 수 있는가?

모습을 깨닫게 하려는 성경의 한 장르다. 불행히도 우리는 묵시 문학의 목적이 마치 미래를 예측하는 것인 양 생각하며 묵시 문학을 종말에 관한 문학과 연결시킨다. 그러나 이것은 묵시라는 성경 장르에 대한 오해다. 묵시 문학의 목적은 예측이 아니라 **폭로**, 곧 우리를 둘러싼 현실의 참 모습을 드러내는 것이다. 따라서 묵시 문학은 우리로 하여금 세상을 비스듬히 바라보고 그렇게 함으로써 그 본질을 간파하게 만들고자 하는 장르다. 나는 이것이 마치 내 방에 있는 수직 채광창과 비슷하다는 생각이 든다. 이 채광창을 왼쪽으로 45도 기울이면, 곧바로 닫혀서 빛을 차단하는 것처럼 보인다. 하지만 왼쪽으로 조금 움직여 창살이 서로 평행하게 만들면, 창을 통해 바깥세상을 볼 수 있게 된다. 묵시 문학이 이와 같다. (바벨론이든 로마든) 제국에는 숨겨야 할 것이 있기 때문에 창살을 약간만 기울여 숨기고 싶은 것을 덮는다. 그러나 묵시가 현실을 폭로하는 까닭은, 왼쪽으로 더 움직여 우리에게 새로운 관점을 부여하고 채광창을 통해서 바라볼 수 있게 하기 때문이다. 따라서 리처드 보컴(Richard Bauckham)은 요한계시록의 목적이 로마 제국이 보급하는 공식적 이미지에 맞서는 "대항 이미지들"을 제공하는 것이라고 말한다.

아시아 속주의 대도시에 살던 요한계시록의 독자들은 세상에 관한 로마의 전망을 담고 있는 강력한 이미지에 항상 노출되어 있었다. 공민적이고 종교적인 건축물, 성상, 조상, 의례와 축제, 심지어는 교묘히 조작된 신전의 '기적'(참고. 계 13:13-14)이라는 시각적 경이까지 모든 것이 로마 제국의 힘과 이교의 화려함이라는 강력한 시각적 인상을 제공했다. 이런 맥락에서 요한계시록은 독자들에게 세상에 대한 다른 전망을 심어 주는 기독교의 예언자적 대항 이미지들을 제공한다. 하늘에서 보았을 때 세상은 어떤 모습인가? 4장에서 요한은 그 이미지에 사로잡혀 있다. 요한계시록의 시각적 힘은 기독교적 상상력을 정화하고 세상이 어떠하며 또한 어떠할 것인가에 관한 대안적 전망을 통해 이를 갱신하는 효과를 낳는다.[3]

---

[3] Richard Bauckham, *The Theology of the Book of Revelation* (Cambridge: Cambridge University Press, 1993), p. 17. 내가 말하는 '세속적' 예전과 유사한 방식으로, 아우구스티누스는 이러한 로마의 공민적(civil) 예식과 의례를 '공민적' 신학으로 보았다(*City of God* 6.7-8).

그렇다면 우리에게 필요한 것은 일종의 현대판 묵시록-본질을 꿰뚫어 보고 우리 삶의 배경을 이루는 문화적 제도의 종교적이며 우상숭배적인 특징을 드러내는 언어와 장르-이다.[4] 나는 사상에서 실천으로, 신념에서 예전으로 초점을 이동시킴으로써, 이것이 세상을 바라보는 우리의 방법을 흔들어 놓고 우리를 각성시켜 지금까지 결코 보지 못했던 방식으로 문화적 실천과 제도를 바라볼 수 있게 하기를 바란다. (또한 이것이 지금까지와는 다른 방식으로 기독교 예배의 중요성과 중심성을 이해하는 데 도움이 되기를 바란다.) 문화적 실천의 예전적 본성은 매우 **미묘하기** 때문에 이를 폭로하기 위해서는 이런 부단한 노력이 필요하다.[5] 따라서 앞으로 나는 문화적 해석의 몇 가지 사례 연구를 간략히 소개하고자 한다. 이런 실천의 예전적 성격을 폭로하기 위해 몇몇 평범하면서도 영향력이 큰 문화적 제도(쇼핑몰, 경기장, 대학)를 분석할 것이다.

---

4 보컴은 요한계시록의 이미지가 무시간적이지 않으며 우상숭배적인 제국이라는 대단히 구체적인 역사적 상황을 겨냥하고 있음을 강조한다(*Theology of the Book*, pp. 19-20). 로마 제국의 현실을 폭로하는 요한계시록 안에서 자원과 지혜를 찾고자 할 때, 우리는 또한 빛의 천사로 가장한 현대판 짐승들을 식별해 내기 위해서도 열심히 노력해야 한다.

5 만약 문화적 실천과 제도를 **예전**으로 이해할 때 문화적 참여가 더욱 중요해진다면, '통치자들과 권세들'의 렌즈를 통해 세속적 예전을 바라봄으로써, 이를 타락한 권력의 표현이나 어쩌면 더 나아가 악마적인 것으로 이해함으로써 그 중요성을 한층 더 강화할 수 있을 것이다. 피조물의 선함에 대한 개혁주의의 확신 때문에 이런 표현에 몹시 민감한 반응을 보이는 경향이 있기는 하지만(그래서 세상에 대해 어느 정도 각성하기도 하지만), 이런 태도를 견지하는 이들은 '권세'라는 성경적 언어를 심각하게 받아들이지 않고 있다. 문화적 제도와 실천은 암묵적인 텔로스뿐만 아니라 영들 혹은 성령으로 '가득 차' 있다. 관련된 논의로는 Marva J. Dawn, *Powers, Weakness, and the Tabernacling of God* (Grand Rapids: Eerdmans, 2001)을 보라. 『세상 권세와 하나님의 교회』(복있는사람). 혹은 엉클 투펠로의 앨범 *March 16-20, 1992*를 듣고 "광부들"(Coalminers)과 "사탄이여, 당신의 나라가 임해야 합니다"(Satan, Your Kingdom Must Come Down)가 어떻게 연결되는지 주의 깊게 살펴보라.

### 초월의 소비: 쇼핑몰에서 드리는 예배

책머리에서 언급한 쇼핑몰에 대한 '화성인의 인류학적 연구'를 떠올려 보라.[6] 여기서는 우리가 아마도 매주 방문할 모든 도시의 쇼핑몰에서 이런 익숙한 현상이 나타나며, 쇼핑몰은 일종의 **예배**를 구성하는 실천으로 가득 차 있기 때문에 사실상 **종교적** 공간이라고 주장했다. 당신은 쇼핑몰이 그다지 종교적으로 보이지 않는다고 말할지도 모른다. 그곳에는 회중석도 강단도 없다. 우리는 그곳에 설교를 들으러 가지 않는다. 마당 한복판에서 무릎을 꿇고 기도하지도 않는다. 하지만 교회에서 드리는 예배와 닮지 않았다고 해서 예배가 아닌 것은 아니다. 2장에서 간략히 제시했던 예배나 예전에 대한 작업 정의(working definition)를 떠올려 보라. 예전이나 예배의 실천은 우리의 정체성을 형성하는 궁극적 관심과 관계있는 의례다. 둘 다 우리에게 중요한 것을 **반영하며**, 우리에게 중요한 것을 **형성한다**. 또한 정서적, 선인지적 수단을 통해 좋은 삶에 대한 특정한 전망을 심어 주며, 이는 어떤 면에서 다른 의례적 형성에 우선한다. 요컨대, 둘 다 우리의 카르디아를 사로잡으며 그야말로 우리의 사랑을 원하는 의례다. 따라서 이 둘은 두 가지 의미에서 '궁극적'이다. 한편으로, 이 둘은 가장 중요한 것, 정말로 중요한 것, 삶의 궁극적 목표에 대해 우리가 생각하는 것을 결정한다. 다른 한편으로, 이런 실천은 질투하는 성격을 갖는다. 즉, 실천은 무엇이 정말로 중요한지에 관한 자신의 특정한 전망이 다른 모든 경쟁적 실천을 대체하고 그보다 우선하기를 원한다. 이런 실천은 당신이 매일 이를 닦고 피아노 연습을 하는지에 관심이 없다. 하지만 당신이

---

[6] 나는 **쇼핑몰**이라는 말을 소비주의와 연결된 실천과 제도의 연결망을 일컫는 약어처럼 사용한다. '시장'이나 '월마트'라는 표현을 사용할 수도 있었을 것이다. 쇼핑몰은 소비주의라는 예전을 행하는 특히 대표적인 공간이다.

그 실천이 보여 주는 왕국에 대한 전망, 즉 당신의 욕망과 활동과 관계를 궁극적으로 이끄는 전망을 위협하는 실천에 참여하지 않기를 원한다. 이런 실천은 궁극적인 만큼 최종적이기도 하다.

만약 '종교적'이라는 이 예전적 개념을 가지고 쇼핑몰을 분석한다면, (채광창처럼) 왼쪽으로 살짝 기울여 그 일상적인 외형을 꿰뚫어 본다면, 우리는 새로운 눈으로 쇼핑몰을 보게 될 것이다. 우리는 쇼핑몰의 리듬과 의례, 공간이 의미로 가득 차 있음을, 더 구체적으로는 왕국에 대한 특정한 전망, 무엇이 좋은 삶인지에 관한 특정한 견해로 가득 차 있음을 깨닫기 시작할 것이다. 따라서 우리는 쇼핑몰(그리고 더 일반적으로는 소비주의)과 연관된 실천을 해석해야 하고, 그렇게 함으로써 소비라는 실천 안에 행복하고 성공적이며 번영하는 삶이란 무엇인지에 관한 (테일러가 말하는 의미에서) '이해'가 내재되어 있음을 파악한다. 다시 말해서, **참으로** 인간이 되는 것이 무엇을 뜻하는지에 관한 하나의 이해가 쇼핑몰의 예전 안에 내재되어 있음을 간파한다.[7]

또한 우리는 이 과정이 어떻게 작동하는지를 염두에 두어야 한다. 우리는 몸을 지닌 정서적이며 예전적인 동물이기 때문에 우리의 사랑과 욕망은 우리의 상상에 영향을 미치는 의례와 실천에 의해 형성되며 통제된다. 이것은 우리가 인식하지 못한 사이에 형성된 습관을 우리 안에 새겨 넣는 일종의 자동적 과정인 경우가 많다. 왜냐하면 이런 습관은 적응 무의식의 차원에서—특히 우리가 실천을 형성적 의례로서 인식하지 못했을 때—작동하기 때문이다. 따라서 세속적 예전과 연관된 의례는 일종의 교육, 우리의 마음과 사

---

7 여기서는 몇 가지 사례만 선택해 간략히 소개할 수밖에 없다. 더 본격적인 논의로는 William Cavanaugh, *Being Consumed: Economics and Christian Desire* (Grand Rapids: Eerdmans, 2008)이나 Jon Pahl, *Shopping Malls and Other Sacred Spaces: Putting God in Place* (Grand Rapids: Brazos, 2003)를 보라.

랑에 대한 훈련이다. 교육은 형성의 한 양식이기 때문에, 세속적 예전에 대한 몰입에서 기인한 형성은 그 자체로 욕망에 대한 교육이다. 여기서 우리가 문제 삼는 것은 세속적 예전이 이처럼 근본적으로 **교육적**(즉 형성적) 차원을 지닌다는 점이다. 왜냐하면 이런 교육 안에 내재된 텔로스는 하나님 나라에 대한 성경적 전망과 대립하는 경우가 너무나도 많기 때문이다. 그러나 교묘하고도 은밀하게 이런 세속적 예전에 몰입함으로써 우리는 온갖 다른 모습으로 위장한 지상의 도성을 욕망하는 사람이 되도록 훈련을 받는다. 이것은 가치 중립적이며 우호적인 '우리가 행하는 일'에 그치지 않는다. 이것은 형성적 예전이자 우리의 상상력에 대한 진정한 교육의 기능을 수행하는 욕망의 교육이다. 따라서 지금까지 우리가 강조한 대로, 교육은 교실에 국한되지 않으며 예배는 교회에 국한되지 않는다. 세속적 예전이 욕망의 교육으로서 기능하는 이유는 바로 예배가 일종의 교육이기 때문이다. 우리의 목표는 그 안에 내재된 텔로스—좋은 삶에 대한 전망—를 밝혀냄으로써 이런 교육이 지향하는 바를 비판적으로 분별하는 것이다.

그렇다면 세속적 예전의 첫 사례로서 쇼핑몰의 예전에는 왕국에 대한 어떤 전망이 내재되어 있는가? 그 실천에는 어떤 이야기가 새겨져 있는가? 그것은 무엇을 좋은 삶으로 그려 보이는가? 쇼핑몰의 예배는 어떤 모습인가? 그것은 우리가 어떤 사람이 되기를 원하는가? 쇼핑몰은 우리가 무엇을 사랑하기를 원하는가?

첫째, 쇼핑몰은 소비 자본주의와 연관된 실천과 의례의 더 광범위한 그물망이 극대화된 공간임을 명심하자.[8] 그런 점에서 마케팅은 쇼핑몰의 복음 전

---

[8] 소비 자본주의가 하나의 예전이라는 나의 설명을 그저 기독교 사회주의자의 호들갑에 불과한 것으로 취급하지 않도록, 로버트 넬슨(Robert Nelson)과 같은 진지한 경제 정책 전문가도 경제에 관해 비슷한 주장을 당당하게 하고 있음을 명심하라. Robert H. Nelson, *Economics as Religion: From Samuelson*

도이며, 텔레비전 광고⁹와 광고 게시판, 인터넷 팝업, 잡지 광고는 쇼핑몰을 지원하는 활동이라고 말할 수 있다. 쇼핑몰과 시장의 의례와 실천은 촉각적이며 본능적이다. 시각과 청각, 촉각과 미각, 심지어는 후각을 통해 우리의 상상력을 사로잡는다.¹⁰ 텔레비전 광고에 등장하는 유행에 밝고 행복한 사람들은 소비 복음의 움직이는 성상들이며 좋은 삶이란 어떤 모습인지를 보여 주는 실례다. 그들은 아무 걱정 없고 독립적이며, 깔끔하고 매력적이며, 활달하고 완벽하다. 쇼핑몰 유리창 안에 진열된 성상을 닮은 마네킹은 이런 이상의 체현물이다. 쇼핑몰이 복음주의자들이 흔히 사용하는 격언인 "우리는 사람들이 읽는 유일한 성경일지도 모른다"라는 말을 흉내 내고 있다고 말할 수도 있다. 쇼핑몰은 소책자와 교훈적인 강의를 통해서가 아니라 행복한 삶의 시각적 체현물, 모방할 가치가 있는 이상으로서 우리가 숭배하게 되는 입체적 성상을 통해 자기의 이야기를 전달한다. 그리고 이런 시각적이며 본능적인 매

---

to *Chicago and Beyond* (University Park: Pennsylvania State University Press, 2001)를 보라.

9 광고 *사이*에 방영되는 내용 역시 이 광고 지원 활동에서 대단히 중요한 역할을 한다는 점을 명심하라. 텔레비전은 광고를 보는 시청자를 만들기 위해 발명되었다. 그 반대가 아니다. 시트콤이든, 저녁 시간대의 드라마든, 스포츠든, 뉴스든, 모든 프로그램은 우리가 보는 것 사이에 '끼어드는' 것처럼 보이는 30초짜리 광고의 연장이자 지지물이다. 이 점에 관해서는 광고, 특히 광고 속 여성의 이미지에 관한 진 킬번(Jean Kilbourne)의 연작 다큐멘터리 *Killing Us Softly* (1979), *Still Killing Us Softly* (1987), *Killing Us Softly 3* (1999)를 추천한다.

10 미국공영방송(NPR)의 〈마켓플레이스〉(*Marketplace*)라는 프로그램에서는 향기 마케팅 전문가인 센트에어(ScentAir) 최고 경영자와의 흥미로운 대화를 방송했다. 이 회사의 목표는 후각을 활용해 쇼핑객을 가게 안으로 유인하고, 거기서 무언가를 사도록 그들을 오래 붙잡아 두고, 상품에서 그 향기가 암시하는 가치, 많은 경우 아련한 향수를 자극하는 가치를 연상하게 만드는 것이다("향기는 기억과 가장 밀접한 감각이다"). "Relax and breathe in the fresh…marketing" at http://marketplace.publicradio.org/display/web/2006/10/25/relax_and_breathe_in_the_fresh_nbspnbsp_marketing/을 보라. Bernd H. Schmitt, *Experiential Marketing: How to Get Customers to Sense, Feel, Think, Act, Relate* (New York: Free Press, 1999), pp. 64-65에서도 (후각을 비롯한) '감각 마케팅'에 대해 간략히 소개하고 있다. 『체험 마케팅』(세종서적). 흥미롭게도 〈마켓플레이스〉 인터뷰 진행자와의 대화에서 한 마케팅 전공 교수는 이렇게 말한다. "환경을 인식하라. 환경에 의해 조작되고 싶지 않다면." 어떤 점에서 이 말은 지금 우리의 기획을 잘 설명해 준다. 그 목표는 우리를 둘러싼 환경이 형성적이며 예전적인 성격을 지닌다는 점을 명확히 인식함으로써 그 형성 작용에 저항하는 것이다.

체는 우리의 지성보다는 우리의 상상력에 영향을 미치기 때문에—우리의 상상력 속으로 침투하기 때문에—서서히 그리고 많은 경우 은밀하게 우리의 카르디아 속으로, 우리가 세상에 대해 자신을 방향 짓는 방식을 결정하는 신경 중추 속으로 흡수된다. 그런 의미에서 이 매체는 대단히 효과적인 예전과 교육으로서 기능한다. 그것은 우리가 인식하지 못하는 사이에 우리를 특정한 사람으로 만들어 간다.

쇼핑몰의 예전을 통해 우리 안으로 파고드는 전망은 무엇인가? 이것은 우리가 여기서 할 수 있는 것보다 훨씬 더 세심하게 주의를 기울일 만한 문제지만, 여기서는 쇼핑몰이 제시하는 왕국의 몇 가지 특징에만 주목하고자 한다. (1) '죄'와 유사한, 깨어짐이라는 암시적인 개념, (2) 이상한 형식의 사회성, (3) 소비를 통해 찾는 구속의 소망, (4) 지속 불가능한 인간 번영('삶의 질')에 대한 전망 등이다. 각각의 내용을 간략히 생각해 보자.

**1. 나는 깨져 있다. 그러므로 나는 쇼핑한다.** 맥주 광고에서 우리를 쳐다보며 미소 짓는 얼굴이나 시트콤 세계에 살고 있는 부유한 사람들을 생각할 때, 우리는 소비주의 문화가 장밋빛 안경으로 세상을 바라보는 노골적인 낙관주의 문화 중 하나라고 생각하기 쉽다. 그러나 이런 관점은 쇼핑몰의 의례를 구성하는 하나의 중요한 요소를 놓치고 있다. 즉, 쇼핑몰은 세상이 깨어져 있다고 이해하며, 이런 이해는 죄 고백이 아니라 소비로 이어진다는 것이다. 이것을 (비록 피상적인 차원에 불과하기는 하지만) 쇼핑몰에서의 '죄'에 대한 등가물이라고 말할 수도 있다.[11] 요지는 이렇다. 성공과 행복, 쾌락, 성취감을 표현하는 시각적 성상 속에는 '**나는 그렇지 못하다**'라는, 비록 명확히 진술되지는 않

---

11 이 둘 사이의 근본적 차이는, 5장에서 기독교 예배에 내재된 기독교의 사회적 상상에 관해 설명할 때 분명히 드러날 것이다. 거기서 우리는 기독교의 고백은 오직 사죄의 확신과 연관되어 있는 반면, 쇼핑몰에서는 아무런 사죄의 약속 없이 우리의 깨어짐만을 지적한다는 것을 알게 될 것이다.

지만 폐부를 찌르는 내용이 암시되어 있다. 광고판 위에 그려져 있거나 시트콤 안에서 움직이는 이런 이미지를 볼 때, 결코 분명히 설명할 수는 없는 하나의 암시적인 깨달음이 내 적응 무의식 속으로 파고든다(내가 이를 결코 **분명히 설명하지 않는다는** 점이 중요하기는 하지만). 우리는 (대개) 이렇게 혼잣말을 한다. "아, 이 사람들은 모든 일이 잘 풀리는 것처럼 보여. 그들은 좋은 삶을 즐기는 것 같아. 그들의 삶에도 곡절이나 어려움이 없지는 않겠지만, 그들에게는 역경을 극복하도록 도와줄 가족과 친구들이 있는 것 같아. 그리고 그들에게는 분명 잘 어울리는 훌륭한 액세서리도 있어. 어쩌면 그들이 행복한 이유 중 적어도 일부분은 그들을 둘러싸고 있는 것들과 관계가 있을 거야. 시트콤 속의 아빠는 소고기의 모든 부위를 한꺼번에 구울 수 있는 거대한 바비큐 그릴을 가지고 있어. 저런 물건이 있다면 얼마나 행복할까? 광고에 나오는 아이는 아주 간편하게 문자 메시지를 보낼 수 있는 최신형 PDA를 가지고 있어. 친구들과 저렇게 쉽게 연락을 주고받을 수 있다면 얼마나 행복할까? 저 광고판 속의 엄마는 모든 것을 가지고 있어. 아이들은 웃고 있고 정말 말도 잘 듣는 것 같아. 그녀는 머리 스타일도 예쁘고 날씬하고 정말 아무 걱정도 없어 보여. 분명히 DVD 플레이어와 열네 개의 컵 받침이 있는 신형 미니밴도 무언가 관계가 있을 거야." 등등.

어떻게 행복과 성취감, 쾌락의 이미지가 실제로 특정한 메시지를 주입시키는지 이해하겠는가? 그런 이미지들은 우리에게 말한다. "너는 그렇지 못해. 너도 그걸 알고 있지. 우리도 알고 있어." 우리에게 은밀하게 전달되는 메시지는 그들의 삶과 우리의 삶이 분리되어 있으며 다르다는 것이다. 이런 이미지들과 비교할 때 사실 우리의 삶은 그만큼 활기차거나 만족스럽지 않아 보이거나 그렇게 느껴지는 경우가 많다. 그 암시적인 메시지는 우리에게 무언가 잘못되어 있다는 것이다. 그런 메시지는 우리가 자신에게 이미 품고 있던 느낌을 더 나쁘게 만들 뿐이다. 이런 메시지는 여드름 약이나 다이어트 약 광고처럼 더 직접적일 때도 있다. 대개 이런 광고에서는 변죽을 울리지 않고 우리를 직접적으로 아프게 공격한다. "얼굴을 온통 뒤덮은 혹만 한 여드름 때문에 고등학교 댄스파티에서 외톨이가 되고 싶은가?" 등등. 하지만 대개의 경우 쇼핑몰과 시장의 예전에서는 우리가 미치지 못하는 이상을 제시함으로써, 우리가 무언가 잘못되어 있으며 깨어져 있다는 느낌을 우리에게 심어 준다.

한편으로, 이런 이상은 우정, 기쁨, 사랑, 놀이와 같은 참된 인간의 욕망이 지닌 힘을 활용한다. 다른 한편으로는, 덜 훌륭한 이상을 심어 주고 이를 과장하는 경향도 있다. 이를테면, 문화적으로 상대적이며 많은 경우 성취하기가 불가능한 외면적 아름다움에 관한 특정한 인식에 초점을 맞추고 디지털 조작을 통한 생산물을 내놓는다. 인공적이거나 건강에 나쁜 방식(혹은 둘 다)을 통해서만 얻을 수 있는 이른바 이상적인 체형을 제시하며, 이미지나 다른 이들의 시선에 피상적으로 집착하게 만들고, 정의의 문제에는 눈을 감은 채 '걱정 없는' 태도로 위장한 일종의 무책임함을 부추긴다. 게다가 이런 이미지들은 우리에게 깊은 상실감을 심어 주고, 그렇게 함으로써 (부모에게 "나는 플레이스테이션3가 필요해요!"라고 조르는 아이처럼) 그런 이미지가 없었더라면 있지도 않았을, 그것이 **필요**하다는 강한 느낌을 우리 안에 불러일으킨다.[12] 따라서 이런 '완벽한' 이미지, 행복의 성상은 잠재의식에 호소하며 나에게 무엇이 잘못되어 있는지를 말하는 동시에, 샬롬에 대항하는 이상에 가치를 부여한다. 시장과 쇼핑몰의 예전은 그 자체로 나 자신의 깨어짐에 관한 은밀한 직관(그리고 이에 따라 나오는 구속의 진정한 필요성)을 전달하지만, 이는 수치심과 당혹감을 불

---

12 (비록 '예전'이라는 말을 사용하지는 않지만) 시장의 예전 때문에 아동과 그들의 부모들이 겪는 어려움에 대한 날카롭고도 실제적인 분석으로는 Susan Linn, *Consuming Kids: The Hostile Takeover of Childhood* (New York: New Press, 2004)를 보라.『TV 광고 아이들』(들녘).

러일으킬 뿐이다.

**2. 나는 다른 이들과 더불어 쇼핑한다.** 소비주의가 개인주의—이기심과 자아도취—의 표현이라는 말은 자명한 진리처럼 들린다. 그러나 이렇게 말할 때 쇼핑몰의 예전이 지닌 특정한 관계성과 사회성을 놓치고 있을지도 모른다. 결국 쇼핑몰에 가는 것은 사회적 현상, 심지어는 다른 이들과 함께 있기 위해 함께하는 행동인 경우가 많은 듯하다. 그러나 시장의 의례 안에는 인간관계에 대한 어떤 전망이 내재되어 있는가? 짝으로 혹은 무리로 쇼핑몰의 예전에 참여할 때, 그것이 우리에게 파는 이야기 안에는 인간 상호주관성에 대한 어떤 모형이 내재되어 있는가? 내가 보기에 쇼핑몰은 회중을 위한 자리, 심지어는 일종의 '우정'을 위한 공간이 됨에도 불구하고 그 실천은 공동체성을 키우는 것이 아니라 경쟁을 부추기는 인간 상호주관성의 이해를 심어 준다. 그것은 우리 안에 타자를 향한 사랑이 아니라 객체화하는 습관을 새겨 넣는다.

이미지가 제시하는 이상에 대한 강조 때문에, 그리고 우리가 거의 모든 곳에서 이런 이상에 둘러싸여 있기 때문에, 그런 이상은 우리가 세상을 지각하는 근본적인 방식 속으로 서서히 파고든다. 그 결과, 우리는 그 기준에 맞춰 우리 자신을 판단할 뿐만 아니라 다른 이들까지도 같은 기준에 따라 평가하는 습관에 빠진다. 예를 들어, 만약 친구의 친구가 처음으로 '우리 무리'에 들어오려고 할 때 우리 자신을 분석해 볼 수 있다면, 우리는 자신이 그를 아래위로 훑어보면서 애버크롬비 앤 피치(Abercrombie & Fitch)가 아니라 올드 네이비(Old Navy)에서 산(게다가 지난 시즌의!) 옷을 입고 있다는 사실에 주목하는 모습을 발견할 것이다. 그는 나온 지 족히 2년은 된 크고 투박한 휴대전화기를 가지고 있다. 음악 취향은 따분하고 구식인 것처럼 보인다. 그리고 그는 우리가 밤에는 걸어서 지나가지도 않을 동네에 살고 있다. 아니면 우리는 푸드코트 안의 스타벅스에 앉아 있는 동안, 우리의 눈이 지나가는 다른 소녀나 여자들을 살피느라 쉴 새 없이 움직이고 있다는 것을 발견할지도 모른다. 우리는 눈 깜빡할 사이에 위로부터 아래까지 그들을 평가하는 자신의 모습을 발견한다. 그들의 머리와 샌들을 확인하고, 그들의 번들거리는 화장과 뚱뚱한 발목을 말없이 비웃는다. 혹은 그들이 쓴 돌체 앤 가바나(D&G) 선글라스나 자연스럽게 구불거리는 머릿결에 조용히 감탄하거나 심지어 그것을 갈망한다.[13]

이렇게 습관적으로 다른 이들을 말없이 판단하거나 평가할 때 무슨 일이 일어나는가? 나는 두 가지 일이 일어난다고 생각한다. 첫째, 우리는 다른 이들을 우리 자신과 나란히 놓고 암묵적으로 평가하며, 그런 다음 이를 쇼핑몰의 복음 전도를 통해 우리 모두가 흡수한 이상과 비교하며 삼각 측량을 한다. 그러는 와중에 우리는 계속해서 머릿속에 점수를 매긴다. 이런저런 비교에서 이겼을 때는 자신을 축하하고, 또다시 우리가 기준을 충족하지 못했음을 깨달을 때는 의기소침해진다. 그렇다면 우리는 교묘한 방식으로 주로 **경쟁**의 관점에서—서로 비교하면서, 우리를 위해 그려진 이상을 표현한 성상과 비교하면서—우리의 인간관계를 이해하는 셈이다. 또한 이 과정에서 우리는 타자를 객체화한다. 우리는 그들을 관찰하고 평가하는 대상, 바라볼 사물로 취급한다. 이 게임을 함으로써 우리는 자신을 비슷한 대상으로 취급하고, 성공적으로 바라볼 만한 가치가 있는 대상이 되었는지에 기초해 자신을 평가한다. 이 두 가지 점에서, 사람으로 붐비는 쇼핑몰의 사회성은 근본적으로 경쟁적이며 환원론적인 인간 상호주관성 이해에 대한 위장일 뿐이다. 다시 말해서, 쇼핑몰의 예전은 만인에 대한 만인의 투쟁이라는 홉스주의적인 인간

---

[13] 진 킬번의 연작 다큐멘터리 〈킬링 어스 소프틀리〉(*Killing Us Softly*)에서는 광고가 단지 여성들이 남성의 관심을 얻기 위한 경쟁을 하는 데 그치는 것이 아니라, 특별히 여성들 사이의 경쟁을 격화시킨다고 주장한다. 2004년 영화 〈퀸카로 살아남는 법〉(*Mean Girls*)에서 이러한 여성 사이의 경쟁에 대한 풍자를 볼 수 있다.

상호주관성 이해를 반영한다.

3. 나는 (쇼핑하고 쇼핑하고) **쇼핑한다. 그러므로 나는 존재한다.** 만약 이상을 표현하는 성상들이 우리에게 무엇이 잘못되었으며 어디에서 실패했는지에 관한 메시지를 교묘하게 심어 준다면, 시장의 예전은 이 문제를 바로잡으라는 초대다. 비록 그 이야기와 이미지는 우리의 오점과 흠을 지적하지만 비관적이지는 않다. 그 반대로, 시장이 공급하는 상품과 서비스를 통해 일종의 구속을 제시한다. 쇼핑몰에서는 두 가지 의미에서 소비를 구속**으로** 제시한다. 한 가지 의미에서, 쇼핑 자체는 일종의 치료 요법, 치유 행위, 깨어진 우리 세상의 슬픔과 좌절을 해결하는 방법으로 이해된다. 쇼핑몰은 성소와 안식처를 제공한다. 그곳에서 우리는 다정한 미소로 우리를 맞이하는 점원에 의지하여, 상품이 걸린 선반의 미로에서 우리 자신을 잃어버리고, 우리의 무미건조한 일상에서 오는 우울함을 덮어 버리는—적어도 얼마 동안은—새로운 기쁨과 놀라움을 발견한다. 따라서 쇼핑 행위 자체가 유사 구속을 얻는 수단으로 이상화된다. 또 다른 의미에서, 쇼핑의 **목적**은 문제, 즉 우리에게 잘못된 것—비만인 몸매, 여드름투성이 얼굴, 칙칙하고 유행이 지난 옷, 녹슬고 오래된 자동차 등—을 해결하는 상품을 취득하고 서비스를 즐기는 것이다. 쇼핑이란 구하고 찾는 행위다. (성상이 표현한 이상에 부합하는 데 실패했기 때문에) 우리는 무언가가 필요하다는 생각을 가지고 오며, 쇼핑몰은 그 필요를 충족시켜 주겠다고 약속한다. 쇼핑몰이 구제 활동을 통해 들려주는 이야기, 행복한 삶을 보여 주는 스테인드글라스 이미지는 쇼핑몰이 제시하는 바로 그 왕국과 좋은 삶을 찾고 싶다는 욕망을 우리 안에 심어 준다. 그리고 이 이상을 확보하고 우리의 실패에 맞서 싸우기 위해서는 모든 장비를 획득해야 한다.

그러나 여기에 추악한 비밀이 존재한다. 우리는 이 비밀을 어렴풋이 알게 되지만, 쇼핑몰은 이를 재빨리 잊어버리라고 종용한다. 쇼핑 여행이 끝나고 그 모험의 전리품인 가방을 들고 집으로 돌아오면, 우리는 우리가 떠났던 바로 그 옛 '현실 세계'로 되돌아왔음을 깨닫는다. 쇼핑의 경험이 주는 흥분은 사라지고, 이제 우리는 숙제를 하고 잔디를 깎고 설거지를 해야 한다.[14] (언제 우리는 다시 쇼핑하러 갈 수 있을까?!) 그리고 새로운 상품은 한동안 화려함과 매혹을 유지하지만, 우리는 그 눈부심이 금세 사라져 버린다는 것을 알고 있다(하지만 인정하기 싫어한다). 우리가 학교에 입고 가고 싶어 안달하는 새로 산 재킷은 왠지 모르게 두어 달이 지나면(혹은 그보다 더 일찍) 벌써 칙칙해 보인다. '모든 것'을 가지고 있는 것 같았던 최신의, 최고의 휴대전화는 여름이면 이미 무언가 부족해진다. 그토록 갖고 싶었던 비디오 게임도 몇 주만 지나면 그대로 방치된다. 이미 모든 단계를 정복했기 때문이다. 다시 말해서, 쇼핑몰의 비스듬히 비치는 조명 아래서 설렘을 안고 반짝거리던 새것은 금세 평범하고 단조로운 것으로 변하고 만다. 더 이상 효과가 없다. 쇼핑몰의 예전이 그저 획득의 실천이 아닌 것도 바로 이 때문이다. 그것은 **소비**의 실천이다. 그 유사 구속은 두 가지 단명하는 요소에 의존한다. 즉, 지속 불가능한 '경험'이나 사건이 주는 흥분과 참신하고 새로운 것이 갖는 광택이다. 두 가지 다 수확 체감의 법칙에 지배를 받으며, 지속될 수 없다. 둘 다 사라져 버리며, 새로운 경험과 새로운 획득을 요구한다.

이러한 지속적인 획득이 낳는 부산물은 우리가 이해하거나 많이 논의하지 않은 측면, 즉 오래되고 지겨운 것들은 반드시 **버려야** 한다는 것이다. 따라서 시장의 예전에서는 상품에 거의 초월적인 빛과 광채를 부여하고 그것이 일종의 마력과 유사 은혜를 지니도록 주문을 외우지만, 이상한 사실은 동일

---

14 당연하게도, 나는 많은 형태의 기독교 예배―'재충전' 모형이라고 부를 만한 것을 반영하는―가 역시 동일한 실망과 좌절을 안겨 줄 뿐이라고 생각한다.

한 예전이 우리로 하여금 곧장 이 상품들을 버리도록 부추긴다는 점이다. 오늘은 쇼핑몰에서 신성한 가치를 부여하는 것이 내일이 되면 '너무나도 유행이 지나' 속된 것 취급을 받을 것이다.[15] 따라서 흔히 우리가 '물질주의'라고 비난하는 소비주의에서는 너무나도 기쁘게 물건을 아무것도 아닌 것으로 취급하는 아이러니가 나타난다.[16] 이런 연속적인 획득이 소비적인 까닭은 이렇게 물건을 버릴 수 있는 것으로 취급하기 때문이다. 한편으로 이런 실천은 물건에 구속의 약속을 부여하며, 다른 한편으로 물건은 그 약속을 절대로 충족시킬 수 없으며 따라서 그것을 버리고 동일한(지속 불가능한) 약속을 하는 새로운 물건을 취해야 한다. 이 소비의 예전에 몰입하는 사이에 우리는 물건을 과대평가하는 동시에 과소평가하도록 훈련을 받는다. 우리는 물건을 과도하게 큰 소망을 거는 사랑과 욕망의 대상으로 취급하고 여기에 의미와 중요성을 부여하는 동시에(아우구스티누스라면 우리가 **사용**만 해야 할 것들을 **즐기려고** 한다고 말했을 것이다) 그것을(물건을 만들기 위해 사용된 노동력과 원재료까지도) 쉽게 버리는 것으로 취급하도록 훈련을 받는다.

---

[15] 이 문제는, 산업혁명의 어두운 면을 바라보며 자본주의의 혁명적 성격은 항상 새로운 음식과 새로운 제물을 요구하는 괴물과 같음을 이미 깨달았던 마르크스(Marx)와 엥겔스(Engels)가 이미 오래전에 진단한 바 있다. 그들은 "지속적인 생산 혁명, 모든 사회적 조건의 끊임없는 교란, 항구적인 불확실성과 동요는 부르주아 시대를 앞선 모든 시대와 구별시켜 준다"라고 썼다. "모든 고정되고 굳어진 관계는 오래전부터 존중받은 편견과 견해와 더불어 일소되었으며, 새로 생겨난 모든 것들은 제자리를 잡기도 전에 낡은 것이 되고 만다. 견고한 모든 것이 공기 중으로 녹아 없어지고, 신성한 모든 것이 속된 것이 되고 만다. 그리고 인간은 마침내 자기 삶의 진정한 조건과 다른 사람들과의 관계를 냉정하게 직시하지 않을 수 없게 된다." Karl Marx and Friedrich Engels, *The Communist Manifesto* (Oxford: Oxford University Press, 1992), p. 6. 『공산당 선언』(이론과실천).

[16] 바로 이런 까닭에 존 밀뱅크와 그레이엄 워드 같은 이들은, 대부분의 물질주의 세계를 무로 환원시키는 허무주의로 귀결되는 반면, 기독교의 창조적(그리고 참여적) 존재론만이 물질을 참으로 존중하고 물질에 참된 가치를 부여할 수 있다고 주장한다. John Milbank, Graham Ward, and Catherine Pickstock, "Introduction: Suspending the Material", in *Radical Orthodoxy: A New Theology* (London: Routledge, 1999), pp. 1–5와 John Milbank, "Materialism and Transcendence", in *Theology and the Political*, ed. Creston Davis, John Milbank, and Slavoj Zizek (Durham, NC: Duke University Press, 2005), pp. 393–426를 보라.

4. **묻지도 말고 말하지도 말라.** 물건을 신성한 것으로 취급하는 동시에 속된 것으로 취급하는 쇼핑몰의 의례와 소비의 예전은 또 다른 영묘한 요소를 지닌다. 즉, 그것은 일종의 비가시성에 의존한다. 쇼핑몰이 교통 소음과 심지어는 태양의 움직임으로부터 격리된 안식처이자 성소이듯이, 소비의 예전은 우리를 학습된 무지로 이끈다. 특히 이 예전은 우리가 "이 물건이 다 어디에서 왔을까?"라고 묻지 않기를 바란다. 대신 우리에게 하나의 마법을, 즉 쇼핑몰에서 우리 집으로, 그런 다음 매립지로 향할 옷과 용품들이 마치 외계인이 떨어뜨린 것처럼 그저 가게에 나타났다는 신화를 받아들이라고 부추긴다. 디즈니월드의 캐릭터들을 위한 출입구처럼, 생산과 운송 과정은 숨겨져 보이지 않아야 한다.[17] 이런 비가시성은 우연적인 것이 아니다. 이런 생활 방식이 지속 불가능하며 이기적이게도 세계 다수 사람들의 희생에 의존한다는 사실을 우리가 깨닫지 못하게 하려면 이런 비가시성이 필수적이다. 쇼핑몰의 예전이 우리로 하여금 이런 상품들을 좋은 삶, '미국의 길'로서 욕망하도록 훈련시키기 위해서는, 자연 자원과 값싼(착취적인) 노동력의 대량 소비가 필요하다. 그렇지 않고서는 이런 생활 방식을 보편화할 방법이 없다. (미국은 세계 인구의 5퍼센트밖에 차지하지 않지만, 세계 에너지의 23퍼센트에서 26퍼센트를 소비한다.) 소비의 예전

---

17 이 점은 석탄 채광 노동을 산업 사회의 억압적 불의로 본 오웰의 설명과 다르지 않다. "어떤 점에서 석탄 광부들이 일하는 모습을 지켜보는 것이 훨씬 더 굴욕적이다. 당신은 '지식인'으로서, 일반적으로 더 높은 계층의 사람으로서 당신 자신의 지위에 관해 순간적으로 의심하게 된다. 왜냐하면 적어도 당신이 지켜보는 동안에는 광부들이 이토록 피땀 흘려 일했기에 상류층이 상류층으로 남아 있을 수 있다는 생각이 들 것이기 때문이다. 당신과 나, 「타임스 문예 부록」(*Times Literary Supp.*)의 편집자, 동성애자 시인들(Nancy poets)과 캔터베리 대주교와 『아이들을 위한 마르크스주의』(*Marxism for Infants*)의 저자인 아무개 동지, 그러니까 우리 모두가 비교적 고상하게 살 수 있는 것은 **사실** 지하에서 눈까지 시커멓게 변한 채 목구멍 가득 석탄 먼지를 마시며 강철처럼 단단한 팔과 복근을 가지고 삽질을 하는 가난한 노동자들 덕분이다"[George Orwell, *The Road to Wigan Pier* (London: Penguin, 2001), pp. 30-31]. 이런 비가시성의 또 다른 극명한 예로는, 우리가 음식을 대하는 자세와 음식 만드는 방식을 편하게 무시하는 태도를 들 수 있다. 통찰력 넘치는 논의로는 Matthew C. Halteman, *Compassionate Eating as Care of Creation* (Washington, DC: Humane Society of the United States, 2008), 특히 pp. 23-36를 보라.

은 우리로 하여금 그 자체로 창조를 파괴하는 생활 방식에 대한 욕망을 품게 만든다. 더 나아가 다른 사람들과 공유할 수 없는 생활 방식에 대한 욕망을 품게 하며, 특권과 착취의 체계를 만들도록 부추긴다. 요컨대, 이 왕국의 전망을 실현하는 유일한 방법은 우리가 이를 독점하는 것이다.[18] 쇼핑몰의 예전에서는 불의한 습관과 실천을 조장하며, 모든 수단을 동원해 우리가 이에 관해 문제를 제기하지 못하도록 막는다. 묻지도 말고 말하지도 말라. 그저 소비하라.

## 전도(로서의) 마케팅: "설득하는 사람들"에서 묘사하는 소비주의의 예전

이렇게 마케팅과 쇼핑몰을 유사-초월의 예전으로 해석하는 것은 단순한 그리스도인의 기우가 아니다. 사실 소비 자본주의의 종교적 성격을 가장 잘 엿볼 수 있는 프로그램은 철저히 비기독교적인 미국공영방송(PBS)에서 나온다. 〈프런트라인〉(*Frontline*)의 다큐멘터리 "설득하는 사람들"(The Persuaders)에서는 광고라는 '설득 산업'의 목표와 전략을 보여 주고자, 광고 제작물 모음과 더불어 광고 기획자와 분석가들을 대상으로 한 광범위한 인터뷰를 제공한다.[19] 이를 통해 드러나는 것은 다름 아닌 마케팅 신학이다. [『슈퍼 브랜드의 불편한 진실』(*No Logo*)의 서사인] 나오미 클라인(Naomi Klein)은 설득 산업의 유사-영적인 목적을 지적한다. 나이키와 스타벅스 같은 슈퍼 브랜드는 에로스적이고 상품 중심적인 신비주의를 통해 성적인 것과 영적인 것을 연

---

18 이에 관한 더 심도 깊은 논의로는 Iain Wallace, "Space, Place, and the Gospel: Theological Exploration in the Anthropocene Era", in *After Modernity? Secularity, Globalization, and the Re-enchantment of the World*, ed. James K. A. Smith (Waco: Baylor University Press, 2008), pp. 123-141를 보라.

19 다큐멘터리 전체를 http://www.pbs.org/wgbh/pages/frontline/shows/persuaders에서 무료로 볼 수 있다.

결시키고, 자신들의 상품이 인간의 가장 근원적이며 원초적인 욕구에 대한 해답이라는 의식을 전해 줌으로써 소비자들과의 "영적 유대"를 만드는 것을 목표로 한다.[20]

광고 기획자 더글러스 앳킨(Douglas Atkin)은 일반적인 대기업 광고 기획자에게 기대하는 바가 달라졌음을 지적한다. 즉, 이제 브랜드 관리자는 디자인과 포장, 홍보를 책임지기보다는 "사람들이 정체성을 얻고 세상을 이해하는 의미 체계 전체를 만들어 내고 유지하는" 일을 하도록 요구받는다. 광고는 상품에 초월성을 부여함으로써 상품을 숭배하도록 만들어야 한다. 따라서 앳킨은 이렇게 자문한다. 무엇이 사람들로 하여금 상품을 광신적 신앙(cult)처럼 숭배하게 만드는가? 그래서 그는 어떻게 브랜드가 "이성을 초월한 충성"을 이끌어 내는지를 이해하기 위해 광신적 신앙을 연구했다. 사람들이 그가 "복음주의적"이라고 지칭한 용어로 운동화나 종이 접시에 관해 열광적으로 이야기하는 것을 들으면서, 그는 사람들이 광신적 신앙이나 종교에 참여하는 것과 똑같은 이유로, 즉 소속감과 삶의 의미를 얻기 위해 이들 브랜드에 참여한다는 사실을 깨달았다. 이들은 단순한 소비자에 그치지 않고 이제 스스로 제자들이라고 생각한다. 그들이 새턴(Saturn) 소유자든 폭스바겐(VW) 소유자든, 스타벅스를 마시는 사람이든, 혹은 맥 사용자든, 이들은 자신이 "부족민들"이라고 생각한다. 이런 상품을 위한 광고는 상품에 관한 정보를 전달하지 않는다. 오히려 이야기를 한다. 의미의 세계를 그려 내고, 우리에게 그 안에서 우리 자신을 바라보라고 권한다 (20대를 겨냥한 폭스바겐 광고는 특히 이 점을 잘 보여 주는 사례다). 이 (대단히 세속적인) 다큐멘터리가 결론 내리길, 이런 마케팅의 목표는 "한때 학교와 교회같이 상업적이지 않은 기관이 담당했지만 이제는 비어 있는 공간을 채우는 것"이다. 이는 "갈망하던 생활 방식을 취하라는 초대"나 다름없다.

---

[20] Naomi Klein, *No Logo: Taking Aim at the Brand Bullies* (New York: Picador, 2000), pp. 54, 56에 나타난, "나이키 신화 제조기"에 대한 그녀의 논의와 "신전"으로서의 나이키 상점에 대한 그녀의 분석을 비교해 보라. 『슈퍼 브랜드의 불편한 진실』(살림Biz).

새턴의 자동차 광고를 생각해 보라. 이 광고에서는 [모델 6(Motel 6) 광고처럼] 약간 콧소리가 들어간 남부 사투리를 쓰는 목소리가 나와 새턴 소유자들에게 테네시에 있는 공장에서 열리는, 그 옛날 부흥회나 '캠프 미팅'(camp meeting, 19세기 초 미국 개척지에서 열린 야외 전도 집회 — 옮긴이)과 유사한 집회에 참석하라고 권한다. 왜 그런가? 이들은 무엇 때문에 모이는가? 왜 같은 차를 소유하는 것이 전에 한 번도 만난 적이 없는 사람들과 함께 모이는 이유가 될 수 있는가? 나는 포드(Ford) 사의 에스코트(Escort) 운전자들이 그런 모임을 갖는 것을 보지 못했다. 그 차이는, 새턴에서는 자신들의 상품에 초월의 의미를 부여해 왔다는 점이다. 새턴은 그냥 자동차가 아니다. 이 상품은 더 오래된, 공동체적 삶의 방식과 연결된 아련한 향수를 지닌다. 그 결과는? 4만 5천 명이 이 축제에 참여했다.

혹은 더 단순한 사례로서 종이 접시 광고를 생각해 보라. 이 광고에서는 활기차고 유쾌한 집주인들이 가족과 친구, 수많은 좋은 음식에 둘러싸여 여러 가지 단어가 우아하게 적힌 종이 접시를 들고 있는 모습을 짧게 보여 준다. 매력적인 배경음악이 흐르는 가운데 (우리가 주목했듯, 약간의 힐난조가 묻어나는) 한 목소리가 이렇게 묻는다. "당신의 종이 접시로 당신은 무엇을 말하고 있나요?" 우리의 집주인들은 강하고 오래가는 차이넷(Chinet) 종이 접시를 선택했기 때문에, 그들은 "친구", "전통", "자신감", "당신은 특별하다"라는 말을 자신 있게 한다. 종이 접시는 가치로 충만하며, 의미로 가득 차 있다. 그렇다면 싸구려면서 약한 딕시(Dixie) 접시를 가지고 말한다는 것은 무엇을 뜻하는가? 일회용 수저와 식기로 그렇게 많은 말을 할 수 있으리라고 누가 상상이나 했겠는가?

우리는 이것이 일종의 소비적 데카르트주의라고 생각할지도 모르지만("나는 구매한다. 그러므로 나는 존재한다"), 사실은 소비적 아우구스티누스주의에 더 가까울지도 모른다("나는 사랑한다. 그러므로 나는 구매한다" 혹은 "내가 사랑하는 것이 곧 나다. 그리고 나는 내가 구매하는 것을 사랑한다"). 어떤 경우든, "설득하는 사람들"은 마케팅의 아주 의도적인 예전적 성격을 강력히 묘사한 작품이다.

---

　불행히도 소비주의 예전에 대한 기독교의 대응은 비참할 정도로 부적절한 경우가 많으며, 심지어 일종의 쇼핑몰 흉내 내기를 하는 경우도 있다. 교회는 소비 예전에 바르게 대항하기보다 그것을 모방해 단순히 기독교 상품으로 대체하려고 한다. 이는 세상의 상품을 '예수화'한 것에 불과하다. 획득하고 축적하며, 새롭고 참신한 것의 여지를 마련하기 위해 버리는 상품일 뿐이다. 나는 소비라는 실천을 **예전**으로 이해하지 못했기 때문에 이런 일이 벌어진다고 생각한다. 물질주의에 대한 비판을 비롯해 이 상황에 대한 기독교의 전형적인 분석은 (여전히 나타나는데) 소비의 **복음**—획득이 행복과 성취감을 가져다준다는 생각—을 문제 삼기보다는 **무엇**이 팔리는지에 초점을 맞추는 경향이 있다. 문제를 제기하는 대신에, 복음주의 공동체는 상품만 '예수' 물건으로 바꾸어 소비의 복음을 그대로 되풀이하고 있을 뿐이다(동네의 기독교 서점—이제는 '선물 가게'라고 불러야 할 것 같다—만 들러 보아도 이를 확인할 수 있을 것이다). 심지어 우리는 하나님이 하나의 상품으로 환원될 수 있는 이 이상한 '다른' 복음에 따라 '교회'를 재편하는 데 이르고 말았다. 5장에서 나는 역사적 예전의 지혜는 전혀 다른 대답을 준다고 주장할 것이다.

**희생적 폭력: '군사-연예 복합체'**

만약 쇼핑몰이 서양 문화에서(그리고 점점 더 지구화되는 문화에서) 도처에 퍼져 있는 강력한 세속적 예전이라면, 우리는 국가주의의 의례를 특히 미국에서 지

대한 영향력을 행사하는 또 다른 욕망의 교육으로 이해할 수 있을 것이다.[21] 이것은—쇼핑몰의 예전처럼—특정한 실천에 초월적 의미를 부여하여 다른 궁극적 충성보다 우선하는 방식으로 우리의 맹세와 충성을 요구하는 일련의 의례와 예식, 공간을 뜻한다. 이런 국가주의적이며 애국주의적인 의례는 우리를 특정한 부류의 사람—요청이 있을 경우 국가의 이익을 위해[어떤 구호를 내세우든지, 그것이 자유든 국민(Volk)이든] 기꺼이 '궁극적 희생'을 감수하는 선하고 충성스러우며 생산적인 시민—으로 만들려는 의도를 가지고 있다. 지금까지 내가 강조한 대로, 이런 형성은 교훈적이지 않고 예전적으로 이루어진다. 다시 말해서, 이런 의례는 우리의 몸을 통해—물질적이며 본능적인 리듬과 이미지, 우리 안에 다른 왕국에 대한 욕망을 은밀하게 새겨 넣는 경험을 통해—우리의 욕망과 사랑을 사로잡는다. 그리고 이것은 (아우구스티누스의 말처럼) 단지 로마의 '화려한' 공민적 신학에만 해당하는 것은 아니며 나치의 노골적인 국가주의적 의례나 소비에트 공산주의의 황량한 노동절 행진에 국한되지도 않는다. 어떤 맥락에서는 이런 예전을 반드시(혹은 일차적으로) 국가가 주도하는 것은 아니다. 오히려 국가나 국민에 대한 지배적인 헌신이 국민 정서에 너무나도 만연해 있어서 이를 주입하는 예전과 의례가 모든 종류의 비정부 기관에 의해 조정된다.

미국에서 국가주의의 가상 강력한 의례와 성상 중 일부는 스포츠와 연예 분야를 통해 전달된다. 마이클 핸비(Michael Hanby)는 이런 현상을 "군사-연예 복합체"라고 불렀다. 이것은 깊은 정서적 맥락에서 신체적 움직임을 통해 연

---

21 나는 이것이 미국에**만** 적용된다고 생각하지는 않는다. 그러나 여러 다른 나라에서 살아 본 경험에 비춰 볼 때, 미국의 상황은 서양의 산업화된 나라 중에서도 독특하다고 생각한다. 여기서 미국에 초점을 맞추는 것은 대부분의 독자가 미국적 맥락에 있기 때문이다. 미국적 맥락의 외부에서 살아가는 독자들은 여기서 제시된 분석을 자신의 상황에 맞게 적용해 볼 수 있을 것이다.

출되는, 용맹함과 희생, 국가적 대의를 향한 헌신에 대한 이야기와 이미지, 찬가를 만들어 내는 강력한 문화적 장치다.[22] 이런 물질적이며 촉각적인 의례는, 그것이 물질적이라는 점 때문에—몸을 통해 우리의 열정을 사로잡고 우리의 상상 안으로 파고들기 때문에—형성적이다. 이런 형성은 사회 과목의 결실이라기보다는 반복된 의례—매일(교실에서 행하는 국기에 대한 맹세), 매주(고등학교 미식축구 경기에서 부르는 국가), 매년(독립기념일 동네 행진)—의 결실이다. 이 강력하며 마음을 움직이는 이상에 대한 묘사가 우리의 뼛속까지 파고든다.[23] 다시 말해서, 이것은 추상적인 차원에서 일어나지 않는다. 이런 형성은 '일반적이며' 종교적이지 않은 행사처럼 보이는 곳—NFL 미식축구 경기, 내스카(NASCAR)의 자동차 경주, 저녁 시간 영화 관람—에서 일어난다. 여기서는 군사-연

---

22 마이클 핸비["Democracy and Its Demons", in *Augustine and Politics*, ed. John Doody, Kevin L. Hughes, Kim Paffenroth (Lanham, MD: Lexington Books, 2005), p. 129]는 이를 아우구스티누스가 로마 연극의 "화려한" 공민 신학이라고 부른 것의 현대적 유사물로 본다(Augustine, *City of God* 6.8을 보라). 핸비는, 아우구스티누스는 "로마 사회가 극단적 애국주의, 다른 무엇보다 조국(*patria*)을 사랑하는 마음 위에 건설되어 있으며, 이는 로마의 교육, 민담, 문학, 시민 종교와 연극을 통해 조장되었다는 것을 깨달았다"는 로버트 도다로(Robert Dodaro)의 견해를 원용한다[Dodaro, "Pirates or Superpowers: Reading Augustine in a Hall of Mirrors", *New Blackfriars* 72 (1991): pp. 9–19, Hanby, "Democracy", p. 135n20에서 재인용].

23 이 모두가 자주 반복되는 의례는 아니다. 그러나 '단발성의' 연출된 행사조차도 스스로를 국가주의적 의례의 누적 효과에 위치시킨다. 이런 의례에 평생 몰입해 있는 생애는, 덜 자주 열리는 행사가 어떤 맥락에서 어떤 의미를 갖는지를 이해하도록 만든다. 따라서 '단발성' 행사도 더 자주 반복되는 의례의 누적 효과에 중요한 기여를 하는 경우가 있다. 예를 들어, 제럴드 포드(Gerald R. Ford) 전 대통령의 장례식에서 미 공군은 F-15 전투기가 그랜드래피즈 도심 상공을 실종자 대형(missing-man formation, 전몰 장병을 기념하기 위한 저공 비행 대형으로 일반적으로 정상적인 대형에서 한 자리를 비워 두는 방식을 취한다—옮긴이).으로 비행하는 공중 분열을 연출했다. 이 행사에서는 전투기 한 대만이 고막을 찢을 듯한 굉음과 속도로 하늘을 향해 날아올랐다. 공중 분열의 시각적 성격과 그 엄청난 소리 때문에 그 효과는 뚜렷했다. 제트기가 날아가는 것을 누구나 느낄 수 있었다. 이런 종류의 표현이 암시하는 의미에 대해 저항하고 싶어 했던 사람조차도 이 의례에 감동을 받지 않을 수 없었다. 이 장면에 '취침나팔' 소리를 배경음악으로 깔고 흔들리는 미국 국기의 이미지를 배경화면으로 결합하여 만든 널리 알려진 영상물에서는 그 효과가 한층 강화된다(http://www.youtube.com/watch?v=IzgrZjJT-iA에서 동영상을 볼 수 있다). 배경음악 문제를 비롯해 전쟁영화의 정서적 성격에 관한 탁월한 논의로는 Lawrence Weschler, "Valkyries over Iraq: The Trouble with War Movies", *Harper's* 311 (November 2005): pp. 65–77를 보라.

예 복합체와 관련된 예전의 몇 가지 사례, 즉 프로 스포츠, '조회'(朝會), 제리 브룩하이머(Jerry Bruckheimer)의 영화를 간략히 살펴보고자 한다.

**1. 국가 연주를 위해 일어서 주시기 바랍니다.** 혹시 텔레비전으로만 보았다고 하더라도, NFL 미식축구 경기나 내스카 경주와 같은 프로 스포츠 행사의 개막식에서 행하는 의례에 관해 생각해 보라. 행사 시작을 열렬히 기다리는 많은 사람으로 가득 찬 거대한 공간 속에서, 십만여 명의 군중은 "국가 연주를 위해 일어서 주시기 바랍니다"라는 안내를 듣고 놀라울 정도로 조용해진다. 미사의 모든 동작을 마음으로 외우고 있는 교인들처럼, 이 스포츠팬들은 본능적이면서도 자동적으로 함께 자리에서 일어선다. 가수나 그룹이 세계에서 가장 감동적인 국가 가운데 하나를 연주할 때 그들은 모자를 벗고, 많은 경우 가슴에 손을 얹기도 한다. 이 국가는 군대와 관련된 내용이 가득해서, 부르는 사람은 마치 전쟁터에 와 있는 것처럼 바뀌며, 나라의 정체성은 혁명적 시작과 군사적 힘이라는 유산으로 둘러싸인다. 어쩌면 그보다 훨씬 더 중요한 점은, 이 의례가 피의 희생에 만들어진 국가 정체성이라는 신화를 되풀이하고 갱신한다는 것이다.

국가가 연주될 때는 대개 거대하고 극적인 국기를 함께 볼 수 있다.[24] 풋볼 경기장 크기의 성조기가 마치 전쟁터의 바람에 휘날리듯, 위풍당당한 불굴의 정신을 나타내듯, 하지만 붉은 가로선 안에 거의 핏방울이 떨어지는 것

---

[24] Carolyn Marvin and David W. Ingle, *Blood Sacrifice and the Nation: Totem Rituals and the American Flag* (Cambridge: Cambridge University Press, 1999)를 원용하면서, 핸비는 미국 시민 종교에서 국기가 얼마나 핵심적인 역할을 하는지 설명하다. 특히 그는 어떻게 국기에(따라서 국가에) 초월적 가치가 부여되는지에 주목한다. "피의 희생을 통해 국가를 하나로 묶는 것이 국기의 기능이다. 한 대상으로서 국기는 최고의 존경심을 가지고 다뤄야 한다. '국기가 땅에 닿아서는 안 된다. 게양할 때는 제대로 열을 맞춰야 한다. 다른 깃발보다 더 낮게 게양해서는 안 된다. 존경의 자리인 오른쪽에 위치해야 한다. 무언가를 담거나 덮는 용도로 사용해서는 안 된다.' 이것은 국가가 국기에 부여하는 '성례전적' 가치 때문이다. '특별한 전투에서 휘날렸거나 기억될 만한 사망자의 관을 덮었던' 특별한 국기는 거룩한 유물이 되어 그것과 연합한 이들의 '실제적 임재'를 나눈다"(Hanby, "Democracy", p. 130).

처럼, 일군의 젊은이들에 의해 물결처럼 펼쳐진다. 그리고 거의 항상 국가의 마지막 절정 부분 – "자유의 땅"과 "용맹한 이들의 고향"을 부르는 부분 – 에서는, 타오르는 듯한 F-15 전투기가 하늘을 가로지르든 진동을 울리는 아파치 헬리콥터가 경기장 위를 웅웅거리며 날아오르든 군용기가 저공비행을 한다. 비행기의 존재는 이중적 효과를 지닌다. 그것은 국가와 국기가 표상하는 군사주의를 구체화하는 동시에 그 장면을 **느껴지는** 무언가로 만든다. 제트기나 헬리콥터의 소리는 귀보다는 가슴으로 받아들이는 소리다. 이 국가적 통일의 의례는 다른 팀의 팬들까지 하나로 만들고, 수많은 미국 도시보다도 더 큰 무리는 환호와 박수를 보낸다.

나는 이런 행사가 궁극적 관심에 관한 물질적 의례이기 때문에 하나의 예전이라고 주장한다. 다감각적인 전시를 통해 이 의례는 우리를 강력하고도 교묘하게 감동시키며, 그러는 사이에 우리 안에 존경심과 경외감, 언젠가 우리의 '희생'을 요구할지도 모르는 어떤 이상에 대한 깊은 복종심을 심어 준다. 이것은 프로 스포츠에만 해당되는 것이 아니다. 국가적 정체성 – 그리고 국가**주의** – 의 의례는 리틀 야구리그에서 고등학교 미식축구에 이르기까지 여러 운동 경기의 의례 안에 거의 지울 수 없을 정도로 깊이 새겨져 있다.[25] 스탠리 하우어워스는 "잘 알려진 대로, 금요일 밤 고등학교 미식축구 경기는 텍사스에서 가장 중요한 예전적 행사다"라고 비꼬아 말했다.[26] 프로 스포츠의 이런

---

[25] '익스트림' 스포츠가 이런 규칙의 예외라는 사실을 생각해 보면 흥미로울 것이다. [엑스 게임스(X Games, 극한 운동으로 이루어진 경기 대회 – 옮긴이)에서 국가를 연주하는가? 스케이트보드에 온통 '무정부'(Anarchy)라고 휘갈겨 써넣고는 국가 연주를 위해 잠시 멈추는 것은 우스꽝스러운 일일 것이다.] 그러나 나는 익스트림 스포츠의 개인주의적 성격은 다른 방식으로 문제가 된다고 생각한다.

[26] Stanley Hauerwas, "The Liturgical Shape of the Christian Life: Teaching Christian Ethics as Worship", in *In Good Company: The Church as Polis* (Notre Dame, IN: University of Notre Dame Press, 1995), p. 153. 나는 동네의 한 기독교 고등학교가 새 경기장 개장식을 하면서 해병대 기수단과 국가 연주를 포함시킨 것을 보며 특히나 당혹스러웠던 기억이 있다.

극적인 장면과 고등학교 미식축구 경기의 단순한 국가 연주와 기수단은 상상력을 통해 결합되고, 이들은 함께 전투와 희생을 통해 만들어진 국가적 통일이라는 하나의 이야기를 세워 나간다. 시간이 흐를수록 이런 의례는 우리의 상상에 은밀하지만 누적되는 영향을 미친다. 그리고 나는 이 모든 것이 궁극적 관심에 관한 예전이 된다고 주장한다. 국가적 통일이라는 이상과 그 이상에 대한 헌신은 **부차적인** 충성을 위한 여지를 기꺼이 허용하지만, **최고의** 충성은 허용하지 않는다. (다음번에 국가가 연주될 때 그대로 앉아 있어 보라.) 기독교와 미국 국가주의 사이에 긴장이 거의 존재하지 않아 보인다는 사실은 미국적 이상의 관대함('기독교적 성격'은 말할 것도 없고) 때문이 아니라, 기독교가 전투, (순교라는 기독교의 이상과는 전혀 다른) 군사적 희생,[27] 개인적(소극적) 자유, 소유를 통한 번영이라는 미국적 이상에 스스로 순응했음을 보여 줄 뿐이다.

미국 국가주의의 예전에는, 물질적 번창과 소유로서의 인간 번영에 대한 특정한 전망과 더불어 소극적인 자유 개념으로부터 출발하며 따라서 불간섭을 강조하는, 인간관계에 대한 전반적으로 자유지상주의적인 견해를 조장하는 상호주관성에 대한 특수한 관점이 내재되어 있다. 경쟁, 심지어 폭력이 세계의 본성 안에 근원적으로 새겨져 있다는 생각도 이와 관련이 있다. 따라서 경쟁, 심지어 폭력에 가치를 부여하며, 전쟁은 이런 이상을 분명히 보여 주는 가장 강렬한 기회라고 생각한다. 이런 예전에 내재된 왕국에 대한 전망은 기독교 예배에 내재된 하나님 나라에 대한 전망(이에 관해서는 5장에서 살펴볼 것이다)과 대립한다. 나는 미국 국가주의를 예전적으로 바라볼 때 왜 여기서 긴장을

---

[27] Craig Hovey, *To Share in the Body: A Theology of Martyrdom for Today's Church* (Grand Rapids: Brazos, 2008)를 보라. 하비는 순교를 낭만화하지 않지만, 순교가 없다는 사실이 반드시 체제의 관대함을 보여 주는 표지는 아니며, 오히려 교회는 아무런 위협이 되지 않기 때문에 순교할 만한 가치가 없는 것이라고 주장한다.

경험하는 그리스도인이 그토록 적은지 이해할 수 있다고 생각한다. 또한 그렇게 할 때 교회가 자기만족에 빠져 있으며 오히려 여기에 공모하는 이유를 분석할 수 있을 것이다. 많은 그리스도인들은 미국에 따른 복음과 예수 그리스도의 복음 사이의 긴장을 경험하지 못한다. 왜냐하면 교묘하게, 그리고 우리도 모르는 사이에 미국 국가주의의 예전이 우리의 상상력에 너무나도 중대한 영향을 미쳐 왔으며, 그 결과 많은 점에서 이 예전은 다른 예전들보다 **우선하게** 되었기 때문이다. 따라서 이제 우리는 '미국의 복음'이라는 예전적 렌즈를 통해 복음을 보고 듣고 읽는다.[28]

2. **조회**. 모든 국가적 예전이 슈퍼볼 개막식의 장관처럼 화려하고 강력하지는 않다. 대부분은 그보다 훨씬 더 평범하다. 그러나 그 반복적인 성격은 평범한 예전에 훨씬 더 큰 힘을 부여할지도 모른다. 초등학교 조회라는 단순한 현상을 생각해 보라. 수백만 명의 어린 학생들이 날마다 하나의 의례로 하루를 시작한다. 즉, 국기에 대한 맹세를 하거나 국가를 부르거나 혹은 둘 다 할 수도 있다. 회중이 함께 사도신경을 고백할 때처럼 일제히 일어나 있는 동안, 이 학생들은 **충성**의 맹세를 통해 하나가 된다. 사도신경에 익숙한 사람들은 국기에 대한 맹세에 그와 비슷하게 성스러운 느낌을 주는 억양과 리듬이 있음을 알 수 있다.

---

[28] Jon Meacham, *American Gospel: God, the Founding Fathers, and the Making of a Nation* (New York: Random House, 2006)과 David Gelernter, *Americanism: The Fourth Great Western Religion* (New York: Doubleday, 2007)을 비교해 보라. 나는 James K. A. Smith, "The God of Americanism", in *The Devil Reads Derrida: And Other Essays on the University, the Church, Politics, and the Arts* (Grand Rapids: Eerdmans, 2009)에서 '미국주의'(Americanism)를 더 자세히 논한 바 있다. 겔런터(Gelernter)의 책에 대한 서평에서 리처드 갬블(Richard Gamble)은 자신이 '악마적 애국주의'라고 칭한 것을 비판한 바 있다. Gamble, "The Allure of 'Demonic Patriotism'", *Modern Age* 50 (2008): pp. 80–83를 보라.

**생각해 볼 문제: 경쟁하는 충성**

시카고에 있는 기독교 대학에서 가르치는 내 친구 브렌트 레이섬은, 내가 주장하는 국기에 대한 맹세와 사도신경 사이의 팽팽한 긴장을 느꼈던 흥미로운 경험을 말해 주었다. 어느 날 그는 대학 총장실로 불려 가 국방부에서 나온 한 장교를 만났다. 그가 예전에 가르쳤던 학생 중 하나인 애런은 공군 조종사로 훈련을 받고 있었으며, 국방부에서는 그의 성격을 알아보기 위해 인터뷰를 하고 있었다. 그 장교의 질문은 교회가 초국가적 성격을 지닌다고 믿는 그리스도인에게는 약간 도전이 되는 것이었다. 그 장교는 "애런은 외국인과 접촉할 가능성이 있는 조직에 소속된 적이 있습니까?"라고 물었다. 브렌트는 "그렇습니다. 그는 교회의 교인입니다"라고 대답했다. "나는 거짓말을 하고 싶지 않았네"라고 브렌트는 말한다. "그리스도 안에서 우리는 영토적 경계가 없는 정치체—거룩한 공교회—에 소속되어 있음을 알지.…교회 안에는 외국인이 없네. 아니면 우리 모두가 외국인이거나. 어느 쪽이든, 우리 중 일부는 '우리'고 다른 이들은 '그들'이라는 말은 상상조차 할 수 없네. 적어도 우리는 그런 상상을 할 수 없어야 해."

그 장교는 그에게 질문을 퍼붓기 시작했다. "하지만 실제로 그가 외국인과 접촉했습니까? 그들과 얼마나 가까이 접촉했습니까? 정상적인 수준 이상이었습니까?" 브렌트는 이런 식의 질문 공세가 당혹스러웠다. "교회가 말하는 '정상'은 흔히 생각하는 정상이 아님을 세상에 보여 주는 것이 교회가 받은 소명이라면, 내가 그런 물음에 어떻게 대답할 수 있단 말인가?…나는 '교회는 장차 올 왕국의 "표지이자 전령, 맛보기"입니다. 우리는 그리스도의 몸 위에 국경을 긋는 것을 허용하기를 거부합니다'라고 덧붙여야 했네." 마침내 그 장교는 쐐기를 박는 질문을 던졌다. "그는 충성스러운 미국인입니까?" 애런의 경우 그 답은 의심할 여지없이 '그렇다'였지만, 브렌트의 머릿속에는 도로시 데이(Dorothy Day)의 말이 울려 퍼졌다.

미국에서는 제자도와 살인이 서로 잘 어울린다고 생각하는 듯하다. 너무 쉽게, 아무런 성찰도 없이 그런 생각을 받아들이기에 그리스도인들은 오직 하나님께만 순종해야 할 우리의 의무를 저버린다. 나는 나에게 질문했던 사람이, 예레미야의 후손과 예수님을 따르는 이들로서 우리는 하나님에 대한 순종이 우리의 충성을 향한 국가의 요청을 거부하기를 요구한다는 사실을 과연 이해할지 의문이다. 나의 근본적인 의무는 국가에 대한 충성이 아니라 하나님에 대한 순종이라는 것을 국방부에서는 순순히 인정해 줄까? 그렇지 않을 것이다. 카이사르가 우리의 적합한 복종과 궁극적 충성을 구별하지 못하는 이런 상황에서는, "충성스러운 미국인이냐고? 물론 아니다. 나는 그리스도인이다!"라고 단호하게 말하는 편이 최선일지도 모른다. (D. Brent Laytham, "Loyalty Oath: A Matter of Ultimate Allegiance", *Christian Century*, July 12, 2005)

나는 미합중국 국기와
그것이 상징하는 공화국,
즉 하나님의 보호 아래, 나누어질 수 없으며,
모든 사람이 자유와 정의를 누리는 이 나라에
충성을 맹세합니다.

하나님을 부르기는 하지만 여기서 충성을 맹세하는(즉, 헌신과 충절을 다짐하는) 대상은 사실 국기와 공화국이다. 공화국은 스스로 정체성과 통일성을 지닌다고 주장하며, 심지어 샬롬이라는 목적을 달성했다고—이미 모든 사람이 자유와 정의를 '누리는' 나라라고—주장한다. [짐 크로(Jim Crow, 남북전쟁과 재건기 이후 흑인에 대한 인종차별을 합법화했던 일련의 법—옮긴이) 체제 하의 남부에서 살던 젊은 흑인들은 이 마지막 구절을 차마 소리 내어 말하지 못했을 것이며, 사실 지금도 그럴 것이다.] 종말론적 지연에 대한 암시는 전혀 없다. '아직' 그 지고한 이상을 충족하지 못했다는 생각은 전혀 찾아볼 수 없다. 그저 지금 여기서 공화국이 보장하는 정의를 누리고 있다고 확신에 차 주장할 뿐이다.

학생들이 매일 이 맹세를 암송할 때 그들에게는 어떤 영향이 있는가? 많은 학생들은 이를 그저 '마지못해 암송할' 것이다. 그러나 우리가 실천에 의해 심층적으로 만들어지는 예전적 동물임을 감안할 때, 내가 주장하려는 것은 이 맹세가 그저 마지못해 하는 행동이라 하더라도 그들에게 중대한 영향을 미치리라는 것이다. 일상적 반복은 우리 안에 상상의 습관을 아로새기기 시작한다. 반복적으로 충성을 말할 때 그것은 스스로 충성을 **지향하는** 효과를 발휘한다. 단순히 진술된 헌신으로 시작한 것이 실질적인 헌신을 만들어 내는 효과를 발휘하기 시작한다. 반복된 의례를 통해, 매일 수행하는 작은 예선을 통해 우리의 충성은 지향되고 형성된다. 그리고 앞서 간략히 설명했듯이, 나는 공화국의 이상이, 군사력을 쥔 사람들에 의해 처형된 고통당하는 구원자를 본받아 살도록 부름을 받은 하나님의 백성을 규정하는 이상과 대립된다고 우려할 만한 충분한 이유가 있다고 생각한다. 사도신경이 암시하는 바를 자세히 살펴보면, 사도신경과 국기에 대한 맹세가 암시하는 바 사이에 중대한 긴장이 있음을 알 수 있다. 그러나 일주일에 한 번 사도신경을 암송하는 것으로는 날마다 국기에 대한 맹세를 암송하는 것

과 경쟁하기 어렵다.²⁹

3. **제리 브룩하이머에 따른 복음.** 예전이 하는 일 중 하나는 정말로 중요한 것에 관한 이야기를 생생하게 들려주는 것이다. 그런 점에서 국가주의 예전에서 성조기가 등장하는 장관을 통해 서술하고 시각화하는 이야기와 이상은 연예 산업에 심겨 있는 이야기와 이상에 의해 보충되고 강화된다. 따라서 햄비는 '군사-연예 복합체'에 관해 이야기한다. 〈24〉 같은 흥미진진한 텔레비전 프로그램이든, 〈라이언 일병 구하기〉(*Saving Private Ryan*) 같은 스티븐 스필버그(Steven Spielberg)의 훌륭한 영화든, 〈레스큐 미〉(*Rescue Me*) 같은 탁월한 드라마든, 〈패트리어트〉(*The Patriot*) 같은 뻔한 드라마든, 연예 산업에서는 국가적 이상이라는 신화를 공고화하는 이야기를 놀라울 정도로 많이 만들어 내며, 그것도 우리의 상상력을 사로잡는 방식으로 만들어 낸다. 따지고 보면 이런 미디어 제작물은 '선전'이라는 비판을 피해 간다. 국가에서 이를 지원하거나 감독하지 않기 때문이다. 사실 놀라운 점은, 많은 경우 이런 국가주의적 제작물이 국가의 감독보다는 **집단적 정신**(ethos) 때문에 만들어진다는 것이다. 제작자와 감독들은 국가주의적 이상을 건드리는 기획에 기꺼이, 열성적으로 참여하고, 이 기획은 그런 상품을 반기는(그리고 돈을 내는) 관객들을 찾는다. 그리고 이 상품은 다시 사람들 안에 그런 이상을 더 깊숙이 새겨 넣는다.

이런 장르에 나오는 풍부한 사례 가운데 하나는 아마도 제리 브룩하이머(Jerry Bruckheimer)의 작품 속에서 발견할 수 있을 것이다. 브룩하이머는 미

---

29 우리는 이처럼 충성의 형성이라는 맥락에서 기독교 학교의 교육에 관해 더 창의적으로 생각해 볼 수 있다. 유감스럽게도, 나를 놀라게 했던 것은 나의 아이들이 기독교 학교에 다님에도 그곳의 교사들 역시 국기에 대한 맹세로 일과를 시작한다는 사실이었다. 기독교 교육을 위한 예전의 모습에 관해서는 6장에서 더 자세히 생각해 볼 것이다.

국주의의 이상을 이용하며 제시하는 다양한 영화를(최근에는 텔레비전 드라마까지) 만든 제작자다. 그는 〈진주만〉(*Pearl Harbor*)과 〈블랙 호크 다운〉(*Black Hawk Down*) 같은 전쟁영화라는 뻔한 장르뿐만 아니라 〈리멤버 타이탄〉(*Remember the Titans*)이나 〈글로리 로드〉(*Glory Road*), (미국 건국 문서를 신성화하는) 〈내셔널 트레져〉(*National Treasure*) 시리즈처럼 스포츠 신화에 가까운 것도 활용한다. 많은 작품에서 브룩하이머는 (교묘한 방식으로 혹은 그다지 교묘하지 않은 방식으로) 개인의 자유,[30] 미국의 힘, 전쟁의 용맹과 같은 미국의 이상을 표현한다. 여기서 이런 작품들을 완전히 분석할 수는 없지만 브룩하이머의 예를 드는 까닭은, 우리가 중립적이거나 무관하다고 생각했을지도(혹은 '훌륭하고' '창의적'이라며 열렬히 지지했을지도) 모르는 공간(즉, 영화)이 예전적 의미에서 형성적임을 다시 한번 주장하기 위해서다. 이런 영화에서 우리는 움직이는 성상들이 스크린을 가로지르며 춤을 추면서, 계산된 배경음악의 효과를 마음껏 누리는 가운데 좋은 삶에 대한 전망이 내재된 이야기를 펼치는 모습을 본다. 이 이야기는 오랜 시간에 걸쳐, 그리고 그 은밀한 본성 때문에 우리의 상상력 속으로 침투하며, 우리가 세상을 바라보는 방식뿐만 아니라 세상과 관계를 맺는 방식, 그 안에서 우리 자신을 방향 짓는 방식, 우리가 궁극적 목표로 삼고 노력하는 대상까지도 결정한다.

극장은 일종의 교실이다. 극장은 욕망을 교육하는 공간이다. 영화에 내재된 신화와 전망이 복음의 전망과 대립되는 한, 우리는 극장에서 영화를 보면

---

30 이것은 아서 왕 전설을 연출한 브룩하이머의 영화[〈킹 아더〉(*King Arthur*)]에서 특히 우스꽝스럽게 묘사된다. 이 영화에서 그는 아서를 이단자 펠라기우스(Pelagius)를 열성적으로 따르는 인물로 그리는데 (여기엔 약간 연대기적인 문제가 있다), 두 사람이 '자유'에 매우 열정적으로 헌신했기 때문이다(그렇지만 이 영화에서는 '자유'가 탈계몽주의적인 방식으로 이해되고 있다. 이런 방식은 아서뿐만 아니라 펠라기우스조차도 이해하지 못했을 것이다). 하지만 아서의 기사도는 펠라기우스의 원시적 자유지상주의보다는 '바르게 정향된' 자유라는 아우구스티누스의 개념에 훨씬 더 가깝다.

3장 위험한 시대 속에서 사랑하는 사람들　**165**

서 자신도 모르게 미국주의의 신봉자가 되어 간다. 그저 영화를 보지 말아야 한다는 뜻이 아니다(영화를 보지 않는 것이 언제나 나쁜 생각인 건 아니라고 해도). 나는 영화가 그저 세계관을 '가지고' 있는 데 그치지 않음을 깨닫는 것이 중요하다고 생각한다. 영화는 예전과 더 비슷하다. 그저 영화 안에서 메시지를 찾아내려고 하는 비판적인 시청자가 되는 것이 중요한 게 아니다. 영화의 예전적, 형성적 성격을 깨닫는 것이 중요하다. 그리고 국가주의적 연예 산업의 경우에는 이런 매체에 내재된 텔로스가 어떤 점에서 우리가 바라는 하나님 나라의 모습과 대립하는지를 생각해 보는 것이 중요하다.

**보론: 애국주의에 대해**

이러한 분석에 대한 반응을 잠시 예상해 보자. 어떤 이들은 이것이 쓸데없는 걱정일 뿐이라며 이런 분석을 거부할 것이다. 혹은 적어도 '애국심' 자체가 문제는 아니라고 주장할 것이다. 문제는 우상숭배에 가까운 애국**주의**라는 것이다. 예를 들어, 예배와 국가주의에 관한 리처드 마우(Richard Mouw)의 현명한 비판을 생각해 보라. 우리가 사실상 국가와 문화라는 환경 안에서 살고 있음을 지적하면서, 그는 "국가주의적 교만의 항시적 위험"을 경고한다. "기독교 예배를 위해서 모일 때, 우리는 '택하신 족속, 왕 같은 제사장, 거룩한 나라'의 일원이라는 우리의 정체성을 재확인한다(벧전 2:9). 그리고 우리는 다른 인종적, 제사장적, 국가적 정체성이 우리의 충성을 두고 끊임없이 경쟁하고 있음을 되새겨야 한다."[31] 따라서 그는 군인들의 죽음을 "궁극적 희생"이라고 부르

---

[31] Richard J. Mouw, "The Danger of Alien Loyalties", *Reformed Worship* 80 (2006): pp. 20-22, 인용

는 습관을 비롯해 그리스도인들의 열광적인 국가주의적 우상숭배의 문제점을 인정한다. 그리고 "국가와 정부가 시민들에게 궁극적 충성을 요구함으로써 하나님이 정하신 경계를 넘어설 때 종교적 언어를 빌려오는 경우가 많음"을 지적한다.[32] 그러나 마우는 애국주의 자체를 부인하려고 하지는 않으며 그것의 왜곡과 과잉을 비판할 뿐이다. 그는 애국은 "'조국'에 애정을 갖는 것"일 뿐이기 때문에 "그리스도인의 삶에서 애국심은 정당한 위치"를 차지한다고 주장한다.[33] 뒤이어 그는 부모에 대한 자녀의 사랑을 비유로 들면서 이런 애국심이 "자연스러운" 것이라고 주장한다.

그러나 인위적 실체에 대한 '자연스러운' 애정이 존재할 수 있는가? 만약 (나로서는 그런 것이 존재한다는 확신이 없지만) '자연스러운' 조국이라는 것이 존재한다고 하더라도, 근대 국민국가는 그것과 거리가 멀다. 대부분의 국가는 그 구성이 이질적이며 국경도 인위적으로 설정된 경우가 많다. 국가는 '혈연과 지연'이라는 자연적인 연결고리가 없는 시민들을 하나로 연합시키려 할 뿐이다. 따라서 나는 사실상 우상숭배인 애국심을 우려할 뿐만 아니라, 그런 국가주의적 애정을 '자연스러운' 것으로 정당화하려는 노력에 대해서도 회의적이다. 그런 애정이 없는 사람들은 자연스럽지 않다는 말인가? 게다가 그리스도인들에게는 그리스도 외에 다른 어떤 조국과도 자신을 동일시하지 않는 오랜 전통이 있다. 이에 따라 아우구스티누스는 그리스도가 참된 조국(*patria*)이라

---

문은 p. 21.

**32** 같은 글, p. 21. 나는 9/11과 그 후의 테러에 대한 전쟁으로 인해 이런 태도가 더 강해졌다고 생각한다. 예를 들어, 최근에 나는 "어떤 사람은 병거, 어떤 사람은 말을 의지하나 우리는 여호와 우리 하나님의 이름을 자랑하리로다"라는 시편 20:7 말씀이 포함된 포스터를 본 적이 있다. 이 구절 옆에는 지팡이를 들고 머리와 어깨 위로 옷을 두른 목자 예수님이 그려져 있었다. 하지만 예수님의 머리를 감싼 것은 미국 국기였다! 또한 국기와 십자가가 함께 그려진, '미국 군대를 지지한다!'라는 글귀가 적힌 차량용 자석을 붙인 차량을 미국 전역에서 발견할 수 있다는 점도 생각해 보라.

**33** 같은 글, p. 22.

고 강조했으며[『고백록』(Confessions) 7.21.27], 초기 교회의 문헌인 『디오그네투스에게 보낸 편지』(Epistle to Diognetus)에서는 그리스도인을 순례자이자 이방인으로 묘사한다. "그들은 자기네 나라에서 살지만 정주하지 않는 사람(non-residents)으로서 살 뿐입니다. 그들은 시민으로서 모든 것에 참여하며, 이방인으로서 모든 것을 견딥니다. 모든 외국이 그들의 조국이며, 모든 조국이 외국입니다."[34]

나는 이런 식의 '자연스러운' 애국주의보다는 마우가 이전에 『그리스도인과 정치』(Political Evangelism)에서 제시한 국가주의에 대한 더욱 일관된 의심이 더 옳다고 생각한다. 이 책에서 마우는 그리스도인들에게 나바호(Navajo) 부족의 사례를 살펴보라고 권고한다. "미국이라는 국가에 대한 나바호의 헌신에는 이 나라에 참여하겠다는 진정한 바람과 더불어 그것이 잠정적인 것일 뿐이라는 생각이 공존한다. 이는 교회에 시사하는 바가 크다."[35] 국가주의적 의례를 형성적 예전으로 바라볼 때, 이 잠정성은 한층 강화될 수밖에 없다.

### 학문의 대성당: 대학의 예전

일반적으로 우리의 공립, 사립 대학들은 스스로가 세속적인 학교임을, 즉 전통, 특히 종교적 전통의 무게에 억눌리지 않는, 계몽되고 중립적이며 객관적

---

[34] Epistle to Diognetus 6.5 in The Apostolic Fathers: Greek Texts and English Translations, ed. and trans. Michael W. Holmes, 3rd ed. (Grand Rapids: Baker Academic, 2007), p. 703.

[35] Richard J. Mouw, Political Evangelism (Grand Rapids: Eerdmans, 1973), pp. 48-49. 계속해서 마우는 이렇게 주장한다. "그리스도의 몸을 이루는 지체들 사이에 특별한 '국가적 정체성'이 존재함을 깨달을 때 우리는 다른 세속 정부의 통치 아래 살아가는 그리스도인들과 우리가 연결되어 있음을 인식할 수 있다. 이 유대 관계는 국가나 교회 외부의 단체에 대한 우리의 헌신을 초월하며 그보다 우선한다"(p. 49). 『그리스도인과 정치』(나비).

인 진리를 추구하는 공간임을 자랑스러워한다. 이 논리에 따르면 대학의 가장 중요한 덕목은 신앙적이지 않고 합리적인 것이다. 이런 주장에 대해서는 당연히 의문이 제기되어 왔으며 이 의문은 지식의 조건에 초점을 맞춘다. 모든 사람은 일종의 궁극적 헌신으로부터 출발하며 그것은 그들이 '합리적'이라고 생각하는 바를 규정한다고 지적하는 것이다. 그런 의미에서 보면 학자와 대학은 종교적이지 않을 수 없다. 다시 말해서, 세속적인 것이란 존재하지 않는다.[36] 그러나 나는 여기서 이 점을 약간 다른 방식으로 제시하고자 한다. 즉, 대학은 지식과 연구를 뒷받침하는 인식론적 조건 때문(만)이 아니라 욕망을 교육하는 의례와 예전에 의해 움직이는 형성적이며 예전적인 기관이기(도 하기) 때문에 대단히 종교적인 기관이다. 대학은 단지 직업적 성공을 목표로 우리 머릿속에 정보를 저장시키는 곳이 아니다(비록 대학은 점점 더 스스로를 이렇게 이해하기는 하지만). 오히려 우리의 정체성과 자기 이해를 만드는 강력한(공식적이지 않은 경우도 많지만) 예전 때문에 형성적 기관일 수밖에 없다.[37] 요컨대, 대학은 지식을 다루는 공간이기만 한 것이 아니며, 어쩌면 그것은 대학의 일차적인 정체성도 아닐 것이다. 나는 대학이 우리의 상상력, 우리의 마음, 우리의 욕망을 붙잡으려 한다고 주장한다. 대학은 우리를 특정한 텔로스를 욕망하며 좋은 삶에 대한 특정한 전망을 추구하도록 길들여진 특정한 인간으로 만들기를 원한다.

---

36  더 자세한 논의로는 James K. A. Smith, *Introducing Radical Orthodoxy: Mapping a Post-secular Theology* (Grand Rapids: Baker Academic, 2004), pp. 143-183를 보라.

37  하우어워스는 "교육"과 "도덕적 형성"이라는 상호 교환이 가능한 용어를 사용해 동일한 주장을 한 바 있다. "덕을 강조한다는 것은 당신이 무엇을 알게 되는가와 당신이 어떻게 알게 되는가를 쉽게 분리할 수 없음을 뜻한다. 소유할 가치가 있는 모든 지식은 당신의 정체성을, 그리고 당신이 세계를 이해하는 방식을 만들지 않을 수 없다. 따라서 나는 교육이라는 용어보다는 '도덕적 형성'이라는 용어를 사용한다. 왜냐하면 인정하든 그렇지 않든 모든 교육은 도덕적 형성이라고 생각하기 때문이다"[Stanley Hauerwas, "How Risky Is The Risk of Education?" in *The State of the University: Academic Knowledges and the Knowledge of God* (Oxford: Blackwell, 2007), p. 46].

그렇기 때문에 나는 과거에도 종교와 아무런 관련이 없었던 피츠버그 대학교(University of Pittsburgh) 같은 철저히 세속적인 대학에서 학문의 대성당(the Cathedral of Learning)이라는, 미국에서 가장 화려한 대학 건축물 가운데 하나를 세운 것이 적절하다고 항상 생각해 왔다. 캠퍼스(와 도시) 위로 우뚝 솟은 이 건물은 의도적으로 고딕 양식으로 건축되어 중세 예배당과 성당의 건축 양식을 떠오르게 한다. 그러나 하늘을 향해 뾰족이 솟아오른 이 건물은 창조자를 가리키고자 분투하는 것이 아니라, 이와 다르며 더욱 내재적인 이상, 즉 인류의 진보를 위해 한데 모은 계몽된 인간 이성의 진리라는 이상을 섬기기를 추구한다. 따라서 학문의 대성당은 대학의 세속화의 본질과 한계를 나타낸다. 한편으로 대학의 세속화는 신적인 것에 대한 언급을 봉쇄하려고 하지만, 그럼에도 종교적 열망이라는 빌려 온 자본에 의존한다. 예를 들어, 이 대성당의 초석에는 이런 말이 새겨진 동판이 붙어 있다.

> 그들의 마음속에는 믿음과 평화가 존재한다. 선의가 그들을 하나로 묶는다. 선조들이 전해 준 전통을 간직한 동방박사들과 솔직한 단순함이라는 미덕을 지닌 목자들처럼, 그들은 모든 사람을 영원히 밝히고 계몽하는 진리를 향해 귀하고 참되며 그들 자신의 것인 선물을 바친다.

이 대성당의 거주민은 구도자들이다. 그러나 왕을 찾아온 동방박사들과 달리 이 구도자들은 내재적 진리, '인간' 이성을 추구한다. 그리고 우리가 얻은 것은 신조가 아니라 대성당이다. 이것은 여기서 내가 펼치고 있는 주장을 예증한다. 대학을 본질적으로 종교적인 기관으로 만드는 것은 가르침도, 심지어는 관점도 아니고 거기서 행하는 실천이다. 대성당이라는 건축적 공간은 단순히 하나의 메시지를 지닌 구체적 언어가 아니다. 대성당은 종교의 물질성,

즉 예배의 공간을 떠올리게 한다. 대성당은 형성을 위한, 즉 대학의 텔로스를 추구하기 위한 물질적 조건을 증언한다. 대성당은 학생을 특정한 사람으로 빚어낼 실천을 배양하는 공간이다.

우리는 대학을 문화적으로 해석하면서 세계관의 방식으로 관점에 초점을 맞추는 것이 아니라 예전적으로 실천에 초점을 맞춰 이 점을 검토할 것이다. 이에 관해 우리는 대학에 대한 두 가지 질문을 제기할 수 있다. (1) 대학은 어떤 텔로스를 '영화롭게' 하는가? 어떤 삶의 방식 혹은 좋은 삶에 관한 어떤 전망을 장려하는가? 대학은 우리가 무엇을 사랑하길 원하는가? (2) 대학의 세속적 예전을 구성하는 의례와 실천은 무엇인가? 첫 번째 물음은 대학이 사랑하는 바는 무엇인가에 관한 것이며, 두 번째 물음은 대학이 어떻게 우리를 똑같은 것을 사랑하는 사람으로 만들려고 노력하는가에 관한 것이다. 두 번째 물음을 통해 첫 번째 물음에 대한 답을 얻을 수 있다. 즉, 대학을 움직이게 하는 의례적 실천을 읽어 냄으로써 우리는 대학이 숭배하는 것, 가치 있다고 여기는 것이 무엇인지를 파악할 수 있을 것이다.

이를 위해 우리는 다시 한번 익숙한 것을 낯설게 만들 필요가 있다. 다시 말해서, 대학을 예전적인 것으로 바라보기 위해, 기어를 변환할 방법을 찾아서 태도를 바꾸고 우리가 익숙하게 젖어 있는 대학의 리듬과 의례로부터 뒤로 물러날 필요가 있다. 다시 한번 상상력을 발휘해 화성인 인류학자의 옷을 입고 지구라는 낯선 장소, 특히 북미 지역에 대한 탐사를 시작해 보자. 우리 화성인 연구팀은 문화인류학과 사회학, 특히 이른바 '의례 연구'라는 하위 분과에 대한 심층적인 훈련을 마쳤다. 우리는 다양한 기관의 의례적 습관을 검토함으로써 북미인들을 움직이는 욕망이 무엇인지를 파악하겠다는 목표를 갖고 북미에 착륙했다. 이번 탐사에서 우리는 지역의 한 대학으로 갈 것이다. 잠시 당신이 이 화성인 인류학자 팀의 일원이라고 상상해 보라. 당신은 참여

관찰자로서 대학 생활을 해 왔다. 하지만 동시에 이 기관의 리듬과 의례는 당신의 이전 경험과 유사한 점이 없다. 당신은 무엇 때문에 놀라겠는가? 시간이 지나며 이 공간의 거주자와 이 의례의 참여자들을 형성하는 데 가장 영향력이 큰 핵심적 실천으로 파악하게 될 것은 무엇인가? 외부의(화성에서 온) 관찰자에게는 대학에서 하는 익숙한 경험 중 어떤 측면이 예전적으로 보이겠는가?

대학 생활을 했던 사람들은 대학이 세계 안의 세계를 갖고 있음을 안다. 학부생이 생활하는 대학은 교수가 생활하는 대학과 전혀 다르다. 기숙사에서 일어나는 일은 교수 휴게실에서 일어나는 일과는 거의 비슷해 보이지 않는다 (그러기를 바란다!). 학생들은 대학의 일부인 반면, 학자들은 '학계'의 일부다. 그럼에도 양쪽 모두에게 대학은 정체성을 형성하는 기관이다. 대학에 관해 생각할 때 학자들은 교육과 연구의 장소, 즉 지식을 분배하는 교실과 강의실, 지식을 추구하는 실험실과 도서관이 신경 중추라고 생각하는 경향이 있다. 그러나 학생들에게 대학은 이보다 훨씬 더 광범위하다. 대학은 기숙사, 식당, 동아리방, 미식축구 경기장이 있는 장소이기도 하다. 어떤 점에서 교실과 실험실, 도서관은 학생들의 대학 경험의 단면에 불과하다. 그리고 학자들은 대학의 '학문적' 공간에 초점을 맞추는 경향이 있기 때문에 예전적 형성의 공간으로서의 대학에 관해 논할 때도 이런 학문적인 장소에 초점을 맞추는 경향이 있을 것이다. 그러나 대학의 형성적, 예전적 힘은 교실과 강의실 밖까지 포괄한다. 실제로 대학 안에서 훨씬 더 예전적인 장소는 기숙사, 경기장, 동아리방일지도 모른다. 이런 장소는 학생들을 특정한 목적을 지향하고 특정한 대상을 사랑하는 특정한 사람들로 만들어 간다. 따라서 대학의 예전을 분석하고자 할 때 폭넓은 시각에서 대학을 바라보는 것이 중요하다. 대학의 예전들은 서로 겹치고 얽혀 있지만, 여기서는 일련의 종합적 실천 곧 입문, 형성,

위임이라는 면에서 학생들이 경험하는 대학 생활에 초점을 맞추고자 한다.[38]

대학 안내 책자와 희망에 부푼 (어쩌면 순진한) 부모들은 아직도 대학이 열성적으로 받아들이려는 지성에다 거대한 사상과 잘 팔리는 기술을 이식하는 '고등 교육'의 공간이라고 생각하지만, 학생들 그리고 다른 방식으로 대학을 '팔고자' 하는 이들은 대학이 그 이상(때로는 그 이하)임을 알고 있다. 대학은 경험이고, 통과의례이며, 감각적 모험이고, 현실 세계의 지연인 동시에 예행연습이다. 대학을 의례적으로 분석한다고 하면 학문 공동체의 공식적 의례를 생각하는 경향이 있다. 가운을 입고 진행하는 학위 수여식과 졸업식 같은 예식이나 강의를 듣고 보고서를 작성하고 시험을 보는 것처럼 일상적으로 반복되는 행위를 떠올린다. 이런 것도 물론 중요하고 여전히 핵심적이지만, 나는 대학의 비공식적 예전이 훨씬 더 형성적일 수 있다고 생각한다.

예를 들어, 통과의례의 절정인 (캐나다에서는 'Frosh' Week로 통하는) 신입생 주간(Freshers' Week)을 생각해 보라. 이 행사를 통해 학생들은 사실상 신병훈련소의 기능을 하는 강렬한 입문적 형성의 경험을 한다. 한 주 동안 학생들은 많은 경우 학습이나 연구와는 거의 무관한 대학 생활에 흠뻑 젖어든다. 이 행사는 대단히 공동체적이며 세대통합적이다. 상급 학생들은 신입생들에게 대학 생활의 구석구석을 소개해 주고, 그다지 섬세하지 않은 방식으로 무엇이 중요한지를 가르쳐 준다. 많은 경우 술을 마시며 즐거운 사교의 시간을 갖기도 하고, 학교 미식축구 팀에 대한 종교적 열광을 표출하기도 하며, 개인

---

[38] 학자를 만드는 대학의 예전에 대해서도 비슷한 분석을 할 수 있다. 여기에는 대학원의 '수련' 과정을 입문, 형성, 위임이라는 유사 수도원적 과정으로 분석하는 것도 포함된다. 이 모든 것이 특정한 가치를, 그리고 특정한 텔로스에 대한 '자동화'된 헌신을 심어 준다. 흥미롭게도 토머스 쿤(Thomas Kuhn)은 대학원 교육을 초심자에게 과학적 '전통'을 주입시키고 학계의 정통을 흡수하게 함으로써 해당 분야의 '정상 과학' 패러다임에 입문하게 만드는 과정으로 설명하면서 바로 그러한 분석을 암시한다. Thomas S. Kuhn, *The Structure of Scientific Revolutions*, 2nd ed. (Chicago: University of Chicago Press, 1970), 특히 pp. 23-51를 보라. 『과학혁명의 구조』(까치).

적 혜택과 이득을 얻는 데 도움이 되고 이를 위한 도구가 될 인간관계망을 굳게 다지기도 한다.[39] 신입생 주간은 일종의 피정으로서 앞으로 찾아올 고된 학습의 시간과 지겨운 여름 아르바이트로부터의 탈출이기도 하다.[40] 실제로 이 짧은 수련 기간은 학문이라는 과업을 주변화하는, 혹은 적어도 최소화하고 상대화하는 대학에 대한 이해를 제안한다. 상급생들이 초심자들에게 주는 선물 중 하나는, 공부 때문에 대학 생활의 재미를 망치지 않으면서 신입생 주간의 생활 방식을 유지할 수 있는 요령과 기술을 알려 주는 것이다. 이 첫 주간의 행사는 다감각적이며 때로는 학생으로 하여금 전에는 알지 못했던 자극적인 감각까지 경험하게 한다. 몇몇 1학년 학생들은 대학에 입학할 때 이런 생활 방식에 어서 뛰어들고 싶어 하는 마음을 품고 있다. 나이 많은 형제자매나 윌 페럴(Will Ferrell)의 영화를 통해 벌써 이에 관한 소문을 들었기 때문이다. 이런 생활 방식을 채택하기 위해서는 집에서 추구하던 생활 방식을 버리고 일종의 회심을 해야 하는 경우도 있다. 다른 신입생들은 눈이 휘둥그레지며 이 통과의례에 깜짝 놀라기도 한다. 그들은 이에 저항할지도 모르지만, 낙인찍기라는 사회적 압력과 결합된 이 의례의 예전적 힘 때문에 이런 저항은 허사가 되고 마는 경우가 많다.

어쩌면 신입생 주간은 일종의 불세례일지도 모른다. 비록 대학 자체도 이에 전적으로 공모하기는 하지만, 이 불세례는 동료 학생들이 생각하는 대학의 내재적이며 기능적인 이상에 대한 강렬한 몰입이라고 할 수 있다. 신입생 주간이라는 실천에는 좋은 삶에 대한 전망이 내재해 있다. 그것은 개인적 쾌

---

[39] 다시 말해서, 나는 많은 경우 이런 사교적 관계를 진정한 우정으로 여길 수 있을지 의문이다.
[40] 아마도 내가 염두에 둔 대학이 꼭 기독교 대학이라기보다는 주립 대학 같은 곳이라는 점이 분명해 보일 것이다. 하지만 그렇다고 해서 기독교 고등 교육의 맥락에서는 '신입생 주간'에 비슷한 문제점이 없을 것이라는 뜻은 아니다. 여름 수양회의 단순한 연장처럼 기능하는 이런 신입생 수련회에서는 때때로 '재미있는 대학 생활'과 힘든 대학 공부 사이의 분열이 교묘한 방식으로 전달된다.

락에 대한 이기적 추구, 집단에 대한 열정적 헌신(미식축구 경기장에서 '공동체 정신'을 통해 나타나거나 동아리에서의 '형제애'를 통해 격렬해지는), 그리고 배움이 성공, 축적, 지위, 권력이라는 재화의 획득을 가능하게 해 주는 한 그것을 가치 있는 것으로 여기는, 배움에 대한 도구적 관계를 중시하는 전망이다. 따라서 신입생 주간의 별난 행동에 대한 만연해 있는 냉소주의에도 불구하고, 이 의례는 대학이 궁극적으로 생산하기 원하는 인간상, 즉 사회 지도자가 될 생산적이며 성공적인 소비자를 만들어 내기 위한 준비 과정이 된다. 대학은 그 자체로 지상 도성의 전초 기지이며, 우리가 앞서 논의한 시장과 국가라는 경기장의 연장이자 이를 위한 훈련장이다.[41]

이렇게 온몸으로(!) 하는 체험을 통해 학생들이 특정한 방식으로 대학 생활을 하도록 준비시키는 강렬한 입문식이 끝나고 난 뒤에는 다른 실천을 통한 형성 작업이 계속된다. 동아리 신입 회원 모집 주간(Rush Week)은 신입생 주간의 효과를 강화하면서 사교를 위한 훈련이라는 새로운 요소를 추가한다. 남녀 학생 사교 클럽(fraternity/sorority)이라는 이상에는 인간관계를 (후일) 자신의 목적을 달성하는 수단으로 도구화하는 경향을 띠는 특별한 상호주관성 이해가 내재되어 있다. 동시에 이런 모임은 계급 구별짓기와 계급 감수성을 흡수하는 보육의 장을 제공하며, 이 계급 구별짓기와 계급 감수성은 학생들이 그들의 세계를 이해하는 해석학적 틀이 된다(오웰이 자신이 경험한 오만한 영국의 '퍼블릭 스쿨' 교육에 대해 행한 분석, 즉 이 교육은 노동 계급이 냄새가 난다는 사실을 배우는

---

[41] 이는 대학이 점점 더 산업과 정부에 편입되어 군수산업이나 제약회사의 하위 부문처럼 기능하는 상황—이런 일은 대학이나 학계 스스로가 보이는 모습이긴 하지만—에서 특히 그러하다. 이에 관한 분석으로는 Derek Bok, *Universities in the Marketplace: The Commercialization of Higher Education* (Princeton, NJ: Princeton University Press, 2004)과 Jennifer Washburn, *University, Inc.: The Corporate Corruption of American Higher Education* (New York: Basic Books, 2005)을 보라. 나에게 두 책을 소개해 준 피터 슈어먼(Peter Schuurman)에게 고마움을 전한다. 『파우스트의 거래』(성균관대학교출판부), 『대학 주식회사』(후마니타스).

것일 뿐이라고 했던 것을 떠올려 보라). 이러한 관계의 도구화는 '소개팅'(hooking-up)이라는 남녀 간 만남의 실천을 통해 한층 더 강화될 뿐이다.[42] 미식축구 시즌과 농구 시즌으로 이어지는 리듬은 1년 내내 집단적, 경쟁적 본능을 강화하는 기회를 제공한다. 게다가 이 리듬은 교육을 대학에서 **정말로** 중요한 것 사이에 '끼워 넣는' 것으로 만든다. 기숙사 생활은 습관과 실천을 배양하는 또 다른 장으로서 무리 지어 밤을 즐기는 습관이나 기피와 고립의 습관을 배울 기회를 제공한다.

이러한 대학 생활의 다양한 측면은 안식의 여지를 거의 허용하지 않으며 열광적이고 미친 듯한 속도, 소모와 고갈의 리듬을 만들어 간다. 또한 이는 별장과 배, 자녀의 사립학교 교육을 확보하기 위해 기업의 승진 사다리를 기어오르고 초과근무를 해야 하는 화이트칼라 노동자의 삶이라는 '현실 세계'를 대비하게 해 주는 탁월한 형성 과정이 되기도 한다. 요컨대, 공식적인 이야기에서는 교실 안에서 배우는 것이 우리를 사회의 생산적 구성원이 될 수 있도록 준비시켜 준다고 말하지만, 사실 우리 교육의 가장 형성적인 요소를 이루는 것은 교실 밖에서 행하는 대학의 의례들이다. 시간이 흐름에 따라 이런 의례들―진정한 예전들―은 우리를 특정한 사람으로 만들고 빚고 형성한다. 그래서 대학 생활은 위임으로 마무리된다. 이것은 '대위임'이 아닌 다른 무언가다. 우리는 대학에서 받은 전인적 형성을 통해 직업 생활을(그리고 출세 제일주의의 삶을) 시작한다. 교실과 실험실, 강의실과 도서관은 여기에 어느 정도 기여한다. 그러나 이런 공간에서 제공한 정보(information)는 우리가 기숙사나 동아리방, 경기장이나 무도회장을 통해 수용한 형성(formation)만큼

---

[42] Tom Wolfe, "Hooking Up", in *Hooking Up* (New York: Picador, 2000), pp. 3–15와 Kathleen Bogle, *Hooking Up: Sex, Dating and Relationships on Campus* (New York: New York University Press, 2008)를 보라.

강력하지 못하다. 우리는 대학 시절을 '우리 삶의 최고의 시절'—청춘에 대한 마지막 환호이자 '성공'을 향한 고된 삶을 위한 엄격한 준비 과정—이라고 회상할 것이다.[43]

## 울프의 소설 『나는 샬럿 시몬스입니다』에서 묘사하는 대학의 예전

톰 울프(Tom Wolfe)는 동시대 미국인의 삶의 단편에 예리한 관심을 기울이는 일종의 화성인 인류학자로 오랫동안 명성이 높았다. 『허영의 불꽃』(The Bonfire of the Vanities, 민음사)과 『한 남자의 모든 것』(A Man in Full)과 같은 그의 소설에는 예리한 사회학적 관찰과 묘사가 우리를 움찔하게 하면서도 웃게 만드는 이야기로 덮여 있다. 마치 처음 보듯이 다시금 대학을 바라봄으로써 현재의 대학을 인류학적으로 탐구하고자 할 때 이보다 더 나은 조력자가 어디 있겠는가? 울프의 『나는 샬럿 시몬스입니다』(I Am Charlotte Simmons)에서는, 21세기가 시작될 무렵을 배경으로 신흥 귀족 계급과 벼락부자의 상속자들을 위한 훈련장이며 듀크(Duke) 같은 명문 대학인 "듀폰트 대학교"의 생활을 가차 없이 묘사한다. 소설에서는 블루 리지 산맥에 있는 작은 학교인 스파르타 고등학교의 수석 졸업생인 샬럿 시몬스의 1학년 생활을 추적한다. 그녀에게 듀폰트는 발할라(Valhalla, 북유럽 신화에 나오는, 날마다 잔치가 벌어지는 전사자들의 궁전—옮긴이)와 아테네가 결합된 곳이다. 엄마와 페닝튼 선생에게 자극을 받은 샬럿은, 스파르타와는 꽤나 다른 방식으로, 고향을 떠나 지성의 삶을 키우는 황홀한 오아시스를 상징하는 고등 교육의 정점인 이 학교에 입학하기를 동경해 왔다.

---

43 5장에서 우리는 '기독교 교육'이 정말로 '성공'을 위한 대학의 예전에 대한 대안을 제공하는지, 아니면 다른 대학과 똑같은 것에 **예수님만 더한** 것을 제공하는지 따져 볼 것이다. 잘못된 방식으로 교회가 스스로를 '예수화'된 쇼핑몰로 개조하는 것처럼, 기독교 대학 역시 '예수화'된 대학이 되고 마는 경우가 많다.

샬럿이 예상하지 못했던 것은 몸의 중요성이었다. 그녀가 꿈꾸던 듀폰트와 그녀가 경험한 듀폰트는 지성을 위한 천상적 공간과 몸에 의해 점령된 껄끄러운 복도처럼 달랐다. 그녀는 지성의 삶을 꿈꾸며 기대하고 왔지만 그녀가 맞닥뜨린 것은 몸이었다. 사방에서 몸을 볼 수 있었다. 서낭신처럼 캠퍼스를 활보하는 운동선수들의 육중하고 번들거리는 몸과 사교 클럽과 무도회장에서 삐걱거리며 비틀대는 몸, '발정난 듯' 기숙사 방바닥 위에 얽혀 있는 몸, 악취와 배설물, 냄새와 체액을 내뿜는 몸.

그녀는 누군가 자신을 잡아끄는 것을 느꼈다. 손에 맥주병을 든 베티나였다. 그녀는 뭔가 들어 있는 큰 유리잔을 든 미미 쪽으로 움직였다. 두 사람은 뒤에 있는 밴드를 향해 걸어갔다. 샬럿은 얼떨떨하고 흥분한 무리를 헤치며 앞으로 나가는 두 사람을 뒤따라갔다. 악취—썩은 내를 풍기는 독주, 구토물, 담배 연기, 몸—는 점점 더 심해졌다. 수많은 몸 때문에 실내는 너무 더웠다! 그녀는 그날 밤 [사교 클럽] 세인트 레이를 떠올렸다.…그 열기, 연기가 자욱한 밤의 어둠, 술에 취해 흐느끼는 이들, 그칠 줄 모르는 음악, 악취가 나는 공기, 사방에서 울부짖는 술 취한 수컷 동물들.[44]

지성의 삶을 열망하며 지성을 도야하는 곳으로서 듀폰트를 동경했던 샬럿 시몬스는 미숙한 철학적 인간론을 가지고 대학에 입학했다고 말할 수 있다. 그녀는 지성의 힘을 과대평가한 반면, 몸의 영향력을 과소평가했다. 이에 대비하지 못했던 그녀는 앞에서 우리가 지적했던 대학의 예전을 통한 물질적, 신체적 형성에 취약할 수밖에 없었다.

바로 이것이 울프가 이야기하고자 하는 바다. 이 이야기에서 샬럿은 지성의 도야

---

[44] Tom Wolfe, *I Am Charlotte Simmons* (Toronto: HarperPerennial, 2004), p. 382. 이후의 인용에는 본문 괄호 안에 인용문의 페이지를 표기했다.

에서 몸의 포화상태로—의도하지 않았고 심지어 알지도 못했을지라도—급격히 추락한다. 이 소설은 샬럿이 자신의 모습을 상상하는 방식을 변화시킨 미시적 실천에 대한 고통스러운 인류학적 묘사나 다름없다. 바로 이 때문에 그녀의 이름—그리고 소설의 제목—이 매우 중요하다. "나는 샬럿 시몬스야"라는 말은 그녀가 어떤 사람이고 무엇이 그녀를 규정하는지, 즉 그녀의 **정체성**을 되풀이하며 확인하는 주문과 같다. 그녀는 부적처럼 자신의 이름을 부른다. 심지어는 축사자(逐邪者)가 예수님의 이름을 부르듯이 자신의 이름을 부른다. 그녀는 "그럴 리가 없어. 왜냐하면 나는 샬럿 시몬스니까"라며 혼잣말을 한다. 하지만 이렇게 의지에 호소하는 자기 의존적 열망으로는 대학의 형성적 실천, 예컨, 욕망의 교육에 제대로 맞설 수 없다. 낯선 실천 속에서 자아를 잃어버리는 사이에 그녀는 자신의 이름을 부르는 능력까지 잃어버린다. 그러나 당혹스럽게도 이런 낯설고 이상한 실천이 너무나도 빨리 자신의 것이 되고 만다. 듀폰트에서 맞는 첫 번째 주말이 끝날 무렵 기숙사 방에서 '섹스추방'(sexile, 룸메이트가 성관계를 하는 동안 밖으로 나와 있는 문화—옮긴이)을 당했을 때, 그녀는 「코즈모폴리턴」(*Cosmopolitan*)지의 '포르노그래피'를 접한다. 그녀는 이미 자신이 미끄러지고 있다고 느낀다.

> 만약 그녀가 페닝튼 선생님이나 엄마에게 전화했다면 어땠을까? 안녕하세요, 페닝튼 선생님. 안녕, 엄마. 듀폰트를 어떻게 알고 계세요? 산맥 반대편에 있는 듀폰트 말예요. 훌륭한 일들이 이루어져야 할 지혜의 여신 아테네의 정원? 글쎄요. 페닝튼 선생님, 엄마, 이걸 물어보는 걸 완전히 잊어버렸어요. 섹스추방에 관해 누군가 얘기해 주지 않던가요? 한밤중에 룸메이트가 이제 막 만난 남자와 발정 난 돼지처럼 뒹구는 동안 공공휴게실에 나와 있어야 하는 것 말예요. (p. 157)

그러나 그녀는 그렇게 말하지 못했다. "외로움 때문에 너무나도 비참해지고 속이

쓸려 내려가는 바람에 그녀는 '나는 샬럿 시몬스야'라는 말이 지닌 힘을 거의 다 잊어버렸다"(p. 157). 대학에서 겨우 사흘을 보낸 후였다.

샬럿은 몸의 역할—그리고 몸을 통한 형성이라는 은밀한 모략—을 과소평가했지만, 울프는 그렇게 생각하지 않는다. 오히려 울프는 이를 과대평가하는 것 같다. 그는 소설 곳곳에서 진화생물학을 언급하면서 "그저 충동에 따라 살아가는" 이 학생들을 동물로 환원한다(p. 140). 이처럼 환원론적이며 진화론적인 사고를 대변하는 사람은 듀폰트의 신경과학 권위자인 스탈링 교수다. 스탈링의 신경과학 강의에서는 다윈(Darwin)에 시간을 할애하는데, 이는 그가 신경과학자였기 때문이 아니다. 오히려 "다윈은 더 근본적인 일을 해냈기 때문이다. 그는 인간과 야생의 짐승 사이의 구별을 제거했다. 인간은 합리적 존재이고 동물은 '본능'에 따라 산다는 말은 항상 자명한 진리였다. 그러나 본능이란 무엇인가? 그것은 동물이 타고난 유전자 기호라고 우리가 알고 있는 것이다"(p. 306). 계속해서 스탈링은 '그저 충동에 따라 살아가는' 인간의 동물적, 본능적 본성에 관해 설명한다. 그리고, 말하자면 "자연적 서식지"에서 살아가는 대학생에 대한 울프의(그리고 샬럿의) 관찰은 인간의 이러한 동물성을 확증하는 것처럼 보인다. 나중에 스탈링은 각각 다른 부분의 뇌 조직을 자극할 때 소가 드러내는 행동이 바뀌는 뇌 실험에 관해 이야기하면서, "더 근원적인 교훈은 감정뿐만 아니라 **목적**과 **의도** 역시 **신체적** 문제라는 것이다. 그런 것들 역시 신체적 자극을 통해서 나타나거나 사라지게 할 수 있다"라고 선언한다(p. 425). 신경과학 권위자만이 할 수 있는, 스탈링의 열광적인 강의를 들으면서 "샬럿은 무아지경에 빠졌다." 그 순간 "샬럿은 카이로스(*kairos*), 즉 너무나 거대하고, 너무나 포괄적이며, 너무나 심오해서 그저 말로는 담아낼 수 없는 무언가에 대한 황홀한 계시를 경험했고, 나머지 세상, 육체와 그 육체를 찾아 헤매는 동물들로 가득한 누추한 세상은 사라져 버렸다"(p. 427).[45]

물질적 실천이 형성에서 어떤 역할을 하는지에 관한 울프의 통찰을 인정한다고 해서 그가 은연중에 제시하는 환원론까지 수용할 필요는 없다. 사실 이 소설은 우리가 지금까지 주장한 바를 잘 포착해 낸다. '상상계'의 차원에서 세상과 자신을 이해하는 여러 가지 방식이 존재하며, 이는 학습하는 것이 아니라 흡수하는 것이다. 예를 들어, 이 이야기 뒷부분에서 울프는 가치를 평가하는 '불쾌한'(skanky)이라는 말이 "사회적 삼투 작용에 의해 샬럿의 어휘 속으로 미끄러져 들어왔다"고 지적한다. 사교 클럽 세인트 레이는 물질적 훈련장이며 방종의 사제를 위한 유사 수도원이다. 캠퍼스의 운동선수들은 부족주의와 쾌락주의를 부추긴다. "시합이 끝난 후 경기장 주차장에서 벌이는 파티는, 토요일 밤에 의식을 잃을 때까지 진탕 술을 퍼마시고 이것을 일요일과 월요일에 무용담처럼 떠벌리는 것이 주말을 보람 있게 보내는 방법이라고 생각하는 얼간이들을 위한 바보 같은 토요일 오후의 광란의 파티였다"(p. 356). 그러나 당신은 정말 **그렇게** 대학 생활을 한다. 이것이 대학에서 **벌어지는 모습**이다. 이는 당신이 무엇을 생각하는지에 관한 문제가 아니라 무슨 일이 벌어지고 있는지에 관한 문제다. 샬럿이 했던 지성에 관한 수많은 준비는 그녀의 인격을 체현하는 형성, 몸을 통해 그녀의 정체성에 아로새겨지는 신체적 실천에 대비하는 것과는 아무런 상관이 없었다. 그래서 그녀는 자신이 술집에 들어와 다시금 이 모든 몸들에 둘러싸여 있음을 깨닫는다.

자리에 앉자마자 미미는 **자신이 그들 중 하나임**을 보여 주기 위해 담배에 불을 붙였다! 베티나는 **자신이 그들 중 하나임**을 보여 주기 위해 레게 비트에 맞춰 나른하게 상체를 움직이기 시작했다! 미미는 한 손에 담배를 든 채 맥주병을 입술에 가까이 대며 샬럿을 쳐다본다. 눈썹을 치켜뜨며 "뭐 안 마셔?"라고 묻는 듯한 몸짓을 하지만, 이는 사실 "너도 **끼고** 싶지 않아?"라는 뜻이다. 샬럿은 고개를 저으며 사양한다. 그리고 탁자 모

---

45 여기서 울프는 우리를 가지고 논다. 살과 몸을 초월하는 황홀경을 맛보게 한 샬럿의 깨달음은 우리를 오직 몸과 세포 조직, 본능**만을** 지닌 존재로 환원하는 신경과학의 계시를 통해 온다.

서리에 팔을 대고 앞으로 몸을 기울이며 미미 뒤에 한데 모여 있는 젊은 몸뚱아리들을 쳐다본다. 왜? 어디에 낀다는 말이야? 금요일 밤에 아이엠(I.M., 술집 이름—옮긴이)처럼 닳고 닳은 곳에서 이 모여 있는 인간들은 도대체 왜들 이렇게 서로 몸뚱아리를 맞대고 있는 걸까? 그녀는 즉시 또 다른 물음으로 자신의 물음에 답했다. 만약 내가 지금 방 안에 혼자 있다면? 그녀는 느낄 수 있었다. 책상에 앉아 창밖으로 환하게 불이 켜진 도서관 건물을 바라보는 사이에 외로움이 희망이나 야심, 아니면 소박한 계획을 송두리째 앗아 가 버릴 것이란 걸 느낄 수 있었다. 모든 가족, 모든 친구, 가족 같은 지역, 익숙하고 편안한 모든 것과 떨어진 샬럿 시몬스! (pp. 383-384)

그녀의 저항은 오래가지 못한다. 맞설 수단이 없기 때문에—대학의 예전의 힘에 맞서는 예전을 형성할 자원이 없기 때문에[46]—샬럿 시몬스는 대학이 원하는 그런 여자가 되고 만다. 다른 '샬럿 시몬스'는 유령으로 쪼그라들고 말았다. 이는 결국 환원론은 승리하지 못한다는 뜻이다.

그녀는 샬럿 시몬스였다. 엄마가 그녀에게 말했던 것처럼 그녀는 자신과 대화를 할 수 있었을까? 스탈링 교수는 '영혼'이라는 말에 따옴표를 붙였다. 그것은 이 말이 무엇보다 기계 안에 있는 유령을 칭하던 예전의, 더 원시적인 이름에 대한 미신적인 신념에 불과하다는 뜻이다.

그렇다면 엄마, 왜 내가 의식하는 모든 순간에 내 머릿속 깊은 곳에서 계속 기다리고 있는—내가 그런 대화를 하기를 기다리고 있는—거예요? 설령 엄마가 생각하듯이

---

[46] 만약 샬럿 시몬스에 대한 울프의 묘사에 작은 결함이 존재한다면, 그것은 분명 종교적 신념과 참여에 대한 언급이 없었다는 점이다. 그 지역 인구의 성향을 감안할 때, 종교적 신념과 참여는 고향에서 그녀의 정체성 형성에 더욱 중요한 역할을 했을 것이며 아마도 그녀의 대학 생활 습관에도 계속해서 영향을 미쳤을 것이라고 예상해 볼 수 있다.

그것이 정말로 내 '영혼'인 것처럼 생각한다고 해도 내가 무슨 말을 할 수 있겠어요? 그래요. 나는 "나는 샬럿 시몬스야"라고 말할 거예요. 그렇게 하면 '영혼'을 만족시킬 수 있을 테죠. 애초부터 그런 건 존재하지 않으니까요. 그렇다면 왜 나는 유령이 "그래. 하지만 그것은 무슨 뜻이지? 그녀는 누구지?"라면서 똑같은 질문을 지겹게 반복하는 것을 계속 듣고 있어야 하죠? 하나뿐인 사람은 규정할 수 없어요. 샬럿 시몬스는 이렇게 말했다. 그것, 즉 거기에 없던 작은 유령은 이렇게 말했다. "그렇다면 그녀를 듀폰트의 다른 모든 여학생과 구별시켜 주는 특징을 말해 보는 게 어때? 꿈, 야망 같은 것 말야. 지성의 삶을 원한 것은 샬럿 시몬스 아니었어? 그녀가 그토록 바랐던 것은 사람들에게 특별하다고 인정을 받고, 어떻게 그 일을 이루든지 그 일 자체로 존경을 받는 것 아니었어?" (p. 737)

샬럿은, 말하자면 세 가지 R[three R's, 읽기(reading), 쓰기(writing), 산수(arithmetic), 즉 교육의 기초를 일컫는 말 – 옮긴이]을 탁월하게 하는 데 초점을 맞추고 대학에 입학했다. 대학에 대한 울프의 예리하고도 우상파괴적인 분석은 고등 교육을 지배하는 네 번째 R, 즉 의례(ritual)를 자기도 모르는 사이에 강조한다.

**변증적 보론: 우상숭배의 계속된 증거**

쇼핑몰과 경기장, 대학과 같은 문화적 제도를 이렇게 예전적으로 분석하는 목적은 이런 예전 속에 샬롬이라는 성경적 전망과 대립되는 왕국에 대한 전망—인간 번영에 대한 전망—이 내재해 있다고 주장하기 위해서였다. 그리고 이것들은 형성적이며 예전적인 제도이기 때문에 우리도 알지 못하는 사이에, 하지만 강력한 방식으로 그 목적에 대한 우리의 욕망과 사랑을 형성하고 빚어 간다. 그렇기 때문에 5장에서 우리는 기독교 예배의 실천 안에 어떤 왕국의 전망이 내재되어 있는지를 살펴볼 뿐만 아니라, 기독교의 실천이 어떻게 **대항적** 형성으로서 기능해야 하는지를 알아볼 필요가 있다.

비록 나의 일차적 관심은 이 경쟁하는 예전 사이의 대립을 강조하는 것이지만, 이런 유사 혹은 거짓 예전이 인간이 예전적 동물이라는 사실에 대한 증거임을 지적해 두는 것도 중요하다. 1장에서 우리는 인간이 본질적으로 사랑하는 존재임을 강조했으며, 타락의 결과는 인간이 사랑하는 존재이기를 그친 것이 아니라(즉, '사랑의 펌프'가 꺼진 것이 아니라) 우리의 사랑과 욕망이 잘못된 방향으로 향해 창조주와 그분의 나라와는 다른 목적을 추구하게 된 것임을 지적했다. 그러나 이런 잘못된 지향조차도 인간 존재의 구조에 대한 증거—우리의 본성이 열정적 피조물이자 예전적 동물이라는 증거—다. 쇼핑몰이나 국가의 왜곡되고 잘못 정향된 예전조차도 우리의 예전적 본성을 보여 주는 증거라는 뜻이다. 다시 말해서, 우리가 '세속적 예전'이라고 부르는 것은, 이른바 세속적인 것조차도 여전히 우리의 **종교적** 본성을 증언하고 있음을 보여 준다. 왜냐하면 그것은 그저 신념이나 '영적' 메시지를 포함할 뿐만 아니라, 세속적인 것조차도 궁극적으로는 궁극적인 무언가에 대한 사랑을 드러내며 우리의 사랑을 형성할 의도를 지닌 실천을 수반하기 때문이다. 세속적 예전은 우리의 욕망을 **만들지** 않는다. 그것은 우리의 욕망이 특정한 목적을 가리키고 겨냥하며 지향하게 한다.

따라서 내가 여기서 세속적 예전을 신랄하게 비판하고 있기는 하지만 여전히 이를 긍정해야 할 지점, '변증적 접촉점'이라고 할 만한 지점이 남아 있다. 예전의 관점을 통한 기독교 문화 비판에서는 문화적 제도를 더 급진적으로 비판하지만(그리고 우리의 문화적 제도 참여의 위험성을 한층 더 강조하지만), 이런 세속적 예전에는 우리의 증언과 사명에서 근거로 삼을 만한 요소도 존재한다.

이를 가지고 앞에서 비판했던 전략을 다시 끌어들이자는 말이 아니다. 교회나 기독교 대학이 이런 세속적 예전을 모방해 스스로 하나의 쇼핑몰이나 대학 주식회사의 전초기지로 탈바꿈하자는 말이 아니다. 오히려 문화에 대한 기독교적 증언에서는, 잘못 정향된 욕망을 지닌 이런 세속적 예전들이 우리가 하나님에 대한 욕망을 지니고 있음을 보여 주는 증거라고 주장할 수 있다. 이러한 그릇된 지향은 우리가 근거로 삼을 만한 영속적 구조가 존재함을 알려 주는 신호다.

바로 이런 관점에서 장 칼뱅(John Calvin)은 '센수스 디비니타티스'(sensus divinitatis), 즉 '신성에 대한 지각'이라는 개념을 주장했다. "인간의 마음속에는, 자연적 본능에 의해, 신성에 대한 의식이 존재한다."[47] (그는 나중에 "종교의 씨앗"이라는 말로 같은 현상, 같은 구조를 설명한다.)[48] 이 개념을 제시할 때 칼뱅은 모든 인간이 하나님에 대한 미약하며 불충분한 "지식"을 가지고 있다고 말하려 한 것이 **아니다**. 그는 [마치 하나님에 대한 '자연적' 지식(natural scientia Dei)에 관해 말하듯이] 모든 인간이 "하나님"에 대한 "지식"이 아니라 "신성"에 대한 "지각"(sensus divinitatis)을 드러낸다고 말한다.[49] 이것은 유신론적 신념을 만들려고 하는 지적 경향이 아니라 예배하려고 하는 열정적 경향으로 이해하는 것이 가장 적

---

[47] John Calvin, *Institutes of the Christian Religion*, ed. John T. McNeill, trans. Ford Lewis Battles (Philadelphia: Westminster, 1960), 1.3.1. 『기독교 강요』(크리스챤다이제스트).

[48] 같은 책, 1.4.1, 4.

[49] 따라서 나는 sensus divinitatis에 대한 앨빈 플랜팅가의 해석에 동의하지 않는다[예를 들어, Plantinga, *Warranted Christian Belief* (Oxford: Oxford University Press, 2000), pp. 170-175를 보라]. 플랜팅가는 그것을 하나님에 대한 '기초적' 지식, 즉 "**유신론적** 신념을 형성하는" 자연적 성향이라고 해석하는 반면, 나는 칼뱅이 **예배**에 대한 자연적 본능, 즉 무언가에 초월성을 부여하는(로마서 1장에서 묘사하는 그런 행위) 자연적 본능을 주장하고 있다고 생각한다. 앞으로 살펴보겠지만, 그렇기 때문에 칼뱅은 우상숭배가 인간이라는 동물 안에 있는 구조적인 종교적 충동에 대한 증거라고 말한다. 이 점에 관해 플랜팅가에 대한 유사한 비판으로는, John Beversluis, "Reforming the 'Reformed' Objection to Natural Theology", *Faith and Philosophy* 12 (1995): pp. 189-206를 보라.

합하다. 죄와 타락으로 인해 하나님에 대한 참된 지식은 완전히 사라졌을지도 모른다. 이런 지식을 위해서는 타락으로 상실해 버린 관계성이 필요하기 때문이다. 그러나 죄와 타락도 이 종교의 씨앗, 예배에 대한 충동은 없애 버리지 못한다. 따라서 칼뱅에게는 우상숭배조차도 인간이 본질적으로 종교적이며 예전적인 본성을 지니고 있다는 증거다.

사실, 우상숭배조차도 이 개념에 대한 강력한 증거다. 우리는 인간이 겸손히 자신을 낮춰서 다른 피조물을 자신보다 높이려 하지 않는다는 것을 안다. 그런데 인간은 그저 하나님을 모시지 않는다고 여겨지기보다는 차라리 돌을 예배하는 편을 더 선호하니, 이는 분명 인간이 신적인 것에 대한 대단히 생생한 인상을 가지고 있음을 말해 준다. 따라서 인간의 마음에서 이를 제거하기란 불가능하며, 차라리 인간의 자연적 성향이 더 쉽사리 변형된다. 인간이 타고난 오만함을 스스로 꺾어 하나님을 경배하고자 비천한 대상 앞에 자발적으로 낮아지니, 이것이야말로 그 성향이 변형된 것이다!⁵⁰

나중에 그는 비록 "이 씨앗은 너무나도 부패해서 그 자체로는 최악의 열매만 만들어 낼 뿐이지만" 이 종교의 "씨앗"은 "결코 제거될 수 없다"고 강조한다.⁵¹ 칼뱅은, 복음을 설명하고자 할 때 이런 우상숭배가 이상한 방식으로 우리에게 함께하는 어떤 것, 기반이 되는 어떤 것, 하나의 접촉점을 제공한다고 주장하는 것처럼 보인다. 왜냐하면 우상숭배조차도 예전적 동물이라는 우리의 본성을 보여 주는 표지이기 때문이다. 그렇다면 비슷한 방식으로 나는

---

[50] Calvin, *Institutes*, 1.3.1.
[51] 같은 책, 1.4.4.

칼뱅의 주장을 확장해서 잘못된 방향으로 향하는 세속적 예전조차도 우리가—심지어 '세속적' 근대인인 우리조차도—예전적인 욕망의 동물이라는 증거라고 주장하고자 한다. 세속적 예전이 우리에게 하나님에 대한 암시적 지식을 준다는 말이 아니라 우리가 하나님을 **욕망한다**는 간접적인 표지라는 말이다.

이러한 간접적인 긍정이 우리가 2장에서 "낭만적 신학"으로 묘사한 내용의 핵심이다. 예를 들어, 『낭만적 신학 개설』(Outlines of Romantic Theology)에서 찰스 윌리엄스(Charles Williams)는 비슷한 주장을 전개한다. "자신을 위해서나 자신에 대해서가 아니라 어떤 열정에 전적으로 자신을 내맡긴 사람은 자신이 택한 시간에 자신을 드러낼 하나님 나라와 멀리 떨어져 있다고 말할 수 없다. 그리고 지금까지 주장해 왔듯이, 이 열정이 기독교 교리에 의해 **방향지어지고** 제어된다면 그는 더 빨리 하나님 나라로 이끌릴 것이다."[52] 이러한 직관적 통찰은 단테(Dante)의 『새로운 인생』(Vita Nuova, 민음사)으로부터 그레이엄 그린(Graham Greene)의 『사건의 핵심』(The Heart of the Matter, 범한출판사)에 이르기까지 인류 최고의 문학에 속하는 여러 책에 영감을 불어넣었다.[53]

---

[52] Charles Williams, Outlines of Romantic Theology, ed. Alice M. Hadfield (Grand Rapids: Eerdmans, 1990), p. 72를 보라. 나는 윌리엄스의 주장을 약간 비틀어, 그렇게 잘못된 방향으로 향하는 열정은 첫째로 기독교적 **실천**에 의해 가장 잘 바로잡힐 수 있으며 교리는 그다음의 문제라고 말하고 싶다.

[53] 그린의 『사건의 핵심』은 사창가의 문을 두드리는 남자는 사실 하나님을 욕망한다는(흔히 체스터턴이 말한 것으로 잘못 알고 있는) 경구를 문학적으로 그려 낸 탁월한 작품이다. (안타깝게도 그린의 전기 역시 똑같이 이해할 수 있다.) 같은 내용이 The End of the Affair에 등장하는 세라 마일즈의 일기에도 나타나 있다. "전에 당신을 사랑했던 것만큼 내가 모리스를 사랑했을까요? 아니면 사실 내가 언제나 사랑했던 것은 당신이었을까요? 내가 그를 만졌을 때 당신을 만졌을까요? 만약 내가 처음부터 그를 만지지 않았다면, 헨리나 다른 누군가를 전혀 만지지 않은 듯이 그를 만지지 않았다면 당신을 만질 수 있었을까요? 그리고 그는 다른 어떤 여자들과는 전혀 다르게 나를 사랑하고 만졌습니다. 하지만 그가 사랑한 것은 나였을까요? 아니면 당신이었을까요? 왜냐하면 내 안에 있는 당신이 미워하는 것들을 그도 미워하기 때문입니다. 자신은 몰랐지만 그는 언제나 당신 편이었습니다." Graham Greene, The End of the Affair (New York: Penguin, 2004), p. 99. 『사랑의 종말』(혜원출판사).

예를 들어, 워커 퍼시(Walker Percy)의 『폐허 속의 사랑』(*Love in the Ruins*)에 등장하는 톰 모어 박사라는 인물을 생각해 보라. 모범적인 유산을 물려준 같은 이름의 토머스 모어 경과 달리 톰 모어는 "로마 가톨릭 교인이기는 하지만 나쁜 교인"이라고 고백한다. 그는 "나는 하나님과 그분에 관한 모든 것을 믿는다. 그러나 나는 여자를 가장 사랑하고, 그다음으로 음악과 과학을, 그다음으로 위스키를, 네 번째로 하나님을 사랑하며, 나와 같은 인간은 거의 사랑하지 않는다"라고 시인한다.[54] 잘못된 방향을 지향하는 그의 사랑은 잘못된 방향으로 삶을 인도하며, 그는 누구보다도 이 사실을 잘 알고 있다. 이것은 그가 자주 경험하는 자아 분열의 주된 원인이다. 이 자아 분열은 불안한 아우구스티누스적 자아의 분산과 팽창의 결과이다. 따라서 그는 주기적으로 자신이 일하는 정신병동에서 치료를 받는다. 진 피즈(gin fizz, 진에 탄산수를 탄 음료-옮긴이)에 대한 알레르기조차 끊게 하지 못할 정도로 그는 이 술에 완전히 빠져 있다. 그 결과 피부가 부풀어 올라 고통스러워하면서도, 오히려 그는 이렇게 반성한다. "눈은 너무 심하게 부풀어서 뜰 수도 없고, 숨을 쉬면 목에서 삑삑거리는 소리가 날 지경인데도 내 마음은 사랑으로 가득하다. 무엇에 대한 사랑일까?" 그는 스스로에게 묻는다. 그 대답은 "여자"다. "어떤 여자? 모든 여자. 급성병동에서 보냈던 첫날 밤 나를 전혀 몰랐던 한 광인이 나를 쳐다보며 '당신의 문제를 알고 싶나요? 당신은 하나님을 사랑하지 않고, [여자를] 사랑합니다'라고 말했다."[55] 그러나 병동에서 지내면서 맑은 정신이 들 때면, 그 광인처럼 그는 자신의 상태를 이렇게 진단한다.

---

[54] Walker Percy, *Love in the Ruins* (New York: Picador, 1971), p. 6. 나는 그가 하나님을 **믿지만**, 대부분의 경우 승리하는 것은 그의 (여자에 대한) **사랑**이라는 점을 지적하는 것이 중요하다고 생각한다. 믿음에 대한 욕망의 우선성은 4장에서 검토할 것이다.

[55] 같은 책, p. 46.

나중에 정욕은 슬픔으로 바뀌었으며, 나는 멕시코인처럼 손을 뻗고 얼굴에 눈물이 흘러내리는 채로 기도했다. 하나님, 이제는 알겠습니다. 왜 다른 때는 알지 못했을까요? 세상의 아름다움 속에서, 사랑스러운 여자와 소중한 좋은 친구들 속에서 내가 사랑한 것은 당신이라는 사실을. 우리는 돼지나 천사가 아니라 순례자요, 여행 중인 나그네라는 사실을.[56]

그 순간 그는 잘못된 방향으로 향하는 그의 사랑—그의 정욕, 아우구스티누스라면 **쿠피디타스**(cupiditas)라고 불렀을 것—조차도 **카리타스**(caritas), 즉 하나님에 대한 욕망과 사랑, 그가 결코 떨쳐버릴 수 없었던 "갈망"의 가련한 그림자였음을 깨닫는다.[57]

이 주제를 특히 강력하게 문학적으로 탐구하는 작품은 에벌린 워(Evelyn Waugh)의 『다시 찾은 브라이즈헤드』(*Brideshead Revisited*)다.[58] 이 소설에서 찰스 라이더와 세바스찬 플라이트의 매우 친밀한 관계는 라이더와 그의 가족 사이의 관계가 비정상적임을 보여 주는 관문과도 같다. 두 사람의 관계는 무질서하고, 잘못된 방향으로 향하고 있으며, 깨어져 있고, 때로는 고통스럽게 일그러져 있다. 그러나 두 사람의 관계가 열정적이었던 초기에도 찰스는 이미

---

[56] 같은 책, p. 109. 이 이야기에서 "돼지"와 "천사"는 모어 박사의 기획을 가리키는 말이다. 즉, (인간을 본질적으로 천상적이며 몸과 분리된 정신으로 이해한) "천사주의"와 (인간을 단순히 생물학적 기계로 환원하는) "야수주의"가 대립된다(같은 책 p. 27와 이곳저곳을 보라). 그런 점에서 모어의 관심은 4장에서 논의할 주제를 예상하게 해 준다.

[57] "인간이 처음으로 기억하는 것은 갈망이며, 죽기 전에 마지막으로 의식하는 것은 정확히 동일한 갈망이다.…인간은 몇 살이 되어야 이 갈망을 극복할까? 답은, '극복하지 못한다'이다"(같은 책, p. 21).

[58] Evelyn Waugh, *Brideshead Revisited: The Sacred and Profane Memories of Captain Charles Ryder* (Boston: Little, Brown, 1945). 나는 제러미 아이언스(Jeremy Irons)가 원문 그대로를 낭독한 오디오북을 적극 추천한다(Chivers Audio Books, 2000). 그리고 호화로운 하워드 성(Castle Howard)을 배경으로 찍은 ITV의 텔레비전 시리즈 *Brideshead Revisited*(1981) 역시 내레이션을 영리하게 활용해 이 주제를 다시 잘 담아냈다.

사랑의 중요성을 넌지시 이해하고 있었다. "다른 한 사람을 알고 사랑하는 것이 모든 지혜의 뿌리다."[59] 결국 세바스찬에게 버려진 후(혹은 세바스찬이 유배된 후), 혼란스러웠던 결혼을 끝내고 신앙으로 회심한 후, 찰스는 세바스찬에 관해 이렇게 증언한다. "그는 선구자였다."[60] "어쩌면…" 그는 생각에 잠긴다.

어쩌면 우리의 모든 사랑은 그저 암시와 상징에 불과할지도 모른다. 수많은 보이지 않는 봉우리 중 한 언덕일지도 모른다. 마침 꿈속에서처럼 문을 열면 또 다른 문으로 이어지는 양탄자가 깔려 있는 것과 같다. 어쩌면 당신과 나는 유형들이고, 이따금 우리 사이에 떨어지는 이 슬픔은 우리가 그것을 찾아 헤매다 느끼는 실망 때문에 솟아나는 것일지도 모른다. 우리는 서로 안에서, 서로를 넘어서 그것을 찾으려고 안간힘을 쓰지만, 언제나 우리보다 한두 걸음 앞서 모퉁이를 도는 그림자를 가끔씩 흘끗 바라볼 뿐이다.[61]

정말로 욕망하는 바를 찾아 헤매느라 우리 마음은 쉼이 없고 불안하다는 아우구스티누스의 경구를 반복하면서, 찰스 라이더는 전에 세바스찬과 나눴던 사귐은 하나님에 대한 그의 욕망의 맛보기였음을 깨닫는다. 그리고 잘못된 방향으로 향했던 이전의 사랑조차도 하나님에 대한 사랑을 준비하는 일종의 서곡이었다고 말한다.[62] 따라서 쇼핑몰의 세속적 예전과 소비주의라는 잘못된 방향으로 향하는 사랑조차도 그러한 경우가, 그러한 전조가 될 수 있다.

---

[59] Waugh, *Brideshead Revisited*, p. 45.
[60] 같은 책, pp. 257, 303.
[61] 같은 책, p. 303.
[62] 반면에 불쌍한 세바스찬은 계속해서 불안한 마음속에서 죽어 가며, 그의 욕망은 끊임없이 승화되고 끈질기게 좌절된다. 그는 수도사까지 되어 보려고 하지만 실패하고 만다. 같은 책 pp. 305-306, 308에 있는, 그의 "거룩함"에 대한 코넬리아의 평가를 참고하라.

## 『1984년』에서 그리는 저항

지금까지 나는 일상의 문화적 실천이 예전적 성격을 지닌다는 점을 강조해 왔다. 이는 문화적 실천이 그저 '우리가 행하는 것들'에 불과한 것이 아니라, 습관을 형성하고 정체성을 규정하며 우리의 사랑을 특정한 방향으로 향하게 만드는 의례임을 깨달을 수 있도록 돕기 위해서였다. 이 의례는 우리의 상상력을, 따라서 우리의 욕망을 사로잡아 많은 경우 그것을 하나님 나라에 대한 구상이라는 텔로스와 대립하는 텔로스를 지향하게 한다. 이런 물질적 의례는 1장에서 살펴본 이유 때문에 매우 효과적이다. 즉, 이를테면 우리는 (일차적으로) 생각하는 사물, 심지어 (단순히) 믿는 사물이 아니라 우리의 욕망을 '훈련시키는' 실천과 의례에 의해 그 사랑이 지향되며 인도되는 존재, 몸을 지닌 사랑하는 존재다(2장). 따라서 만약 기독교의 제자도를 하나님과 그분의 나라를 욕망하는 제자를 만드는 일이라고 이해한다면, 이는 세속적 예전의 정체성 형성에 **저항하는** 데 더 많은 관심을 기울여야 한다는 뜻이다.

그러나 이 점에 관해 그리스도인들이 두 가지 이유로 잘못된 방식을 택하는 경우가 많다고 생각한다. 첫째, 그리스도인들은 위협을 인식하는 데 실패해서 저항 전략을 짜는 데 실패하는 경우가 있다. 그들은 이러한 문화적 제도와 실천이 형성적임을 이해하는 데 실패하기—그것을 그저 '우리가 행하는' 중립적이고 유순한 '것들'이 아니라 예전임을 이해하는 데 실패하기—때문에, 그것이 얼마나 위험할 수 있는지를 제대로 인식하지 못한다. 이런 문화적 실천의 본질을 인식하고 따라서 그 위협의 실체와 성격을 이해하는 데 이 장이 도움이 되었기를 바란다.[63] 하지만 둘째로, 그리스

---

63 나는 여기서 '위협'이라는 말에 약간 불편함을 가지고 있지만 적절한 대안을 찾지 못했다. 나의 의도는 '문화 전쟁'의 정신에 입각해 문화에 대한 공포를 자극하려는 것이 아니다. (나는 이른바 문화 전쟁—동성 결혼에 초점을 맞추면서 자본주의를 열렬히 옹호하는—이 기독교 제자도에 대한 실질적이며

도인들은 위협을 잘못 진단해서 적절한 저항 전략을 세우지 못하는 경우가 있다. 그리고 그들이 위협을 잘못 진단하는 까닭은 결함 있고 미숙한 철학적 인간론 때문이다. 이것이 바로 샬럿 시몬스의 문제였다. 그녀는 지성과 의지의 힘으로 충분히 듀폰트 대학교의 실천과 의례에 맞설 수 있을 것이라고 생각했다. 울프의 이야기는 이러한 주지주의적 자신감의 어리석음과 실패를 보여 준다. 샬럿은 빠르게 그리고 철저히 추락한다. 불행히도 교회 역시 이와 비슷하게 잘못된 전략을 채택하는 경우가 많다. 쇼핑몰과 빅토리아 시크릿, 제리 브룩하이머가 우리의 몸과 감각을 통해—이야기와 이미지, 시각과 청각, 상업화된 '향과 종'(미사에서 사용하는 감각적 요소를 일컫는다―옮긴이)을 통해—우리의 오장육부(카르디아)를 사로잡는 데 반해, 교회의 대응은 이상하게도 합리주의적이다. 교회에서는 일종의 거룩한 강의인 45분간의 교훈적 설교가 그 정점을 이루는 '예배에 우리를 밀어 넣고 우리의 지성에 교리와 신념을 이식함으로써 그 위험을 우리에게 **확신**시키려고 노력한다. 쇼핑몰은 역설적으로 우리가 예전적이고 욕망하는 동물임을 이해하는 반면, (개신교) 교회는 아직도 우리를 데카르트적 지성으로 바라보는 경향이 있다. 세속적 예전은 우리의 몸을 통해 우리의 마음을 붙잡으려고 하지만, 교회는 우리의 머릿속으로 들어가기만 하면 된다고 생각한다. 빅토리아 시크릿은 우리의 카르디아에 불을 지피지만, 교회는 트럭으로 물을 실어 와 우리 지성에 퍼붓는다. 세속적 예전은 좋은 삶에 대한 정서적 이미지로 우리를 유혹하지만, 교회는 사상을 저장함으로써 우리를 설득하려고 노력한다.

이런 합리주의적 대응은 결함을 지닌 인간론을 가정하기 때문에 부절적하며 원하는 결과를 얻지 못한다. 샬럿 시몬스의 변화뿐만 아니라 오웰이 쓴 『1984년』의

---

본질적인 위협을 겨냥하는 대신에 가상의 적을 향해 돌진하는 것과 같다고 생각한다.) 궁극적으로 내가 추천하는 입장은 반문화적 태도가 아니며, 문화로부터의 퇴각이나 후퇴, 고립을 권하는 것도 아니다. 오히려 세속적 예전을 폭로함으로써 우리는 '볼 수 있는 눈'을 얻게 되며, 그에 따라 우리는 이런 문화적 영역에 개입할(그리고 어느 정도까지는 참여할) 수 있다. 중요한 점은 우리가 '다수의' 문화를 문화 **자체**와 동일시하지 않는 것이다.

잊을 수 없는 이야기를 통해서도 이런 전략이 실패할 수밖에 없음을 알 수 있다.[64] 윈스턴 스미스는 자신의 집에서 몰래 체제에 저항한다. 그는 자신의 아파트 한 모퉁이에 모든 것을 보는 빅 브라더(Big Brother)의 눈을 피할 수 있는 작은 밀실을 만들려고 한다. 그는 일기를 쓰고 주기적으로 일기를 숨긴다["종이에 무언가를 적는 것은 결단이 필요한 행위였다"(p. 94)]. 그는 오세아니아에서 사용할 수 있는 어휘를 통제함으로써 세계를 (재)구성하려는 빅 브라더의 의도를 간파한다. 그는 과거에 대한 사람들의 기억을 수정하려고 하는 이른바 진리부의 활동과 이매뉴얼 골드스타인을 악마로 만드는 선동을 알아차린다. 그는 2분 증오라는 프로그램과 다른 공민적 의례를 견뎌 낸다. 왜냐하면 내면에 비밀스러운 무언가를 감추고 있기 때문이다. 그는 이런 것들이 사실은 진실이 아니라고 말해 주는 **기억**을 간직하고 있다. "그렇다면 오직 그**만** 기억을 소유하고 있다는 말인가?"(p. 142)

윈스턴의 이야기에는 패배감이 짙게 배어 있기는 하지만, 사실 그 안에는 어떤 신중한 자신감, 자신은 면역이 되어 있다는 생각이 가득하다. 그로 인해 그는 성급한 결정을 내리고 무분별한 일상적 행동을 하는데, 특히 줄리아와 계속해서 만남을 갖는다. 두 사람은 함께 빅 브라더의 감시와 통제로부터 벗어날 수 있다고 믿는 은밀한 공간을 만드는 작업을 꾸준히 해 나간다. 처음에는 윈스턴의 정신과 기억, 그다음에는 그의 일기와 밀실, 그다음에는 두 사람이 당이 금지하는 행위를 하는, 도시의 무산 계급 구역에 있는 채링턴 씨 가게 위 작은 사랑의 은신처가 그런 공간이었다. 이 모든 모험 행위는 윈스턴이 내적이며 사적인 공간을 확보할 수 있다는 일종의 자신감을 가지고 있음을 보여 준다.

윈스턴은 발각에 대한 떨칠 수 없는 두려움에 관해 이야기하면서 줄리아에게 만약 들켰을 때 어떻게 하는 것이 중요한지를 알려 준다.

---

64 George Orwell, *1984*, in *Animal Farm/1984* (New York: Harcourt, 2003). 이후의 인용에는 본문의 괄호 안에 인용문의 페이지를 표기했다. 『1984년』(을유문화사).

"내가 자백을 하면 당신은 총살될 것이고, 설령 자백하지 않더라도 당신은 똑같이 죽을 것이오.…한 가지 중요한 점은, 어떻게 한들 아무런 차이도 없겠지만, 우리는 서로를 배신해서는 안 된다는 것이오."

"자백을 말하는 거라면, 우린 결국 자백하게 될 거예요. 사람들은 모두 자백하고 말아요. 당신도 어쩔 수 없어요. 그들은 당신을 고문할 거예요." 그녀가 말했다.

"자백을 말하는 게 아니오. 자백은 배신이 아니오. 당신이 말하거나 행동하는 것도 중요하지 않소. 오직 감정만이 중요한 것이오. 그놈들 때문에 내가 정말로 당신을 사랑하지 않게 되면 그것이야말로 진짜 배신이오."

그녀는 이 말을 곰곰이 생각하더니 마침내 입을 열었다. "그렇게 되지 않을 거예요. 그들은 당신에게 모든 것을 — **무엇이든** — 말하게 할 수는 있지만 그것을 믿게 할 수는 없어요. 당신 마음속까지는 어떻게 할 수 없어요."

"그렇지." 그가 다소 희망적으로 말했다. "그래, 정말 옳은 말이오. 그놈들이 당신 마음속까지 들어올 수는 없지." (p. 243)

같은 믿음을 지닌 줄리아는 윈스턴의 '내면주의'의 신조를 이렇게 설명했다. 그 신조란, 2분 증오든 피할 수 없는 고문이든, 빅 브라더가 그에게 부과하는 그 어떤 외부적, 물질적 실천에도 면역이 되어 있으며 안전한 정신적 내면을 만들어 가겠다는 그의 철학적 인간론이다. 이런 (단순히) 물질적이며 신체적인 전략으로는 그의 '마음속'—그의 기억과 의지, 정신, 무엇보다도 사랑이라는 내면적 공간 — 까지는 결코 파고들어 올 수 없다는 것이다.

그가 피할 수 없다고 생각한 일이 정말로 일어났다. 그는 발각되어(혹은 배신당해) 수감되었고, 그를 세뇌하고 개조하기 위한 모든 전략 아래 놓이게 되었다. 그리고 당이 요구하는 것은 단순한 복종과 신념이 아니라 사랑이었다. 오브라이언이 마침내 윈스턴을 찾아왔을 때, 그는 이렇게 묻는다. "윈스턴, 말해 봐. 그리고 명심해. 거짓말은 안 돼. 내가 항상 거짓말을 알아낼 수 있다는 사실을 기억하고 있겠지. 말해 봐, 빅 브라더에 대한 자네의 솔직한 감정은 어떤 것이야?"

"그를 증오합니다." 윈스턴이 대답한다.

"그분을 증오한다고. 좋아." 오브라이언이 말한다. "그렇다면 자네에게 마지막 단계를 취할 때가 된 것 같군. 자네는 빅 브라더를 사랑해야만 해. 그분에게 복종하는 것만으로는 부족해. 그분을 사랑해야 해"(p. 356).

그런 다음 윈스턴은 공포의 101호실로 끌려간다. 그리고 최악의 악몽이 그에게 현실이 된다. 바로 쥐였다. 그는 끔찍하고 극악무도한 장비로 고문을 당한다. "그것은 들고 다닐 수 있도록 윗부분에 손잡이가 달린, 철사로 만든 직사각형 우리였다. 전면에는 펜싱 마스크처럼 생긴 것이 오목한 쪽이 바깥으로 향하게 부착되어 있었다. 그 우리는 그로부터 3-4미터 떨어져 있었지만, 그는 그 우리가 세로로 두 구획으로 나뉘어 있고 그 속에는 일종의 동물 같은 것이 각각 들어 있음을 알 수 있었다. 거기엔 쥐가 들어 있었다"(p. 357). 굶주린 쥐가 가득 들어 있는 그 장치를 그의 얼굴에 부착시킨다. 20세기 문학에서 가장 오싹한 장면 중 하나다.

그 결과는? 회심이었다. "'그들이 당신 마음속까지 들어올 수는 없어요.' 그녀는 말했다. 하지만 그들은 당신 마음속까지 들어올 수 있었다." 활활 타오르는 윈스턴의 내면주의라는 불은 꺼지고 말았으며, 그와 더불어 인간의 몸은 몸의 움직임과 경험으로부터 분리되어 있으며 그에 영향을 받지 않는, 사적이면서도 면역력이 있는 '내부'를 포함하고 있다고 생각하는 암시적인 이원론도 무너지고 말았다. 이제 그는 자신이 믿던 이원론의 어리석음을 깨달았다. 그가 당한 고문의 물질성은 그 자체로 하나의 교육, 그야말로 욕망의 교육이었다. 그는 이제 빅 브라더의 "거대한 얼굴을 올려다보았다. 그는 저 시커먼 콧수염 아래 숨겨져 있는 미소의 의미를 배우는 데 무려 40년이라는 세월을 흘려보냈다. 아, 잔인하고 부질없는 오해여! 아, 저 자애로운 품 안을 벗어나 고집스럽고 제멋대로 살아온 유랑이여! 술 냄새가 배어 있는 두

줄기 눈물이 그의 코 양옆으로 흘러내렸다. 하지만 잘되었다. 모든 게 잘되었다. 투쟁은 끝났다. 그는 자신과의 투쟁에서 승리를 거둔 것이다. 그는 빅 브라더를 사랑했다"(p. 370).

그리스도인은 윈스턴의 내면주의와 비슷하게 생각하는 경향이 있다. 우리의 사랑이 이른바 외면적 의례와 반복되는 신체적 행위로부터 격리되고 고립되어 있으며, 그것과의 접촉이 없고 그로부터 영향을 받지 않는다고 잘못 가정한다. 그러나 오웰의 오싹한 이야기는 인간이 몸을 지닌 피조물이자 구체적인 의례에 의해 사랑이 훈련받고 형성되는 물질적이면서 사랑하는 존재라는 성경의 통전적 인간관을 반영한다. 그렇다면 기독교 예배의 형태가 성부를 사랑하고 그분의 나라를 욕망하도록 우리를 훈련시키는 욕망의 교육이 되도록 의도하는 것은 훨씬 더 중요하지 않겠는가? 우리가 '기독교 교육'이라고 부르는 것이 이런 예전적 실천을 통해 알고 또한 영향을 받아야 한다는 사실이 매우 중요하지 않겠는가? 2부에서는 이런 물음을 다루고자 한다.

## 2부 하나님 나라를 욕망하라

실천을 통해

형성되는

그리스도인의 삶

1부에서 우리는 기본적인 틀이 되는 주장을 제시했다. 즉 인간은 본질적으로, 또한 근원적으로 사랑하는 바에 의해, 욕망에 의해 정향되며 규정되는 피조물이라는 것이다. 근본적으로 우리는 정서적 존재다. 따라서, 말하자면 인간으로 산다는 것은 실천을 한다는 것이다. 우리는 우리의 사랑이 인간 번영에 대한 궁극적 전망—바람직한 '왕국'을 묘사하는 특정한 그림—을 가리키고 지향하게 만드는 물질적이며 신체적인 실천에 의해 형성된다. 우리는 궁극적 관심에 대한 실천이나 의례를 **예전**으로 설명했다. 그리고 3장에서는 몇 가지 '세속적' 예전을 해석하여, 이 예전과 연관된 실천이 어떤 왕국의 모습을 암시하며 담아내는지 알아보았다. 이를 통해 우리는 사상에 집착하기보다는 문화적 실천에 초점을 맞추는 문화 비판 유형을 간략히 소개하려고 했다.

2부에서 우리는 구성하는 작업에 임할 것이다. 4장에서는 예배와 기독교 세계관 사이의 관계를 탐구하고, 우리가 **성례전적 성격**(sacramentality)이라고 부를 기독교 예배의 근본적 측면을 검토할 것이다. 그런 다음 이 책의 핵심인 5장에서는 기독교 예배 안에 심겨 전달되는 기독교의 사회적 상상을 해석해 볼 것이다. 여기서 우리는 마침내 기독교 예배 안에 암시된 '**하나님 나라**' 전망의 특수성을 설명할 것이다. 그런 다음 6장에서는 이 모형과 이러한 하나님 나라 이해가 기독교 교육이라는 기획에 어떤 함의를 지니는지 생각해 볼 것이다.

# 4장 예배에서 세계관으로

**기독교 예배와 욕망의 형성**

## 세계관에 대한 예배의 우선성

앞선 장에서 우리는 인간이 일차적으로 생각하는 사물, 심지어는 믿는 사물이 아니라 근본적으로 사랑에 의해 규정되는 상상하고 욕망하는 동물임을 강조했다. 우리는 우리 마음이 특정한 목적을 지향하게 하는, 특정한 방식으로 행동하는 습관이나 성향을 우리 안에 아로새김으로써 우리의 행동을 변화시키는 방식을 통해 우리를 그 방향으로 이끄는 물질적 실천, 즉 예전에 의해 영향을 받고 형성되는, 몸을 지닌 정서적 피조물이다. 간단히 말해, 인간으로 산다는 것은 실천을 한다는 것이다. 그리고 이런 실천 안에는 우리의 욕망과 행동을 방향 짓고 인도하며 형성하는 사회적 상상이 내재되어 있다. 기억하겠지만, 사회적 상상은 인지나 반성보다 선행하는 세계 이해다. 그것은 생각하고 믿기에 앞서 하나의 질서로서 기능한다. 테일러는 그것이 이미지와 이야기, 신화, 연관된 실천 안에 '담겨' 있다고 말한다. 따라서 우리는 기독교 세계관에 초점을 맞추는 것보다 기독교의 사회적 상상에 관해 이야기하는 것이 더 유익할 것이라고 주장했다. 기독교 세계관은 오랜 인지중심주의에 물들어 있는 것처럼 보이기 때문이다. 사회적 상상에 초점을 맞출 때, 문화 비판 탐지기는 그저 사상이라는 영상이 스크린에 깜빡 나타나기를 기다리지 않고 실천을 해석하는 데 초점을 맞추는 쪽으로 눈금이 조정된다. 따라서 3장에서 우리는 몇 가지 세속적 예전을 살펴봄으로써 말하자면 그 행간을 읽으려고, 즉 이런 실천 안에 내재된 사회적 상상의 모습(특히, 인간 번영에 대한 왕국의 전망)을 파악해 보려고 했다.

우리의 기획은 5장에서 정점에 이른다. 여기서 우리는 기독교 예배의 실천 안에 내재된 기독교의 사회적 상상에 대한 간략한 해석을 제시할 것이다. 따라서 우리는 3장에서 세속적 예전을 향해 제기했던 것과 동일한 물음을 기독교 예배를 향해서도 제기할 것이다. 무엇이 좋은 삶으로 그려지는가? 이런 실천 안에는 세계에 대한 어떤 이해가 담겨 있는가? 기독교 예배 안에는 왕국에 대한 어떤 전망이 내재되어 있는가? 독특한 기독교적 예전의 실천에서는 인간 공동체의 번영을 어떻게 그려 내고 있는가? 하나님 나라에 대한 이 전망은 세속적 예전에서 지향하는 왕국들과는 어떻게 다른가?

다시 말해서, 예배는 기독교 신앙에 관해 무엇을 말하는가? 우리는 너무 자주 교리를 요약함으로써 기독교의 본질을 정의하려고 한다. 우리는 기독교의 독특한 사상과 신념을 파악하기 위해 교과서와 신학자들에게 눈을 돌린다. 이는 마치 각본을 읽기만 해도 『햄릿』(*Hamlet*)을 이해할 수 있다고 생각하는 것과 비슷하다. 하지만 『햄릿』은 상연했을 때 비로소 연극이라고 말할 수 있다. 그리고 각본을 읽었을 때는 찾을 수 없었던 『햄릿』에 대한 제대로 된 이해를 그 공연을 통해 비로소 얻을 수 있다.[1] 그렇다면 만약 우리가 기독교의 본질을 신념의(즉 하나의 세계관으로 요약된) 체계로 이해하려고 하는 대신, 기독교 신앙을 하나의 삶의 형태로 이해하려고 한다면? 우리는 교과서와 교리,

---

[1] 나는 Ben Faber, "Ethical Hermeneutics in the Theatre: Shakespeare's *Merchant of Venice*", in *Hermeneutics at Crossroads*, ed. Kevin Vanhoozer, James K. A. Smith, and Bruce Ellis Benson (Bloomington: Indiana University Press, 2006), pp. 211-224를 통해서 이 유비를 떠올렸다.

신학자들의 이론적 설명에 눈을 돌리는 대신, 그리스도인이 **행하는** 바―혹은 더 구체적으로는 **하나의 백성으로서** 교회가 '그 백성의 일'(*leitourgos*)의 형태로 함께 행하는 바―를 검토할 것이다. 기독교 세계관의 모습을 파악하기 위해, 우리는 기독교 예배라는 실천을 읽어 냄으로써 독특하게 기독교적인 사회적 상상이 어떤 모습인지 알아볼 것이다.

이런 방식을 제안하는 까닭은 1부에서 간략히 제시한 철학적 인간론으로부터 얻은 확신 때문이다. 특히, 우리는 인간이 무엇보다 그리고 근본적으로 실천에 의해 형성되는 정서적 피조물―생각하기 전에 사랑하고, 이론화하기 전에 상상하는 피조물―임을 강조했기 때문에, 예배와 세계관(혹은 교리) 사이의 관계를 그에 상응하는 방식으로 설명할 필요가 있다. 이를 위해 우리는 이전에 신학과 철학에서, 이와 더불어 기독교 교육과 기독교 세계관 형성에 대한 논의에서 습득했던 몇 가지 습관을 버려야 한다. 특히, 실천과 신념 사이의 관계를 재검토해야 한다.[2] 일반적으로 우리는 교리와/교리나 신념이―시간적 혹은 규범적 의미에서― 우선하고, 이것이 예배의 실천을 통해 표현되거나 적용된다고 생각하는 경향이 있다. 마치 세계관이 먼저 자리를 잡은 다음 그 인식의 틀에 부합하는 실천을 고안해 낸다고 생각한다.[3] 실천과 지식, 세

---

[2] 나는 이어지는 주제에 관한 더 학문적인 논의를 전개한 바 있다. James K. A. Smith, "Philosophy of Religion Takes Practice: Liturgy as Source and Method in Philosophy of Religion", in *Contemporary Practice and Method in the Philosophy of Religion: New Essays*, ed. David Cheetham and Rolfe King (London: Continuum, 2008), pp. 133-147. 같은 저자, "How Religious Practices Matter: Peter Ochs' 'Alternative Nurturance' of Philosophy of Religion", *Modern Theology* 24 (2008): pp. 469-478.

[3] 심지어 알렉산더 슈메만 같은 사람들조차도 습관적으로 이렇게 말하는 것을 발견할 수 있다. 그는 마치 세계관이 예배보다 우선하는 것처럼 "예배란…단순한 '경건'이 아니라 모든 것을 아우르는 '세계관'의 **표현**"이라고 말한다[*For the Life of the World: Sacraments and Orthodoxy*, 2nd ed. (Crestwood, NY: St. Vladimir's, 1973), p. 123, 강조는 추가됨]. 하지만 나중에 그는 예배가 "모든 것을 아우르는 세계관의 **원천**"이 되기 위해서는 "우리가 행하는 예전(*leitourgia*)의 참 의미와 힘"을 회복해야 한다고 조언한다(p. 134).

계관과 예배의 관계를 이렇게 하향적, 관념 우선적으로 이해하는 그림은 성경과 예배의 관계에서도 이에 상응하는 그림을 동반하는 경우가 많다. 이 모형에 따르면 우리는 교리와 신념의 원천인 성경으로부터 시작하고, 그런 다음 이를 '적용하여' 성경이 가르치는 바와 일치하고 이를 표현하는 예배의 실천을 만들어 낸다.

그러나 이런 그림에는 문제가 있다. 첫째, 역사적 기록과 들어맞지 않는다. 교회가 되도록 부름받은(*ek-klēsia*, 엑-클레시아) 하나님의 백성은 교리를 다 정돈하거나 기독교 세계관의 요소를 명확히 진술하기 오래전부터 예배해 왔다. 그리고 그들은, 말하자면 우리가 지금 **성경**이라고 부르는 책이 나타나고 견고해지기 오래전부터 예배의 실천에 참여하고 이를 발전시켰다.[4] 따라서 신약성경 안에서도 초대교회의 예배 실천으로부터 가져온 것으로 보이는 초기 기독교의 찬송가(빌 2:5-11)와 송영(예를 들어, 롬 16:25-27)의 흔적을 볼 수 있다. 그뿐 아니라 성경이 출현한 배경을 이뤘던 구전문화, 그리고 성경을 공적으로 읽는 행위가 공동 예배에서 차지하는 중심 위치를 감안할 때, (초대교회에서 기도로 사용되고 노래로 불리던 시편과 더불어) 나중에 신약성경이 되는 편지와 문서들은 개인적 공부라는 사적 맥락이 아니라 예배라는 예전적 맥락 속에서 일차적으로 기능했음이 분명하다.[5] 그리고 예배의 맥락 속에서 들리고 읽힐 때, 성경은 다르게 기능한다. 성경을 "사실의 저장소"(찰스 하지)로 대하는 대신, 하나님이 일하시는 자리, 은혜의 수단, 인간을 변화시키는 성령의 능력이 전해지는

---

[4] 중요한 의미에서, 성경이 성령 안에서 교회가 만들어 낸 것으로 보는 유익한 연구서로는 Craig D. Allert, *A High View of Scripture? The Authority of the Bible and the Formation of the New Testament Canon*, Evangelical Ressourcement (Grand Rapids: Baker Academic, 2007), 특히 pp. 67-130를 보라.

[5] 이에 관해 많은 논의가 필요하지만, 이 책과 관련한 논의로는 Daniel J. Treier, *Introducing Theological Interpretation of Scripture: Recovering a Christian Practice* (Grand Rapids: Baker Academic, 2008), pp. 42-45를 보라.

통로, 욕망의 교육으로서 성경을 읽고 대한다. 예배의 맥락에서 성경은 다른 종류의 발화 행위를 이루며, 따라서 성경을 다른 방식으로 듣고 받아들여야 한다고 말할 수도 있다.[6] 여기서 중요한 점은 예배가 정경('성경')의 형성보다 선행하는 것과 마찬가지로 기독교 예배 참여는 교리의 공식화와 세계관의 명확한 진술보다 선행한다는 것이다. 예배하는 삶은 이미 제자리에 있는 일군의 인지적 신념의 표현이나 적용이 아니라 세계관의 원천이 되는 셈이다.

둘째, 교리나 세계관이 예배 안에서 '표현된다'고 보는 — 따라서 세계관과/세계관이나 교리가 예배보다 **선행한다고** 암시하는 — 일반적인 설명은 우리가 앞서 제시한 인간론과 잘 들어맞지 않는다. (바라기는, 성경적인) 이 인간론에서는 다른 그림 — 신념과 교리('세계관')를 우선시하는 하향식의 관념 우선적 그림이 아니라 욕망의 실천으로서 예배를 우선시하는 상향식 실천 우선적 모델 — 을 제시한다. 이 인간론을 설명하면서 나는 두 가지 특별한 경우, 어린이와 지적 장애가 있는 성인을 염두에 두었다. 두 경우 모두 제한된 지적 능력 때문에 세계관 담론을 특징짓는 신학적 개념이나 이론적 공식을 파악하기가 어렵다. 그들에게는 신념을 특징짓는 일종의 추상적 개념을 이해하는 능력이 (어린이의 경우) 일시적으로 혹은 (지적 장애가 있는 사람의 경우) 만성적으로 제한되어 있다. 이것은 그들이 그리스도 안에서 온전함을 이룰 수 없다는 것을 뜻하는가? 인지 능력의 한계 때문에 그리스도에게까지 '자랄' 것이라는 소망(엡 4:15)을 온전히 품을 수 없는 것인가? 개념을 소화할 능력이 없기 때

---

6 혹은 대니얼 트레이어(Daniel Treier)가 다른 곳에서 주장하듯이, 이것은 지식을 찾고자 성경에 접근하는 것과 지혜를 찾고자 성경에 접근하는 것 사이의 차이 — 이론적 이성과 실천적 이성, *scientia*(스키엔티아)와 *sapientia*(사피엔티아)의 차이와 유사한 — 라고 말할 수 있다. (*sapientia*는 2장에서 논의했던, 선인지적 '이해'라는 테일러의 개념과 유사하다고 말할 수 있다.) 무엇보다도 먼저 예배의 맥락 속에서 성경과 마주할 때, 우리는 **지혜**의 차원에서 그 말씀과 관계하는 법을 배운다. 이에 관한 논의로는 Daniel J. Treier, *Virtue and the Voice of God: Toward Theology as Wisdom* (Grand Rapids: Eerdmans, 2006)을 보라.

문에 그들은 교육을 받을 수 없는 것인가? 내가 앞에서 제시한 인간론에 따르면 그렇지 않다. 근본적으로 우리는 지식과 신념보다는 사랑과 욕망의 피조물이기 때문에, 우리의 제자도-그리스도 안에서 우리의 영적 형성-는 근본적으로 마음의 선인지적 교육에 관한 문제다. 그리고 온몸으로 드리는 기독교 예배는 추상적인 신학적 개념을 이해할 수 없는 사람들에게 다가가 그들을 만지고 변화시킨다.[7]

예를 들어, 자녀들이 아주 어렸을 때 우리는 찬송가 몇 곡을 부르고 속죄 이론의 세부 항목에 초점을 맞춘 긴 설교를 듣는 성금요일 예배에 여러 차례 참석했다. 그러나 이따금씩 테네브레(Tenebrae), 즉 그리스도의 가상칠언을 중심으로 하는, 오랜 역사를 지닌 '어둠의 예배'에 참석할 기회도 있었다. 우리가 참석한 예배에서 회중은 일곱 군데를 촛불만으로 밝힌 예배당 안으로 들어간다. 예배 동안에는 그리스도께서 십자가 위에서 하신 마지막 말씀을 읽는다. 때로는 짧은 묵상이, 때로는 음악적 해석이 이어진다. 각각의 말씀을 읽을 때마다 한 군데씩 촛불을 끈다(이 경우에 한 사람이 예전적 춤의 일부로서 공을 들여서 촛불을 끈다). 그 어두운 날의 어둠이 점점 더 회중을 에워싸고, 마지막 말씀을 마친 후에는 모든 빛이 꺼진다. 어둠 속에서 한동안 침묵이 흐른 뒤에 스트레피투스(strepitus)가 들린다. 예배당 뒤쪽 숨겨진 공간으로부터 심벌즈가 만들어 내는 귀에 거슬리는 소리가 쏟아져 나와 차갑고 황량한 바람처럼 회

---

[7] 이는 교회가 스스로를 장애인이 접근 가능한 곳으로 만드는 데 있어 생각해 보아야 할 또 다른 점이다. 우리는 승강기와 장벽에 관해서만 걱정해 왔다. 너무 많은 개신교 교회들이-전인격적으로 재현되며, 따라서 복음의 이야기를 가지고 이런 인지적 능력이 없는 이들에게 다가갈 수 있는 기독교 예전의 역사적 형식을 취하기보다는-계속해서 매우 추상적이며 지적인 형식에 지배되는, 인지적 차원에서만(심지어 대학을 나오지 않은 사람에게는 어려운 경우가 많은) 메시지를 전달하는 설교를 중심으로 하는 (매우 근대적인) 방식의 예배를 제공한다. 이에 관한 더 자세한 논의로는 Amos Yong, *Theology and Down Syndrome: Reimagining Disability in Late Modernity* (Waco: Baylor University Press, 2007), pp. 203-215를 보라.

중을 몸서리치게 한다. 그런 다음 회중은 엄숙한 침묵 가운데 어둠 속에서 예배당을 떠난다. 예배를 통해 재현된 성금요일의 현실은 그들 마음속에 거의 숨막힐 정도로 머물러 있다. 어두워진 예배당이 부활의 영광 속에 빛과 백합으로 찬란하게 빛날 부활절 아침까지 그들은 다시 모이지 않을 것이다. 하지만 지금 그들은 무거운 마음으로 예배당을 떠나며 그때까지 그 어두운 토요일을 견딜 것이다.

상상할 수 있듯이, 테네브레 예배는 속죄에 관한 긴 설교보다 나의 자녀들에게 훨씬 더 큰 영향력을 미친다. 이는 또한 예상할 수 있듯이, 어른들에게도 훨씬 더 큰 영향력을 미친다! 왜 그러한가? 테네브레 예배의 강력한 정서적 힘—말하자면, 성금요일을 우리 몸에 거의 직접적으로 전달하는 능력—이 우리의 오장육부를, 체현된 카르디아를 만지기 때문이다. 그리고 신학적 추상화에 참여하기를 내켜 하지 않거나 그럴 능력이 없는 사람들을 포함해 우리 모두가 *이것을* 공유한다. 역사적 기독교 예배는 근본적으로 형성적이다. 왜냐하면 이 예배는 몸을 통해 우리 마음을 교육하기(그렇게 함으로써 다시 우리의 정신을 새롭게 하기) 때문이며, 근대 이후 우리가 습득해 온 지나치게 인지적인 예배 습관보다 더 보편적으로 접근 가능한(그리고 덧붙이자면, 더 보편적으로 효과적인) 방식으로 그렇게 하기 때문이다. 이 점에서 에이머스 영(Amos Yong)은 개신교 예배에서 회심과 제자도에 접근할 때 보여 온 경향을 바르게 비판한다. 그는 이렇게 지적한다.

이 점은 구원이 (신학적이거나 교리적인 내용에 대한) '지식'을 통해 효과적으로 전해지며, 교리 교육은 그리스도인이 되고자 하는 이들에게 그런 지식을 인지적으로 전달하는 데 초점을 맞춰야 한다고 확신하는 개신교에서 특히 문제가 된다. 그러나 우리가 지금까지 주장한 것처럼, 이런 플라톤주의적이며 데카르트주의적인 인간론은 몸을 부차적인 것으로 취급하기 때문에 그릇되다.···히브리어 **야다**가 머리보다는 마음의 지식을 뜻하기 때문에, 이제 개신교인들은 특히 인간이 형성, 모방, 정서, 직관, 상상력, 내면화, 상징적 참여를 통해 하나님을 알게 된다는 점에 관해 가톨릭과 정교회 전통으로부터 배울 수 있다.[8]

모든 인간은 근본적으로 인지적이기보다는 정서적이며, 이는 모든 기독교 예배에 관해서도 마찬가지다. 세계관 형성에 대한 예배 실천의 우선성을 강조하는 것은 모든 인간이 욕망하는 동물이라는 사실을 존중한다는 말이며, 동시에 의례에 참여할 수 있지만 이론적 성찰에는 참여할 수 없는 이들의 성장을 위해 예배가 얼마나 중요한지를 이해한다는 말이기도 하다. 간단히 말해, 이를 통해 우리는 지적 장애가 있는 성인인 '주디' 같은 이들의 감동적인 간증을 이해할 수 있게 된다.

나는 예수님 빵을 먹고 싶습니다.···나는 어서 예수님 빵을 먹고 예수님 주스를 마시고 싶습니다. 예수님을 사랑하는 사람은 예수님 빵을 먹는 사람들입니다.···예수님의 살과 고기가 빵으로 변했고, 예수님의 피와 내장이 주스로 변했습니다. 그것이 예수님 빵과 예수님 주스입니다. 나는 교회에서 다른 모든 그리스도인과 그것을 먹고 마시고 싶습니다. 나는 너무도 그분을 사랑하니까요.[9]

이런 간증을 듣고 신학적 오류를 수정하기 위해 교훈적 대화를 시도하는 것은 핵심을 놓치는 터무니없는 행동일 것이다. 더 나은 반응은 성찬대에서 함

---

[8] 같은 책, p. 208.
[9] 같은 책, p. 193에서 재인용.

께 예배하며, 함께 예수님 빵을 먹고 예수님 주스를 마시며, 변화시키시는 성령의 능력에 우리 자신을 내어맡기는 것일 테다.

따라서 만약 우리가 기독교 세계관의 모습을 이해하고자 한다면, 교리에 대한 예전의 우선성을 기억하는 것이 대단히 중요하다. 교리와 신념, 기독교 세계관은 기독교 예배의 실천이라는 집합체**로부터** 생겨난다. 예배는 기독교 신앙의 '표현'이나 '예증'이 아니라 그 **모체다**.[10] 테일러가 "인간은 자신에 대한 이론화 작업을 시작하기 전에 사회적 상상을 통해 활동한다"고 강조했듯이,[11] 그리스도인들은 추상적 신학화나 기독교 세계관의 공식화에 나서기 전에 예배한다. 그리고 세계에 대한 우리의 지향은 교리 연구보다는 몸을 통한 예전적 실천에 의해 더욱더 근본적으로 규정된다(이것이 바로 세속적 예전이 우리의 상상력을 압도하는 경우가 많은 이유다). 오실 왕의 백성으로 모인 교회의 실천이 나중에 그들의 이론적 성찰로부터 나오는 공식이나 규범보다 앞선다. 그리스도인들은 조직 신학과 세계관을 갖기 전에 찬송가와 시편을 노래하고, 기도하고, 성만찬을 행하고, 재산을 공유하고, 장차 올 하나님 나라에 대한 욕망 — 지금 그들을 독특한 사람들로 만들어 주는 욕망 — 에 의해 특징지어지는 사람들이 된다. 따라서 다음 장에서는 기독교 세계관의 요소를 추상적으로 공식화하는 대신, 기독교 예배의 실천 안에 내재된 이해 혹은 사회적 상상을 해석할 것이다. 교회가 어떤 사람들이 되도록 부름받았는가에 관해 기독교 예배는 무엇을 '말하는가?' 기독교 예전 안에는 하나님과 세상에 대한 어떤 전망

---

10 여기서 내가 전개하는 주장은 신학교 교육의 교과 과정에 대해서도 함의를 지닌다. 예전 훈련과 '실천 신학'은 '응용' 신학의 부록이나 참신한 시도가 아니라 신학 교육 과정의 핵심으로서 '조직' 신학의 특권적 지위를 대신해야 한다. '조직 신학'은 기독교 예배의 문법에 대한 해설로 이해되어야 한다. 이러한 직관적 통찰과 비슷한 주장은 *The Blackwell Companion to Christian Ethics*, ed. Stanley Hauerwas and Samuel Wells (Oxford: Blackwell, 2006)의 구조와 논리에도 표현되어 있다.

11 Charles Taylor, *Modern Social Imaginaries* (Durham, NC: Duke University Press, 2004), p. 26.

이 암시되어 있는가? 기독교 예배 안에는 인간의 상호주관성과 정치적 번영에 관한 어떤 이해가 내재되어 있는가? 이런 의례에 참여할 때 우리는 왕국에 대한 어떤 전망을 배우는가?

**성례전적 상상력: 자연주의와 초자연주의에 대한 저항**

기독교 예배에 관해 가장 먼저 놀라게 되는 점은, 그것이 대단히 지상적이고 물질적이며 현세적이라는 사실이다. 예배에 임하기 위해서는 몸—노래할 허파, 꿇을 무릎, 서 있을 다리, 들어 올릴 팔, 울 눈, 냄새를 맡을 코, 맛볼 혀, 들을 귀, 잡거나 들 손—이 필요하다. 기독교 예배는 몸과 분리된 천상의 영혼이 참여할 수 있는 행위가 아니다. 비물질적인 유령은 갈릴리 호숫가에서 제자들과 물고기를 먹을 수 없었을 것이다(눅 24:36-43). 마찬가지로 비물질적인 피조물은 이토록 풍성한 예배를 드릴 수 없을 것이다(천사는 결코 시편을 쓰지 못했을 것이다!). 기독교 예배의 리듬과 의례는 우리가 몸을 지닌 존재임을 환기하며 그 사실을 동력으로 삼고, 물질세계의 요소인 물과 빵, 포도주를 주고받는다. 굽이굽이 흐르는 강, 곡식을 내는 일렁이는 들판, 독특한 테루아르(terroir, 포도주가 만들어지는 자연 환경—옮긴이)를 암시하는 포도까지, 물과 빵, 포도주는 각각 우리에게 이것들이 땅으로부터 난 것임을 상기시킨다. 엄청난 상상력을 발휘하지 않더라도 이를 통해 다시 자연환경 전체를 떠올릴 수 있다. 콸콸 흐르는 강물은 그 가장자리의 갈대와 갯버들, 가장자리 수면 아래에서 살금살금 움직이는 사향쥐가 생각나게 한다. 그 강물은 제분소의 물레방아나 수력발전소의 터빈을 돌리고, 이 둘은 문명을 지탱하는 에너지를 공급한다. 빵은 캔자스의 밀밭이나 수년간 곡식을 내지 못한 아프리카의 메마른 대지의 이미지를 환기한다.[12] 많은 노동 없이는, 추수하며 때로는 그 과정에서 힘들게 일하고 수탈당하는 손(과 기계) 없이는 그 빵이 이 성찬대까지 오지 못했을 것이다. 이 잔에 담긴 포도주 역시 땅으로 늘어진 포도송이와 더불어 포도나무를 돌보는 농사의 손길 덕분에 썩지 않고 잘 익은 껍질을 위협하는 첫 서리를 피할 수 있었다는 나름의 오랜 역사가 있다. 따라서 바로 이곳 기독교 예배에서 우리는 일종의 피조물의 소우주—"성찬병(餠) 안에 담긴 세상"—를 본다.[13]

이 모든 것의 이면과 그 아래, 그리고 그 안에는 하나님이 이 모든 지상적 요소 안에 거하시며, 우리는 물과 포도주라는 물질적 실체 안에서 하나님을 만나고, 하나님은 우리가 몸을 입은 존재임을 받아들이신다는, 곧 몸을 입은 존재로서의 우리를 받아들이신다는 핵심적 확신과 암시적 이해가 자리하고 있다. 따라서 우리가 기독교 세계관의 중요한 가르침인 피조물의 선함(창 1:31)을 개념적으로 주장하기 전에 이러한 이해는 교회의 예배 안에서 재현되고 수행된다. 하나님이 현세적이며 지상적인 것 안에서 우리를 만나 주시는 것은 피조물과 물질성이 우리가 피해야 할 유감스럽고 한탄스러운 조건이 아니라 선물로 받아 누려야 할 선이라고 인정하신 하나님의 **실행**이다. 우리는 피조물의 선함을 하나의 신념, 심지어는 존재론적 주장으로 이해할 수 있는데,

---

12 하나님이 **부서진 빵** 안에 임재하시며, 창조에 대한 하나님의 긍정은 이 부서짐 안에도 그분이 거하신다는 것까지 포함한다는 점을 기억하는 것이 중요하다. 플래너리 오코너(Flannery O'Connor)의 이야기와 그레이엄 그린의 소설은 이를 강력히 묘사해 낸 작품이다[여기선 특히 『권력과 영광』(*The Power and the Glory*, 열린책들)이 떠오른다]. 또한 몸 안에 거하시겠다는 하나님의 (성육신의) 욕망을 노래한 앤 섹스턴(Anne Sexton)의 시 "땅"과 비교해 보라. "하나님은 하늘을 가지셨지만 / 그분은 땅을 갈망하시네. / 작고 나른한 동굴들밖에 없는 이 땅을." 심지어 "부서진 의자처럼 살인자들이 줄지어 서 있는" 이 세상**까지도**. / "땅을 파는 드릴로 / 자기 영혼을 파고들어 가는 이 땅의 작가들까지도." Anne Sexton, "The Earth", in *The Complete Poems of Anne Sexton* (New York: Houghton Mifflin, Mariner Books, 1999), p. 431.

13 나는 여기서 *Theopolitical Imagination* (London: T&T Clark, 2002), p. 112에서 윌리엄 캐버너가 사용한 구절을 염두에 두고 있다.

이는 우리가 먼저 예배의 기쁨과 즐거움 안에서 물질세계의 축복과 거룩함, 풍성함을 경험하기 때문이다. 기독교 예배에는 신체성에 대한 실천적인 인정이 내재되어 있고, 이는 하나님이 궁극적으로 성육신—이는 그 자체로 물질을 창조하신 하나님의 사랑을 떠올리게 한다[14]—을 통해 몸을 실천적으로 인정하셨고 예수님의 부활을 통해 이를 재확인하셨음을 환기한다. 또한 예배에서 우리는 피조물의 선함에 대한 종말론적이며 영원한 긍정으로서 몸의 부활을 고대한다.

몸에 대해 이원론적이거나 영지주의적인 관념을 견지하는(예를 들어, 몸을 하나의 '감옥'으로, 물질세계를 악으로 보는 경향이 있는) 모든 기독교 예배는 사실상 하나의 실천적 모순이다. 왜냐하면 예전적이거나 성례전적으로 이해하지 않더라도 모든 기독교 예배는 불가피하게 물질적이며 육체적이기 때문이다. 다시 말해서, 인간의 예배는 언제나 물질을 통해 의미를 만드는 사건이며 그럴 수밖에 없다는 의미에서 불가피하게 성례전적이라는 말이다. 가장 교훈적이며 물질적 요소를 최소화하는 '상반신만 나오는 방송 설교' 식의 예배조차도 혀와 귀가 필요하다. 우리가 본질적으로 몸을 지닌 존재라는 사실은 몸을 제거하려는 우리의 플라톤적 욕망을 계속해서 방해하며, 계속해서 우리의 이원론적 담화 속에 스며들어 창조의 삼위일체 하나님이 재와 먼지, 피와 살, 물고기와 빵을 통해 일하셨음을 떠올리게 한다. 그리고 그분은 이 모든 것이 '아주 좋다'고 선언하신다(창 1:31).

물질성에 대한 이러한 예전적 긍정을 흔히 세계에 대한 **성례전적** 이해로

---

[14] John Piper, *God's Passion for His Glory: Living the Vision of Jonathan Edwards* (Wheaton: Crossway, 1998), pp. 117-252에 훌륭하게 옮겨 놓은, 조나단 에드워즈(Jonathan Edwards)의 글 "하나님의 천지창조 목적"(The End for Which God Created the World)과 비교해 보라. 『(하나님의 영광을 위한) 하나님의 열심』(부흥과개혁사).

**생각해 볼 문제: 퍼시의 『폐허 속의 사랑』에서 묘사하는 성례전과 물질**

흥미진진하지만 동시에 통찰력이 넘치는 소설 『폐허 속의 사랑』에서 워커 퍼시는 세상에 대한 성례전적 이해—물질이라는 악으로부터 벗어나기를 갈망하는 영지주의적 초자연주의자들과 가시적인 것 너머에 있는 것은 그 어떤 것도 보기를 거부하는 자연주의자들 모두가 스캔들로 여기는 세계 이해—라는 스캔들을 포착해 낸다. [퍼시가 그리는 소설 속 인물 톰 모어 박사는 "의학계 안에는 보이는 것만이 실재라는 기이한 미신이 아직도 끈질기게 남아 있다"라고 지적하면서 자연주의적인 기성 체제를 공격한다. *Love in the Ruins* (New York: Picador, 1971), p. 29.] 따라서 이 소설의 주인공인 톰 모어 박사는 사람들의 '천사주의'—그들을 몸과 분리된 내세적 추상화로 이끄는—나 '야수주의'—사람을 생물학적(그리고 일차적으로는 '생식적') 기계로 환원하는 경향을 띠는—를 치유하려고 노력한다. 그러나 이 책의 논의와 관련해 특히 흥미로운 점은, 거룩함과 영성이라는 이름으로 물질과 물질성에 알레르기 반응을 보이며 그에 따라 몸과 분리된 추상화로 도피하는 경향을 띠는 기독교의 '영성주의'에 대한 그의 비판이다. '나쁜 가톨릭교인'인 모어 박사가 미사를 마치고 고속도로 옆 모텔에 있는 도리스에게 돌아왔을 때 그는 '매우 기분이 좋은 상태'였다. 그러나 도리스는 혼란스러워하는 동시에 화를 내면서 "맙소사, 당신 도대체 교회에서 뭘 하는 거야?"라고 묻는다. 모어는 우리에게 말한다. "그녀가 이해하지 못했던 까닭은 그녀가 영적인 사람이며 종교를 영적인 것으로 보기 때문이었다. 영의 세계로부터, 루시퍼와 천사처럼 지구의 궤도를 도는 상태로부터 구원받기 위해 나에게는 종교가 필요함을, 다시 나 자신을 죽을 수밖에 없는 인간으로 만들고 내가 내 육신 안에서 살며 아침에 그녀를 사랑할 수 있기 위해서는 안개가 자욱한 고속도로를 달려 그리스도를 먹어야만 함을 그녀는 이해하지 못했다"(같은 책, p. 254). 그를 천사주의에 빠지지 않게 막아 주는 것은 예배의 현세성과 물질성—우리가 만지고 맛볼 수 있는 물질의 역할—이다. 그는 장로교인 애인 엘렌이 물질과 사물에 대한 '천사주의적' 불신—암묵적 반성례전주의—에 빠져 있다고 본다. "그녀를 당혹스럽게 하는 것은 물질, 종교 안에 섞여 든 물질에 대한 장로교인들의 오랜 불신이다.…이런 **물질**, 물건이 바르게 믿는 것과 무슨 상관이 있다는 말인가? 그녀는 구교회가 물질, 성례전, 물건, 빵, 포도주, 소금, 기름, 물, 재를 활용하는 것에 불신을 가지고 있다"(같은 책, p. 400). 나는 물질에 대한 이런 불신이 본질적으로 장로교적이지 않으며 확실히 기독교적이지도 않다고 주장한다. 이것은 교회 역사의 다양한 시간과 장소에서 있었던 나쁜 습관이며, 성경과 성령은 예배란 곧 실천을 통해 이런 '천사주의'를 거부하는 것이라고 말하면서 이 습관을 버릴 것을 권한다.

설명한다. 즉, 창조와 신체성을 이루는 신체적, 물질적 요소는 하나님의 은혜가 우리를 만나고 사로잡는 수단이라는 것이다. 당신은 **성례전적**이라는 말과 성례전주의라고 하면 연상되는 것에 대해 다소 경계심을 가질지도 모른다. 만약 그렇다면—앞서 **예전**이라는 용어의 사용에 관해 판단 보류를 부탁했듯이—다음 몇 페이지를 읽는 동안 판단을 보류하기를 부탁하고자 한다. 다음 몇 페이지를 통해서 성례전적 세계 이해가 그저 "땅과 거기에 충만한 것과 세계와 그 가운데에 사는 자들은 다 여호와의 것이로다"(시 24:1)라는 시편 기자의 주장과 이를 반복하며 "[창조주 하나님 **안에서**] 우리가 살며 기동하며 존재하느니라"(행 17:28)라고 하는 바울의 주장을 설명하는 약칭 방식일 뿐임을 이해하기 바란다. 레너드 밴더 지(Leonard Vander Zee)가 지적하듯이, 세계에 대한 성례전적 이해란 "하나님이 피조물을 통해 자신을 계시하신다"는 주장이다. 사실 "하나님은 자신이 창조하신 것들을 통해 말씀하신다"는 말은 "성경에 나오는 기정사실"이다.¹⁵ 계속해서 그는 "하나님의 피조물로서 세계는 초월적 현실을 들여다볼 수 있는 성례전적 창을 제공한다"라고 말한다.¹⁶ 하나님이 빵과 물, 포도주 같은 시시콜콜한 것들을 택해 성례전으로, 즉 은혜의 특별한 수단으로 기능하게 하신 이유는 온 세계가 성례전적이기 때문이다. "특정한 성례전이 의미를 지니는 유일한 방법은 그것이 가능하도록 우주가 창조되고 구성되는 것이다."¹⁷ 성례전은 하나님이 그분의 피조물 안에 그리고 피조물과 더불어 계시는 일반적인 성례전적 임재가 특수한 방식으로 강화되는 것이라고 말할 수 있다. 성례전은 하나님이 은혜의 독특한 통로로 삼으시고 거기에 약속을 덧붙이신 그분의 피조물의 일부다.¹⁸

알렉산더 슈메만은 **성례전**에 관해 설명하면서 이 점을 예리하게 포착해 낸다. "우주로서 그 총체성을 가리키든지 시간과 역사로서 생명과 생성을 가리키든지, 세계가 하나님의 **현현**(顯現, epiphany)이라는 근본적이며 시원적인 직관은 예배 안에서 표현될 뿐만 아니라 예배 전체가 바로 그런 현상—인상

---

**15** Leonard Vander Zee, *Christ, Baptism, and the Lord's Supper: Recovering the Sacraments for Evangelical Worship* (Downers Grove, IL: InterVarsity, 2004), p. 17.
**16** 같은 책, p. 18.
**17** 같은 책, p. 17.
**18** 따라서 밴더 지는 칼뱅이 노아의 무지개를 하나의 "성례전"으로 묘사할 수 있었다고 지적한다(같은 책, pp. 22-23). 참고. Calvin, *Institutes*, 4.14.18.

과 경험—이다."¹⁹ 우리는 몸을 입은 동물로 창조되었기 때문에 "우리가 하나님과 교제를 나누고 그분을 알기 위해서는 물과 기름, 빵과 포도주가 **필요하다**." 그리고 "이렇게 '물질'을 통해 하나님과 교제를 나눌 때 '물질', 즉 세계 자체의 참 의미가 계시된다."²⁰ 따라서 **성례전적**이라는 말은 "세계가 예배의 수단과 은혜의 수단인 것은 우연이 아니며, 예배를 통해 세계의 의미가 계시되고 그 본질이 회복되며 그 운명이 성취됨"을 뜻한다.²¹ 빵과 물 같은 물질세계의 요소는 창조된 본성을 변화시키는 어떤 마술적이며 신적인 명령에 의해 성례전적인 것으로 "만들어지지" 않는다. 오히려 이런 물질을 예배의 맥락 안에서 성례전으로 취할 때 그것의 "자연적인 성례전성"이 강화되며 완성될 뿐이다. 따라서 예배 역시 우리의 현세적이고 신체적이며 물질적인 본성에 덧붙이는 첨가물과 같이 우리가 행하는 이상하고 과장되며 초인간적인 행위가 아니다. 오히려 "예배는 세계의 현현이다."²² 예배는 우리의 물질적 존재를 의도된 그 본래의 목적을 향해 방향 짓고 다시 방향 짓는 행위다.

기독교 예배의 물질성 안에는 하나님이 물질성 안에서 우리를 만나시며 자연 세계는 언제나 자연 이상이라는 의미가 내재되어 있다. 예배는 하나님의 임재와 영광으로 가득하다. 따라서 기독교 예배라는 행위 자체는 물질과 몸을 본질적으로 악으로 이해하는 이원론적 영지주의와 세계를 '단지' 자연적인 것으로만 이해하는 환원론적 자연주의 모두에 대한 거부다.²³ 간단히

---

19 Schmemann, *For the Life of the World*, p. 120.
20 같은 책, p. 121.
21 같은 곳.
22 같은 곳.
23 이 논점과 그것이 암시하는 '참여적 존재론'에 관한 본격적인 논의는 James K. A. Smith, *Introducing Radical Orthodoxy: Mapping a Post-secular Theology* (Grand Rapids: Baker Academic, 2004), pp. 188-194를 보라.

말해, 기독교 예배의 실천은 두 종류의 환원론, 즉 한편으로는 이원론적이며 초자연주의적인 영지주의에 대해, 다른 한편으로는 물질주의적이며 무기력한 자연주의에 대해 저항한다. 거룩하신 하나님은 물질성이라는 불순물을 취급하지 않으신다는 주장이건 물질적인 것을 '단지' 물질 **이상의** 그 무엇도 아니라고 보는 관념이건, 이 둘은 모두 세계를 하나님이 임재하시지 않는 곳으로 이해하도록 만든다. 기독교 예배에 내재된 세계 이해에서는, 물질성의 선함을 긍정할 뿐만 아니라 물질은 물질 **이상의** 것에 참여하는 한에서만 존재할 수 있다고 주장하는 "신학적 물질주의"라는 외줄타기를 한다.²⁴ 따라서 기독교 예배 안에 내재된 성례전적 상상력에서는 자연주의와 초자연주의라는 이분법을 멀리한다. 그 대신 홉킨스(Hopkins)가 노래했듯이 온 세상은 하나님의 위엄으로 가득하다.²⁵ 기독교의 사회적 상상에서 세상은 보이는 것보다 못하지 않으며 언제나 보이는 것 이상이다. 이를테면 세상은 일종의 매혹된 상태로 나타난다.²⁶ 이것이 바로 기독교 예배의 실천을 통해 표출되는 직관이자 이해다.

### 그레이엄 그린과 앤 섹스턴의 작품에서 묘사하는 성례전적 상상력

예배가 우리를 형성하고 방향 짓는 까닭은 예배의 구체적이며 물질적인 실천이 우리

---

24 Graham Ward, "Theological Materialism", in *God and Reality*, ed. Colin Crowder (London: Mowbray, 1997), pp. 144-159를 보라. 또한 똑같은 외줄타기를 하는 John Milbank, *The Suspended Middle: Henri de Lubac and the Debate concerning the Supernatural* (Grand Rapids: Eerdmans, 2005)을 보라.

25 Gerard Manley Hopkins, "God's Grandeur", line 1.

26 이에 관한 더 자세한 논의로는 James K. A. Smith, "Secularity, Globalization, and the Re-enchantment of the World", in *After Modernity? Secularity, Globalization, and the Re-enchantment of the World*, ed. James K. A. Smith (Waco: Baylor University Press, 2008), pp. 3-13를 보라.

의 상상력을 사로잡기 때문이다. 예배가 과학보다는 예술과, 논리학보다는 문학과 더 닮은 것은 이 때문이다. 예술은 근본적으로 교훈적이기보다는 심미적이다.[27] 따라서 대체로 교훈적이며 이론적인 형식을 띠는 이런 책에서는 이런 직관을 설명하고자 할 때 분명히 어려움이 존재하며, 심지어 그것이 불가능할 수도 있다. 그렇기 때문에 나는 이 문제를 이해하는 통로로 문학 작품을 인용하고 있다. 기독교 예배의 사회적 상상은 고리타분하고 딱딱한 철학과 신학 담론보다 문학에 나타난 상상력의 세계와 통약 가능성이 더 크기 때문이다. 따라서 논문보다는 소설이 성례전적 상상력을 더 잘 묘사하는 경우가 많다. 소설이라는 장르 자체는 비록 문자적이기는 하지만 더 직관적이며 감각적이다. 그것은 기독교 예배의 말이나 움직임과 같은 차원의 기능을 한다.[28] 따라서 철학책보다는 소설이 성례전적 상상력을 더 잘 증언한다고 예상할 수 있다. 예를 들어, 그레이엄 그린의 작품, 특히 그의 걸작인 『사랑의 종말』(*The End of the Affair*)을 생각해 보라. 이 상처와 사랑, 욕망, 희망에 관한 복잡한 심리학적 탐구에서는 기독교 예배 특유의 세상에 대한 매혹을 강력히 환기한다. 워와 다른 작가들의 작품이 그렇듯이, 인간의 행동을 추동하는 힘은 욕망과 사랑이다. 이 모든 것은 잊을 수 없는 한 일화에서 화자인 모리스 벤딕스의 묘사를 통해 들려온다.

---

[27] 이것은 예배가 단지 심미적이기만 하거나 예배에 교훈적 요소가 없다는 주장이 아니다. 이런 염려는 '심미적인 것'에 관한 피상적인 이해를 드러낸다(키르케고르가 말한 무책임한 '유미주의자'의 태도가 이러할 것이다). 심미적인 것에 대한 더 깊이 있는 이해와 현재의 논의와 관련된 '예술적 진리'에 대한 입체적인 설명으로는 Lambert Zuidervaart, *Artistic Truth: Aesthetics, Discourse, and Imaginative Disclosure* (Cambridge: Cambridge University Press, 2004)를 보라.

[28] 예전적 발화 행위를 비롯해 예전적 행위는 더 교훈적인 맥락에서 발생하는 '행동'와 '말'과는 다른 **종류**의 행동과 말이라는 것이 나의 직관적인 생각—이에 관해서는 다른 글을 통해 더 엄밀히 논의할 필요가 있다—이다. 예를 들어, 만약 내가 신학을 강의하는 교실에서 신학적으로 설명하기 위해 니케아 신조라는 글을 읽는다면, 나는 예배의 맥락에서 회중과 더불어 같은 신조를 암송할 때와는 다른 무언가를 **행하고 있는** 셈이다. 예배에서 사도신경을 암송하면서 신조가 시적 운율을 지니고 있다는 것을 누가 알아차리지 못하겠는가? 바로 그렇기 때문에 우리는 다른 맥락에서도 신조를 그렇게 쉽게, 때로는 놀라울 정도로 쉽게 머릿속에 떠올릴 수 있다.

나는 인격적인 하나님이 존재하지 않을 것이라는 엄청난 주장을 곧이곧대로 믿는 사람들이 왜 인격적인 악마에 대해서는 움찔하는지 도무지 이해할 수 없다. 나는 악마가 나의 상상력 안에서 어떻게 활동하는지 대단히 잘 알고 있다. 세라가 그런 말을 할 때까지 악마는 대개 그저 기다리기만 할 뿐이지만, 그녀가 했던 그 어떤 말도 악마가 교활하게 심어 놓은 의심을 무력화시키는 증거가 되지 못했다. 악마는 우리의 다툼이 일어나기 오래전부터 그 다툼을 부추기곤 했다. 악마는 세라의 원수라기보다는 사랑의 원수였다. 그리고 그것이 악마의 본질 아니던가? 나는 만약 사랑하는 신이 존재한다면 악마는 그 사랑을 닮은 가장 약하고 가장 결함 많은 사랑까지도 파괴하려 할 것이라고 생각한다. 악마는 사랑의 습관이 자라는 것을 두려워하지 않을까? 그리고 우리가 반역자가 되도록, 그를 도와 사랑을 소멸시키는 일을 하도록 몰아붙이지 않을까? 만약 우리를 사용하고 우리와 같은 물질로부터 그분의 성도를 만들어 내는 하나님이 계시다면 악마 역시 자신의 야심을 갖고 있을 것이다. 악마는 나 같은 사람이나 심지어 가련한 파키스 같은 사람을, 어디서든지 사랑을 발견하면 그것을 파괴해 버리는 광적인 태도를 지닌 자신의 성도로 훈련시키기를 꿈꿀지도 모른다.[29]

이를 통해 사랑, 죄, 구속이 복잡하게 얽혀 있음을 알 수 있다. 또한 이 글은 성도들이 무엇보다 '물질'임을 미묘하게 상기시킨다.

소설에서는 이 주제를 계속해서 확장시킨다. 세라의 일기를 통해 우리는 그녀에게 가톨릭 신앙이 나타나는 것을 엿볼 수 있다. 이에 대해 그녀는 처음에 강하게 반발하고 심지어는 혐오감을 표현하기도 한다. 그러나 신앙에 반발하는 와중에도 그녀는 신앙의 의미를 바르게 이해한다. 무덥고 비가 내리는 어느 날 비를 피하기 위해 길모퉁이에 있는 교회에 들어갔을 때, 그녀는 주위를 둘러보며 "그곳이 석고상과 좋

---

29  Graham Greene, *The End of the Affair* (New York: Penguin, 2004), p. 47.

지 않은 사실주의적 예술품으로 가득 찬 로마 교회임"을 깨닫는다. 그녀가 불쾌하게 여긴 것은 바로 몸과 물질성, 만질 수 있는 것들에 대한 강조였다.

나는 조각상과 십자고상(十字苦像), 인간의 몸에 대한 강조가 싫었다. 나는 인간의 몸과 그것이 요구하는 모든 것으로부터 벗어나려고 몸부림치고 있었다. 나는 우리와 아무런 관계가 없는 신, 내가 무언가를 약속하고 그 대가로 나에게 무언가를 줄 수 있는 — 의자와 벽 사이를 움직이는 강력한 증기처럼 그 모호함에서 뻗어 나와 구체적인 인간의 삶 속으로 들어올 수 있는 — 모호하고 형체가 없는 우주적인 무언가를 믿을 수 있다고 생각했다. 어느 날 나 역시 그 증기의 일부가 되고 싶었다. 나는 영원히 나 자신으로부터 벗어나고 싶었다. (p. 87)

자신의 몸으로 잊어버리고 싶은 일을 저질렀던 세라는 몸을 벗어 버리기를 갈망한다. 그녀는 『폐허 속의 사랑』에서 톰 모어 박사가 논박했던 '천사주의'에 끌렸다. 하지만 그것은 기독교가 아니며, 교회의 감각적인 분위기가 그녀에게 이 점을 상기시켜 준다. "그런 다음 나는 파크 가에 있는 어두운 교회 안으로 들어가 나를 둘러싸고 서 있는 제단 위의 몸들 — 평온한 얼굴의 무시무시한 석고상들 — 을 바라보았다. 그리고 나는 그들이 몸의 부활을, 나는 영원히 파괴되기를 원하는 그 몸의 부활을 믿는다는 것을 기억했다"(p. 87). 그러나 자신의 애인 모리스의 몸과 그 모든 선(線)과 상처를 떠올릴 때, 그녀는 자신의 마음속에서 다른 욕망이 솟아나는 것을 알게 된다. 증기가 되고 싶어 할 때에도 그녀는 그 상처가 영원히 존재하기를 원한다. 하나의 생각이 그녀를 따라온다. "하지만 증기로 변한 내가 그 상처를 사랑할 수 있을까? 그래서 나는 미워했던 내 몸을 원하기 시작했다. 그저 그 상처를 사랑하기 위해서가 아니었다. 우리는 정신으로 사랑할 수 있지만, 정신만으로 사랑할 수 있을까? 사랑은 언제나 스스로 늘어나므로 우리는 감각이 없는 손톱만으로도 사랑할 수 있다. 우리는 옷으로도 사랑하기에 소매로도 소매를 느낄 수 있다"(p. 88). 따라서 지금 세라가 기독교를 혐오하는 동시에 기독교에 매혹되는 까닭은 기독교가 "물질주의적인" 신앙이기 때문이다. 남편 헨리와 함께 한 에스파냐 교회를 방문했을 때, 세라는 피와 상처로 뒤덮인 순교자들의 조각상을 보고 구역질을 하면서 교회 밖으로 뛰쳐나간 적이 있다. 그녀는 그때 남편이 했던 말을 떠올린다. "물론 기독교는 대단히 물질주의적인 신앙이야. 물질주의는 가난한 사람들의 태도이기만 한 게 아니야." 그는 이어서 말했다. "가장 탁월한 지성을 지닌 사람 중에도 물질주의자가 있었어. 파스칼이나 뉴먼처럼."[30] 물질주의자의 목록치고는 이상하다. 보통은 이들을 열렬한 초자연주의자라고 보기 때문이다. 이 무덥고 비가 내리는 날 파크 가의 교회 안에서 세라는 깨닫는다. "오늘 나는 저 물질적인 십자가에 달린 물질적인 몸을 바라보면서 궁금해졌다. 어떻게 세상은 증기를 저기에 못 박을 수 있었을까?…결국 나는 물질주의자인 걸까?"[31]

우리는 '기독교'라는 이름 아래 일종의 데카르트주의적 혹은 플라톤주의적 방식으로 몸을 축소시키는 데 너무 익숙해져서 우리 스스로 기독교 신앙의 신체성을 스캔들로 취급하기도 한다. 그러나 물질적이지 않은 기독교 예배, 동작과 반복적 행위에 몸을 맡기지 않는 기독교 예배, 어느 시점에 (적어도) 빵을 기억할 때 십자가에 달린 몸을 환기하지 않는 기독교 예배는 없다. 비록 예배의 내용은 우리를 증기가 되고 싶어 하는, 몸을 경멸히 는 근대적 플라톤주의자로 만드는 경향이 있지만, 특정한 시간에 특정한 공간에 모여 함께 특정한 행동—(적어도) 혀와 허파로 노래하고, 눈으로 읽고, 귀로 듣고, 목소리로 기도하고, 휴게실에서 서로를 끌어안고, 크래커를 먹고 포도 주스를 마시는 행동—을 하는 사람들의 모임 그 자체가, 기독교 예배라는 행

---

[30] 같은 책, pp. 88-89.
[31] 같은 책, p. 89.

위 자체가 그런 이원론을 약화시킨다. 세라가 말하는 기독교의 물질주의는 가톨릭에만 국한되지 않는다. 그것은 모든 기독교 예배에서, 심지어 가장 '저교회적인' 형식의 예배에서도 필수적인 요소다.[32] 기독교 예배에 참여하는 것은 행동을 통해 '천사주의'에 반대하는 것이다. 그리고 예배는 몸과 물질성—하나님의 선한 창조로 인한 것들—을 근본적으로 긍정하는 성향을 갖도록 우리의 상상력을 훈련시키지 않을 수 없다.

그레이엄 그린, 플래너리 오코너, 에벌린 워 같은 가톨릭 소설가들의 작품, J. R. R. 톨킨(Tolkien)이나 C. S. 루이스(Lewis)가 만들어 낸 환상적이고 매혹적인 세계, 허버트(Herbert)와 홉킨스 같은 성공회 고교회파 시인들의 시에서 이러한 성례전적 상상력의 묘사를 쉽게 찾아볼 수 있다. 하지만 전혀 뜻밖의 장소에서 비슷한 것을 발견하기도 한다. 나는 앤 섹스턴(Anne Sexton)의 시처럼 생각지도 않았던 곳에서 발견한 성례전을 긍정하는 증언에 큰 감동을 받는다. 특히 그녀의 시 "아침을 맞으며"(Welcome Morning)를 생각해 보라.

모든 곳에

기쁨이 있다.

아침마다 빗어 내리는 내 머리카락에,

아침마다 내 몸을 닦는

새로 빤 캐논 수건에,

아침마다

---

[32] 때로는 기독교 '물질주의'(즉, 성례전성)가 이교주의와 미신의 경계에서 아슬아슬한 줄타기를 하는 것처럼 느껴지는 것도 이 때문—세상이 하나님의 영광과 위엄으로 가득하다고 보기 때문—이다. 따라서 이 소설 뒷부분에서 한 사제는 모리스에게 이렇게 털어놓는다. "나는 약간의 미신에는 반대하지 않습니다. 그것은 사람들에게 이 세상이 전부가 아니라는 생각을 심어 줍니다.…그것은 지혜의 시작일지도 모릅니다"(같은 책, p. 146).

만드는 달걀 요리에,

아침마다

뜨거운 커피를 만들 때

주전자에서 나는 시끄러운 소리에,

아침마다

"안녕, 앤"이라고 외치는

숟가락과 의자에,

아침마다

수저와 접시, 컵을 가지런히 올려 두는

식탁의 신성 안에.

이 모든 것이 하나님이다.

나의 연두색 집 안에서

비록 자주 잊어버리기는 하지만,

아침마다

감사를 드리고,

부엌 창가에서 거룩한 새들이

씨앗을 쪼아 먹는 것을 보며

기쁨의 기도를 올리다

부엌 식탁 곁에서 아득해짐을 느낀다.

그러니 내가 생각하는 동안,

말하지 않고 그저 지나치지 않도록

이 하나님 때문에, 아침의 웃음 때문에

내 손바닥에 감사를 그리게 하라.

나누지 않은 즐거움은
오래가지 않는다고 내 들었으니.[33]

이런 성례전적 상상력이 사람들을 불안하게 만들 수도 있다. 하나님을 그분의 피조물과 혼동하며 흔들리는 것은 아닌지 우리는 염려한다.[34] 그러나 교리 경찰관들이 창조주/피조물의 구분이 흐려지는 것을 염려해 마법에 걸린 듯한 이런 공간으로부터 자신을 멀리 둘 때, 그들은 자신도 모르는 사이에 이 세상의 감동과 위엄을 제거해 버린다. 그들은 여기서 찾아낸 이른바 이교주의를 피한다는 미명 하에, 피조물 안에 성령의 임재가 가득하며 그로 인해 피조물이 물질 **이상**이 되는 것을 깨닫지 못하고 그것을 그저 상징이나 지시물에 불과한 무기력한 '자연'이라고 여긴다. 그러나 이는 상상력을 결여한 이들, 진리가 명제와 교리 안에 존재한다고 생각하는 이들의 염려일 뿐이다. 결국, 기독교의 사회적 상상과 성례전적 상상력의 여러 요소를 더 잘 이해하고 표현하는 이들이 시인이라는 사실은 전혀 놀라운 일이 아니다.

---

그러나 성례전적 상상력에는 도전과 유혹도 존재한다. 두 가지만 지적해 보자. 첫째, 기이하게도 기독교 예배를 통해 배우고 피조물의 선함과 세상의 성례전적 성격을 가르쳐 주는 이 성례전은 교회를 주변화시킬 가능성이 있다. 예배의 성례전적 성격이 암시하는 피조물의 선함은 역설적으로 교회를

---

[33] Sexton, *Complete Poems*, p. 455.
[34] 레너드 밴더 지(Leonard Vander Zee)는 *Christ, Baptism, and the Lord's Supper*, pp. 22-23에서 이런 염려를 피한다.

빈 공간으로, 그저 하나님이 임재하시는 ('전혀 특별할 것 없는') 또 하나의 장소로 취급하며 성령을 세상 속에 흩뿌리는 결과를 낳을 수 있다. 만약 온 세상이 성례전이라면 누가 교회의 예전을 필요로 하겠는가? 만약 온 세상이 성례전이라면 성만찬에 무슨 특별한 의미가 있겠는가? (이에 관한 유비가 하나 있다. 만약 지성의 삶을 비롯해 모든 삶이 예배라면, 그저 도서관을 예배당으로 삼고 거기서 시간을 보내도 될 것이다. 비록 우리가 그렇게 **말하지는** 않더라도 우리의 행동이 그렇게 말할 때가 매우 많다.) 이에 관해 애리스토틀 파파니콜라우(Aristotle Papanikolaou)는 **정도**의 관점에서 유익한 구분을 제시한다. "비록 모든 피조물이 성례전적이기는 하지만, 모든 피조물이 같은 정도로 성례전적이지는 않다."[35] 나는 우리가 이 구분을 확장해서 성례전의 지속적이며 독특한 의미를 이해할 수 있으며, 계시적이며 형성적인 성령의 특별한 임재의 자리로서 교회의 예배 생활을 독특하게 이해할 수 있다고 생각한다. 온 세상이 성례전이기는 하지만, 그 성례전과 예전은 하나님의 형성적이며 조명하시는 임재가 특별히 "강렬하게" 나타나는 독특한 "주요 지점"이라고 말할 수 있다.[36] 성령은 모든 피조물 안에 거하시지만, 특정한 장소와 사물, 행동 안에서 성령의 임재가 강력해진다

---

[35] Aristotle Papanikolaou, "Liberating Eros: Confession and Desire", *Journal of the Society of Christian Ethics* 26 (2006): p. 126.

[36] 파파니콜라우의 글을 읽기 전에 이미 에이머스 영은 나에게 비슷한 점을 지적한 바 있다. '관계적' 존재론에 관한 급진 정통주의(Radical Orthodoxy)의 강조를 말하는 나의 설명이 어떻게 그와 크게 대립하는 주장, 즉 교회가 독특한 폴리스(*polis*)라는 주장과 조화를 이룰 수 있는지 묻는 질문이었다. Amos Yong, "Radically Orthodox, Reformed, and Pentecostal: Rethinking the Intersection of Post/Modernity and the Religions with James K. A. Smith", *Journal of Pentecostal Theology* 15 (2007): pp. 233-250를 보라. 이에 대해 나는 강도가 다른 참여가 존재함을 인식하면서 참여의 연속체라는 관점에서 이 문제를 생각해 볼 수 있다고 주장했다[James K. A. Smith, "The Spirit, the Religions, and the World as Sacrament: A Response to Amos Yong's Pneumatological Assist", *Journal of Pentecostal Theology* 15 (2007): pp. 251-261, 특히 p. 256를 보라]. 그 전형적인 예는 중생이다. 모든 사람이 하나님의 형상으로 창조되었고, 하나님 안에 '참여'하며, 성례전적인 하나님의 형상이다. 그러나 모두가 똑같은 방식이나 똑같은 정도로 그렇지는 않다[그렇기 때문에 이마고 데이(*imago Dei*)는 속성이 아니라 **책무**다. 이에 관해서는 5장에서 더 자세히 논할 것이다].

고 말할 수도 있다.[37]

"이것은 내 몸이라"라는 성만찬 제정사도 이러한 강도를 암시한다. 예수님은 방을 둘러보거나 창밖을 보시고서 "보라, 모든 창조가 얼마나 선한지. 보라, 기억하라, 믿으라. 이것은 하나님의 백성에게 주시는 하나님의 선물이다"라며 추상적으로 선언하지 않으셨다. 그러한 진술은 물론 온전히 **진리**일 것이며, 피조물은 그렇게 하나님의 임재를 매개한다. 그러나 그 진리에 덧붙여, 우리는 예수님이 피조물 중에서 특정 사물을 취하시고 거기에 **특별한** 임재, 특별히 강렬한 임재를 부여하셨음을 또한 주목해야 한다. 이런 식으로 예수님은 선한 피조물 안에서 성례전성이 특별히 집중된 지점을 세우시고, 많은 의미가 담긴 특별한 실천 또한 명령하신 것처럼 보인다. 이러한 선택적 강도는 온 세상이 성례전이라고 주장하더라도 '성례전'이 균일화되지는 않음을 암시한다. 마찬가지로 모든 삶이 예배라고—**모든 일**이 하나님의 영광을 위한 것일 수 있다고—주장한다고 해서 특별히 하나님을 찬양하는 일, 독특하고 특별하게 강렬한 방식으로 우리를 빚어 가는 '사람들의 일'인 예배의 특별한 강도가 균일화될 수는 없다.

첫 번째 유혹이 세상의 성례전적 성격이라는 명목으로 성례전을 균일화하려는 경향이라면, 두 번째 유혹은 예전을 다른 실천과 같이 그저 몸으로 수

---

37 밴더 지는 마이클 호튼(Michael Horton)을 따라 "성례전성"과 "성례전"을 구별하고, 후자는 "규례"—예수님이 취하시고 약속을 덧붙이신 특별한 사물과 행동—이기도 하다는 점을 강조한다(*Christ, Baptism, and the Lord's Supper*, p. 23). 혹은 호튼의 말을 따르자면, "성례전은 계시할 뿐만 아니라 수여한다"(같은 곳에서 재인용). 결국 두 사람은 성례전을 말씀과 세례, 성만찬으로 국한한다. 나는 이런 엄격한 구분을 거부한다. 예를 들어, 나에 대한 아내의 사랑은 내게 하나님의 사랑을 "계시"하는 동시에 그것을 "수여"하며, 하나님의 은혜를 전달하는 성례전적 통로—실제로 내 삶에서 거룩하게 하는 은혜의 가장 강력한 표현—인 것처럼 보이기 때문이다. 따라서 나는 결혼을 정통적 성례전으로 보는 슈메만의 주장에 근본적으로 공감한다(*For the Life of the World*, pp. 81-94). 그러나 내가 성례전이 정확히 몇 가지인지를 따지는 일에는 관심이 없다 하더라도, 교회의 성례전은 성령의 은혜로운 임재가 집중되는 '주요 지점'으로서 제자도의 삶에서 여전히 특별한 지위를 갖는 이런 "규례"들을 제공한다.

행하는 하나의 실천에 불과한 것으로 취급하려는 경향(또 다른 균일화)이다.[38] 때때로 예전이 우리를 규정하는 형성적이며 신체적인 실천임을 강조할 때, 우리는 이것을 전적으로 자연적이거나 내재적인 과정으로 이해하는 위험에 빠진다. 마치 타격 연습이라는 신체적 의례를 통해 매니 라미레즈(Manny Ramirez)라는 훌륭한 타자가 형성되는 것과 똑같은 방식으로 기독교 예배를 통해 제자가 형성된다는 것이다. 예배는 전적으로 신체적이지만 물질적이기만 한 것은 아니다. 또한 예배는 완전히 자연적이긴 하지만, 단지 자연적이기만 한 것은 결코 아니다. 기독교 예배는 곧 삼위일체 하나님의 삶에 참여하라는 초대다. 간단히 말해, 체현의 중심성이 성령의 역동적 임재를 부인하는 예배의 '자연화'로 이해되어서는 안 된다. 그와 반대로 성령은 그런 물질적 실천을 **통해서**, 또한 그 **안에서** 우리를 만나시고, 자라게 하시고, 변화시키시고, 우리에게 능력을 주신다.

교회의 예배는 우리를 변화시키시는 성령의 임재가 있는 독특하게 강렬한 자리다. 우리는 이 실천의 열정적인 본성을 결코 잊어서는 안 된다.[39] 이것이 독특한 의례인 이유가 그저 다른 텔로스를 지향하기 때문만은 아니다. 이 의례가 독특한 이유는 우리로 하여금 살아 계신 하나님과 얼굴을 마주하게 만들기 때문이기도 하다. 만약 이 책의 논의가 기독교 예배의 형성적 힘에 초점을 맞춰 왔다면, 어떤 의미에서 우리는 이것소차도 삼위일체 하나님에 대한 찬양과 경배라는 예배의 근본 목적의 부산물일 뿐임을 기억해야 할 것이다. 예배의 핵심은 형성이 아니다. 형성은 우리가 찬양과 기도, 경배와 교제를 통

---

**38** 이 점을 나에게 지적해 준 덕 하링크(Doug Harink)에게 감사드린다.
**39** 사실 3장에서 나는 '세속적' 예전마저도 완전히 자연적이지는 않다고 주장했다. 세속적 예전은 심지어 악마적일 수도 있는 다른 종류의 '의미'를 부여하는 '권력'에 의해 움직인다. 이는 5장에서 세례에서 행하는 포기 서약(renunciation) 혹은 '축귀'에 관해 논의할 때 다시 등장할 것이다.

해 구속주와 만나는 과정에서 나타나는 흘러넘치는 효과다. 마르바 던(Marva Dawn)이 설명하듯이, 우리 예배의 주체이자 객체이신 분은 하나님이시다. "예전과 의례"의 핵심은 "하나님 중심성이라는 강력한 환경"을 만드는 것이다.[40] 예배는 **나를 위한** 것이 아니다. 즉, 예배의 일차적인 목적은 "내가 느끼는 욕구를 충족시키는" 경험을 하는 것이 아니며, 예배의 목적을 욕망의 교육으로 축소해서도 안 된다(이는 예배를 **나를 위한** 것으로 이해하는 더 세련된 방식일 뿐이다). 예배는 하나님에 관한 것이며 그분을 위한 것이다. 하나님이 주체인 동시에 객체이시라고 말하는 것은 삼위일체 하나님이 예배의 청중인 동시에 행위자이심을[41] 강조하는 것이다. 예배는 하나님께 드리는 것이며 그분을 **위한** 것이다. 하나님은 말씀과 성례전을 통해 예배 **안에서** 행동하신다. 월터스토프가 개혁주의 예배의 "정수"로 꼽은 것은 바로 이 행동, 특히 예배 안에서 하나님이 하시는 행동에 대한 강조다. "개혁자들이 이해하고 실천한 예전은 성령의 역사를 통한 하나님의 행동과 우리의 응답으로 이루어진다."

---

[40] Marva J. Dawn, *Reaching Out without Dumbing Down: A Theology of Worship for the Turn-of-the-Century Culture* (Grand Rapids: Eerdmans, 1995), p. 79. 이와 대조적으로, 우리 예배의 문법에서는 전혀 다르게 말하는 경우가 있다. 예를 들어, 예배에서 부르는 많은 노래에서 문장의 주어가 하나님이 아니라 '나'(예배자)라는 점에 관해 생각해 보라. 그 결과 우리는 자신도 모르는 사이에 하나님에 관한 노래가 아니라 우리 자신—**우리의** 헌신, **우리의** 예배, **우리의** 순종—에 관한 노래를 부르게 된다.

[41] 니콜라스 월터스토프는 개혁자들이 반대했던 "중세 서양의 예전"은 너무 심하게 "자연화"되어 "결국에는 예전 안에서 하나님의 행동을 찾아볼 수 없을 지경에 이르고 말았다"고 주장한다. "행동은 모두 인간의 행동이다. 사제가 하나님을 부른다. 사제가 그리스도의 신체적인, 하지만 정태적인 임재를 일으킨다.…그러나 행위자로서의 하나님은 그 어디에서도 찾아볼 수 없다." 따라서 이런 종류의 성례전주의는 "하나님이 적극적으로 행동하시는" 성례전주의가 아니라 "하나님의 정태적 임재"를 주장하는 성례전주의다. Wolterstorff, "The Reformed Liturgy", in *Major Themes in the Reformed Tradition*, ed. Donald McKim (Grand Rapids: Eerdmans, 1992), pp. 287, 288를 보라. 이와 관련해 피터 레이하르트(Peter Leithart)는 성례전을 **보이는** 무언가로, 구경꾼인 우리를 위해 무언가를 단지 "묘사하는" 상징으로 이해하는, 예배에 대한 "망원 렌즈"식 접근법을 비판한다. 반면 그는 "성만찬과 연결된 행동 명령은 '이것을 묵상하라'가 아니라 '이것을 행하라'임을" 우리에게 상기시킨다. Peter J. Leithart, "The Way Things Really Ought to Be: Eucharist, Eschatology, and Culture", *Westminster Theological Journal* 59 (1997): p. 176를 보라.

개혁자들은 예전을 **하나님의 행동과 그 행동을 우리가 믿음으로 받아들이는 것**으로 이해했다. 따라서 개혁주의 예전을 지배하는 관념은 이중적이다. 예전에 참여하는 것은 단순히 하나님의 임재가 아니라 하나님의 행동의 영역으로 들어가는 것이라는 확신이며, 여기에 성령의 사역을 통해 우리가 믿음과 감사로 하나님의 행동을 우리의 것으로 삼는다는 확신이 더해진다.…예전은 하나님과 하나님의 백성 사이의 만남, 양쪽 모두가 행동하지만 하나님이 주도하시고 우리가 응답하는 만남이다.[42]

예배의 물질적 조건과, 이런 실천에 대한 참여의 결과로 나타나는 형성을 강조하는 것은 예배를 자연화하기 위함이 아니라 오히려 하나님이 인간을 대하시는 성육신적 본성에 영광을 돌리기 위함이다. 즉, 예배는 자신을 낮추시어 우리를 짓는 재료였던 물질 안에서 우리를 만나 주시는 삼위일체 하나님과의 매개된 만남이다. 그리고 그 물질 안에서, 물질을 통해서 하나님은 행동하신다.

### 보론: 기독교 예배의 모습

지금쯤이면 당신이 경험한 기독교 예배는 지금까지 내가 설명한 내용이나 다

---

[42] Wolterstorff, "Reformed Liturgy", pp. 290-291, 강조는 원문의 것. 계속해서 그는 "예전이 세상 안에서 이루어지는 하나님의 행동의 **연속**이며, 역으로 세상 안에서 이루어지는 하나님의 행동은 예전 안에서 이루어지는 하나님의 행동의 **연속**"이라고 강조한다(p. 291). 나는 이런 주장이 앞서 내가 설명한 균일화의 방향으로 나아갈 **수도 있다는** 점을(반드시 그런 것은 아니지만) 우려한다. 이와 달리, 역시 앞서 논의했듯이, 성례전을 통한 하나님의 특별한 임재와 행동은 피조물을 통한 하나님의 일반적인 임재와 행동('성례전성')이 강화된 것으로 이해할 수 있다.

음 장에서 제시할 내용과 그다지 일치하지 않는다고 생각할지도 모른다. 예를 들어, 내가 당신이 경험한 기독교 예배와는 공통점이 없는 특정한 형식이나 요소에 관해 이야기한다고 생각할지도 모른다. 어떤 표현—**성만찬**이나 **축도** 같은 용어—은 당신에게 익숙하지 않을지도 모른다. 혹은 당신의 교회에서 드리는 예배에는 죄 고백이나 사도신경 암송과 같은 특정 요소가 포함되지 않을지도 모른다. 당신의 교회에서 드리는 '예배'에서는 음악을 연주하고 노래하는 시간을 가진 후 바로 설교로 넘어갈지도 모른다. 당신은 전통적으로 **예전적** 혹은 '고교회적'이라고 생각해 온 예배의 역사적 형식을 내가 끌어들이려 한다고 생각할지도 모른다. 심지어 의례와 예전, 성례전에 관한 이런 논의 전체에 의혹을 가지고 있을지도 모른다. 나는 그것을 이해할 수 있다. 당신이 왜 그렇게 생각하는지 알고 있다. 하지만 아직은 포기하지 마라. 이 점에 관해 두 가지를 지적함으로써 당신의 걱정을 누그러뜨려 보겠다.

첫째, 고교회적이거나 예전적인 맥락만이 예전적이며 형성적인 것은 아니다. 모든 기독교 예배—성공회든 재세례파든, 오순절교든 장로교든—는 규범에 의해 지배되고, 전통을 활용하며, 신체적 의례나 반복 행위를 포함하고, 형성적 실천을 포함한다는 의미에서 예전적이다. 예를 들어, 흔히 오순절교 예배는 예전과 대립된다고 생각하지만 사실 수많은 동일한 요소를 포함하고 있다. 은사주의적 예배는 대단히 신체적이다(찬양할 때 손을 들고, 기도할 때 강단에서 무릎을 꿇으며, 소망 가운데 안수를 한다). 공통적이며 성문화되지 않은 반복 행위를 포함한다['찬양' 음악이 있고, 이어서 더 조용한 '경배' 음악이 있고, 또 이어서 설교가 있고 그 후에 흔히 '강단 시간'(사람들이 앞으로 나와 기도하고 기도를 받는 순서—옮긴이)이 이어진다]. 그리고 오순절교 예배의 이런 실천은 대단히 형성적이며, 독특한 방식으로 세상과 관계를 맺도록 우리의 상상력을 빚어 간다. 이런 의미에서 오순절교 예배도 예전적이다. 앞서 강조했듯이 기독교 예배는 신체적이며 물질적일 수밖에 없다. 따라서 내가 예배는 예전적이라고 말할 때 이것이 특정한 **형식**의 예배를 선호한다는 것을 의미하지는 않는다. 오히려 중요한 점은 형성적, 신체적 실천이 기독교 예배를 구성하고 있으며, 다양한 예배 형식, 교파, 신학적 전통에서 이를 공유하고 있다는 것이다.[43] 예배 순서지에 이 용어들(예를 들어 축도, 회중 기도, 성만찬 등)이 다 인쇄되어 있지는 않더라도, 뒤에서 논의할 기독교 예배의 많은 요소는 여전히 존재한다. 설령 당신이 이런 용어나 개념을 사용하지 않는 예배 환경에 익숙하다고 하더라도, 교회에서 예배를 드리면서 무슨 일이 일어나는지를 주의 깊게 관찰하여 이런 요소들 대부분이 예배 안에 여전히 존재하는지를 알아보기를 권한다. 이 목적을 위해 **모임, 축도, 성만찬** 등의 용어는 우리가 기독교 예배의 공통 요소를 확인하기 위한 약어로 기능할 수 있다.

둘째, 나는 예배와 예전에 관한 관대한 관점을 가지고 이 논의를 진행하고 싶지만, 이것이 모든 기독교 예배가 내가 뒤에서 설명할 요소를 포함한다는 뜻은 아니다. 여기서 나는 이것이 문제라고 생각한다는 사실을 분명히 밝혀 두고자 한다. 즉, 기독교 예배가 이런 요소 중 일부를 포함하지 않고 있다면 이는 무언가가 결여되었음을 뜻한다. 다시 말해서, 나는 우리의 '예배'가 어떤 모습인지를 다시 생각해 보기를 권하기 위해 교회 예배에 관한 풍부한 역사적 자료 중 몇 가지를 활용하고자 한다. 여기서 나는 오랜 시간 동안 그리스도의 몸인 회중이 삼위일체 하나님을 찬양하고 예배하는 데 있어 필수 요소로 인정받아 온 기독교 예배의 **공교회적**(보편적, 역사적)[44] 요소에 대해 설

---

[43] 기독교 예배에 관한 관대한 이해를 명쾌하게 소개한 글로 *The Worship Sourcebook* (Grand Rapids: Calvin Institute of Christian Worship/Faith Alive Christian Resources/Baker Books, 2004), pp. 15-28에 실린 서문을 보라.

[44] 이것은 "문화를 초월하며 우리가 계속해서 그리스도의 복음에 충실할 수 있게 해 주는 기독교 예배의 항구적 규범"이라고 설명할 수 있다. "특히 끊임없이 예배 형식에 초점을 맞추는 시대에, 모든 지도자들

명하고자 한다. 여기서 모든 요소를 설명하려는 것은 아니다(예를 들어, 나는 세족식에 관해서 논하지 않고 교회 건축의 양상에도 크게 주의를 기울이지 않는다). 그러나 나는 이 논의가 꼭 어느 정도 포괄적이기를 바란다. 이 요소들은 바로 기독교 예배의 핵심으로 간주되는 것들이다. 왜냐하면 이것들은 그리스도의 복음을 본질적으로 (말하기보다는) 보여 주기 때문이고, 실천을 통한 훈련 곧 하나님 나라를 욕망하는 하나님의 백성이 되는 것이 무엇을 뜻하는지를 실천하고 연습할 기회를 이루는 핵심 성분이기 때문이다. 여기서 어떤 요소를 잃는 것은 곧 은혜의 복음을 이루는 한 요소를 잃어버릴—따라서 우리가 묘사한 세속적 예전에 맞서는 **대항적** 형성의 기회를 잃어버릴—위험에 빠지는 것을 의미한다.

이 점에 관해, 나는 우리의 예배 습관 중 일부는 잃어버린 기회일지도 모른다는 사실을 인정하는 것이 중요하다고 생각한다. 우리는 풍성한 전통의 형성적 자원을 활용하지 못하고 있으며, 따라서 성령의 사역을 위한 통로를 가로막고 있다. 나는 어쩌면 북미(와 다른 곳)의 그리스도인들이 이런 나쁜 습관을 길러 왔음을 정직하게 인정해야 한다고 생각한다. 우리는 예배를 일차적으로 교훈적이며 인지적인 것으로 이해하여 우리의 체현된 마음에 이르지 못하며, 따라서 우리의 **욕망**을 건드리지 못하는 **메시지**를 중심으로 예배를 조직해 왔을지도 모른다. 혹은 우리는 예배를 다시 연료를 충전하는 사

---

이 기독교 예배의 이러한 초문화적이며 공통된 기준을 익히고 이를 충실히 실천하기 위해 적극적으로 노력하는 것이 매우 중요하다"(*Worship Sourcebook*, p. 15). 나는 이런 기준이 하늘로부터 떨어진 비문화적이거나 비역사적 실체이기 때문에 **아니라** 독특한 문화로서 교회의 일부이기 때문에 "초문화적"이라고 덧붙이고 싶다. 이것은 성령께서 취하고 끌어안으신 우연적, 역사적, 문화적 형성의 산물—다른 모든 문화 현상처럼 인간의 만드는 활동(*poiēsis*)의 결과—이다. 성육신의 하나님은 그런 특수성을 스캔들로 보시지 않는다. 오히려 육신이 되신 하나님은 그런 역사적, 문화적 우연성을 끌어안으시고 그것을 몸의 삶 안으로 취하신 바로 그 하나님이시다. 유럽중심주의나 예전적 식민주의에 대한 일부 비판도 취할 만한 점이 있기는 하지만, 성육신의 논리를 긍정하기 위해서는 독특한 백성으로서 교회의 **문화적 특수성**이라는 이 스캔들도 긍정해야 한다.

건―일차적으로 한 주를 버티기 위해 내가 '필요한' 것을 얻을 기회(어쩌면 수요일 밤에 연료를 가득 채울 수도 있다)―으로 이해해 왔을지도 모른다. 그 결과 예배는 하나님에 관한 것이기보다는 **나**에 관한 것, 하나의 백성을 이루는 것보다는 개인의 성취에 관한 것이 되고 말았다. 혹은 우리는 모여서 드리는 예배를 전도와 봉사 활동으로 축소시켰으며, 사람들이 자신에게 적합하다고 느끼고 쉽게 접근할 수 있도록 하기 위해 예전의 낯선 요소 중 일부를 포기해 버리고 말았을지도 모른다. 이 가운데 어느 것에 해당하든지, 교회의 예전적 전통의 핵심 요소 중 일부를 잃어버린 셈이다. 핵심적인 역사적 실천은 그대로 남겨져 있다. 우리는 이를 두고 예배를 갱신하고 현대적으로 만드는 방식이라고 생각하는 경향이 있을지도 모르지만, 나는 그 과정에서 형성과 제자도의 핵심적인 측면을 상실할 수밖에 없다고 우려한다. 특히 우리는 쇼핑몰과 경기장, 대학 동아리의 예전에 맞서는 **대항적** 형성의 기능을 하는 예배의 실천을 잃어버리고 있다. 또한 우리는 예배가 '그 백성의 일'이라는―'찬양하는 일'이 오직 우리가 장차 올 하나님 나라의 종말론적 선취(先取)인 한 **백성으로서** 할 수 있는 일이라는―의식을 잃어버리고 있다. 간단히 말해, 우리는 기독교 예배가 정치적이기도 하다는 의식, 즉 예배가 우리를 또 다른 도시의 시민이자 오실 왕의 백성인 독특한 사람들로 구별시켜 주고 그런 사람이 되도록 우리를 훈련시킨다는 의식을 잃어버리고 있다.

다음 장은 기독교 예배의 실천에 내재된 기독교의 사회적 상상에 대한 최초의 분석이 될 것이다.[45] 이 요소 모두가 익숙한 사람들에게 이는 기독교 예

---

45 5장은 꽤나 긴 책으로 쓸 수 있다. 내가 매우 간단히 논의한 각각의 요소에 대해 수많은 책을 쓸 수 있다. 나는 여기서 기독교 예배의 실천 안에 '담겨 있는' 기독교의 사회적 상상에 대한 결정적인 분석을 제공하겠다고 장담하지는 않을 것이다. 하지만 그러한 기획에 대한 이 최초의 시도가, 예배를 준비하고 참여하는 과정의 일부로서 매주 예배에 관해 성찰하는 한 모형을 제공할 뿐만 아니라, 다른 이들이 어떻게 이 논의를 더 발전시키고 심화시킬 수 있을지에 관한 실마리를 제공할 수 있기를 바란다. 다시 말

배에 암시된 환원 불가능한 세계 이해에 대한 해석을 제공할 것이며, 더 나아가 이런 해석이 기독교 학문 사역, 가르침, 기독교 교육 과업에 어떻게 영향을 미칠 수 있고 또 영향을 미쳐야 하는지(6장의 초점) 생각해 보라는 초대가 될 것이다. 이 요소 중 일부가 낯설거나 생소한 사람들에게는 전지구적인 그리스도의 몸이 드리는 예배 안에 내재된 교회의 오랜 지혜라는 풍성한 자원을 발견해 보라는 초대―그리고 어쩌면 복음을 재연하는 이런 요소들이 그들 자신이 드리는 예배의 맥락에 어떻게 포함될 수 있고 또 포함되어야 하는지 생각해 보라는 초대―가 될 것이다.

---

해서, 여기서 간략히 제시한 실마리는 성찰을 심화시켜 보자는 초대장과 같다. 나는 이 첫 시도를 통해 인간 번영에 대한 기독교의 사회적 상상이 가진 전망의 핵심 요소를 충분히 개괄할 수 있기를 바란다. 나는 독자들에게 여기 제시된 분석과 『예배 자료집』(The Worship Sourcebook) 같은 책을 나란히 놓고 공부해 보기를 권한다.

# 5장 하나님 나라의 실천

**기독교 예배에 내재된 사회적 상상에 대한 분석**

나는 당신이 새로운 시각으로 기독교 예배를 분석하기 위해 화성인 인류학자의 안경을 다시 써 보기를 권한다. 이 문제에 대해 당신이 가지고 있는 전제와 고정 관념을 버려 보라. 그리고 삐걱거리는 교회의 정문—그 문은 상가 건물에 딸린 예배당의 유리문일 수도 있고, 아시아식 오두막의 커튼일 수도 있으며, 유럽식 대성당의 거대한 나무문일 수도 있다—을 열고 안으로 들어가 보자. 무슨 일이 일어나고 있는가? 이 그리스도인들은 무엇을 **하고** 있는가? 그리고 이것은 이들이 어떤 사람인지에 관해 무엇을 말해 주는가? 이들은 어떤 사람들인가? 이들의 실천 안에는 왕국에 대한 어떤 전망이 내재되어 있는가? 기독교 예배의 다양한 실천 안에 담겨 있는 사회적 상상은 어떤 모습인가? 이 사람들은 무엇을 **사랑하는가**? 그들은 어떤 왕국을 욕망하는가?

### 예전적 시간: 소망의 리듬과 운율

자리에 앉기 전에 우리는 예배의 환경을 눈여겨볼 것이다.[1] 특히 공간을 장식

---

1 지면 제약 때문에 여기서는 예배가 벌어지는 건축 공간에 관한 문제를 논할 수 없다(물론, 예배가 야외

한 색깔에 주목할 것이다. 여기서 우리는 이미 한 가지 제약에 부딪친다. 즉, (구름이 지나가는 장면이나 일몰 장면을 담은 사진처럼) 1년 동안 같은 공간을 저속 촬영한 일련의 사진이 있다면 쉽게 알아차릴 수 있는 것을 놓칠 수 있다. 그런 사진이 있다면 우리는 시간이 흐름에 따라 색이 바뀌는 것—짙은 자주색에서 슬픔에 젖은 검은색으로, 그리고 일렁이는 승리의 하얀 색으로—을 볼 수 있을 것이다. 어떤 시점에 이르면 어두운 그림자가 드리운 가운데 예배가 끝나고, 사람들은 음산한 침묵 속에 예배당을 빠져나갔다가 시간이 흐른 후 빛으로 가득한 공간으로 다시 돌아오는 것을 볼 수 있을 것이다. 공간의 현수막과 깃발, 이미지도 움직이고 바뀔 것이다. 간단히 말해, 예배 공간 자체가 실제로 시간을 조직하는 이야기를 들려줄 것이다. 이는 이곳에 머무는 사람들이 독특한 **시간** 감각을 지니고 있음을 말해 준다. 이들은 통상적이며 세속적인 상업적 시간이나 학사 일정에 따른 표준적 시간과는 전혀 다른 시간 속에서 살고 있다.

이 점은 예배 공간의 색깔과 장식을 통해 시각적으로 나타나 있지만, 실천의 모습—기도의 초점에, 관찰된 영적 훈련에, 매주가 아니라 매년 행하는 독특한 의례(즉, 대강절 촛불 점화와 재 바르기)에—안에 훨씬 더 온전히 반영되어 있다. 이 사람들은 독특하고 특별한 방식으로 시간과 관계를 맺으며, 이 관계는 예전력 혹은 교회력이라고 알려진 것을 통해 표현된다.[2] 기독교 예배의 실천을 살펴보면, 그리스도인들은 그저 지배 문화의 달력에 따라 1년을 살지는

---

에서 벌어질 수도 있으며, 북미 그리스도인들이 생각하는 것보다 그런 경우가 더 많다). 최근의 논의로는 Mark Torgerson, *An Architecture of Immanence: Architecture for Worship and Ministry Today* (Grand Rapids: Eerdmans, 2007)를 보라.

[2] 쉬우면서도 흥미진진한 입문서로는 Robert E. Webber, *Ancient-Future Time: Forming Spirituality through the Christian Year* (Grand Rapids: Baker Books, 2004)를 보라.『교회력에 따른 예배와 설교』(기독교문서선교회).

않는 사람들이라는 결론을 내리게 될 것이다. 문화마다 그 긴장과 차이가 다르게 느껴질 것이다. 서양에서 기독교의 예전력은 '세속' 달력[혹은 홀마크(Hallmark)의 유사 예전력]과 딱 들어맞는 것처럼 보이는 반면, 교회력과 중국의 달력을 비교해 보면 그 차이가 더 크다고 생각할지도 모른다. 그러나 상황은 그보다 더 복잡하다. 서양의 달력은 기독교 세계(Christendom)의 표지를 분명히 보여 주며 따라서 교회력의 흔적을 보여 주지만, 이 유사성은 더 중요한 차이를 쉽게 은폐할 수도 있다.

예를 들어, 상업화된 성탄절은 추수감사절부터, 심지어는 할로윈부터 서서히 진행되는 소비의 '계절'이 되고 말았지만, 그리스도인들이 지키는 대강절은 시간에 대한 다른 지향을 드러낸다. 특히 대강절이 축적과 소비, 방탕의 계절이 아니라 자기를 부인하고 점검하는 **참회**의 계절임을 깨달을 때 더욱 그러하다. 혹은, 부활절은 홀마크 달력과 쇼핑몰의 유사 예전력에서 중요한 반면 사순절은 그렇지 않다. 그리고 어쩌면 우리의 시간 계획표가 일요일에 시작된다는 점이 중요할지도 모른다.[3] 따라서 역사적 기독교 예배의 중요한 요소인 독특한 시간 구분은 교회가 '특별한 백성'이라는 점을 입증하며, 예전력은 이미 하루 24시간 주 7일 내내 끊임없이 돌아가는 상업 문화에 대한 **대항적** 형성의 기능을 하는 형성적 모판이 된다.[4]

어떻게 그러한가? 어떤 점에서 기독교의 시간이 그렇게 독특한가? 첫째, 기독교의 시간은 한 사람, 바로 "본디오 빌라도 아래에서 고난을 받으시고,

---

[3] 안식일 준수가 대항적 형성의 강력한 기독교적 실천이라는 주장에 관해 Marva Dawn, *Keeping the Sabbath Wholly: Ceasing, Resting, Embracing, Feasting* [Grand Rapids: Eerdmans, 1989, 『안식』(IVP)], Norman Wirzba, *Living the Sabbath: Discovering the Rhythms of Rest and Delight* (Grand Rapids: Brazos, 2006)를 보라.

[4] 이에 관한 간결한 설명으로는 Scott Waalkes, "Celebrating the Church Year as a Constructive Response to Globalization", in *After Modernity? Secularity, Globalization, and the Re-enchantment of the World*, ed. James K. A. Smith (Waco: Baylor University Press, 2008), 11장을 보라.

십자가에 못 박히시고, 죽으시고, 장사되시고, 지옥에 내려가시고, 사흘 만에 죽은 자 가운데서 다시 살아나시고, 하늘에 오르신" 1세기 유대인 나사렛 예수를 중심으로 돌아간다. 사도신경 자체가 예수님을 **시간 안에**, 본디오 빌라도가 다스리던 역사적 기간에 위치시킨다. 교회는 추상적인 사상이나 가르침, 이상을 중심으로 모인 사람들이 아니다. 교회는 예수 그리스도라는 역사적 인물에게로 모인 사람들이다. 교회는, 시간 속으로 침투해 시간 안에서 사셨고, 역사적으로 실존했던 권력의 손에 고통을 당하셨으며, '사흘 만에' 다시 살아나신 하나님을 예배하는 메시아-백성이다. 그들은 어떤 비밀스럽고 비(非)역사적인 하늘을 떠다니는 분이 아니라 달력 위에 구멍을 내셨고 장차 다시 한번 그렇게 하실 메시아를 예배하기 위해 모인 백성이다.

둘째, 메시아의 백성으로서 교회는 일종의 존재의 가벼움 속에서 현재를 살아가는 사람들이다. 만약 우리가 낯선 땅에서 사는 나그네이자 순례자라면(벧전 2:11), 우리는 낯선 시간 속에서 살아가는 순례자들—언제나 약간 시간 여행자처럼 현재를 대하는 사람[영화 〈백 투 더 퓨처〉(*Back to the Future*)의 마티가 머릿속에서 떠나지 않는다]—이기도 하다. '현재의 삶'밖에 상상하지 못하는 현재주의에 저항한다는 점에서, 교회는 미래를 지향하는 태도가 몸에 깊이 배어 있는 사람들이다. 이것은 우리가 이스라엘로부터 배운 습관이다. 교회력에서는 해마다 대강절 동안 우리에게 다시 한번 이스라엘이 되어 우리의 죄와 필요를 인식하고, 따라서 메시아의 오심, 정의의 도래, 샬롬의 침투를 기다리고 갈망하고 소망하고 요청하며 이를 위해 기도하라고 가르친다. 우리는 왕의 오심을 갈망하는 이스라엘의 모습을 재연함으로써 왕국을 욕망하는 의례—일종의 거룩한 조바심—에 참여한다. 이를 해마다 반복하는 것은 기대에 대한 훈련이다(그리고 매주 우리는 "주님의 죽으심을 그가 오실 때까지 전하는" 성만찬을 통해 그분을 기념하며 이를 되풀이한다). 따라서 대강절은 우리가 빠질 수 있는 현재주의적 자기만족에서 우리를 흔들어 깨운다. 우리는 **기대하는**—메시아의 (다시) 오심을 고대하는—백성이 되도록 부름받았으며 그런 백성으로 형성된다. 우리는 현재를 탈출하려고 하지 않고 '지금'의 깨어진 상태를 절감하면서 언제나 다소 불안한 자세로 현재를 살아가는 미래의 백성이다.

우리가 희망하는 미래—정의가 물처럼 흐르고 공의가 마르지 않는 강처럼 흐르는 미래—는 우리의 현재에 계속해서 영향을 미치며, "나라가 임하시오며"라고 계속해서 기도할 때 이 미래는 우리가 지금 여기서 하는 일을 위한 전망을 제공한다. 기독교 예배의 시간성—교회력에 소우주적으로 나타나 있고, 일요일마다 특별한 요소로 나타나는—은 세상의 종말이 **아니라 "우리가 아는** 세상의 종말"을 고대하도록 우리의 종말론적 상상력을 훈련시킨다.[5] 예배에서 우리는 "하나님의 선한 말씀과 내세의 능력"을 맛본다(히 6:5). 그리고 이는 우리 안에 장차 올 그 나라에 대한 갈망을 심어 준다. 왜냐하면 이것은 정말로 맛보기에 불과하기 때문이다. 맛보기는 장차 올 것에 대한 의식을 충분히 심어 주고, 우리는 깨어진 세상을 둘러보며 그 나라가 아직 임하지 않았음을 깨닫는다. "주 예수여, 오시옵소서!"와 "여호와여, 어느 때까지니이까?"는 모두 미래의 백성이 하는 기도다.

동시에 기독교 예배와 교회력의 리듬은 우리를 과거로 데려간다. 이것은 기억하기의 실천—우리가 이스라엘에서 배운 또 하나의 습관—이다. 우리는 출애굽(시 78편)과 십자가라는 하나님의 구속 행위를 감사함으로 기억한다. 사순절과 부활절은 우리를 과거로 초대해 십자가와 부활을 통해 드러난 능력—계속해서 현재로 침투해 들어오는 능력—을 기억하게 해 준다(빌 3:10-11).

---

5 Michael Horton, *A Better Way: Rediscovering the Drama of God-Centered Worship* (Grand Rapids: Baker Books, 2002), p. 127. *Eponymous* 앨범에 실린 R. E. M.의 곡 "The End of the World as We Know It"을 참고하라.

교회력 자체가 우리는 현재보다 더 오래된 백성의 일부이며 전통의 상속자임을 상기시키는 오랜 유산이다. 따라서 우리는 시간 사이에서 살아가는 백성, 기억하는 동시에 희망하는 백성이다. 이러한 사이-있음은 우리에게 "이것을 행하여 나를 기념하고" 그렇게 함으로써 "그의 죽으심을 그가 오실 때까지 전하라"고 권고하는 성만찬을 통해 매주 수행된다.

따라서 찰스 테일러는 그가 "세속적 시간"이라고 부르는 것과 기독교의 예전력에 내재된 "더 고차원적인 시간" 사이에 분명한 차이가 존재한다고 지적한다. 그는 예전력이 "속된 시간은 고차원적인 시간과의 관계 속에서(꼭 맞는 표현을 찾기가 어렵지만, 그것에 둘러싸여, 그것에 관통되어) 존재한다"는 시간 인식을 끌어온다고 지적한다. 어떤 의미에서, "지금 여기"는 다른 시간 – 과거와 미래, 더 "고차원적인" 시간 – 과 잇닿아 있다.[6] 그렇다면 "근대의 세속화를 더 고차원적인 시간을 거부하고 시간을 순전히 세속적인 것이라고 단정하는 태도라고 이해할 수 있다." 특히, 시간은 일차원적인 것이 되었으며, 그 결과는 우리가 **현재주의**(presentism)라고 부르는 것이나 테일러가 "동시성이라는 근대적 관념"이라고 설명하는 것이다.

[이 관념 안에서는] 원인이나 의미에 있어 전혀 무관한 사건들이 단일한 세속적 시간이라는 흐름 안의 동일한 지점에서 동시에 발생했다는 이유로 한데 모이게 된다. 언론 매체뿐만 아니라 사회과학의 지지를 받는 근대 문학은 우리로 하여금 수직적인 시간의 단면들이라는 관점에서 사회를 바라보는 데 익숙하게 만들었다. 이 단면들은 관계가 있기도 하고 없기도 한 수많은 사건들을 결합시킨다.…이것은 전형적으로 근대적인 양식의 사회적 상상이다. 중세의 우리 선조들은 이를 이해하

---

6  Charles Taylor, *Modern Social Imaginaries* (Durham, NC: Duke University Press, 2004), pp. 97-98.

기 어려웠을 것이다. 왜냐하면 세속적 시간에서 일어난 사건들이 고차원적 시간과 매우 다르게 연결되는 곳에서는, 그 사건들을 동시성이라는 근대적 관계 속에서 나란히 묶는 것이 부자연스럽게 보이기 때문이다.[7]

이를 시간의 CNN화라고 부를 수도 있다. 이것은 '긴급 속보'를 광적으로 추구하며 다른 이들이 특종을 잡기 전에 그저 방금 일어난 일을 보도하는 데 열중하는 태도다. 이러한 현재주의에서는 새로움이라는 짜릿한 마약을 흠뻑 들이킨다. 그러나 이것은 점점 만족도가 떨어지는 마약일 뿐이다. 여기서 문제는 '고차원적인 시간'도, 예전적 시간의 확장성도 망각하는 것이다. 이렇게 CNN화된 시간은 다음에 일어날 일에 굶주려 있지만, 이상하게도 미래를 기대하지는 못한다. 소망을 결여한 채 앞으로 일어날 일에만 관심을 집중하는 경향을 보인다. 그저 계속해서 일어나는 수많은 사건을 기록할 뿐이다.

어떤 의미에서, 그리스도인들은 예전을 통해 바울이 자신에 관해 말한 "만삭되지 못하여 난" 사람들이 되도록 훈련을 받는다고 말할 수 있다(고전 15:8). 이것은 우리가 노예처럼 향수에 젖어 옛길을 갈망하는 전통주의자이기 때문은 아니다(렘 6:16). 그러나 심층적인 의미에서 교회는 현대적인 것의 독재에 내재된 현재주의에 저항하도록 부름받은 사람들이라고 말할 수 있다. 우리는 최신 빌보드 차트보다는 몇천 년 더 오래된 전통에 의해 규정되는 기억의 사람들이 되도록 부름받았다. 또한 우리는 한밤중의 도둑처럼 우리의 현재 안으로 침투할 장차 올 왕국을 고대하며 이를 위해 기도하는 기대의 사람들이 되도록 부름받았다. 우리는 **과거부터 미래까지 뻗어 있는 사람들**, 즉 '현대적인 것'이 제공하는 그 어떤 것보다 더 새로우며 동시에 더 오래된 왕

---

[7] 같은 책, p. 98.

국의 시민이다. 교회력에 따라 행하는 기독교 예배의 실천은 우리 안에 일종의 '오래된 영혼'을 만들어 낸다. 이 영혼은 영속적으로 미래를 향하고, 장차 올 왕국을 갈망하며, 과거부터 미래까지 뻗어 있는 사람 곧 장차 올 왕국을 지금 맛보는 사람이 되기를 추구한다.

**예배로의 부름: 참 인간이 되라는 초대**

예배 환경으로 돌아가 보자. 공간의 분위기―색깔과 장식―가 우리에게 이 독특한 사람들이 가지고 있는 독특한 시간 감각을 말해 준다. 그러나 바로 다음으로 검토해야 하는 요소는 놓치기 쉽다. 즉, 우리가 여기에 모여 있다는 사실이다. 도시의 거리가 조용해지고 소비와 생산의 잡음마저도 잦아드는 얼마 안 되는 시간 중 하나인 일요일 아침에, 사람들은 삼위일체 하나님을 예배하기 위해 한 공간으로 모인다. 독신자와 가족들, 노인과 어린아이들이 자신이 선택하지 않은 지정된 시간에 함께 모이기 위해 노력한다. 그 시간에 우리는 집에서 아늑한 침대 안에 있을 수도 있고, 현관 앞 테이블에서 커피를 마시며 「뉴욕 타임스 매거진」(*New York Times Magazine*)을 읽을 수도 있다. 그러나 그 대신 우리는 이곳을 찾아온 잡다한 무리―솔직히 인정하자―의 일부가 된다. 아이들이 제멋대로 굴지 않게 통제하느라 애쓰는 가족도 있고, 여기 오는 길에 차 안에서 다툰 사람들도 있을 것이다. 토요일 밤 늦게까지 놀다가 '교회 가기' 위해 게슴츠레한 눈으로 잠자리에서 일어나'야만' 했던 학생들은 아직도 침대의 온기를 느끼고 있는 것만 같다. 외롭게 노인 요양원에서 지내던 노인들은 집사나 친구가 자신을 태우고 교회에 가 성도들과 함께 예배하는 이날을 일주일 내내 고대해 왔다.

몇천 년 동안 전 세계에서 독특한 사람들이 매주 예배로 **부름**을 받아 모인다. 어떤 의미에서는 예배가 시작되기 전에 이미 부르심이 있었지만, 그것이 공식적으로 선언되는 때는 '예배로의 부름'을 통해 예배를 시작할 때다. 예배로의 부름에는 흔히 시편이 사용된다.

> 오라, 우리가 굽혀 경배하며
> 우리를 지으신 여호와 앞에 무릎을 꿇자.
> 그는 우리의 하나님이시요,
> 우리는 그가 기르시는 백성이며
> 그의 손이 돌보시는 양이기 때문이라. (시 95:6-7)

혹은

> 할렐루야!
> 찬양하라! 그의 성소에서 하나님을 찬양하며
> 가장 높은 궁창에서 그를 찬양할지어다!
> 찬양하라! 그의 능하신 행동을 찬양하며
> 지극히 위대하심을 찬양할지어다
> 모든 살아 있는 것들아, 찬양하라!
> 여호와를 찬양하라.
> 할렐루야! (시 150:1-2)[8]

---

[8] International Committee on English in the Liturgy, *The Psalter: A Faithful and Inclusive Rendering from the Hebrew into Contemporary English Poetry, Intended Primarily for Communal Song and Recitation* (Chicago: Liturgy Training Publications, 1995).

그러나 사람들이 나타난다는 지극히 평범한 사실은 하나의 근본적인 의미를 드러낸다. 즉, 사람들은 부르심에 응답해 모였다는 것이다. 호튼(Horton)은 "언제든 우리가 공동 예배를 위해 모이는 것은 우리가 소환되었기 때문이다. 그것이 '교회'라는 말이 뜻하는 바다. 에클레시아(ekklēsia), 즉 '불려 나왔다'는 것이다.[9] 교회는 나누고, 공동체를 만들고, 교제하고, 자녀에게 도덕 교육을 하는 것을 주목적으로 삼는 자발적 모임이 아니다. 오히려 교회는 선택받고, 구속받고, 부름받고, 의롭다 하심을 입고, 영화롭게 되는 날까지 성화되는 사람들의 모임이다"라고 주장한다.[10] 우리가 모인다는 사실 자체가 무언가를 말하며, 암묵적으로 우리의 상상력을 훈련시킨다. "모인다는 것은 그리스도인들이 하나님을 찬양할 수 있는 공동체를 이루도록 세상으로부터, 그들의 집으로부터, 그들의 가정으로부터 불려 나왔음을 뜻한다.…교회는 세상에게 우리가 사실 한 백성임을 상기시켜 주기 위해 열방으로부터 모인 새로운 백성이다. 그러므로 모임은 성도의 교제라는 하나됨을 미리 맛보는 종말론적 행위다."[11]

이것은 일종의 스캔들을 암시한다. 우리의 후기-근대 자유주의적인 감수성을 거스르는 요소가 있다. 왜냐하면 우리가 예배하러 갈 때 모두가 오는 것은 아니기 때문이다. 우리 이웃집은 아직 조용하고 어두울지도 모른다. 동네에는 벌써 잔디를 깎고 있는 사람들이 있을지도 모른다. 많은 동료 학생들이 앞으로 몇 시간 동안은 일어나지 않을 것이므로 우리는 조용히 기숙사를

---

[9] 신약성경에서는 교회를 가리키는 말로 *ekklēsia*를 사용하는데, 이 단어는 동사 *kaleō*(칼레오, 부르다)와 전치사 *ek*-(에크-, 밖으로)가 결합된 말이다. 따라서 교회란 불려 나온 무리다.

[10] Horton, *Better Way*, p. 24.

[11] Stanley Hauerwas, "Liturgical Shape of the Christian Life: Teaching Christian Ethics as Worship", in *In Good Company: The Church as Polis* (Notre Dame: University of Notre Dame Press, 1995), p. 157.

빠져나왔을지도 모른다. 이 예배로의 부름, 모이라는 명령에 응하지 않는 식구들을 집에 두고 나왔을지도 모른다. 우리 스스로에게는 부르심에 응답하는 성향이나 능력이 없기 때문에, 모임으로써 우리가 응답한다는 사실이 이미 하나님의 구속과 중생의 사역을 나타내는 증거다. 그러나 교회로 오는 길에 우리가 지나친 이웃과 낯선 이들 역시, 하나님의 독특한 백성이 그분이 **택하신** 백성(벧전 2:9)이며 열방 중에서 불려 나온 백성, '그럴 만한 이유 없이' 은혜를 입은 백성이자 아직도 잠든 이 세상을 **위해** 사는 새로워진 백성이 되도록 택함을 받은 백성임을 우리에게 상기시킨다.

이 모임에서 우리는 또 다른 스캔들을 경험한다. 다른 사람들이 예배를 위해 동네의 다른 공간에서 모이고 있음을 우리는 알고 있다. 우리가 '우리' 교회에 왔을 때, 다른 그리스도인들은 같은 동네에 있는 '그들의' 교회에 갔다. 우리는 하나의 비극적인 사실을 깨닫는다. 우리 교회에 모인 사람들은 '우리'—비슷한 인종이나 계급, 민족에 의해 규정된 '우리'—와 비슷해 보이는 반면, 이웃 교회에 모인 사람들은 '우리'와 비슷해 보이지 않는다(그들 역시 서로 비슷해 보이긴 하지만). 바로 여기서, 우리는 예배를 위해 모이라는 부르심에 응답함으로써 이제 막 시작할 이 일의 **종말론적** 본질을 이미 경험한다. 우리의 '모임'은 우리가 노래하는 것처럼 보좌에 앉으신 어린 양께 새 노래를 부를 수 있는 회중처럼 보이지 않기 때문이다.

두루마리를 가지시고
그 인봉을 떼기에 합당하시도다.
일찍이 죽임을 당하사
각 족속과 방언과 백성과 나라 가운데서 사람들을
피로 사서 하나님께 드리시고,

그들로 우리 하나님 앞에서 나라와 제사장들을 삼으셨으니

그들이 땅에서 왕 노릇 하리로다. (계 5:9-10)

**우리** 회중은 모든 족속과 방언, 백성 가운데서 모여든 사람들로 이루어진 이 나라처럼 보이지 않는다. 그러나 우리는 고백과 소망의 마음으로 이 왕국에 대해 노래할 것이다. 우리는 이런 사람들이 되도록 부름받았음을 알고 있으며, 그렇기 때문에 아직 왕국이 되지 못한 우리의 현재 회중은 계속해서 이 실패를(즉, 우리가 "깨어진 세상 속에 있는 깨어진 공동체"임을) 고백하고,[12] 용서를 구하고, 이런 분열이 사라지도록 자비를 간구할 것이다. 그러면서도 "주께서 그분의 일을 하시기 위해 깨어진 조각들을 모으시는 것을 보며 놀랄" 것이다.[13] 우리의 모임은 일종의 저항과도 같은 종말론적 소망의 행위다. 우리 회중의 얼굴과 피부색은 하나님 나라가 아직 임하지 않았음을 끊임없이 우리에게 상기시켜 주지만, 성령께서는 우리 모임 안의 실패에도 불구하고, 전 세계의 교회가 같은 시간에 한 목소리로 찬양할 때 그것은 기적과도 같이 그 나라의 찬양대처럼 보인다는 것을 상기시키시면서 우리에게 이런 한계를 극복할 것을 권면하신다. 우리에게 "보좌 앞과 어린 양 앞에 서 있는" "각 나라와 족속과 백성과 방언에서 [나온] 아무도 능히 셀 수 없는 큰 무리"와 점점 더 닮은 백성이 되라고 촉구하신다. 이 큰 무리는 함께 **한** 노래를 부른다. "구원하심이 보좌에 앉으신 우리 하나님과 어린 양에게 있도다!"(계 7:9-10).

아직 우리는 거의 아무것도 하지 않았다! 우리는 그저 예배당에 와서 예

---

[12] *Our World Belongs to God: A Contemporary Testimony* (Grand Rapids: Christian Reformed Church in North America, 2008), §43. http://www.crcna.org/pages/our_world_main.cfm에서 읽을 수 있다.

[13] 같은 책.

배로의 부름을 들었다. 그러나 이미 우리는 이 행동이 암시하는 바를 엿보았다. 이 부름에 응답해 모이는 우리의 행위에는 인간 번영을 위해 무엇이 필요한가에 관한 암묵적인 이해가 내재되어 있다. 참으로 인간이 되는 것은 **부르심을 받는** 것이다. 그러나 무엇으로 부르심을 받는가? 무엇을 위해 모이는가? 회중은 인간됨의 근본적인 소명인 예배로의 부름에 응답해 모인다. 하나님은 이 깨어진 세상 속에서 '독특해'[14] 보일 사람들을 부르시고 만드신다. 그들은 새로워진 하나님의 형상을 지닌 사람이 되도록—성령께서 부어 주시는 능력으로 인해 피조물로서 우리의 소명을 깨닫고 다시 받아들이도록—부름받았기 때문에 독특해 보일 것이다(창 1:27-28). 따라서 이것은 '종교적인' 무언가, 우리의 '일상적' 삶에 그저 덧붙은 무언가를 행하라는 부르심이 아니다. 이것은 참 **인간**이 되라는 부르심, 즉 온전하고 참된 인간이 되어야 할 소명을 받아들이고 세상을 향한 하나님의 형상으로서 공동체와 백성이 되라는 부르심이다. 예배로의 부름은 인류를 창조하실 때 하나님이 하신 말씀을 반복한다(창 1:26-27). 피조물을 존재하게 하신 하나님의 부르심이 **새로운** 피조물을 불러 모으시는 예배로의 부르심 속에서 되풀이된다(고후 5:17). 그리고 그리스도 안에 있는 '새로운 피조물'로서 우리의 소명은 아담과 하와의 소명, 즉 세상을 향해 그리고 세상을 위해 하나님의 형상을 지닌 사람이 되라는 소명의 재진술이다.

'하나님의 형상'(*imago Dei*, 이마고 데이)은 **호모 사피엔스**가 지닌 사실상의 속성(그것이 의지건, 이성이건, 언어건, 소유건) 같은 것이 아니다. 오히려 하나님의 형상

---

[14] 교회가 '독특한 백성'이라는 도발적인 개념은 KJV 역본의 디도서 2:14을 반복한 것이다. "그가 우리를 대신하여 자신을 주심은 모든 불법에서 우리를 속량하시고 우리를 깨끗하게 하사 선한 일을 열심히 하는 자기[의 독특한] 백성이 되게 하려 하심이라." 또한 Rodney Clapp, *A Peculiar People: The Church as Culture in a Post-Christian Society* (Downers Grove, IL: InterVarsity, 1996)를 보라. 『구별된다는 기쁜 의미』(서로사랑).

은 하나의 **책무**이자 **사명**이다. 리처드 미들턴(Richard Middleton)의 말처럼, "이마고 데이(*imago Dei*)는 인간이 세상 속에서 하나님의 대표이자 대리인이 되도록 하나님이 주신 영예로운 직책 혹은 소명이다. 그것은 지구의 자원과 피조물에 대한 하나님의 통치와 돌보심에 동참할 수 있도록 하나님이 우리에게 허락하신 능력이다."[15] 우리는 하나님의 형상을 지닌 존재, 그분의 대리 통치자가 되도록 위임을 받았다. 우리에게는 피조물을 '다스리고'[16] 돌보는 책임이 맡겨졌으며, 여기에는 인간의 제작 활동을 통해 — 즉, **문화**를 통해 — 피조물을 개발하여 그 잠재력을 밝히고 펼치는 일도 포함된다. "따라서 하나님의 형상을 반영하는 것은 곧 인간의 사회문화적 삶이라는 일상적이며 공동체적인 실천을 통해 이 땅에서 하나님의 통치를 대표하고 확장하는 일을 말한다."[17] 이렇게 창세기의 문학적 맥락에서 하나님이 세상을 창조하시며 인간을 그분의 형상을 지닌 존재로 세우셨다고 할 때, 이는 피조물을 위한 제사장적 대사(大使)의 이미지가 떠오르게 한다. "고대 근동에서 이교 신전을 지을 때 그 신전을 바칠 신의 제의적 형상을 설치하지 않고는 신전 건설이 완료되지 않는 것과 마찬가지로, 창세기 1장의 창조는 하나님이 여섯째 날에 이 땅 위에서 하나님의 임재를 대표하고 중재하기 위한 이마고 데이인 인류를 창조하시기 전까지 완료되지 않는다."[18] 그러나 이 경우에 성전은 피조물이며, 인류는 "이 우주적 성전에서 예전적 섬김"을 하도록 위임을 받는다.[19] 하나님의 형상

---

[15] J. Richard Middleton, *The Liberating Image: The* Imago Dei *in Genesis 1* (Grand Rapids: Brazos, 2005), p. 27. 이어지는 논의에서 나는 미들턴의 탁월한 분석에 전적으로 빚지고 있다. 『해방의 형상』 (SFC 출판부).

[16] 같은 책, pp. 50-55에서 미들턴은 "형상"이 "왕"과 연관된 의미를 지니고 있음을 세심하게 논증한다.

[17] 같은 책, p. 60.

[18] 같은 책, p. 87.

[19] 같은 곳.

을 지닌 존재가 되는 책무를 수행하는 것은 **문화적인** 일인 동시에 **제의적인** 일이다. 그것은 왕자/공주로 사는 동시에 제사장으로 사는 것이다.[20]

우리가 예배하기 위해 십자가 아래로 모이는 이유는 바로 하나님의 형상으로 살아야 할 책무와 사명을 이행하지 못하는 인간의 근본적인 실패 때문이다. 이마고 데이는 잃어버린(혹은 유지하고 있는) 어떤 사물이나 속성이 아니다. 그것은 아담과 하와가 이행하는 데 실패했던 부르심과 소명이다. 이렇게 하나님의 대리 통치자, 즉 피조물을 향한 하나님의 사랑과 돌보심을 중재하는 그분의 문화적 대리인이 되는 데 실패했기 때문에, 그 근본적인 깨어짐이 세상을 파괴하고 그 책무를 맡을 능력마저 빼앗아 간다. 따라서 하나님은 이 책무를 위해 한 백성을 다시 부르시고 만드셔야만 한다. 하나님은 아브라함 안에서 이스라엘을 통해 열방 가운데서 독특한 백성, 즉 세상을 향한 하나님의 사랑이 어떤 모습인지를 비출 백성을 부르셨다. 그러나 그들 역시 이 피조물과 인간의 소명을 이행하는 데 실패했다. 따라서 온전히 하나님의 형상을 지닌 존재가 되어야 할 이 책무는 "보이지 아니하는 하나님의 형상"(골 1:15)이신 성자께서 맡아 이행하셨다. 두 번째 아담으로서 예수님은 우리에게 세상을 향해, 세상을 위해 하나님의 형상을 지닌 존재가 되라는 이 사명을 감당하는 삶이 어떤 모습인지를 보여 주신다.[21] 예수님은 이스라엘의 소명, 즉 하나님의 형상을 지닌 존재로서 살아가야 할 피조물의 책무라는 재위임받은 소명을 담당하시고 완성하신다.[22]

---

20 미들턴은 "이마고 데이는 제사장적 혹은 제의적 차원을 포함하며" 따라서 "하나님이 지으신 세상에서 이마고 데이로 살아가야 할 인간의 소명은 열방 가운데 '왕 같은 제사장'으로 살아야 할 이스라엘의 소명(출 19:6)과 중요한 의미에서 부합한다"고 지적한다(같은 책, pp. 89-90).

21 클라스 스킬더(Klaas Schilder)는, 두 번째 아담이신 그리스도는 문화 명령을 이행하는 삶이 어떤 모습인지를 보여 주는 본보기시기도 하다고 바르게 지적한다. Schilder, *Christ and Culture*, trans. G. van Rongen and W. Helder (Winnipeg, MB: Premier Printing, 1977), pp. 47-48를 보라.

22 여기서 나는 라이트의 주장을 매우 간략히 소개할 뿐이다. 이에 관한 쉽고 더 자세한 설명으로는 N. T.

따라서 예수님은 우리에게 문화 명령을 완수하는 삶이 어떤 모습인지를 보여 주는 본보기시다. 그리고 세상이 깨어지고 폭력적일 때, 그분은 그 삶이 어떤 모습인지를 우리에게 보여 주신다. 이 형상을 지니는 삶은 십자가의 모습과 같을 것이다. 우리가 사는 이 세상—'두 시간' 사이, 예수님이 하나님 나라를 선포하신 '이미'와 그 나라의 궁극적 완성이 이르지 않은 '아직' 사이에 존재하는 이 세상—에 하나님의 형상을 비추기 위해서는 새로운 아담으로서, 세상을 정복하여 이기지 않고 하나님의 뜻에 순종해 세상을 **위해** 고통받아 하나님의 형상을 비추셨던 예수님을 따라야 한다. 이것이 바로 온전한 하나님의 형상이 되기 위해, 그럼으로써 아담에게 주어진 피조물의 책무—이것은 여전히 인간인 우리에게 맡겨진 소명이다—를 성취하기 위해 이 땅에 오신 예수님의 소명의 핵심이다. N. T. 라이트(Wright)가 도발적으로 말했듯이, "예수님은 이스라엘을 대신해 이 싸움에서 지는 것이 그분의 책무이자 역할, 이스라엘 대표로서의 소명이라는 확고한 생각을 갖고 계셨다. 이것은 이스라엘이 단지 그들 자신의 빛이 아니라…온 세상의 빛이 되기 위한 수단이 될 것이다."²³ 만약 우리의 소명이 하나님의 형상을 지닌 존재가 되어야 할 **인간의** 소명을 수행하기 위한 방법으로서 "그리스도를 따르는 것"이라면, 우리가 하나님의 형상을 지닌 존재로 살아가는 모습 역시 그와 같아야 할 것이다. 라이트는 이렇게 경고한다.

'그리스도를 따르는' 삶을 이야기할 때 우리는 십자가에 달리신 메시아에 관해 이야기한다. 그분의 죽음은 그저 우리의 죄가 용서받을 수 있게 하고 그 후에 그 죄

---

Wright, *The Challenge of Jesus: Rediscovering Who Jesus Was and Is* (Downers Grove, IL: InterVarsity, 1999)를 보라. 『Jesus 코드』(성서유니온선교회).

23  같은 책, p. 89.

를 잊어버리게 해 주는 사건이 아니다. 십자가는 살아 계시며 사랑하시는 하나님의 마음과 성품을 들여다볼 수 있는 가장 확실하고 참되며 심오한 창이다.…그러므로 세상을 만들어 가는 일에 관해 이야기할 때, 우리는 십자가를 그저 우리를 '개인적으로' 구원해 주는 물건, 하지만 구원을 얻고 나서는 남겨 두고 떠나는 물건으로 취급하지 않는다. 감히 그럴 수 없다. 이 세상을 만들어 갈 책무는 십자가가 성취한 바를 세상에 전해 주는 구속의 책무라고 이해하는 것이 가장 올바르며, 이 책무는 메시지뿐만 아니라 방법까지도 철저히 십자가의 모습을 띠어야 한다.[24]

우리는 모임으로써 예배로의 부름에 응답한다. 이 부름은 세상을 위해 하나님의 형상을 지닌 존재로 살아가라는 창조의 부르심에 대한 반향이자 갱신이다. 그리고 우리는 문화를 만드는 일을 수행함으로써 하나님의 형상을 지닌 존재로 사는 **사명**을 완수한다. 이렇게 문화를 만들어 가는 사명을 잘 이행하기 위해서는 창조주와의 언약적 관계 안에서 그 원동력과 지향성을 찾아야 한다. 그래서 예배로의 부름은 곧 "언약 갱신 예식"으로의 부름이다.[25] 우리는 죄―개인적이며 공동체적인―때문에 이 소명을 수행할 능력을 잃어버렸다. 우리는 이 책무를 이해할 지혜와 분별력, 의지가 없다. 따라서 하나님은 갱신과 회복, 재정향을 위해 우리를 자신에게로 부르신다. 우리는 생명을 주시는 하나님과의 만남으로 부름받는다. 하나님은 성령께서 주시는 능력을

---

[24] 같은 책, pp. 94-95. 마이클 호튼은 개혁주의적 관점에서 비슷한 논점을 반복한다. "예수님은 아직 **영광의 왕국**이 아니라 **은혜의 왕국**을 다스리신다. 그분이 굴욕과 고통, 약함 가운데 오셨듯이, 이 나라가 확장되는 방식은 총과 탱크의 시끄럽고 폭력적인 충돌을 통한 것도, 법적으로 지상의 나라를 하나님이 택하신 백성으로 변화시키는 것도 아니다"(*Better Way*, p. 129).

[25] 같은 책, p. 24와 *The Worship Sourcebook* (Grand Rapids: Calvin Institute of Christian Worship/Faith Alive Christian Resources/Baker Books, 2004), p. 16, John D. Witvliet, "Covenant Theology in Ecumenical Discussions of the Lord's Supper", in *Worship Seeking Understanding: Windows into Christian Practice* (Grand Rapids: Baker Academic, 2003), pp. 67-89를 보라.

통해 우리에게 삶을 변화시키는 은혜를 나누어 주시며, 세상을 창조하실 때 인류에게 주신 소명을 품을 수 있게 해 주신다. 그러나 이제 이 소명은 아담과 하와에게 주어진 것 **이상**이다. 인간됨의 참 의미를 보여 주시는 예수님의 완벽한 본보기와 내주하시는 성령께서 주시는 능력, 즉 새 언약의 열매가 있기 때문이다(롬 8:1-11).

모인 후 예배로의 부름에 대한 회중의 반응은 하나님의 자비와 은혜에 대한 '기원'이다. 우리는 이것이 우리 힘으로는 할 수 없는 일이라고 생각한다. 우리는 이 부르심, 즉 우리 힘으로는 도저히 완수할 수 없는 소명에 응답—이 응답조차도 은혜에 의한 것이다—했다. 이상하고도 무시무시한 의미에서, 참 인간이 되라는 소명은 하나님을 철저히 의존할 것을 요구한다. 피조물로 살아야 할 책무는 창조주를 향해 정향될 것을 요구한다. 예배로의 부름에 응답해 모이는 것은 곧 인간의 모든 자기 확신과 자만을 버리는 것이다. 모이는 행위에는 창조주와 인간의 역동적 관계를 요구하는 인간 번영에 대한 이해가 내재되어 있다. 간단히 말해, 예배는 인간됨의 핵심이다. 피조물의 번영—성경이 샬롬이라고 부르는 것—은 다른 인간이나 자연과의 "바르고 조화로운 관계"뿐만 아니라 "**하나님과의** 바르고 조화로운 관계, 기쁘게 그분을 섬기는 태도"도 요구한다.[26] 따라서 부름받은 백성으로서 우리는 참 **인간됨**이라는 소명에 어떻게든 부응하려고 노력하면서 언약을 세우신 왕의 은혜를 기원한다.

주님, 우리를 당신의 자비의 바다로 인도하시고,
당신의 풍성한 은혜와

---

[26] Nicholas Wolterstorff, *Until Justice and Peace Embrace* (Grand Rapids: Eerdmans, 1983), pp. 69-70. 『정의와 평화가 입맞출 때까지』(IVP).

샘솟는 인애로

우리를 적셔 주소서.

우리가 당신께 그리고 서로에게 가까이 다가갈 때

우리를 평온의 자녀, 평화의 상속자로 만드시고,

우리 안에 당신의 사랑이 불타오르게 하시고,

당신의 능력으로 우리의 약함을 강하게 하소서. 아멘.[27]

그리고 하나님은 기쁘게 응답하신다.

### 하나님의 인사와 상호 간의 인사: 환대, 공동체, 은혜로운 의존

지금까지 예배로의 부름에 응답하여 모이는 행동을 분석하면서 기독교 예배에서 취하는 행동에 얼마나 많은 의미가 담겨 있는지 이해했을 것이다. **행동**을 강조하고 있다는 점을 주목하라. 예배가 **의미하는** 것이 우리가 한 걸음 뒤로 물러나 관찰자로서 예배에 관해 성찰할 때 예배가 말하거나 전달하는 바라고 말하는 게 아니다. 오히려 나는 이것이 우리가 예배를 위해 모일 때 **행하는** 바라고 수장하고 있다. 시간을 내서 생각해 보지 않더라도, 예배는 행동 **안에서** 일어나고 있다. 물론 예배에 관해 생각하는 일은 유익하며, 우리가 행하는 바를 성찰함으로써 그 의미를 심화할 수 있다.[28] 그러나 예배를 성

---

[27] *An Iona Prayer Book*, compiled by Peter W. Millar (Norwich, UK: Canterbury, 1998), p. 14에 수록된, 시리아 교회의 기도. 허락 받아 사용하였다.

[28] 특히 예배를 **인도하는** 책임을 맡은 이들에게 성찰은 중요하다. 예배의 리듬과 실천은 **의도적이기** 때문이다.

찰이 아니라 행동으로 이해하는 것이 가장 적합하다는 점을 명심하는 것 역시 중요하다. 예배는 우리가 행하는 무언가다. 그리고 비록 우리가 예배를 이렇게 반성적으로 생각하지 않더라도-그리고 우리 중 일부(어린이, 지적 장애인)는 예배를 이런 식으로 생각하지 **못한다**고 하더라도-이 책의 핵심 주장은 기독교 예배의 실천이 인간이라는 피조물의 속성 때문에 이런 기능을 **한다**는 것이다. (테일러에게는 미안한 말이지만) 실천에는 그 안에 내재된 그 나름의 이해가 있으며, 그런 이해는 지적인 성찰 없이도 우리의 상상력 안에 수용되고 흡수될 수 있다.[29] 성찰은 분명 행동을 심화한다. 그러나 요점은 언제나 그 **이상의 일**이 일어난다는 사실이다. 우리의 상상력은 우리도 모르는(어쩌면 알 수도 없는) 방식으로 형성되고 있다. 세상을 이해하는 방식은 '자동화'되며, 이것은 우리가 언제나 '생각'하지는 못하는 방식으로 공동 예배라는 맥락 바깥에서 이루어지는 우리의 행동과 태도에 영향을 미칠 것이다. 모이는 행동은 우리의 상상력을 감정적으로 훈련시키며, 이것은 우리가 **인간으로서** 하나님과의 관계, 사람과의 관계에서 우리의 정체성과 소명을 생각하는 데 중대한 영

---

[29] 이런 주장이 '마지못해 하는' 행위에도 일종의 유익이 있을 수 있다고 주장하는 것처럼 보이기에 어떤 이들은 불편해할 수도 있음을 알고 있다. 이 점에 관해서 나는 정말로 그렇게 생각한다고 인정할 수밖에 없다. 이상적이진 않지만, 그저 예전적 실천에 참여하기만 해도 복음이 이식되는 일이 일어날 수 있다고 생각한다[이것은 사효론(*ex opere operato*, 라틴어로 '이루어진 행위로부터'라는 뜻으로, 집례자나 수례자의 신앙이나 덕행과 무관하게 성례전 자체가 객관적 효력을 지닌다는 주장-옮긴이)과 유사하다]. 예를 들어, 우리는 교회 안에서 자랐지만 제자도로부터 벗어난 삶을 산 사람들의 간증을 자주 듣는다. 사도신경이나 교리문답의 운율이 방탕하게 향락을 추구하는 삶에 젖어 있는 그들을 붙잡지는 못했다. 하지만 그들 머릿속에는 예전의 리듬이 자꾸 떠오르며, 이 리듬은 그들에게 더 성숙한 제자도의 삶으로 돌아오기를 촉구하기도 한다. 혹은 그들의 상상력-그들이 세상을 이해하는 방식-이 기독교의 실천에 의해 근본적으로 규정된다는 사실을 발견할 때도 있다. Richard A. Blake, *Afterimage: The Indelible Catholic Imagination of Six American Filmmakers* (Chicago: Loyola, 2000)에서는 이런 효과를 생생히 기록하고 있다. 블레이크는 **잔상**(afterimage)-"외부의 자극이 사라진 후에도 남아 있거나 되돌아오는 이미지나 감각"-이라는 심리학 용어를 사용해 마틴 스코세이지(Martin Scorsese), 존 포드(John Ford), 프랜시스 포드 코폴라(Francis Ford Coppola) 같은 영화감독의 작품에 결정적 영향을 미친, 끈질기게 남아 있던 가톨릭적 상상력에 대해 설명한다. 그들이 신앙 자체를 거부한다 하더라도, 가톨릭 예전과 교육에 의한 형성은 그들의 상상력에 지울 수 없는 흔적을 남긴다.

향을 미친다.

기독교 예배의 다음 구성요소, 즉 우리를 맞으시는 하나님의 인사에서도 동일한 욕망의 교육이 이루어진다. 목회자는 손을 들어 모인 회중에게 하나님의 환영과 축복을 전하며, 회중은 서로를 환영하며 기대하는 마음으로 손을 벌려 이 환영과 축복을 받아들인다. 많은 경우 성경 말씀을 가지고 하나님의 환영 인사를 전한다.

이제도 계시고 전에도 계셨고 장차 오실 이와
그의 보좌 앞에 있는 일곱 영과
또 충성된 증인으로 죽은 자들 가운데에서 먼저 나시고
땅의 임금들의 머리가 되신
예수 그리스도로 말미암아
은혜와 평강이 너희에게 있기를 원하노라. (계 1:4-5)

혹은 간단히 할 수도 있다.

주님께서 성도 여러분과 함께하시기를 기원합니다.
**당신과도 함께하시기를 기원합니다.** (룻 2:4에 근거)

부름받았던 우리는 이제 이렇게 환영받는다.[30] 피조물인 우리 안에 심긴 하

---

30 환대와 예배라는 주제에 관한 깊이 있는 성찰로는 *Violence, Hospitality, and the Cross: Reappropriating the Atonement Tradition* (Grand Rapids: Baker Academic, 2004), pp. 205-234에 실린 복음적 환대, 세례적 환대, 성만찬적 환대, 참회적 환대에 관한 한스 부어스마의 논의를 보라. 『십자가, 폭력인가 환대인가』(기독교문서선교회).

나님을 향한 갈망은 붙잡히기를 거부하는 신을 붙잡으려고 노력하라는 부추김이 아니다. 오히려 우리가 '쉴' 수 있는 유일한 안식처이신 창조주께서는 우리를 그분과의 사귐으로 이끌기를 열렬히 원하신다. 날마다 방탕한 모험을 일삼는 탕자의 아버지처럼, 제멋대로 살아가는 아들이 돌아오기를 기다리다 아들이 도착하자마자 안아 주는 아버지처럼, 하나님은 예배 시작부터 우리를 부르시고 반갑게 맞아 주신다.

이 환영 인사의 일부로 하나님은 탕자를 위해 베풀었던 잔치와 비슷하게 우리에게 축복을 내려 주신다. 그러나 더 중요한 점은 이 축복이 창세기 1:28에 기록된 창조 때의 축복을 반복한다는 사실이다. 하나님은 자신의 형상대로 인간을 만드신 후 그들에게 복을 주시며 말씀하셨다. "하나님이 그들에게 복을 주시며 하나님이 그들에게 이르시되, '생육하고 번성하여 땅에 충만하라. 땅을 정복하라. 바다의 물고기와 하늘의 새와 땅에 움직이는 모든 생물을 다스리라' 하시니라." 이 축복은 긍정인 동시에 수여다. 세상을 창조하시면서 하나님은 그분의 형상을 지닌 존재인 인간에게 피조물을 바르게 다스릴 책임을 맡기신다. 이에 더해, 이 축복을 통해 하나님은 인간에게 능력을 주시고 돌봐 주실 것을 약속하신다.[31] 따라서 창조 때의 축복은 두 가지 점에서 능력의 원천이다. 이 축복을 통해 하나님은 피조물 돌보기를 인간의 손에 맡기신다. 책임의 위임에는 이를테면 은혜로운 지원이 동반된다. 따라서 기독교 예배의 맥락에서도 하나님은 축복의 말씀을 통해 참 인간이 되라는—창조 세계라는 맥락 가운데 하나님과의 관계 안에서 우리의 정체성과 번영을 추구

---

[31] 창세기 1:28에서 '복을 주다'에 해당하는 히브리어는 "누군가에게 풍성하고 효과적인 삶을 수여하기" 위해 더 큰 자가 더 작은 자에게 "성공과 번영, 다산, 장수 등을 위한 능력을 부여하다"라는 뜻을 지닌다. *Theological Wordbook of the Old Testament*, ed. R. Laird Harris (Chicago: Moody, 1980), 1:285를 보라. 『구약원어신학사전』(요단출판사).

하라는—소명을 확인하시면서 이 소명을 이행할 능력을 부어 주겠다고 약속하신다. 하나님은 우리를 꾸짖기 위해서가 아니라 우리가 창조 때 받은 명령을 수행할 수 있도록 우리를 새롭게 하고 회복시키기 위해 예배로 부르신다. 그리고 명령과 더불어 번성하고 풍요로운 삶을 약속하신다. 축복 안에 부르심이 암시되어 있다 해도, 축복은 최고의 환영 선물이다.

하나님의 환영은 기독교 예배의 대화적 성격을 보여 준다. 예배는 주고받는, 오가는 상호작용이다. 하나님이 우리를 부르신다. 그분의 은혜로 인해 우리는 모임으로써 응답하고, 그분의 은혜와 자비를 기원한다. 그리고 하나님은 우리의 부르짖음에 응답하신다. 이런 주고받음은 인간과 관계를 맺기 위해 먼저 움직이신 인격적인 하나님을 우리가 마주하고 있음을 보여 준다. 이것은 하나님의 은혜로운 호혜를 가리키는 선물 교환이다. 또한 이것은 인간됨의 근본적 성격을 암시한다. 즉, 인간 번영은 우리가 이 **관계**를 지향하는지, 이 **관계**에 의해 규정되는지에 달려 있다. 우리는 창조 때부터 은혜롭게 우리와 언약을 맺으신 관계적 하나님의 형상을 지닌 관계적 존재다.[32] 이 관계는 초인간적이지 않다. 이것은 '한낱' 인간이라는 존재가 의미하는 바를 넘어서지 않는다. 한낱 자연적 인간이라는 존재에 덧붙은 보충물이 아니다. 오히려 우리는 근본적으로 **피조물**이기 때문에, 창조주를 지향하는 것은 온전한 혹은 올바른 인간이 되기 위한 필수 조건이다. 이레나이우스(Irenaeus)의 말처럼, "하나님의 영광은 온전히 살아 있는 인간이다." 기독교 예배 안에서 하나님이 우리를 부르시고 다시 이 관계로 맞아들이신다면, 예배에서 일어나는 일

---

[32] 하나님의 관계성은 외부와의 관계—인간과의 관계—만을 가리키지 않는다. 삼위일체의 관계에서 볼 수 있듯이 이는 하나님 내부의 본질적 관계를 가리키기도 하다. 이에 관한 논의로는 Miroslav Volf, "'The Trinity Is Our Social Program': The Doctrine of the Trinity and the Shape of Social Engagement", *Modern Theology* 41 (1998): pp. 403–423를 보라.

은 나의 종교적, 영적 삶뿐만 아니라 나의 **인간적** 삶과도 밀접한 관련이 있다. 하나님의 인사와 환영은 우리가 근본적으로 의존적임을, 즉 "우리가 그를 힘입어 살며 기동하며 존재함"(행 17:28)을 이야기한다. 그리고 '그분'이 일반적인 신이 아니라 삼위일체 하나님임을 증언한다. 왜냐하면 "만물이" 성자 안에 "함께 서 있기" 때문이다(골 1:17). 간단히 말해, 하나님은 은혜로운 환영 인사를 통해 우리가 하나님께 전적으로 의존할 수밖에 없는 존재임을 상기시켜 주시고, 한 주 내내 젖어 있던 자기 충족이라는 신화를 거스르게 하신다.

그런 다음 회중은 서로 인사를 나누고 환영하며('안녕하세요, 환영합니다') 서로를 축복함('그리스도께서 당신과 함께하시기를 빕니다' 혹은 '그리스도의 평화가 당신에게 임하기를 빕니다')으로써 이러한 의존과 자기 충족의 결여를 수평적으로 재확인한다.[33] "우리가 사랑함은 그가 먼저 우리를 사랑하셨음이라"(요일 4:19) 같은 말씀처럼, 하나님이 우리를 환영하셨기에 우리도 서로 인사를 나누며 환영한다. 하나님의 인사를 받은 사람으로서 우리는 이웃과 형제자매를 환영하며 하나님을 본받는 사람이 된다. 그 즉시 우리는 예배가 사적인 일이 아님을 다시 떠올린다. 우리는 한 백성으로서, 한 회중으로서 모였다. 그리고 우리가 다 함께 우리를 구속하시는 창조주께 의존하듯이, 또한 우리는 서로에게 의존한다. 몸의 모든 지체가 개별 지체('나')로서 기능하고 번성하기 위해 다른 지체와 기관에 의존한다(고전 12:12-31). 우리가 다른 이들에게 의존하는 것은 단지 죄 때문만이 아니다. 피조물인 우리의 유한성 때문에 우리는 관계에 의존할 수밖에 없다. 우리는 다른 이들의 재능과 은사, 자원이 필요하다. 그리고 이런 의존성은 하나님의 선한 피조물이 가진 필수 요소다. 예배는 환영의 공간이

---

[33] 일부 예배 전통에서 서로 인사하는 시간은 '평화의 나눔'으로 알려져 있으며, 사죄의 확신 이후에 혹은 성만찬 중에 이 인사를 나눈다.

다. 왜냐하면 근본적으로 우리는 세상에 대해, 세상을 위해 하나님의 형상을 지닌 백성으로 번성하고자, 창조주와의 관계로 부름받은 관계적 피조물이기 때문이다. 하나님의 은혜로운 환영에 응답하며 우리는 예배에서 환대를 실천한다. 그리고 이를 통해 예배를 넘어서 환대를 확장하는 연습을 한다.[34]

**찬양: 하나님 나라 언어로 노래하기**

이 시점에 이르면 대개 기독교 예배는 노래에 의해 생기가 돈다. 그러나 노래는 그저 장식일 뿐인가? 흥을 돋우고, 분위기를 전환하며, 이 모든 이야기를 멈추고 잠시 휴식을 갖기 위한 장치에 불과한가? 아니면 하나님의 백성이 **노래하는** 것은 정말 중요한 의미를 지니는가? 흔히 교회를 '그 책의 사람들'이라고 말하지만, 교회사 전체를 살펴보면 교회는 또한 **찬송집의 사람들**이 아닌가? 여기에 기독교의 사회적 상상의 필수 요소를 이루는 무언가가 내재되어 있지는 않은가? 우리는 노래에 기독교적 세계 이해의 구성 요소를 이루는 몇 가지 특징이 있다고 주장하고자 한다.

첫째, 노래는 전인격을—혹은 적어도 그저 앉아서 수동적으로 듣거나 글을 읽고 암송할 때보다는 전인격의 많은 부분을—움직이게 만드는, 온몸으로 하는 행동이다. 노래하기 위해서 우리는 다른 경우에는 활성화되지 않을 신체의 여러 부분—복근과 성대, 허파와 혀—을 깨워야 한다. 그리고 노래할 때 우리의 관절과 근육이 자극을 받는 것 같기 때문에, 찬양할 때 우리는 춤

---

[34] Elizabeth Newman, *Untamed Hospitality: Welcoming God and Other Strangers* (Grand Rapids: Brazos, 2007), pp. 41-69를 보라.

을 추거나 손을 드는 경우도 많다. 따라서 노래할 때 우리는 실천을 통해 우리의 신체성을 긍정하고 그 신체성을 활용해 무언가—아름다운 찬양의 노래든 애통한 슬픔의 노래든—를 표현한다.[35] 또한 기분 좋은 화음은 상호의존성과 상호주관성의 심미적 표현이기도 하다.[36] 그리고 음악 창작의 고됨과 즐거움은 우리가 하나님을 보좌하는 창조자로서의 소명을 지니고 있다는 증거다.[37] 간단히 말해, 음악과 노래는 인간으로 사는 것이 무엇을 뜻하는지에 관해 많은 것을 증언하는 소우주와도 같다. 그러므로 기독교 예배의 맥락에서 노래가 우리의 욕망을 다시 방향 짓기 위한 일차적인 수단인 것은 지극히 마땅한 일이다.

둘째, 노래는 다른 담화 형식보다 우리의 상상력 안에 더 깊이 자리 잡는 것처럼 보이는 표현 양식이다. 어느 정도는 가락과 운율 때문에, 어느 정도는 음악의 박자 때문에, 노래는 신체적 기억이라는 양식으로 우리 안에 심기는 것처럼 보인다. 음악은 다른 담화 양식으로는 거의 불가능한 방식으로 우리 '안에' 들어온다. 노래는 글로는 거의 불가능한 방식으로 우리의 상상력 안에 흡수된다. 실제로 노래는 대부분 다시 돌아와 우리 머릿속에 떠오르며, 우리가 처한 상황이나 맥락에 기인하여 우리의 경계를 풀고 우리를 사로잡거

---

[35] 음악에서 몸의 역할, 나아가 몸 자체의 '음악'과 리듬에 관한 논의로는 Don and Emily Saliers, *A Song to Sing, a Life to Live: Reflections on Music as Spiritual Practice* (San Francisco: Jossey-Bass, 2005), pp. 19-37를 보라.

[36] *Self and Salvation: Being Transformed* (Cambridge: Cambridge University Press, 1999), pp. 120-122에 실린 "노래하는 자아"에 관한 데이비드 포드(David Ford)의 논의를 보라. 이 글에서 그는 "구체적으로 음악은 다른 이들에게 주의를 기울이도록 격려하고, 음정과 곡조, 박자의 변화에 즉시 반응하게 하며, 함께 노래함으로써 오는 확신을 공유하게 함으로써 예배를 통해 공동체를 이루어 가는 일에 기여한다. 함께 노래하는 행위는 노래하는 각자가 다른 이들을 돌아보고 공동의 화음을 이루기 위해 서로에게 관심을 기울이는 공동의 책임을 구현한다"라고 강조한다(p. 122).

[37] *Resounding Truth: Christian Wisdom in the World of Music* (Grand Rapids: Baker Academic, 2007), pp. 185-236에 실린, 창조라는 "생태계" 속에서의 음악에 관한 제레미 벡비(Jeremy Begbie)의 논의를 보라.

나 우리의 기억 속에서 새롭게 솟아나고, 우리가 곡조를 흥얼거리거나 조용히 노래하고 있다는 사실을 깨달을 때까지 우리 입 속에 넘쳐흐른다. 노래는 시간과 장소, 심지어 순간의 냄새와 맛까지 떠올릴 수 있게 해 준다.[38] 노래는 우리의 상상력, 우리의 카르디아(kardia, 마음)로 통하는 특별한 통로를 지닌 것처럼 보인다. 왜냐하면 음악은 독특한 방식으로 우리 몸과 관계를 맺기 때문이다. 어쩌면 바울이 그리스도인들에게 "그리스도의 말씀이 너희 속에 풍성히 거하여 모든 지혜로 피차 가르치며 권면하고, 시와 찬송과 신령한 노래를 부르며 감사하는 마음으로 하나님을 찬양하라"라고 권면한 것은 바로 이 때문일지도 모른다(골 3:16). 마찬가지로 에베소서 5:18-20에서 노래는 성령 충만과 연결된다.

아마도 찬송가와 노래, 합창을 **통해서** 그리스도의 말씀이 "우리 안에 풍성히 거하고" 우리는 성령으로 충만해질 것이다. 그런 의미에서 돈 세일리어즈(Don Saliers)는 한 지역 교회 안에 있는 노인 성도들의 경험에 관해 이야기하면서 "그들의 음악은 '마음에 의한', 마음속에 있는 음악이자 마음으로부터 부르는 노래였다. 노래를 부름으로써 찬송가의 가사에 표현된 성향과 신념—감사, 신뢰, 슬픔, 기쁨, 희망—이 그들이 살아가는 신학의 필수 요소로서 그들의 몸과 단단히 결합되었다"라고 말한다. 계속해서 그는 이렇게 주장한다.

기독교 회중은 문화마다 매우 다양한 방식으로 노래하지만, 어떤 방식으로든 그들이 노래할 때마다 체현된 신학은 이렇게 그들의 몸에 단단히 결합된다. 최초의 그리스도인들이 예수님의 가르침과 사역의 새로운 이미지 안에서, 무엇보다도 그분의 죽음과 부활이라는 신비의 이미지 안에서 하나님께 드리는 다양한 찬양을

---

[38] *The Song Remembers When* (© 1993, UMG Recordings, Inc.) 앨범에 실린 트리샤 이어우드(Trisha Yearwood)의 노래 "The Song Remembers When"은 이를 잘 포착하고 있다.

즉흥적으로 불렀던 때부터 이런 결합은 계속해서 일어나고 있다. 삼위일체가 교리 신학의 언어로 표현되기 오래전부터 그리스도인들은 삼위일체 신앙을 노래했다. 사실 교회의 신학은 더 공식적인 신학이 발전되기 전에 예전과 노래의 실천을 통해 체현되었다.[39]

노래를 통한 성경 암송이 대개 매우 효과적인 이유도 이렇게 노래가 우리 몸과 쉽게 결합되기 때문이다. 노래는 우리 존재의 핵심까지 스며들며, 그렇기 때문에 음악은 우리 정체성을 구성하는 중요한 요소다.[40] 따라서 존 위트블릿은 (교회 최초의 찬송가인) 시편이 일종의 언어 훈련 지침서—우리가 어떤 사람이며 자신을 어떤 사람으로 상상하는지를 핵심적으로 결정짓는, 정서적이며 신체적인 언어 훈련의 수단—였다고 지적한다. 토마스 롱(Thomas Long)을 따라 위트블릿은 기독교 예배를 "우리가 스스로 시도할 가능성이 없는 믿음의 언어로 하나님께 말하는 법을 연습하도록 훈련시키는" "하나님의 언어 학교"라고 부른다. "참된 예배는 어린아이의 말처럼 우리가 어떤 사람인지를 표현하며 우리를 특정한 종류의 사람으로 형성시킨다." 시편을 이루는 노래들은 우리가 하나님 나라의 언어를 학습하는 데 핵심적인 역할을 한다. "성경의 시편은 예배를 위한 어휘와 문법을 가르쳐 주는 기초적인 멘토이자 안내자다."[41] 만약 한 사회에 참여하는 일원이 되는 것이 그 사회의 언어를 말할 수 있는 능력을 통해 반영된다면, 노래는 우리가 하나님 나라의 언어를 말하는 법을 배우는 일차적인 방법 중 하나라고 할 수 있다.

---

[39] Don Saliers, "Singing Our Lives", in *Practicing Our Faith: A Way of Life for a Searching People*, ed. Dorothy C. Bass (San Francisco: Jossey-Bass, 1997), pp. 185-186. 『일상을 통한 믿음 혁명』(예영커뮤니케이션).

[40] 이에 관한 더 자세한 논의로는 Saliers and Saliers, *Song to Sing*, pp. 75-95를 보라.

[41] John Witvliet, *The Biblical Psalms in Christian Worship* (Grand Rapids: Eerdmans, 2007), p. 12.

셋째, 교회의 음악과 노래는 리처드 마우가 말하는 "압축된 신학"의 구성 요소다.[42] 나는 세일리어즈를 따라 매체—이를테면 노래의 물질성—도 똑같이 강조하고 싶기는 하지만, 기독교 찬송가와 노래의 내용이 기독교 신앙을 배양하는 핵심 도구라는 사실 역시 참이다. 따라서 존 웨슬리(John Wesley)는 찬송가를 두고 "'실천 신학의 요체', 노래로 표현한 신학"이라는 유명한 말을 했다.[43] 노래는 하나의 전망을 우리 몸 안에 결합시키는 방식과 연관된 "압축된" 신학이라는 특징을 가지고 있기 때문에, 우리의 세계 이해와 기독교 세계관을 형성하는 데 교리문답과 같은 역할을 한다.

성경에서는 노래를 통해 하나님의 백성이라는 정체성과 믿음을 그려 낸다. 예를 들어, 이스라엘이 바벨론에서 포로로 지내고 있을 때 시편 기자는 우상숭배의 유혹 가운데 믿음을 지켜야 하는 어려움을 노래하는 행위라는 관점에서 표현한다.

> 우리가 바벨론의 여러 강변
> 거기에 앉아서
> 시온을 기억하며 울었도다.
> 그중의 버드나무에
> 우리가 우리의 수금을 걸었나니,
> 이는 우리를 사로잡은 자가
> 거기서 우리에게 노래를 청하며,

---

[42] *Wonderful Words of Life: Hymns in American Protestant History and Theology*, ed. Richard J. Mouw and Mark Noll (Grand Rapids: Eerdmans, 2004), xiii-xiv에 실린 리처드 마우의 서문을 보라. 또한 마우는 찬송가가 "어떤 학술 논문으로도 불가능한 방식으로 당신의 의식에 신학적 논점을 새겨 넣는다"고 지적하면서 내가 지금까지 주장했던 논점을 인정한다(xiv).

[43] Saliers, "Singing Our Lives", p. 193.

우리를 황폐하게 한 자가 기쁨을 청하고 자기들을 위하여
"시온의 노래 중 하나를 노래하라" 함이로다.

우리가 이방 땅에서
어찌 여호와의 노래를 부를까? (시 137:1-4)[44]

여기서 노래는 분명 정체성과 연결되어 있다. 우리가 노래하는 바는 우리가 누구인지—그리고 **누구의** 소유인지—에 관해 중요한 무언가를 말한다. 이스라엘이 겪었던 어려움은 우리가 겪는 어려움과 다르지 않다. 하나님의 도성에 속한 백성에게 모든 땅이 '이방'이라면, 우리는 어떻게 이방 땅에서 독특한 하나님의 백성으로 살 것인가? 여기서 망명자로서 믿음을 지키는 법을 이해하는 것은 낯선 땅에서 노래하는 법을 배우는 것과 밀접하게 연결된다. 그리고 망명자로 노래할 때, 우리는 모든 족속과 방언과 나라 가운데서 구속된 찬양대로서 장차 올 왕국에서 울려 퍼질 "새 노래"를 이미 찬양하기 시작한 셈이다(계 5:19; 14:3). 이런 소망을 표현한 노래 속에서 우리는 기독교 예배에 암시된 왕국에 대한 전망—기쁨과 축제의 세상, 즐거운 노래의 세상, 그리고 화해된 공동체가 거대한 찬양대가 되어 함께 노래하는 인종적 화해의 세상—을 본다. 기독교 예배에서 함께 노래하며 실천함으로써—서로 다른 성부로 화음을 이루어 하나의 노래를 부르며[45]—우리는 작지만 중요한 방식으로

---

[44] 이 요점을 확증하자면, 이 시편은 캐나다 밴드 더 크라이(The Kry)의 공연 때문에 언제나 내 머릿속에 남아 있다. 그 노래는 내 안에 들어와 기억과 결합되어 있다.

[45] 즉, 화해되고 조화로운 공동체라는 기독교의 전망은 일치를 이루기 위해 차이를 없애는 공동체가 아니다. 차이와 다원성에 대한 인정은 하나님의 선한 피조물의 근본 구조 안에 새겨져 있다. 이에 관한 논의로는 James K. A. Smith, *The Fall of Interpretation: Philosophical Foundations for a Creational Hermeneutic* (Downers Grove, IL: InterVarsity, 2000), pp. 56-60와 pp. 183-184를 보라. 『해석의 타락』(대장간).

우리가 바라는 하나님 나라의 모습을 행동으로 옮긴다.

**율법: 질서, 규범, 선을 위한 자유**

기독교 예배를 분석하면서 나는 예전에서 중요한 것은 단지 우리 삶의 '종교적' 양상이 아니며, 오히려 기독교 예배의 실천이 참으로 **인간**다워지기 위한 훈련임을 강조하려고 했다. 이는 3장에서 세속적 예전에 관해 강조했던 바를 뒤집은 것이다. 세속적 예전의 경우에는 우리가 그런 문화적 실천이 종교적이지 않다고 생각하는 경향이 있기 때문에, 그런 실천이 예전으로 기능함을 보여 줌으로써 그것들을 낯설게 만들려고 했다. 기독교 예배의 경우에는 우리가 그것을 **단지** '종교' 행위 혹은 우리의 '개인 구원'과 관련해서 행하는 무언가라고 생각하는 경향이 있기 때문에, 기독교 예배가 훨씬 더 광범위한 적용점과 포부를 지니고 있다는 사실을 놓칠 수 있다. 그렇기 때문에 때로는 기독교 예배를 '자연화'함으로써, 삶의 모든 양상—사회적, 정치적, 경제적 양상 등—에서 번영하도록 우리를 훈련시키겠다는 예배의 포부를 더 분명히 이해할 수 있다. 기독교 예배 안에는 영적 번영뿐만 아니라 인간적 번영이 암시되어 있다. 예배는 단지 영원한 지복(至福)을 위한 훈련일 뿐만 아니라, 현세적이며 신체적인 인간 공동체를 위한 훈련이기도 하다.[46] 기독교 예배가 종말론적이라고 말할 때, 우리는 예배가 장차 올 하나님 나라를 예기(豫期)한다는 점

---

46 6장에서 언급하겠지만, 바로 이런 이유 때문에 기독교 예배 안에 암시된 사회적 상상은 기독교 학문이라는 책무에서도 대단히 중요하다. 모든 학문과 담론—심지어 이른바 서술적 분야까지도—이 인간 번영에 관한 특정한 규범을 전제한다면, 기독교 학문은 기독교 예배라는 두꺼운 특수성 안에서 인간 번영을 위한 규범을 찾아야 한다.

을 강조한다. 그러나 우리는 기독교의 소망은 몸을 벗어나 천국에서 사는 '영적' 실존을 바라는 게 아니라 부활한 새로운 존재로 새 땅에서 살기를 바라는 것임을 기억해야 한다.[47] 기독교 제자도란 새로워진 인간으로 살아가는 삶의 모습이며, 에덴동산에서 주어지고 선포되었던 인간됨이라는 선물과 소명을 회복하는 것이다. 계속해서 기독교 예배의 실천 안에 담겨 있는 인간 번영의 이해가 무엇인지 풀어내 보자.

하나님의 부르심에 응답해 모인 후, 하나님께 그리고 서로에게 환영을 받은 후, 기독교 예배의 대화적 원리는 율법 읽기에서도 계속된다. 일부 전통에서는 이때 정기적으로 십계명을 읽는다. 다른 많은 전통에서는 이 시간에 성경 안에 있는 다양한 하나님의 명령을 읽으며, 여기에는 산상설교를 비롯해 예수님이 가장 중요한 계명이라고 말씀하신 "네 마음을 다하고 목숨을 다하고 뜻을 다하여 주 너의 하나님을 사랑하라"와 "네 이웃을 네 자신같이 사랑하라"(신 6:5과 레 19:18을 반복하는 마 22:37-39)와 같은 신약성경의 다른 명령이 포함된다. 따라서 기독교 예배의 일부 형식에서는 이 순서를 **율법**이라고 부르지 않고 '우리 삶을 위한 하나님의 뜻'을 듣는 순서라고 부른다.

각 전통에 따라 이 순서는 서로 다른 부분에 자리를 잡는다. 우리의 죄인됨과 고백의 필요성을 깨닫게 하는 요소로서의 율법 선포를 강조하는 전통에서는 율법 읽기가 죄 고백과 사죄의 확신보다 선행하며 이를 유도한다.[48]

---

[47] 이 점에 관한 알기 쉬운 논의로는 Paul Marshall, Lela Gilbert, *Heaven Is Not My Home* [Nashville: Nelson, 1999, 『천국만이 내 집은 아닙니다』(IVP)], Nathan Bierma, *Bringing Heaven Down to Earth: Connecting This Life to the Next* (Phillipsburg, NJ: Presbyterian & Reformed, 2005), 최근에 나온 책으로는 N. T. Wright, *Surprised by Hope: Rethinking Heaven, the Resurrection, and the Mission of the Church* (San Francisco: HarperOne, 2008)를 보라. 『마침내 드러난 하나님 나라』(IVP).

[48] 마이클 호튼 역시 율법 읽기는 언약 갱신에서 중요한 역할을 한다고 지적한다. 율법 읽기는 곧 "조약의 조건과 그 처벌 조항 읽기"다(*Better Way*, p. 149).

다른 전통에서는 율법을 감사의 마음에서 우러나오는 순종의 삶을 살라는 하나님의 초대로 이해한다. 하나님의 율법은 우리 의지를 엄격히 제한하는 것이 아니라 아우구스티누스가 명명한 우리 의지의 '바른 정향' 안에서 평화와 안식을 찾으라는 권고다. 이 점에서 계명을 주시는 것은 사랑을 표현하시는 것이다. 계명은 우리에게 이를테면 '우주의 결'을 따라 행동하라고 권면하는 지속적인 보호 장치로 주어졌다. 계명은 하나님이 우리에게 풍요롭고도 번영하는 삶을 찾기를 권유하고 격려하는 수단이다. 요한일서에서는 계명과 사랑의 이런 상관관계를 포착해 낸다. "하나님을 사랑하는 것은 이것이니 우리가 그의 계명들을 지키는 것이라. 그의 계명들은 무거운 것이 아니로다"(요일 5:3). 죄 고백 이전이든 사죄의 확신 이후든, 하나님의 율법과 우리 삶을 위한 하나님의 뜻 선포는 인간의 선에 공헌하는 실천과 행동에 참여하라는 권고를 나타낸다. 율법의 목적은 제한이 아니라 보호다.

이 실천에는 거의 모든 다른 문화적 제도에 맞서는 자유에 대한 이해가 내재되어 있다. 서양 민주주의 사회에서 사는 우리 역시 이런 문화적 제도의 일원이다. 율법을 선포하고 우리 삶을 위한 하나님의 뜻을 주장하는 일은 우리의 선이 우리가 결정하거나 스스로 선택하는 무언가가 아님을 뜻한다. 후기 근대 문화의 세속적 예전에서는 우리 안에 자율성이라는 개념 – 우리가 우리 자신에게 법이며, 자신의 목적을 선택하고 자신의 텔로스를 결정할 때만 우리가 참으로 '자유롭다'는 생각 – 을 형성하는 데 열중한다. 찰스 테일러가 지적하듯이, 근대성은 시작부터 목적론에 대한 거부, 좋은 삶을 누리기 위해 인간이 지향**해야 하는** 구체적이며 규범적인 목적(텔로스)이 존재한다는 개념에 대한 거부로 특징지어졌다. 그리고 자유를 선택의 자유와 동일시하는 '자유지상주의적' 자유라는 새로운 개념 역시 이런 거부를 부추겼다. "실제로 아리스토텔레스의 목적론을 강력히 거부한 이유 중 하나는, 지금처럼 그때도 이것이 우리 스스로 삶을 결정하고 우리 자신의 사회를 건설할 자유를 제한할 가능성이 있다고 보았기 때문이다."[49] 선택의 자유로서 자율적 자유—우리 자신의 목적을 구성하고 선한 삶에 대한 우리 자신의 전망을 만들어 낼 자유—라는 이러한 개념은 우리 자신 외부에 법이 존재한다는 개념 자체를 거부한다.[50] '율법'의 선언은 일차적으로 근대적인 세속적 예전에 의해 형성된 사람들에게는 하나의 스캔들이다.

이와 대조적으로, 기독교 예배에서는 선을 전혀 다르게 이해하고 있다. 인간과 모든 피조물은 그들 자신이 선택하지 않고 하나님이 세우신 텔로스를 향해 바르게 정향될 때 번영을 누린다. 피조물은 무언가를 **위해**, 창조주께서 그들 마음속에 그리신 특정한 목적을 **위해** 창조되었다. 아우구스티누스는 "당신은 당신 자신을 위해 우리를 만드셨습니다. 그렇기 때문에 당신 안에서 안식을 찾을 때까지 우리 마음은 쉼을 얻을 수 없습니다"라고 고백했다. 율법을 선언하고 우리 삶을 위한 하나님의 뜻을 낭독하는 행위는 세속적 예전이 우리 안에 새겨 놓은 자율성을 향한 욕망에 대한 중대한 도전이다. 율법 읽기는 우리 자신의 바람과 욕망을 버리는 행위다. 이를 통해 우리가 우리 자신이 만들지 않은 세상 속에서 살고 있으며, 그렇기 때문에 (마치 우리 자신이 작은 창조자가 될 수 있는 것처럼) 우리가 원하는 대로 세상을 개조하려는 우리의 모든 시도는 실패할 수밖에 없을뿐더러 고통을 악화시킬 수밖에 없음을

---

[49] Taylor, *Modern Social Imaginaries*, p. 80. 욕망이라는 주제와도 맞닿아 있는 이 문제에 관한 탁월한 분석으로는 David Burrell, "Can We Be Free without a Creator?" in *God, Truth, and Witness: Engaging Stanley Hauerwas*, ed. L. Gregory Jones, Reinhard Hütter, C. Rosallee Velloso Ewell (Grand Rapids: Brazos, 2005), pp. 35-62를 보라. 이에 관해서는 나 역시 "The Gospel of Freedom, or Another Gospel? Augustinian Interrogations of the Bush Doctrine and *Empire*", in *Political Theology* 10.1 (2009)에서 자세히 논한 바 있다.

[50] 근대적 자율성의 개념에는 한 사람이 자신(*autos*)에게 법(*nomos*)을 부여한다는 생각이 나타나 있다. 이러한 입장은 '타율', 즉 법이 타자(*heteros*)로부터 온다는 생각을 거부한다.

상기한다. 율법의 선언은 우리가 '자연'이 아니라 창조주가 만드신 **창조 세계** 안에서 살고 있으며 우주에는 어떠한 결―세계 구조의 일부인 홈과 자국, 규범―이 있음을 상기시킨다.[51] 그리고 우리의 공동체와 인간관계가 이 홈의 결에 따라 흘러갈 때 모든 피조물은 번성한다. 예배에 내재된 인간 번영에 대한 성경적 전망은 오직 우리의 욕망이 바르게 정향되었을 때에, 우리의 욕망이 우리의 선을 이루는 목적에 사로잡혀 그 목적을 지향할 때에야 우리가 참으로 자유로울 수 있음을 뜻한다.[52] 그렇기 때문에 율법은 자율성을 추구하는 근대적 욕망에 대한 스캔들이자 도전임에도, 사실은 무-목적론적인 방랑으로부터 자유로워지라는 초대장이다.[53] 이것은 우주의 결을 구성하며 번영에 기여하는 적소(groove)로 우리를 이끄는 율법의 경계를 환영함으로써 좋은 삶을 발견하라는 초대장이다.

### 죄 고백과 사죄의 확신: 깨어짐, 은혜, 소망

그러나 율법을 선포하고 우리 삶을 위한 하나님의 뜻을 주장하는 일은 자율

---

[51] 나는 여기서, 존 하워드 요더(John Howard Yoder)의 주장을 받아들여 "십자가를 지는 사람들"은 "우주의 결을 따라 일하고 있다"고 말했던 스탠리 하우어워스를 넌지시 인용하고 있다. Hauerwas, *With the Grain of the Universe: The Church's Witness and Natural Theology* (Grand Rapids: Brazos, 2001), p. 17를 보라.

[52] 따라서 아우구스티누스는 자유지상주의적 자유―규정된 텔로스가 없으며, 따라서 내가 원하는 것은 무엇이든 할 수 있는(근대에서 그토록 소중히 여기는) '자유'―를 사실상 타락한 죄의 자유라는 상태로 이해했다.

[53] 버렐의 말처럼, "한 행동은 과도한 몰입 상태로부터 자유로울수록, 따라서 지향하는 욕망을 성취하는 데 공헌하는 욕망을 따를 수 있을수록 진정한 자신의 행동이 되며, 따라서 참으로 더 자유로운 행동이 된다. 그러므로 모든 것이 선물이며 모든 것이 욕망이지만, 바르게 분별된 욕망은 과도한 몰입으로부터 해방된 자유로 이어진다. *non est liber nisi liberatus*. 그 누구도 자유로워질 때까지 자유롭지 않다" ("Can We Be Free?" p. 49).

성을 애호하는 우리의 성향을 억제할 뿐만 아니라, 우리가 이 선을 추구하거나 그에 부합하는 삶을 살 능력이 없음을 우리에게 상기시킨다. 거룩하신 하나님과의 관계로 초대를 받고 그분이 무엇을 요구하시는지를 상기한 후, 우리의 실패와 죄악뿐만 아니라 우리에게는 다르게 살아갈 능력이 없다는 사실이 집중적으로 조명된다. 기독교 예배에서는 우리가 이 황량하고도 잊히지 않는 사실―이에 대해 우리는 적잖이 당황스러워하며 부끄러워한다[54]―을 억누르기보다는, 혹은 이를 호도하거나 무시하기보다는 공개적으로 고백함으로써 이를 인정하라고 촉구한다. 그렇게 함으로써 우리의 죄악에 대해 하나님 앞에서 정직해지고, 그 죄악이 그분의 율법을 위반한 것임을 인정한다. 예를 들면, 회중이 겸손히 무릎을 꿇고 낭독하는 『성공회 기도서』(Book of Common Prayer)의 고백 기도처럼, 우리는 우주의 결을 거스르는 성향과 행동을 고백한다.

지극히 자비로우신 하나님,

생각과 말, 행동을 통해,

우리가 했던 일과

하지 않고 남겨 두었던 일을 통해

우리가 당신께 죄를 지었음을 고백합니다.

우리는 온 마음으로 당신을 사랑하지 않았고,

이웃을 우리의 몸처럼 사랑하지 않았습니다.

---

[54] 그러나 언약을 지키시는 하나님께 응답하며 모인 사람들의 일원으로서 이 고백을 한다는 점에 주목해야 한다. 따라서 우리는 "만일 우리가 우리 죄를 자백하면 그는 미쁘시고 의로우사 우리 죄를 사하시며 우리를 모든 불의에서 깨끗하게 하실 것이요"(요일 1:9)라는 하나님의 약속에 의지해 선물로 주어지는 확신, 확실한 사죄에 대한 기대를 가지고 죄를 고백한다. 우리는 이 약속의 맥락 안에서 죄를 고백한다.

우리는 진심으로 뉘우치며 겸손히 회개합니다.

당신의 아들 예수 그리스도의 공로로

우리에게 자비를 베푸시고 우리를 용서하소서.

그리하여 우리가 당신의 뜻 안에서 기뻐하며,

당신의 뜻 안에서

당신의 영광스러운 이름을 위하여

살아가게 하소서. 아멘.

이것이 추상적인 법을 위반한 것이 아니라는 점에 주목하라. 이것은 "당신께", 즉 하나님께 저지른 죄다. 이것은 계약에서 우리의 의무를 다하는 데 실패한 것이라기보다는 결혼이 파경에 이른 것에 더 가깝다. 우리의 죄는 신뢰가 유린되었음을 뜻한다. 그리고 이 고백은 사랑하지 못한 것―혹은 제대로 사랑하지 못한 것, 바르게 사랑하지 못한 것, 바른 것들을 바른 순서로 사랑하지 못한 것―이 잘못된 행동의 근원임을 인정한다. 잘못된 방향을 지향하는 행동은 잘못된 방향을 지향하는 욕망의 반영이자 산물이다. 그리고 잘못된 방향을 지향하는 **욕망**은 죄악된 **행동** 못지 않은 위반이자 죄악이다. 따라서 또 다른 고백 기도는 다음과 같이 정직하게 인정한다.

오 하나님, 우리가 당신을

제대로 사랑한다고 생각한 때가 많았습니다.

하지만 마음을 다하여, 뜻을 다하여,

힘을 다하여 당신을 사랑하라는 부르심을 들으면서

우리는 당신을 향한 우리의 사랑이

약해진 충성심과 나뉜 마음 때문에

생기를 잃고 맥이 빠진 옅어진 사랑임을
고백합니다.[55]


무엇이 위반으로 간주되는지는 우리의 고백보다 선행하는 율법의 모든 특수성에 의해 결정된다. 그리고 기독교 예배에서 인간 번영에 대한 하나님의 규범적 전망의 범위를 그 구체적인 양상 안에서 오랜 시간에 걸쳐 되풀이해서 말할 때, 우리는 규칙적으로 우리 실패의 다양한 국면을 마주 대한다. 우리는 개인적이거나 사적인 죄와 악행을 고백하는 데서 그치지 않는다. 우리는 죄를 고백하면서 세계의 질서를 무너뜨리고 피조물을 타락시키는 온갖 종류의 악에 대해 공모했음을 인정한다. 간단히 말해, 우리는 **참 인간이 되라**는 부르심, 세상에 대해 그리고 세상을 위해 하나님의 형상을 지닌 자가 되라는 부르심에 귀를 기울이지 않았음을 고백한다. 결국 죄는 인격적이며 개인적일 뿐만 아니라(관계의 위반), 인간이 만든 문화적 제도 안에도 새겨져 있다(하나님의 대리 통치자가 되라는 명령의 거부). 문화 만들기—피조물 안에 심어주신 잠재력을 펼치는 일—는 하나님의 형상을 지닌 존재인 우리에게 주어진 소명이다. 타락이 우리가 욕망하기를 멈춘 것이 아니라 우리의 욕망이 잘못된 방향을 지향하게 되었음을 의미하듯, 죄는 우리가 문화를 만드는 일을 멈춘 것이 아니라 이 일을 나쁘게, 죄악되게, 불의하게 하고 있음을 의미한다. 스킬더(Schilder)의 말처럼, "문화적 충동 자체는 '타고난' 선물, '창조의 선물' 중 하나다.…그러나 그리스도의 영을 통해 순종을 회복할 때에야, 이 창조의 선물을 목적에 맞게 사용하고 목적과 종말론적으로 결정된 방향에 관

---

[55] Kenneth D. Koeman, "The Question That Focuses Us: 'Do You Love Me?'", *Reformed Worship* 8, no. 27 (1993): p. 41에서 차용했다. http://www.reformedworship.org/magazine/article.cfm?article_id=1502&id=27.

해 하나님이 주신 명령에 일치하는 긍정적인 문화적 활동을 할 수 있다."[56]
"문화적 충동"은 사라지지 않는다. 그것은 잘못된 방향, 잘못된 목적을 지향한다. 그 목적론은 이상해지고, 균형을 잃은 창작 활동은 우리가 만드는 문화적 생산물에도 반영된다. 그 결과 우리는 불의한 제도와 체제를 만들어 내며, 이는 그저 개인의 나쁜 선택 때문만이 아니라, 이 제도의 구조와 체제 자체가 불의하고 구조적 인종 차별주의나 가부장제, 가난한 이들의 착취를 조장하기 때문이다. 죄 고백에서는 구조적 죄까지도 구체적인 차원에서 인정한다.

> 자비로우신 하나님,
> 당신의 은혜로운 임재 가운데
> 우리는 우리의 죄와 이 세상의 죄를 고백합니다.
> 그리스도께서 우리의 평화로 우리 가운데 계심에도,
> 우리는 깨어진 세상의 가치에 집착하며
> 서로를 대적하는 분열된 백성입니다.
> 우리가 추구하는 이윤과 쾌락이
> 이 땅을 황폐하게 하고 바다를 오염시킵니다.
> 우리 마음속에 품은 두려움과 질시 때문에
> 이웃이 이웃을,
> 나라가 나라를 대적합니다.
> 우리는 상상력과 자유,
> 지성과 이성이라는 당신의 좋은 선물을 남용하고,

---

[56] Schilder, *Christ and Culture*, pp. 68–69.

그것을 억압의 사슬로 만듭니다.
주님, 우리에게 자비를 베푸소서.
우리를 치유하고 용서하소서.
우리를 자유롭게 하시어
예수 그리스도 안에서 당신의 화해시키시는 사랑의 대리인으로서
세상 속에서 당신을 섬기게 하소서. 아멘.[57]

이 기도에서는 인간의 죄가 피조물 전체에 걸친 우주적 깨어짐을 초래했음(롬 8:20)을 인정하면서, 자연의 부패가 우리 죄의 또 다른 부산물임을 고백한다. 이런 점에서 우리의 고백은 구속을 고대하는 피조물 자체의 탄식을 반복하며(롬 8:22), 그리스도께서 이미 성취한 바가 온전히 실현되는 날, 만물 곧 "땅에 있는 것들이나 하늘에 있는 것들"을 그분 자신과 화해시키실(골 1:20) 그날을 기대한다.

앞서 지적했듯이 기독교 예배에서 죄 고백은 고백이 시작되기도 전에 그 즉시로 무엇이 뒤따를지를 이미 예기한다. 그것은 곧 하나님의 사죄 선언과 그에 대한 확신—그리스도 안에서 성취된 사죄와 용서의 말씀—이다. 대화는 계속된다. 우리는 우리의 죄를 고백하고 하나님은 "내가 너를 용서하노라!"라고 대답하신다. 죄 고백을 갈망하는 것은 조금 이상하게 보일지 모르지만, 죄 사함을 갈망하는 것은 당연해 보인다. 복된 소식은 이렇게 우리를 찾아온다!

---

[57] *The Book of Common Worship* (Presbyterian Church in Canada, 1991), p. 28, alt. (허락 받아 사용함). *Worship Sourcebook*은 인종 차별주의와 착취 같은 수많은 구조적 죄를 고백하는 기도와 슬픔과 좌절, 심지어 깨어진 세상에 대한 분노를 표현하는 성경적 언어를 제공하는 애통의 기도를 포함하는 다양한 고백 기도를 모아 놓았다.

복된 소식을 들으십시오.

우리가 아직 죄인이었을 때 그리스도께서 우리를 위해 죽으심으로써

우리를 향한 하나님의 사랑을 확증하셨습니다.

예수 그리스도의 이름으로 우리는 용서받았습니다!

**예수 그리스도의 이름으로 우리는 용서받았습니다.**

하나님께 영광을 올려 드립니다. 아멘.[58]

다음은 『성공회 기도서』를 인용한 내용이다.

전능하시며 자비로우신 주님이 당신의 모든 죄를 사하시고, 참된 회개를 허락하시고, 삶을 고쳐 주시고, 그분의 성령의 은혜와 위로를 부어 주시기를 기원합니다. 아멘.

복된 소식은 우리가 하나님께 의존할 수밖에 없는 존재임을 분명히 말한다. 왜냐하면 우리의 용서는 선물, 즉 십자가에서 이루신 그리스도의 사역이 흘러넘치는 것으로서 오기 때문이다. 우리의 확신은 우리 자신이 성취한 업적으로부터 오지 않으며, 하나님의 용서도 단순히 정의의 요구를 물리치거나 피조물의 깨어짐을 무시하는 것으로부터 오지 않는다. 오히려 하나님 자신이 십자가에 달리신 성자 안에서 우리 죄와 그 결과를 담당하셨고, 성자께서는 부활을 통해 죄와 그 결과를 이기셨다. 우리의 깨어짐과 폭력에 대해 하나님은 은혜로 대응하신다. 하나님은 우리를 위해 폭력을 당하셨으며, 이로써 우

---

[58] 다음에서 가져왔으며, 허락 받아 사용하였다. "The Service of Healing I and II", in *The United Methodist Book of Worship* (Nashville: Abingdon, 1992), pp. 615–626. © 1992 United Methodist Publishing House.

## 생각해 볼 문제: 해방으로서의 죄 고백

한편으로, 죄 고백은 사실 우리가 좋아하거나 즐기는 일은 아니다. 다른 한편으로, 죄 고백에는 중요한 의미가 있는데, 이 시간에는 우리를 환대하시는 하나님께 드리는 언약적 예배라는 맥락 속에서 백성이 모여 함께 죄를 고백하며 정직할 것을 강요받는다. 이런 행동에는 믿기지 않을 정도로 해방적인 의미가 담겨 있다. 정기적인 예배 순서에 죄를 고백하는 순서를 포함시키지 않았던 교회에서 자랐지만, 이제 나는 죄 고백이라는 예전적 행동이 나를 불편하게 만드는 동시에 내가 나 자신에 관해 알고 있는 바를 정직하게 표현한다는 것을 깨닫게 되었다. 그것은 내가 억압하고 싶어 하는 충동을 말로 나타낸다. 한편으로, 나는 나의 모든 실패와 죄, 악행을 떠올리고 싶지 않지만, 다른 한편으로, 나는 그에 대한 앎으로부터 결코 벗어날 수 없다. 죄 고백이라는 의례는 그에 관해 정직할 수 있는 여지를 만든다. 이상하게도 우리는 고백하기를 **원하며** 고백하기를 **욕망한다**고 말할 수도 있다. 역사적 기독교 예전의 리듬에서는 고백의 필요성뿐만 아니라 어쩌면 고백하고 싶어 하는 이 이상한 욕망을 이해하고 있다.

이런 이상한 욕망과 비슷한 것을 그레이엄 그린의 소설 『조용한 미국인』(*The Quiet American*)의 마지막 부분에서 엿볼 수 있다. 이 소설에서는 20세기 중엽 인도차이나를 배경으로 프랑스와 영국의 식민주의에 관해 이야기하면서 또 다른 종류의 식민주의, 즉 미국의 베트남전 개입이 초래할 비극(최근 아시아에 대한 미국의 개입과 크게 다르지 않은 일종의 유사 식민주의 전략)을 예기한다. 국가와 개인, 제국과 영혼의 죄와 교만을 탐구하는 이 소설은 음모와 이기심으로 얽혀 있는 이야기, 개인적이며 정치적인 이익을 위한 착취—한 일과 하지 않고 남겨 둔 일, 저지른 죄와 저지르지 않은 죄—로 가득 찬 이야기다. 이 두 죄가 교차하는 지점에서 주인공 파울러는 율법의 양쪽 판에 기록된 모든 계명을 위반한다. 그는 적수인 파일("조용한 미국인")에게 승리를 거두고, 아무 상처도 입지 않은 채 원하는 것, 즉 두 사람 모두가 사랑하던 여자 푸엉까지 얻은 것처럼 보인다. 그러나 소설에서는 파울러가 여전히 다른 무언가를 원하고 있음을 보여 준다.

내 맞은 편 책장에는 『서양의 역할』이 초상화처럼 세워져 있었다. 머리를 짧게 깎은 젊은 남자가 있고 그의 발아래엔 검은 개가 한 마리 앉아 있다. 그는 더 이상 그 누구에게도 해를 끼칠 수 없다. 나는 푸엉에게 물었다. "당신은 그가 많이 그립나요?"

"누구 말예요?"

"파일." 아직까지도, 그녀에게조차도 이름 대신 성으로 그를 부를 수밖에 없다니 정말 이상한 일이다.

"나 가도 될까요? 동생이 정말로 기뻐할 거예요."

"한번은 당신이 잠결에 그의 이름을 말했어요."

"나는 꿈을 기억하지 못해요."

"당신 둘이 함께 많은 것을 했을 테죠. 그는 젊었으니."

"당신도 늙지 않았어요."

"마천루. 엠파이어 스테이트 빌딩."

그녀는 살짝 머뭇거리며 말했다. "나는 체다 협곡을 보고 싶어요."

> "그랜드 캐니언만 못해요." 나는 그녀를 침대로 끌어당겼다. "미안해요, 푸엉."
>
> "뭐가 미안해요? 전보를 받아서 너무 기뻐요. 내 동생…."
>
> "그래요, 가서 동생에게 말해요. 하지만 나와 키스부터 해요." 흥분한 그녀의 입술은 내 얼굴을 미끄러졌고, 그녀는 밖으로 나가 버렸다.
>
> 나는 파일을 처음 만난 날 콘티넨털 호텔에서 그녀가 내 옆에 앉아 맞은편의 탄산 음료수대를 바라보던 때를 생각했다. 그가 죽은 후 나는 모든 일이 잘 풀렸지만, 미안하다고 말할 수 있는 누군가가 있었으면 하고 얼마나 간절히 바랐던가. [Graham Greene, *The Quiet American* (New York: Random House, 1992), pp. 246–247, 『조용한 미국인』(대성)]

리에게 은혜와 능력을 부어 주셔서 우리가 우리의 욕망을 다시 방향 짓고, 우리의 궁극적 목적을 재조정하며, 인간으로서 세상에 대해 그리고 세상을 위해 그분의 형상을 지닌 존재로 살아가라는 우리의 소명을 다시 한번 감당할 수 있게 하신다.

죄 고백과 사죄의 확신에서 우리는 다시 한번 기독교 예배가 죄책과 책임에 관한 이야기를 무효화하거나 사죄의 확신을 제공하지 않은 채 실패를 지적하는 경향이 있는 세속적 예전의 형성에 맞서는 것을 볼 수 있다. 한편으로, 오프라(Oprah)식의 세속적 예전에서는 실패와 죄책, 악행을 인정하기를 거부하고 자긍심을 약화시키는 '부정적인 에너지' 같은 것을 신랄하게 비판하는 환상에 불과한 자기 확신('당신 자신을 믿으라!')을 조장하는 경향이 있다. 이 자기 긍정의 예전에서 부추기는 '우리는 할 수 있다'라는 자신감은 고백 없는 확신을 제공한다. 다른 한편으로, 마케팅의 세속적 예전에서는 많은 경우 우리가 자신의 잘못과 실패를 깊이 깨닫고 있다는 점을 적극적으로 활용하지만, 이것을 죄책감이 아니라 수치심을 불러일으키는 현상으로 변화시킨다. 그들은 이에 대한 반응으로 용서나 사죄가 아니라 다양한 재화와 서비스를 통해 문제를 바로잡을 수 있는 기회를 약속한다. 그런 의미에서, 그들은 고백을 요구하지만 용서나 평화를 약속하지는 않는 것처럼 보인다. 이 두 경우와는 대조적으로, 매주 기독교 예배에서 행하는 죄 고백과 사죄의 확신 의례에서는 이런 세속적 예전에 맞서 우리 자신과 우리가 사는 세상이 근본적으로 깨어져 있으며 그것이 우리 선택의 결과임을 상기시켜 주는 실천에 우리를 몰입시킨다. 이를 통해 우리가 불의에 공모하고 있다는 사실을 하나님과 우리 자신 앞에 솔직하게 인정하지 않을 수 없게 하며, 우리가 좋은 남편이나 아내, 딸이나 아들, 자매나 형제, 이웃이나 목회자가 되지 못했다는 점―어쩌면 그보다 더 중요하게는 우리가 한 백성으로서, 교회(ekklēsia)로서 산 증인이 되도록 부름받은 그 나라의 맛보기가 되지 못했다는 점―을 직시하게 만든다. 그러나 이 실천은 우리를 절망 가운데 내버려 두지 않고 오히려 우리에게 소망을 준다. 우리에게 용서를 확신시키며 저주가 제거되었음을 상기시킨다. 피조물의 재정향은 예수 그리스도의 인격 안에서 이미 피조물 안으로 침투했으며, 우리는 그 나라의 온전한 도래를 대비하고 연습하기 위해―따라서 그때까지 문화적 대리인으로서 우리가 수행하는 일 안에서 또한 그 일을 통해서 그 나라의 백성다운 사람들, 그 나라의 증인이 되도록 훈련받기 위해―한 백성으로 모인다.

### 세례: 왕 같은 제사장으로의 입문식, 새로운 백성의 구성

만약 우리가 화성인 인류학자로서 기독교 예배에 참석하고 있다면, 특별히 주변 문화에서 관찰했던 다른 것들과 나란히 놓고 보았을 때 이상한 의례처럼 보이는 것을 관찰할 기회가 있을 것이다. 예배의 이 순서에서는 한 교인이 회중 앞에 자신을 제시한다. 그가 심문처럼 보이는 과정을 거친 다음에는, 누군가가 그를 옷을 다 입은 채로 물에 완전히 잠기게 하거나 구호처럼 들리는 어떤 말을 중얼거리면서 그의 머리에 물을 세 차례 부을 것이다. 혹은 한 가족이 아기를 데리고 앞으로 나오고, 누군가 그들에게 질문을 한 후 거대한 수반(水盤)처럼 생긴 화려한 장식이 있는 장치에 그 아기를 (심지어 다 벗긴 상태로) 세 차례 빠뜨릴지도 모른다. 아기는 물에서 나오며 목청껏 소리를 지르지만 부모와 회중은 몹시 기뻐하는 것처럼 보인다. 여기서 무슨 일이 일어나고 있는가?

우리 대부분은 이 명백히 이상한 행위가 세례의 성례전임을 알아차릴 것이다. 많은 점에서 세례는 성만찬의 성례전과 마찬가지로 기독교 예배 전체를, 그리고 그리스도 안에서 세상을 자신과 화해시키시는 하나님의 이야기를 압축적으로 보여 주는 소우주다. 따라서 세례는 우리가 지금까지 논의한 요소를 요약하는 동시에 앞으로 예배에서 펼쳐질 다른 요소들을 예상하게 해 준다. 그러나 세례를 통해 무슨 일이 이루어졌는가? 세례는 어떤 점에서 형성적인가?[59] 세례는 무엇을 그리고 이야기하는가? 여기서 이루어지는 욕망의

---

[59] 여기서 나는 세례의 신학을 제시하지는 않을 것이다. 그러나 적어도 우리는 세례가 성례전으로서 은혜의 수단이기는 하지만 그저 수세자에 대해서만 중요하거나 형성적이지는 않다는 점을 주목해야 한다. 앞으로 살펴보겠지만, 세례가 있을 때마다 회중 전체가 참여한다. 유익하며 이해하기 쉬운 세례의 신학으로는 Leonard Vander Zee, *Christ, Baptism, and the Lord's Supper: Recovering the Sacraments for Evangelical Worship* (Downers Grove, IL: InterVarsity, 2004), pp. 71-120를 보라. 세례 전례의

감각적 훈련은 어떤 것인가? 이에 관해 나는 세례를 통한 새로운 정치체의 구성, 가정의 재편, '세상'에 대한 대립의 의례화, 이렇게 세 가지만을 강조하고자 한다.

첫째, 세례는 한 백성으로의 입문 의례인 동시에 "한 백성"을 구성하는 결과를 낳는다.[60] [피터 레이하르트(Peter Leithart)가 성례전에 대한 '줌 렌즈'식 접근법이라고 부르는 방식에 따르면][61] 우리는 세례가 한 개인에 대해, 그를 위해 무슨 일을 하는가에 초점을 맞추는 경향이 있지만, 세례는 모여서 드리는 예배의 맥락 안에 자리한다. 세례는 사회적이며 정치적인 실체를 선언하기 때문이다. 줌 아웃 하고 세례가 상징하는 실체에 대해 생각해 보면 우리는 "하나님이 물 몇 방울로 국가들을 전복하고 새로운 국가들을 세우실 수 있다는 사실에 대해 경외감을 느낄" 수밖에 없다.[62] 세례는 새로운 탄생(그리스도와 함께 죽고 부활하여 '새로운' 사람이 되는 것, 롬 6:3-4)을 예증하며 우리의 새로운 정체성을 표현(카이사르가 아니라 예수님이 주님이시라는 고백)하지만, 개인적 구속의 예증이나 상징적 표현이기만 한 것은 아니다. 세례는 하나님의 그림일 뿐만 아니라 무언가를 행

---

구성 요소에 대한 개관으로는 *Worship Sourcebook*, section 6을 보라.

60 리처드 헤이스(Richard Hays)는, 바울에게 "하나님의 구속 행위의 목적"은 개별 영혼의 구출이 아니라 "그분의 영광을 선포할 한 백성을 일으키는 것"이라고 강조한다[Hays, *The Echoes of Scripture in the Letters of Paul* (New Haven: Yale University Press, 1989), pp. 84, 183]. 혹은 그가 다른 글에서 요약했듯이, "성경이 **하나님의** 행위에 관한 이야기를 들려준다는 점을 감안하더라도, 우리는 그와 동시에 하나님의 행위는 한 **백성**의 형성을 목표로 삼는다고 말해야 한다"[Hays, *The Conversion of the Imagination: Paul as Interpreter of Israel's Scripture* (Grand Rapids: Eerdmans, 2005), p. 171]. 따라서 헤이스는 만약 우리가 바울의 해석학을 취하기 원한다면 – 바울처럼 성경을 읽기 원한다면 – 하나님의 창조와 구속 사역의 사회적 초점은 개별 사람들을 구원하기보다는 **한 백성** – "자기 백성"(딛 2:14) – 을 **재-창조하는** 데 향해 있다고 이해하는 "교회 중심적"(ecclesiocentric, *Echoes*, pp. 86, 183-184) 혹은 "교회 완결적"(ecclesiotelic) 해석학을 취해야 한다고 권고한다.

61 Peter J. Leithart, "The Way Things Really Ought to Be: Eucharist, Eschatology, and Culture", *Westminster Theological Journal* 59 (1997): pp. 159-161.

62 Peter J. Leithart, *The Priesthood of the Plebs: A Theology of Baptism* (Eugene, OR: Wipf & Stock, 2003), xii.

하기도 한다. 성례전으로서 세례는 그것이 약속한 것, 즉 새로운 사람과 새로운 백성을 **만들어 낸다**. 세례는 그 자체로 심오한 사회적 실체다. 레이하르트는 "세례는 평민에게 제사장직을 제공하는 폴리스(*polis*)가 만들어졌다고 선언한다"라고 말한다.⁶³ 역사적으로 고대 로마에서 평민은 귀족에게 굴종하는 계급이었다. 더 일반적으로 평민은 경멸당하고 거부당하는 계급, 소외된 사람들을 가리킨다. 레이하르트가 주장하듯이, 세례는 그리스도 안에서 사회적 세계가 급진적으로 재정향되었음을 의미한다. 세례는 모든 사람이 제사장직을 얻을 수 있음을 보여 주기 때문이다. 다시 말해서, 모든 사람은 혈통이나 계급과 관계없이 세상을 위한 군주/제사장이 되도록, 창조 때 인류에게 주어진 소명을 감당하도록 부르심을 받았으며 그럴 준비를 갖추었다.⁶⁴

이 점에 관해 레이하르트는 세례라는 기독교의 실천이 양날의 검과 같은 것으로서 이스라엘과 로마의 계급 질서에 대항한다고 설명한다.⁶⁵ 한편으로, 이스라엘에서 제사장직은 아론의 자손에게 제한되었지만(일종의 제사장적 귀족정), 그리스도 안에서는 혈통과 가문이라는 자격과 특권이 폐지되었다. 따라서 세례는 이스라엘에서 행했던 안수와 같은 기능을 한다. 안수를 통해 아론이 "새로운 사람이 되었듯이", "세례도 새로운 피조물을 만들어 낸다."⁶⁶ 인간이 본래 하나님의 제사장적 형상을 지닌 존재로서 기능하도록 부르심을 받

---

**63** 같은 책, xxii. 폴리스는 하나의 도시-국가, 정치적 실체다. 레이하르트와 (아우구스티누스 등) 다른 사람들이 강조하듯이, 그리스와 로마의 폴리스는 '정치적인 것'과 구별될 수 없는 종교적 예전으로 가득 차 있었다.

**64** 이마고 데이의 제사장적 함의와 인간에게 맡겨진 왕과 제사장의 역할 수렴에 관해서는 Middleton, *Liberating Image*, pp. 87, 206-209를 보라.

**65** 레이하르트가 요약하듯이, "세례는 고대 히브리적 질서뿐만 아니라 고대 이방적 질서에 대한 비판을 구현한다"(*Priesthood*, p. 186). 이것은 예수님의 하나님 나라 선언이 이스라엘의 자기 이해와 로마 제국의 오만함 모두에 도전하는 "이중 혁명" 프로그램이었다는 라이트의 주장을 떠올리게 한다(Wright, *Challenge of Jesus*, p. 85를 보라). 『예수의 도전』(성서유니온선교회).

**66** Leithart, *Priesthood*, p. 165.

은 것처럼, 이제 (예배에 참여하고 세상을 위해 하나님의 임재를 매개하는) 제사장의 소명이 모두에게 개방되었다. 그리고 이러한 하나님의 형상을 지닌 존재는 **사회적** 실체다. 우리는 작고 고립된 형상으로 살도록 위임받지 않았다. 오히려 우리는 함께 문화를 만들기 위해 노력하며 이 형상을 감당한다.

다른 한편으로, 세례를 통해 모두가 제사장인 백성의 일원이 된다는 것은 그리스와 로마를 특징짓는 특권의 계급 질서에 대항하는 의미도 지닌다. 그리스와 로마에서 폴리스(정치적 공동체)는 본질적으로 종교적이며 예전적인 공동체이기도 하다. 그러나 이 두 사회에서는 제사장직과 제의적 직무가 가족과 가문의 권력이나 특권에 따라 조직되었다. 따라서 우리가 알고 있는 '귀족'과 '평민' 사이의 전통적 차별이나 적대감은 종교적 분열, 즉 "고대 도시 안에서 제사장의 특권을 분배하는 것에 관한 갈등"이었다.[67] 그러나 이 종교-정치적 실체 한가운데서 바울은 전혀 다른 종교-정치적 실체, 즉 세례에 의해 구별된 사람들로 이루어진 교회에 대해 선언한다. "누구든지 그리스도와 합하기 위하여 세례를 받은 자는 그리스도로 옷 입었느니라. 너희는 유대인이나 헬라인이나 종이나 자유인이나 남자나 여자나 다 그리스도 예수 안에서 하나이니라"(갈 3:27-28).

세례는 제사장직을 평민에게로 확장한다. 우리는 우리에게 제사장의 옷을 입혀 주시는 대제사장이신 그리스도와 더불어 제사장이 된다. 그리스도께서 본이 되신 인간임을, 하나님의 형상을 지닌 존재로 살라는 아담의 소명을 마침내 성취하신 분임을 기억할 때, 우리는 제사장직이 이 소명의 핵심임을 알 수 있다. 그리고 모든 인류는 이 소명으로 부름받았다. "세례는 새로운 폴리스를 선언하고 창조한다. 그곳에서는 유대인과 그리스인의 '한 씨앗'이 아브라

---

67 같은 책, p. 205.

함의 축복을 공유하고, 아무도 성문 밖으로 추방되지 않으며, 소외된 이들이 아고라(agora)와 그 즐거운 모임에 들어오도록 환영받는다."[68] 하나님은 세례를 통해 사회 계급 및 혈통의 귀족정이 소멸하는 것으로 특징지어지는 새로운 폴리스, 새로운 종교-정치적 실체("세례의 도성")[69]를 구성하는 독특한 백성을 만드신다. 이것은 어중이떠중이들의 모임이다. "형제들아, 너희를 부르심을 보라. 육체를 따라 지혜로운 자가 많지 아니하며 능한 자가 많지 아니하며 문벌 좋은 자가 많지 아니하도다"(고전 1:26). 그러나 이것은 하나님의 도성, 하나님의 전복적 왕국의 표지다. "그러나 하나님께서 세상의 미련한 것들을 택하사 지혜 있는 자들을 부끄럽게 하려 하시고, 세상의 약한 것들을 택하사 강한 것들을 부끄럽게 하려 하시며, 하나님께서 세상의 천한 것들과 멸시받는 것들과 없는 것들을 택하사 있는 것들을 폐하려 하시나니"(고전 1:27-28). 세례의 도성의 시민들은 못 가진 사람들일 뿐만 아니라 그 자체로도 '별 볼 일 없는' 사람들이다! 그러나 그들은 하나님의 형상을 지닌 존재로, 장차 올 왕국의 증인이 될 능력을 받고 세상을 새롭게 할 책임을 부여받은 하나님의 군주이자 제사장으로 선택받고 임명되었다.

따라서 세례는 사회적 실체를 만드는 동시에 나타낸다. 그렇기 때문에 세례는 모여서 드리는 예배의 맥락 속에서 이루어진다. 회중인 우리는 단지 구경꾼이 아니다. 세례는 모두가 참여하는 성례전이다. 최소한으로 말해도, 이 의례는 우리 자신의 세례를 떠오르게 하며, 따라서 이를테면 우리 자신이 했던 '충성의 맹세'를 되풀이하는 계기가 된다. (일부 교회에서 입구에 물을 놓아 두어 우리가 **누구의 소유**인지 촉각을 통해 되새겨 볼 기회를 제공하는 것도 이 때문이다. 예배나 기도

---

[68] 같은 책, p. 209.
[69] 같은 책, p. 210.

를 하러 들어갈 때 물을 휘젓고, 만지고, 자신에게 바르는 행위는 우리가 구별된 백성임을 상기시키는 감각적 장치다.) 더 실질적으로, 세례의 예전은 회중인 우리에게 언약의 약속을 하도록 요청한다. 예를 들어, 세례 받을 어린이를[70] 소개하면서 목회자는 회중을 향해 이렇게 묻는다.

> 하나님의 백성인 여러분은 사랑으로 이 어린이들을 받아들이고, 이들을 위해 기도하며, 믿음 안에서 이들을 가르치고, 신자의 교제를 통해 이들을 격려하고 돕기로 약속합니까?[71]

그러면 회중은 이렇게 대답한다. "예, 우리를 도우시는 하나님을 의지해 약속합니다." 언약은 우리를 하나의 공동체로 묶는다. 만약 우리가 새로운 폴리스를 이뤘다면, 우리는 새로운 가정, "하나님의 권속"(엡 2:19)이기도 하다. 여기서 평민에게 주어지는 제사장직과 관련해 지적했던 '혈통'의 상대화를 다시 확인할 수 있다. 세례에서 우리가 하는 — 부모로서 그리고 회중으로서 — 약속은, 우리가 생각하는 가정은 너무 자주 '가정'으로 우상화되는 폐쇄적인 핵가족이 아님을 뜻한다.[72] 그 대신 교회가 우리의 "첫 번째 가정"이 된다.[73] 그

---

[70] 여기서는 어린이에게 베푸는 세례에 대한 논증을 제시하지 않을 것이다. 다시 Vander Zee, *Christ, Baptism, and the Lord's Supper*, pp. 121-133를 보라.

[71] CRC Service for Baptism (1981), in *The Psalter Hymnal* (Grand Rapids: CRC Publications, 1987), p. 955.

[72] 따라서 슈메만은 "그 자체의 이기심과 자기 충족성을 끊임없이 못 박지 않고 '그 자체에 대해 죽음'으로써 그 너머를 가리키지 않는 결혼은 기독교적 결혼이 아니다. 오늘날 결혼의 진정한 죄는 부정(不貞)이나 '적응' 부족, '정신적 잔인성'이 아니다. 진정한 죄는 가정 자체의 우상화이며, 결혼을 하나님 나라를 지향하는 것으로 이해하기를 거부하는 태도다"라고 경고한다[*For the Life of the World: Sacraments and Orthodoxy*, 2nd ed. (Crestwood, NY: St. Vladimir's, 1973), p. 90].

[73] David Matzko McCarthy, *The Good Life: Genuine Christianity for the Middle Class* (Grand Rapids: Brazos, 2004), p. 52.

리고 이는 도전인 동시에 축복이다. 한편으로, 이것은 후기 근대 사회에서 과격한 자율성을 추구하는 또 하나의 영역, 즉 가정의 사사화(私事化)에 대한 도전이다. 다른 한편으로, 이것은 반갑고도 위로가 되는 소식이다. 우리 혼자서 이 아이들을 키울 필요가 없다!

슈메만이 지적한 가정의 "우상화"는 가정에 대해 폐쇄적이고 자기 충족적이며 자율적인 단위로 기능하라는 거의 저항할 수 없을 정도의 압력을 가한다.[74] ('진보적'이든 '보수적'이든) 정치적 자유주의의 의례에서는 가정을 좋은 시민, 충실한 생산자, 열렬한 소비자를 길러 내는 곳이라고 생각하는 동시에, 독립이라는 미국적 이상의 일부로서 가정을 사적이며 '폐쇄적인 집' 안에 가둔다.[75] 그러나 그 결과 가정에는 견딜 수 없는 무게가 가해진다. 매카시는 자유주의에 암시된 "지배적인 가정의 신학"에서는 "가정을 고립시켜 완전한 공동체가 되라는 무시무시하고도 고독한 책임을 가정에 떠맡긴다"고 지적한다. 그러나 세례 시의 약속은 그런 가정관에 저항한다. 사랑과 그에 따른 의무는 "사적 주거 공간"과 "핵가족"이라는 경계를 가로지른다. 왜냐하면 세례를 통해 우리는 우리 집 지붕 아래 있는 가정보다 더 큰 가정의 일원이 되기 때문이다. 세례 시의 약속은 "가정이 우리에게 필요한 모든 것을 줄 것이라고 기대하지 않을 때 가정은 잘 운영됨"을 인정하는 전혀 다른 가정의 신학을 보여 준다. 세례에 의해 이루어진 가정의 사회적 역할은 "더 큰 사회적 공동체에 의존하는" 가정이 되는 것이다. "신학적 관점에서 가정은 우리가 교회라고

---

[74] 슈메만은 "현대의 가정을 이렇게 쉽게 파괴하고 이혼을 거의 자연적으로 생긴 그림자처럼 만든 것은 가정에 대한 존경의 부족이 아니라 가정의 우상화다. 이것은 결혼을 행복과 동일시하고 그 안에 있는 십자가를 수용하기를 거부하는 태도다"라며 애통해한다(*For the Life of the World*, p. 90).

[75] David Matzko McCarthy, *Sex and Love in the Home*, new ed. (London: SCM, 2004), pp. 93-97에 실린 예리한 분석을 보라.

부르는 사회적 모험의 일부가 되도록 부름받았다."[76]

따라서 세례는 우리가 물려받은 사회적 삶에 관한 많은 개념들, 심지어 '보수적'이며 '종교적'이라고 주장하는 개념들에 혁명적인 변화를 초래하는 거의 전복적인 성례전이라고 말할 수 있다. 매카시가 다른 글에서 지적하듯이, "세례를 통해, 출생에 의한 우리의 인간관계에 제한을 가하는 공동체가 세워진다."[77] 세례는 제사장직의 혈통적 가계를 상대화하듯 집과 가정의 혈통적 가계의 위치마저도 규정한다. 세례 시에 우리가 한 약속은 "교회가 우리의 첫 번째 가정이라는" 사실을 증언한다. 그리고 "만약 교회가 우리의 첫 번째 가정이라면 우리의 두 번째 가정은 첫 번째 가정에 의해 규정되어야 하며, 우리의 문은 이방인, 아픈 사람, 가난한 사람들에게 개방되어야 한다."[78] 세례는 가정을 개방시키고 감당할 수 없는 자기 충족성이라는 부담에서 해방시킨다. 또한 하나님 나라의 표지인 "경계를 무너뜨리는 우정"을 향해 가정을 개방시킨다.[79]

마지막으로, 세례는 기독교 예배에서 세상에 대한 반대를 분명히 선언하는 시간이다. 하나님은 한 백성을 세우실 때 **독특한** 백성으로 세우신다. 이 불려 나온 백성들은 하나님 나라를 욕망하는 공동체이며 따라서 그리스도께서 본을 보이신 십자가의 모습을 반영하기 때문에 이상하게 보인다. 초대 교회 이후 세례의 의례에는 사탄과 세상을 거부하는 일련의 '부인', 더 나아가 '축귀'의 문답이 포함되었다. 『성공회 기도서』에 포함된 이 예전을 살펴보라.

당신은 하나님을 거역하는 사탄과 악한 영적 세력을 거부합니까?

---

[76] 같은 책, p. 111.
[77] McCarthy, *Good Life*, p. 52.
[78] 같은 곳.
[79] 경계를 무너뜨리는 우정에 관해서는 같은 책, pp. 35-37를 보라.

**예, 거부합니다.**

당신은 하나님이 지으신 피조물을 타락시키고 파괴하는 이 세상의 악한 권세를 거부합니까?

**예, 거부합니다.**

당신은 하나님의 사랑으로부터 우리를 떼어 놓는 죄의 욕망을 거부합니까?

**예, 거부합니다.**

당신은 예수 그리스도를 의지하고 그분을 당신의 구원자로 받아들입니까?

**예, 받아들입니다.**

당신은 그분의 은혜와 사랑을 전적으로 신뢰합니까?

**예, 신뢰합니다.**

당신은 그분을 당신의 주님으로 따르고 그분께 순종하기로 약속합니까?

**예, 약속합니다.**

지금까지 우리는 기독교 예배가 창조와의 근본적 연속성에 다시 한번 귀를 기울임으로써 참 인간이 되기 위한 훈련임을 강조해 왔다. 그와 더불어 우리는 기독교 예배가 **대항적** 형성임을 인식해야 한다. 세례에 따르는 부인은 새로운 피조물의 삶을 특징짓는 지속적인 부인이 되어야 한다. 세례 시에 이런 부인이 의례화되기는 하지만, 그것은 일회적인 사건이 아니라 삶의 방식이 되어야 한다.

그러나 이런 부인은 우리가 지금까지 주장해 온 바와 모순되는 것처럼 보이지 않는가? 이렇게 '세상'을 거부하는 태도는 우리가 앞서 지적했던 성례전적 상상력, 즉 피조물의 선함을 근본적으로 긍정하는 태도와 정면으로 배치되지 않는가? 세례 시의 부인은 다소 영지주의적이며 내세적으로 들리지 않는가? 지금까지 우리는 우리가 세상에 대해, 세상을 위해 하나님의 형상을 지닌 존재로 살도록 부름받았으며, 예배가 하나님의 선한 피조물을 매개로 삼기 때문에 물질적이며 신체적이라는 점을 강조해 왔다. 그렇다면 세상을 (말 그대로) 악마로 취급하는 이러한 부인의 태도를 어떻게 이해해야 하는가?

이런 물음에 조리 있게 답하기 위해서는 '세상'에 관해, 특히 **세상**이라는 말이 성경에서 어떤 기능을 하는지 더 주의 깊게 생각해 보아야 한다. 예를 들어, 다음 구절을 곰곰이 살펴보라.

- "그[그리스도]가 세상에 계셨으며 세상은 그로 말미암아 지은 바 되었으되 세상이 그를 알지 못하였고"(요 1:10).
- "하나님이 세상을 이처럼 사랑하사 독생자를 주셨으니"(요 3:16).
- "우주[세상]와 그 가운데 있는 만물을 지으신 하나님께서는 천지의 주재시니…"(행 17:24).
- "너희는 이 세대[세상]를 본받지 말고 오직 마음을 새롭게 함으로 변화를 받아"(롬 12:2).
- "이 세상이나 세상에 있는 것들을 사랑하지 말라. 누구든지 세상을 사랑하면 아버지의 사랑이 그 안에 있지 아니하니"(요일 2:15).
- "온 세상은 악한 자 안에 처한 것이며"(요일 5:19).

이러한 신약성경의 구절을 통해서 **세상**이라는 말이 매우 다양한 의미를 지님을 알 수 있다. 이 스펙트럼의 한쪽 끝에서는 하나님이 세상을 창조하신 분이며 하나님은 세상을 **사랑하신다**고 말하는 것을 알 수 있다. 이 스펙트럼의 반대쪽 끝에서는 세상을 사랑하지 **말라**고 우리에게 경고하며 세상이 악한 자의 지배 아래 있다고 말한다. 서로 모순적인 것처럼 보이는 이런 주장들을 어떻게 화해시킬 수 있는가? 이것이 세례 예전의 일부인 세상에 대한 부인을 이해하는 데 도움이 되는가?

분명히 성경에서 **세상**의 의미는 일원적이지 않다. 세상은 다양한 현상과 실체를 가리킬 수 있다. 나는 '세상'이라는 말을 대할 때 앞서 우리가 지적했던 '구조'와 '방향성'의 구별을 떠올리는 것이 가장 유익하다고 생각한다. 이 구별을 염두에 둘 때, 우리는 성경이 한편으로 **구조**로서의(주어진 실체로서의) 세상은 하나님에 의해 창조되었고 세상 그 자체는 근본적으로 선하다고 인정하고 있음을 주장할 수 있다.[80] 다른 한편으로, 성경에서 **세상**이라는 말은 (구조로서의) 세상을 잘못된 **방향**으로 인도하는 인간 사회를 일컫는 용어일 때도 있다. 이 경우에 **세상**은 타락하고 깨어진 체제, 우상숭배의 구조, 바벨론으로 개조된 에덴동산을 뜻한다.[81] 다시 말해서, 로마서 12:2과 요한일서 2:15 같은 구절에서 세상은 **잘못된** 방향을 지향하는 피조물을 일컫는 말로서, 많은 경우 인간 사회의 잘못 정향된 문화적 형성을 구체적으로 강조하며 "통치자들과 권세들"(엡 6:12)을 포함한다. 그런 의미에서 세상은 경멸하고 거부해야 할 대상이다. 따라서 세례 문답에서는 현세적이며 물질적인 실존 자체나 문화적 삶 자체가 아니라 타락한 인류를 특징짓는—3장에서 묘사한 세속적 예전의 특징이기도 한—도착과 왜곡을 거부한다.

세례 시의 부인은 한 사람이 그리스도의 몸의 일원, 이 새로운 폴리스의 시민이 될 때 급진적인, 심지어는 존재론적인 변화가 일어난다고 단언하는 성경의 언어를 분명히 반복한다. 바울은 말한다. "너희가 전에는 어둠이더니 이

---

80 이것은 단순히 '자연'만을 가리키지 않고 자연과 문화 전체를 아우른다.
81 신약성경의 용어 **육체**(flesh)도 동일한 방식으로 구별된다. 이 말은 거의 언제나 부정적인 의미를 지닌다(예를 들면, 롬 8:1-17; 갈 3:3). 하지만 그렇다고 해서 신약성경이 근육과 인대를 본질적으로 악한 것으로 비난한다는 말인가? 그것은 인간의 몸이 "심히 좋았다"(창 1:31)라는 선언과 모순되지 않는가? 그렇지 않다. **세상**이라는 말이 피조물이 **잘못된** 방향을 지향하는 것을 뜻하듯이, **육체** 역시 사실은 의지와 의지의 구현이 **잘못된** 방향을 지향하는 것을 뜻한다.

> **생각해 볼 문제: 동시대적이며 구체적인 부인**
>
> 세례 시의 부인은 진공 상태에서 이루어지지 않는다. 세례 문답은 다소 일반적으로 보일지 모르지만 한편으로는 대단히 구체적이다("하나님을 거역하는 사탄과 악한 영적 세력"). 하지만 이보다 훨씬 더 구체적이고, 어쩌면 더 동시대적일 수도 있다. 당신은 세례 시의 부인을 어떻게 더 구체적으로 표현하겠는가? 사례를 열거해 본다면, 하나님의 피조물을 타락시키고 파괴하는 "이 세상의 악한 권세"는 무엇인가? 어떤 문화적 실천과 제도가 당신 안에 "하나님의 사랑으로부터 우리를 떼어 놓는 죄의 욕망"을 만들어 내려 하는가? 참된 인간 번영을 추구하기 위해 (날마다!) 거부해야 할 문화적 제도나 실천에는 특별히 어떤 것이 있는지 생각해 보라. 그런 다음 당신 자신의 세례 시 부인 목록을 작성해 보라. 이 목록을 성만찬을 받기 전 묵상을 위한 도움 자료로 활용할 수 있는지 생각해 보라.

제는 주 안에서 빛이라. 빛의 자녀들처럼 행하라"(엡 5:8). 이 변화와 구분은 부활과 유사한 철저한 돌이킴이다. 이는 다시 세례 안에 그려진 부활의 이미지를 상기시킨다(참고. 롬 6:12-13). 바울은 다른 곳에서 이렇게 권면한다. "그러므로 땅에 있는 지체를 죽이라…너희도 전에 그 가운데 살 때에는 그 가운데서 행하였으나…너희가 서로 거짓말을 하지 말라. 옛 사람과 그 행위를 벗어 버리고 새 사람을 입었으니 이는 자기를 창조하신 이의 형상을 따라 지식에까지 새롭게 하심을 입은 자니라"(골 3:5, 7, 9-10). 이처럼 세례는 우리가 새로운 욕망, 전혀 다른 왕국에 대한 새로운 열정을 품은 새로운 피조물임을 의미한다. 따라서 우리는 이전의 욕망을 부인한다(그리고 계속 부인한다).

불행히도 개혁교회 전통에서는 피조물의 선함을 폄하하는 근대적 영지주의에 굴복하지 말아야 한다는 올바른 염려 때문에 성경에 분명히 드러나 있는 세상과 (교회 역시 그 일부인) 새로운 피조물 사이의 구별을 흐릿하게 만드는 경향이 있다. 심지어 우리는 하나님의 백성에 관한 신약성경의 단호한 주장에 약간 당황스러워하기도 한다. 간단히 말해, 피조물의 선함을 방어한다는 명목으로 우리는 구조와 방향성 사이의 구별을 은폐하며, 그 결과 피조물에 대한 긍정이 은근슬쩍 세상에 대한 긍정으로 바뀌고 결국 이는 왜곡되고 잘못된 방향을 지향하는 '세상'에 대한 긍정이 되고 만다. 피조물의 선함이라는 명목으로 우리는 거꾸로 일반은총을 강조하면서 이원론적이며 내세적이라고 느껴지는 대립의 언어를 당혹스러워한다.[82] 요컨대, 우리는 세례를 받을 때 했던 부인의 다짐을 잊어버렸다.[83]

**신조: 믿음의 좌표 설정**

세례 후보자는 대개 회중과 더불어 원래부터 세례 예전의 신앙고백으로 만

---

[82] 이 문제에 관해서는 아우구스티누스 전통과 개혁주의 전통의 정치신학에 초점을 맞출 예정인 이 기획의 3권에서 더 자세히 다룰 예정이다. 여기서는 일반은총에 초점을 맞추는 카이퍼주의자들이 '대립'을 일종의 경건주의(pietism)로 오해했다는 것이 나의 생각이라고 말하는 것으로 충분하다. 나는 이것이 실수라고 생각한다. 내 생각에, 경건주의의 특징은 반(反)-지향성일 뿐만 아니라 반(反)-구조이기도 하다. 즉, 문화 자체에 대한 거부가 경건주의의 특징이다. 그와 대조적으로, 내가 '대립적'이라고 말한 입장은 반-지향성일 뿐 반-구조는 아니다. 그리고 나의 우려는 일반은총이라는 개념, 특히 최근에 이 개념이 자주 사용되는 방식은 창조의 구조를 긍정할 뿐만 아니라 세상의 방향성까지 긍정하는 지경에 이르렀다는 것이다. 그리고 많은 경우에 이는 이러한 구별을 하지 못하기(그리고 그렇게 하는 데 필요한 섬세한 상상력이 부족하기) 때문이다.

[83] 혹은 세례 문답에서 부인의 다짐을 생략하는 경우가 더 많다.

들어진 사도신경을 낭독함으로써 '믿음'을 고백한다. 사실 많은 교회에서는 주일마다 사도신경이나 니케아 신조를 낭독한다. "사도의 가르침"(행 2:42)을 요약한 초기 기독교 문서인 사도신경은 성경의 정경이 확정되기도 전에 '신앙의 규칙'(regula fidei)으로 기능했다.[84] 그러나 이 신조는 기독교의 사회적 상상을 형성하는 데 어떤 역할을 하는가? 신조를 낭독하는 것은 어떤 효과를 **낳는가**? 여기서는 간략히 세 가지 요소만 강조하고자 한다.

첫째, 사도신경은 교회의 충성 서약과 같은 기능을 한다.[85] 매주 한목소리로 낭독하는 사도신경은 하나의 선언문—세례를 받을 때 했던 부인의 다짐과 관계있는 긍정적인 주장—이다. 이 신조를 통해 우리는 삼위일체 하나님이라는 '이국의' 왕께 우리의 충성을 고백한다. 그런 의미에서 만약 예배가 맹세를 갱신하는 예식과 같다면 매주 드리는 예배 역시 시민권 갱신 예식이라고 말할 수 있다. 예수님이—카이사르가 아니라, 황제가 아니라, 대통령이나 총리가 아니라, 연방준비제도이사회 의장이 아니라—주님이시라고 맹세할 때 우리는 (세례를 통해 우리가 새로운 폴리스를 이루었으며 이 신조가 세례 문답 문서였음을 떠올리면서) 정치적인 행위에 임하는 셈이다.[86] 이것은 "시민권이 하늘에 있는" 사람들(빌 3:20)의 맹세다. 이 시민권은 어떤 내세적, 천상적 왕국의 시민권이 아니라 **장차 올** 지상 왕국의 시민권이다.

둘째, 신조를 함께 낭독할 때 우리는 **역사적** 백성이 된다. 우리는 여러 세대에 걸쳐 신앙을 물려준 사람들에게 빚지고 있는, 즉 전통을 물려받은 사람

---

[84] 여기서 사도신경의 내용을 설명하지는 않을 것이다. 이에 관해서는 각 세대마다 많은 책이 쏟아져 나왔다. 대표적인 해설서로는 Justo Gonzalez, *The Apostles' Creed for Today* (Louisville: Westminster John Knox, 2007)를 보라.

[85] 사실 일부 기독교 학교에서 여전히 암송하고 있는 국가에 대한 맹세는 사도신경으로 **대체**되어야 한다.

[86] N. T. Wright, "Paul's Gospel and Caesar's Empire", in *Paul and Politics: Ekklesia, Israel, Imperium, Interpretation*, ed. Richard A. Horsley (Harrisburg, PA: Trinity, 2000), pp. 161-162.

들이다. 기독교 예배의 많은 실천처럼 신조는 고대 세계로부터 우리에게 전해졌지만, 우리는 이 신조를 동시대적 고백으로 낭독한다. 신조는 우리의 언어가 아니지만 우리의 언어이기도 하다. 왜냐하면 교회의 예배에서는 우리에게 이를테면 "본디오 빌라도 아래에서" 나온 언어와 문화가 지닌 스캔들의 특수성을 받아들일 것을 요청하기 때문이다. (대학교의 예전을 비롯해) 참신하고 새로운 것에 집착하는 세속적 예전에서는 우리가 5분 전에 일어난 일을 잊어버리게 만들기 위해 최선을 다하는 반면에, 기독교 예배는 우리를 기억의 백성으로 만든다. 그것은 '우리'(후기 근대인)가 더 많이 알고 더 잘 안다는 진보의 신화와 시류적 속물근성(chronological snobbery, C. S. 루이스가 사용해 유명해진 말로, 이전 시대의 사상이나 학문은 현재의 사상이나 학문보다 열등하다는 주장을 가리킨다 - 옮긴이)을 거스른다. 우리는 신조를 함께 낭독함으로써 우리가 세계를 이해하는 데 전통이 하는 역할이 있음을 인정한다.[87] 우리 안에 생각하고 믿는 바를 존중하고 그것에 의존하는(자유 민주주의에서는 극도로 싫어할) 건전한 습관이 형성된다. 우리는 우리의 빚과 의존성을 인정하고 이에 감사한다.

셋째, 신조의 낭독은 기독교 예배에서 '나는 믿습니다'라고 말하는 시간이다. 기독교 예배의 실천이 근본적으로 선인지적이며 정서적인 차원에서 형성적이라는 점을 강조하긴 하지만, 나는 기독교 예배에서 우리가 지성을 사용하지 않는다고 주장하지는 않는다. 기독교 예배의 신체적이며 의례적인 본성은 교훈적으로 공식화하기 어려운 방식으로 우리의 상상력을 사로잡지만, 이것이 기독교 예배가 우리에게 아무것도 가르치지 않는다는 말은 아니다. 예배가 물질적이고 감각적이며 상상력을 건드린다는 점을 강조한다고 해서, 그

---

[87] 이에 관한 논의로는 Nicholas Adams, "Confessing the Faith: Reasoning in Tradition", in *The Blackwell Companion to Christian Ethics*, ed. Stanley Hauerwas and Samuel Wells (Oxford: Blackwell, 2006), pp. 209-221를 보라.

것이 주장이나 명제와 통약 불가능하다고 주장하는 것은 아니다. 정서적인 것의 우선성을 강조한다고 해서, 인지적인 것을 거부하는 것은 아니다. 오히려 논점은 기독교 신앙의 인지적, 명제적 양상이 어디에 **위치하는지**를 분명히 하자는 것이다. 즉, 그것은 실천 안에서, 실천으로부터 생겨난다.[88] 예배에서 신조를 고백할 때 우리는 의식적, 의도적 성찰이라는 의미에서 많은 것을 생각하게 된다. 신조는 우리에게 주장과 명제로 공식화된 내용을 가르치며 하나님과 세상, 우리 자신에 관한 존재론적 주장을 한다. 실제로 신조에서 서술하는 내용은 우리가 예배에서 행하는 바의 이면에 자리하고 있다. 그러나 예배 안에서—그리고 세례와 관련해—신앙고백의 위치 역시 그 기능과 목적을 결정한다. 우리가 믿는 바는 구원을 지식화하는 것에 관한 문제가 아니라 무엇을 사랑할지를 아는 것, 우리가 누구에게 충성을 맹세하는지를 아는 것, '세례의 도성'의 백성인 우리에게 정말로 중요한 것이 무엇인지를 아는 것에 관한 문제다. 매주 신조를 낭독할 때 우리는 우리의 정체성을 제공하는 그 이야기의 뼈대를 반복해서 말하는 셈이다. 그 운율은 우리의 일부가 되고, 경쟁적인 운율의 기능을 하며, 때로는 우리의 상상력 안에서 우리의 충성과 헌신을 요구하는 다른 맹세의 운율에 맞서 전투를 벌이기도 한다.

---

[88] 이 주장에 대해서는 여기서 제시할 수 있는 것보다 더 섬세한 분석이 필요하다. 특히, 이와 관련해 '내용'을 표현하는 여러 방식을 제시할 필요가 있다. 예를 들어, 내가 모여서 드리는 예배의 맥락에서 사도신경을 고백할 때, 그것은 신학을 강의하며 수강생 앞에서 신조를 분석하기 위해 읽는 것과는 다른 종류의 (발화?) 행위일 것이다(그리고 만약 내가 신조를 역사 강의 시간에 분석하기 위해 읽는다면, 특히 이 수업이 유대교 대학의 역사 수업이라면, 이는 또 다른 면에서 다른 행위가 될 것이다). [이런 논의는 다시 George Lindbeck, *The Nature of Doctrine: Religion and Theology in a Postliberal Age* (Philadelphia: Westminster, 1984), pp. 65-69에서 다루는 분야와 연결된다.] 현상학적으로 말하자면, 내가 보기에 똑같은 '내용'을 다르게 낭독하도록 하는 다른 양식의 지향성이 있다. 여기서 나의 의도는 인지적인 것을 지나치게 우선시하는 기독교 신앙과 기독교 예배 이해에 이의를 제기하는 것이며, 따라서 나의 주장 역시 (모호하게 들릴지도 모르지만) 그런 지평에서 이해해야 한다. 이 점에 관해 나와 대화를 나눠 준 맷(Matt)과 리사 월훗(Lisa Walhout)에게 감사드린다.

**기도: 하나님 나라의 언어 배우기**

죄 고백과 사죄 선언 이후, 세례의 도성인 새로운 폴리스에서 제사장으로 서품을 받은 후(즉, 우리가 부름받은 대로 참 사람이 되도록 재-창조된 후), 우리 앞에는 함께 드리는 기도로 하나님께 나아가는 길이 열린다. "그러므로 우리에게 큰 대제사장이 계시니 승천하신 이 곧 하나님의 아들 예수시라…그러므로 우리는 긍휼하심을 받고 때를 따라 돕는 은혜를 얻기 위하여 은혜의 보좌 앞에 담대히 나아갈 것이니라"(히 4:14, 16). 어쩌면 우리는 이것이 화성인 인류학자들에게 얼마나 이상하게 보일지 생각해 보아야 할지도 모른다. 왜냐하면 다른 때는 (상대적으로) 정상적인 사람들이 이때는 그 자리에 없는 누군가와 대화를 하고 있을 것이기 때문이다. 그리고 이것은 휴대전화 통화에서 단지 한쪽 편의 말을 듣는 것과는 다르다. 우리는 경험상 이런 경우 다른 사람이 대화 상대의 역할을 하고 있다고 간주할 수 있다. 하지만 특히 냉소적인 화성인들에게 기도의 실천은 지저분하고 수염을 기른 남자가 지하철 승강장에서 자신과 열띤 대화를 나누는 것처럼 보일 것이다.

기독교의 사회적 상상과 관련해 기도의 실천에 대해 첫 번째로 지적해야 하는 점은 이것일지도 모른다. 기도는 우리를 겉으로 보이는 것에 만족하기를 거부하는 사람으로 만드는 실천이다. 혹은 달리 표현하자면, 기도는 우리를 눈으로 만나는 것 이상의 일이 벌어지고 있음을 언제나 볼 수 있는 사람들로 만든다. 기도하는 그리스도인들에게 세상은 일종의 마법에 걸린 상태와 같다고 말할 수도 있을 것이다. 한편으로, 화성인 인류학자는 하나님이 우리의 예배 안에 임재하시는 것을 볼 수 없지만, 예배하는 공동체는 상황을 전혀 달리 본다. 하나님은 예배 가운데 임재하시며 우리와—그분의 말씀을 통해, 성례전을 통해, 우리 안에 있는 성령의 임재를 통해—교통하신다. 다른 한편으로 기도의 실천은, 우리의 예배 공간을 초월하시고 공간과 시간의 제약을 뛰어 넘으시며 우주의 창조자로서 우리가 여기 우리의 유한성 안에서 직면하는 구체적인 현실에 관심을 기울이시는 하나님께 의존한다. 기도는 하나의 우주론 전체를 실천하는 행위다. 왜냐하면 기도라는 행위 자체에 전체적인 존재론과 하나님과 세상의 관계에 대한 이해가 내재되어 있기 때문이다. 이것은 우리가 기도하기 위해서 형이상학 박사 학위를 따야 한다는 뜻이 아니다. 그 반대로 우리는 그것을 **행함**으로써, 기도함으로써 성찰과 분석을 통해서 풀어 설명할 수 있는 일종의 수행적 존재론에 참여한다는 점이 중요하다.

일반적으로 기독교 예배에는 적어도 두 가지 양식의 기도가 포함되며, 이 두 양식이 결합되는 경우도 많다. 즉, ('목회 기도'라고 부르기도 하는) 중보 기도 혹은 '회중의 기도'와 말씀 선포 직전에 드리는 조명을 위한 기도다. 이런 기도는 우리가 어떤 종류의 백성이 되도록 부름받았는가에 관해 무엇을 말하는가? 그 안에는 왕국에 대한 어떤 전망이 내재되어 있는가? 이런 습관은 무엇을 하도록 우리를 훈련시키는가?

중보 기도를 통해 우리는 적어도 두 가지를 되새긴다. 첫째, 우리는 우리 자신이 아니라 세상을 위해 한 백성으로 부름받고, 심지어 선택받았다. 아담과 하와가 세상 안에서, 세상에 대해 하나님의 형상을 지닌 사람으로 지음 받았듯이, 그리고 이스라엘이 열방을 향한 빛이 되도록 택함받았듯이, 교회는 세상에 대해, 세상을 위해 하나님의 백성이 되도록 부름받았다. 우리가 서로를 위해, 교회를 위해, 세상 전체를 위해 기도하면서 피조물에 대한 염려를 그분에 아뢰는 까닭은, 우리가 하나님의 대사이며 그분의 형상을 지닌 사람들로서 피조물을 돌볼 책임을 부여받았기 때문이다. 우리는 왕 같은 제사장으로서 세상을 위해 기도하도록 부름받았다. 우리는 기도와 예배에 전념

함으로써 세상을 위해 헌신하는 수도원 공동체처럼 함께 모여 기도한다. 개인으로서 중보 기도에 참여할 때, 우리는 자신과 자신의 이익 외부의 타자에게 관심을 기울이도록 부름받는다(참고. 빌 2:4-11). 따라서 우리는 회중으로서 서로를 위해 기도하는 동시에, 우리 신앙 공동체 외부에 있는 이들을 위해서도 기도한다. 즉, 우리의 이웃을 위해서, 지역 및 정부 지도자들을 위해서, 가난한 이들과 교도소 안에 있는 이들을 위해서, 박해와 착취 혹은 자연재해의 결과로 고통받는 이들을 위해서, 심지어 우리의 원수를 위해서 기도한다. 둘째, 경우에 따라 죄 고백을 반복하면서, 우리는 중보 기도를 통해 샬롬이라는 성경적 전망의 핵심에 있는 정의에 대한 전망을 명확히 진술할 어휘를 부여받는다. 많은 경우 우리는 이를 거꾸로 한다. 즉, 저주의 지속적인 증거인 것들, 있어서는 **안** 되는 상황, 그 때문에 우리가 더 하나님 나라를 갈망하게 되는 것들에 관해 기도한다. 우리는 병과 질환의 치유를 위해, 학대로부터의 보호를 위해, 환경 착취의 종식을 위해, 인종차별주의의 철폐를 위해, 전쟁의 종식을 위해 기도한다. 중보 기도에 애통이 동반되는 경우가 많은 것은 바로 이 때문이다. 애통은 이른바 악의 문제에 대한 교회의 수행적 반응이다.[89]

마지막으로, 우리가 선포되는 말씀을 들을 준비를 할 때 조명을 위한 기도는 자기 충족적 이성에 대해 우리가 갖는 신뢰의 위치를 정하고 그 신뢰에 도전한다. 이런 기도는 지혜가 단순히 활용할 수 있으며 쉽게 손에 넣을 수 있는 것, 우리가 원하면 언제든지 선반에서 꺼내 쓸 수 있는 것이 아니라는 깨달음으로부터 나온다. 비록 말씀이 선물이기는 하지만, 이것은 성령께

---

[89] J. Richard Middleton, "Why the 'Greater Good' Isn't a Defense", *Koinonia* 9 (1997): pp. 81-113와 David Burrell, *Deconstructing Theodicy: Why Job Has Nothing to Say to the Puzzle of Suffering* (Grand Rapids: Brazos, 2008)을 보라.

서 가능하게 하실 때만 우리가 받을 수 있는 선물이다(고전 2:6-16). 만약 기도가 수행적 존재론이라면, 조명을 위한 기도는 수행적 인식론이라고 말할 수 있다. 이런 기도를 하기 위해 **인식론**이라는 단어를 알아야 한다는 말이 아니다. 오히려 이는 우리가 조명을 위한 기도를 하는 습관 – 우리가 모여서 드리는 예배를 통해 익히지만, 이후 우리 삶의 다른 영역까지 확장되는 습관 – 을 몸에 익힐 때 우리 스스로 수용과 의존의 자세를 취하는 훈련, 인식론적 겸손의 훈련을 하게 된다는 뜻이다. 이런 자세를 취할 때 우리는 사물의 진정한 모습을 바라보기 위해 – 창조주께 정향된 방식대로 세상을 이해하기 위해 – 우리 외부에 있는 교사에게 의존한다는 사실을 인정한다(요일 2:27).

**성경과 설교: 세상에 대해 다시 이야기하기**

조명을 위한 기도를 드린 후, 이제 우리는 모인 사람들이 오래된 책 낭독과 그에 대한 주석(설교)을 듣고자 준비하는 것을 보게 될 것이다.[90] 다시 한번, 우리 화성인 인류학자의 시각에서는 분명히 이상한 점이 있다. 예를 들어, 그들이 대학에서 이와 비슷한 의례처럼 보이는 것을 관찰할 때는, 책을 가지고 있는 사람들이 그 책이 가능한 한 새로운 것이자 가장 최근의 지적 발전을 대표하는 것이기를 바라는 것처럼 보였다(소수의 예외가 주로 철학과에 있기는 하다). 그러나 여기 그리스도인들의 모임에서 그들은 주마다 그들이 한 권(성경의 '정

---

[90] 유대교 예전을 비롯한 일부 예전적 전통에는, 책을 높이 들고 책에 향을 뿌리며 책에 입을 맞추고 예배당 내 다른 장소에서 책을 읽는 것을 비롯해 성경과 관련한 대단히 물질적이며 신체적인 실천이 다양하게 존재한다. 이에 관한 유익한 논의로는 Jim Fodor, "Reading the Scriptures: Rehearsing Identity, Practicing Character", in *The Blackwell Companion to Christian Ethics*, pp. 142-145를 보라.

경')이라고 생각하는, 이상하게 편집된 책 모음집에 스스로 마음을 연다. 그리고 그들은 그저 역사적인 문서로서가 아니라 규범적인 글로서 이 책에 주의를 기울인다. 여기서 무슨 일이 벌어지고 있는가? 공동체 안에서 이 책은 어떻게 기능하는가? 그것은 어떤 역할을 하는가? 그것을 공적으로 낭독하는 것은 어떤 효과를 **발휘하는가**?

성경은 예배하는 공동체의 대본, 하나님의 백성의 정체성을 알려 주는 이야기, 이 세례의 도성의 규약, 기독교적 상상력의 원동력으로 기능한다. 우리는 인간이 우리가 예전이라고 설명한 궁극적인 것에 관한 의례에 의해 그 욕망이 규정되는 예전적 동물이라고 강조해 왔다. 이런 예전에는 하나의 **이야기**가 내재되어 있다. 따라서 우리가 예전적 동물이라는 주장은, "인간은 그의 행동과 실천 안에 존재할 뿐만 아니라 그가 만든 이야기에 존재하는, 본질적으로 이야기하는 동물이다"라는 알래스데어 매킨타이어(Alasdair MacIntyre)의 주장과도 일맥상통한다.[91] 우리는 그저 좋은 이야기를 사랑해서, 혹은 재미있는 이야기 듣기를 즐겨서가 아니라, 이를테면 이야기를 통해 사고하기 때문에 본질적으로 이야기하는 동물이다. "'나는 어떤 이야기의 일부인가?'라는 선행하는 물음에 답할 수 있을 때에 '나는 무엇을 해야 하는가?'라는 물음에 답할 수 있다."[92] 나는 왕국에 관한 이야기가 모든 예전에(기독교적 예전과 '세속적' 예전 모두에) 내재해 있는 한, 이야기를 꼭 명확히 서술하지는 못하더라도 그 이야기를 흡입하고 흡수한다고 주장해 왔다. 폭스바겐의 신차 광고든 육군의 병사 모집 광고든, 30초짜리 텔레비전 광고 안에서 그리고 그 배후에서

---

[91] Alasdair MacIntyre, *After Virtue*, 2nd ed. (Notre Dame, IN: University of Notre Dame Press, 1984), p. 216.

[92] 같은 곳. 이야기가 어떻게 우리의 사고를 규정하는지에 관한 더 깊은 논의로는 Stanley Hauerwas, "A Story-Formed Community: Reflections on *Watership Down*", in *The Hauerwas Reader*, ed. John Berkman and Michael Cartwright (Durham, NC: Duke University Press, 2001), pp. 171-199를 보라.

하나의 전체 이야기가 작동될 수 있다. 그러나 이렇게 내재되어 있고 예전을 통해 전달된 이야기는 더 인식 가능한 이야기의 형식을 통해 더 명확해질 수 있다. 기독교 예배는 성경 안에 명확히 서술된 이야기에 의해 심층적으로 규정된다.

모여서 드리는 예배의 맥락 안에서 성경을 읽을 때, 어떤 의미에서 성경은 그와 동시에 **재연**된다. 기독교 예배 전체가 그리스도 안에 계시된 하나님의 이야기를 우리의 상상력 안에 새겨 넣기는 하지만, 성경을 읽고 설교를 통해 말씀을 선포하는 시간은 이 이야기를 가장 강렬하고 명확하게 서술하는 시간이다. 그렇기 때문에 "예배는 성경의 집이자 본토이며 가장 적합한 거주지다.…그리스도인들이 믿음이라는 성경적 논리를 학습하고 연습하는 것은… 바로 예전을 통해서다."[93] 특히, 성경은 우리 역시 그 일부에 속하는 이야기를 제공하며, 따라서 이야기를 하고 이야기를 흡수하는 행위는 우리가 무엇을 **해야** 하는지 알고자 할 때 필수적인 자원을 제공한다.[94] 이 이야기를 섭취하는―'이 책을 먹는'―목적은 특정한 종류의 사람, 특정한 종류의 백성이 되기 위해서다. 예배를 통해 오랜 시간에 걸쳐 성경 전체와 마주하고,[95] 그것을

---

[93] Fodor, "Reading the Scriptures", in *The Blackwell Companion to Christian Ethics*, p. 141.

[94] Craig G. Bartholomew and Michael W. Goheen, *The Drama of Scripture: Finding Our Place in the Biblical Story* (Grand Rapids: Baker Academic, 2004)는 바로 이런 문제의식에 기초해 유용하게 성경을 설명한다. 『성경은 드라마다』(IVP). 또한 John W. Wright, *Telling God's Story: Narrative Preaching for Christian Formation* (Downers Grove, IL: InterVarsity, 2007)과도 비교해 보라. 『하나님 말씀 중심의 설교』(기독교문서선교회).

[95] 성경 읽기를 위한 본문을 목회자 마음대로 혹은 교회 내부의 다른 결정 과정을 통해 선택하면 기독교 예배 안에서 성경의 이야기가 지닌 힘이 길들여지기 쉽다. 바로 이런 이유 때문에 나는 다른 글에서 성서정과(lectionary) 같은 것을 활용함으로써 예배 공동체가 오랜 시간에 걸쳐 성경 전체의 메시지에 귀를 기울이게 할 수 있다고 주장한 바 있다[James K. A. Smith, *Who's Afraid of Postmodernism? Taking Derrida, Lyotard, and Foucault to Church* (Grand Rapids: Baker Academic, 2006), pp. 57, 76-79를 보라]. 물론 나는 이것이 충분한 보증이 될 수 없음을 인정한다. 또한 말씀 선포는 정경적 의미의 구속사에 의해 규정되어야 한다. 라이트(Wright)의 *Telling God's Story*가 목표로 삼는 바는 설교자가 이렇게 성경을 선포하도록 돕는 것이다.

선포하고 해명하는 설교를 들을 때, 우리는 이 이야기를 도덕적 혹은 윤리적 나침반으로서 흡수하기 시작한다. 그리고 이것은 성경이 우리에게 추상적이며 비역사적인 도덕적 공리를 보여 주기 때문이 아니라 피조물의 텔로스, 우리가 찾고 있는 왕국의 모습을 이야기해 주며 따라서 우리 행동의 텔로스를 채워 주기 때문이다. 우리는 이야기의 줄거리를 흡수하기 시작하며, 우리 자신을 그 안에 있는 등장인물로 보기 시작한다. 주인공의 습관과 실천은 본보기가 되며, 우리가 덕스러운 사람이 되도록 훈련을 받을 때 지침을 제공한다. 이를 통해 우리는 이 이야기가 그려 내는 '선'을 지향하는 성향을 지닌 백성이 된다. 우리는 이야기하는 동물이기 때문에 우리의 욕망이 하나님 나라를 지향하는 일차적인 방법은 성경의 이야기를 흡수하는 것이다.

또한 성경은 세례의 도성에서 규약(constitution)과 같은 기능을 한다.[96] 만약 교회가 새로운 폴리스―하나님이 세례를 통해 세우신 새로운 사회-정치적 공동체―라면, 모든 좋은 도시처럼 이 도시는 규약에 의해 규정되며 움직인다. 아리스토텔레스는 규약이 성문화될 필요는 없지만 한 폴리스의 "형상인"(形相因)이라고 주장한다. 그것은 폴리스 시민들의 "삶의 방식"을 이룬다.[97] "이 공동체는 규약이기도 하다. 그러므로 시민의 덕은 그가 일원으로 소속된 공동체의 규약에 상응한다."[98] 규약은 폴리스의 선, 즉 모든 시민이 지향해야 할 목적을 약술하며, 따라서 덕이 무엇인지, 우리를 폴리스가 좋은 삶이라고 칭

---

[96] Francis Schüssler Fiorenza, "The Crisis of Scriptural Authority: Interpretation and Reception", *Interpretation* 44 (October 1990): pp. 353-368에서도 유사한 주장을 펼치고 있다.

[97] Aristotle, *Politics* 3.1; 4.11을 보라. 『정치학』(도서출판 숲).

[98] 같은 책, 3.4.1276b.29-31. 이런 맥락에서 아리스토텔레스는 덕이 상대적이기 때문에 한 사람이 꼭 덕스러운 '사람'이 아니더라도 덕스러운 시민일 수는 있다고 설명한다. 어떤 폴리스에서 (그곳의 규약에 따라) 덕으로 간주되는 것이 반드시 다른 곳에서 혹은 그 자체로 덕으로 간주되는 것은 아니다. 결국 그곳은 나쁜 규약을 가지고 있는 나쁜 폴리스일 수도 있기 때문이다. 또한 이것은 '천상의 도성' 시민들이 경험하는 긴장을 설명하는 데에도 도움이 된다. 두 다른 도성(천상의 도성과 미국)에 속한 시민들에게, 한 폴리스에서 '덕'으로 간주되는 것이 다른 폴리스에서는 '악덕'일 수도 있기 때문이다.

송하는 텔로스를 '자연스럽게' 추구하는 사람들로 만들어 주는 습관과 성향이 무엇인지를 분명히 밝힌다. 교회 예배의 맥락 안에 위치한 성경 이야기가 바로 이런 기능을 한다. 그것은 하나님의 백성의 왕국(텔로스)이 어떤 모습인지를 말해 주며, 따라서 하나님의 도성의 시민들을 위한 덕의 텔로스를 분명히 설명한다. 그것은 우리가 어떤 백성이 되도록 부름받았는지를 보여 준다.

마지막으로, 1장에서 간략히 소개한 인간론에서 우리는 예전적, 정서적 동물로서 세상에 대한 우리의 이해와 구조화는 일차적으로 상상력에 의해 형성된다고 강조했다. 이를 염두에 두면서 우리는 성경의 이야기가 기독교적 상상력을 위한 일차적 자원임을 강조해야 한다. 리처드 헤이스(Richard Hays)의 말처럼, 성경을 잘 읽는 법을 배움으로써 우리는 "상상력의 회심"을 이룰 수 있다.[99] 그는 현대 독자들에게 바울이 이스라엘의 성경을 읽는 방식을 본보기로 삼으라고 권하는 데에 특히 관심이 있다. "만약 우리가 그의 본보기를 따른다면 교회의 상상력이 회심하게 될 것이며, 그 결과 철저히 새로운 방식으로 성경과 세상을 바라보게 될 것이다." 그는 이런 식의 읽기는 오리게네스(Origen)만큼이나 오래된 것이라고 말한다. "이교 세계에서 살아가는 기독교 해석자로서, 오리게네스는 이방인 가운데 신앙으로 회심한 이들이 그들의 사고를 개조할 필요가 있었으며, 또한 성경을 읽는 법을 가르치는 것이 바울의 목회 사역의 핵심이었음을 분명히 이해했다. 이방인들은 이스라엘의 성경을 자신의 것으로 받아들일 수 있도록 성경을 읽는 훈련을 받아야 했다."[100] 이처럼 성경 읽기를 통한 "상상력의 회심"은 일차적으로 그리고 정서적으로 예전을 통해(예배를 통해 공동체 안에서) 성경을 만날 때 가능하다. 예배 안에서 성경

---

**99** Richard B. Hays, *The Conversion of the Imagination: Paul as Interpreter of Israel's Scripture* (Grand Rapids: Eerdmans, 2005), viii.

**100** 같은 곳.

을 만날 때 우리는 그 수행적 실천에 임하도록 초대를 받으며, 그에 따라 세상을 읽도록 훈련받는다.

**성만찬: 왕과 함께하는 저녁식사**

어떤 점에서 기독교 예배는 예배 전체를 포괄하는 압축적 소우주인 또 다른 성례전, 즉 성만찬 혹은 주의 만찬에서 절정에 이른다. 성만찬은 각 기독교 전통에 따라 여러 다른 방식으로 이루어진다. 그러나 여기서는 한 장면을 골라 상상해 보도록 하자. 지금까지 지나간 것들(율법, 고백, 사죄, 성경, 선포, 기도, 감사)—우리가 귀와 무릎, 눈과 혀, 손과 코로 임했던 예전적 실천—을 돌아보면서 이제 우리의 입이 일종의 거룩한 군침을 흘리며 맛보기를 위한 새로운 역할을 기대하기 시작한다. 내재성의 안락함을 벗어나라는 초대("마음을 드높이 올려 드리십시오!")와 더불어 이 예전은 이야기 한가운데로, 복음을 한 행동으로 압축하는 사건으로 우리를 이끈다.

> 우리 주 예수 그리스도께서 잡히셔서 고통과 죽음을 당하시기 전날 밤에 떡을 가지사 축사하시고 떼어 제자들에게 주시며 이르시되, "받아서 먹으라. 이것은 너희를 위하는 내 몸이니 이것을 행하여 나를 기념하라" 하시고,
> 
> 식후에 또한 잔을 가지사 축사하시고 그들에게 주시며 이르시되, "너희가 다 이것을 마시라. 이것은 죄 사함을 얻게 하려고 많은 사람을 위하여 흘리는 바 나의 피, 곧 언약의 피니라. 이것을 행하여 마실 때마다 나를 기념하라" 하셨으니,[101]

---

[101] *The 1979 U. S. Book of Common Prayer*, pp. 362–363. http://justus.anglican.org/resources/bcp/formatted_1979.htm에서 읽을 수 있다.

> 너희가 이 떡을 먹으며 이 잔을 마실 때마다 주의 죽으심을 그가 오실 때까지 전하는 것이니라. (고전 11:26)

이것은 마치 우리가 듣고 재연한 이야기가 이제 살아 있는 실례로 우리에게 전해지는 것과 같다. 그분의 몸인 떡이 부서질 때 그 소리가 작은 예배당에 울려 퍼진다. 그분의 피인 포도주를 따를 때 콸콸 하고 나는 그 소리가 이곳에 모인 얼마 되지 않는 사람들 사이에서 울려 퍼지고, 그 향기가 예배당 안에 가득 퍼지면서 우리의 미각을 자극한다. 분명 파블로프의 조건반사 법칙에 따라 떡 조각이 혀에 닿는다는 생각만으로도 입맛이 돌기 시작한다(그렇게 아침 일찍인데도 말이다!). 우리는 줄지어 앞으로 나가면서 노부인이 영성체 난간까지 걸어가도록 돕기도 하며, 부인은 얼굴을 찌푸리면서 제단에 무릎을 꿇는다. 손을 뻗고, 머리를 조아리고, 찻잔처럼 오므린 손에 성찬병("그리스도의 몸, 하늘의 떡")이 놓인다. 우리는 그 떡을 혀 위로 밀어 넣고 떡이 입 안에서 녹기를 어색하게 기다린다. 그런 다음 우리는 여전히 무릎을 꿇은 채, 하나의 잔("그리스도의 피, 구원의 잔")을 가지고 마신다. 다시 한번 우리는 잔치를 이어 간다.

주의 만찬을 통해 복음을 만질 수 있도록 전시하고 재연하는 것은 대단히 감동적인 실천이다. 그 광경과 냄새, 그 리듬과 움직임은 우리의 상상력에 스며들어 제2의 본성이 된다. 한 노래의 가사가 우리 기억 속에 박히는 것처럼, 성만찬의 광경과 냄새, 리듬은 다른 방법으로는 불가능한 방식으로 이 이야기를 생생하게 만들어 우리의 상상력 속에 밀어 넣는다.[102] 하지만 성만찬 때

---

[102] 주의 만찬이 그저 복음의 예시일 뿐이라는 말이 아니다. 주의 만찬은 그리스도께서 임재하시는 성례전이다. 그러나 다시 한번 레이하르트를 따르면서, 여기서는 '실제적 임재' 등과 관련된 '줌 렌즈식' 주제에 대해 관심을 기울이지 않으려고 한다. 이어지는 내용에 관해 나는 Leithart, "The Way Things

무슨 일이 일어나는가? 이 실천 안에는 어떤 세계 이해가 내재되어 있는가? 이 의례는 왕국에 대한 어떤 전망을 담고 있는가? 여기서는 세 가지 주제만 지적하고자 한다.

첫째, 평범하고 명백해 보이는 것을 너무 빨리 지나쳐 버리지 않기 위해, 우리는 주의 만찬의 물건들—흔히 '성찬물'(elements)이라고 불리는—이 전혀 특별할 것 없는 물건이라는 점을 이해해야 한다. 빵과 포도주는 세계 많은 곳에서 오랜 역사에 걸쳐 매일 먹는 기본 음식이다. 이 잔치를 제정하시면서 예수님은 손에 있던 것, 그때 식탁 위에 있던 것을 드셨다. 이것이 이스라엘의 역사에서 풍부한 상징을 지니기는 하지만, 일상적인 품목이라는 점도 분명하다. 따라서 다시 한번 기독교 예배라는 실천 자체에서 우리는 일상의 거룩화, 가정적인 것의 성화를 확인한다. 이것은 마치 하나님이 다시 한번 땅의 열매로 가득한 식탁을 바라보시면서 "모두 참 좋구나"라고 선언하시는 것과 같다 (참고. 창 1:31). 예수님은 빵을 취하실 때, 그것을 축복하시고 그것에 대해 감사하신다. 평범한 음식물을 이렇게 거룩한 것으로 만드는 행위에는 창조에 나타난 이 땅의 것들을 향한 긍정에 대한 반향이 내재해 있다. 더 나아가 주의 만찬을 제정하시면서 하나님은 인간의 가장 필수적이며 따라서 가장 공통된 행동 중 하나인 식사를 성례전으로 취하신다. 우리는 이를 통해 성례전이 세상의 일반적인 성례전성을 강화한다는 것을 알 수 있다. "성만찬은 매일 하는 삶의 흔한 식사와 다르지만 동시에 그것과 연속성을 지니기도 한다. 이것은 하나님 나라가 이 세상의 관심사를 무효화하지 않는다는 것을 보여 준다. 하나님 나라는 전혀 다른 세상이 아니라 변혁되고 변화된 이 세상이다."[103] 사

---

Really Ought to Be"로부터 큰 도움을 받았다.
**103** 같은 글, p. 166.

실 최후의 만찬을 나누실 때, 예수님은 이것이 정말로 **마지막** 만찬이 아니라 마지막에서 두 번째 만찬임을 암시하신다. 예수님은 자신이 다시는 먹거나 마시지 않을 것이라고 선언하지 않으셨다. 음식과 영양분이 필요한 몸으로부터 영지주의적인 방식으로 탈출하기 전에 마지막으로 제자들에게 말씀하신 게 아니다. 오히려 예수님은 "내가 포도나무에서 난 것을 이제부터 내 아버지의 나라에서 새것으로 너희와 함께 마시는 날까지 마시지 아니하리라"라고 선언하신다(마 26:29). 성만찬이라는 잔치 자체가 우리가 매일 먹고 마시는 행위, 의존적이며 유한한 피조물의 필수 요소인 그 모든 습관과 실천에 대한 축복이다.

주의 만찬은 단순히 곡식과 포도를 생산하고 우리가 먹고 마시지 않을 수 없게 하는 자연의 생물학적 과정만을 거룩하고 신성하게 여기는 것이 아니다. 결국 식탁 위에 있는 것은 밀과 포도가 아니다. 빵과 포도주다. 이것은 자연스럽게 일어나는 현상이 아니다. **문화**의 산물, 인간이 만들어 낸 물건이다. 빵을 축복하시고 그것에 대해 감사하실 때, 예수님은 이 땅의 물건을 거룩하게 하실 뿐 아니라 우리 손으로 만든 물건도 거룩하게 하신다. 피조물의 선함에 대한 긍정은 단지 '자연'을 이루는 것만이 아니라 인간이 문화적 노동을 통해 피조물로부터 만들어 낸 모든 문화적 현상까지도 포함한다. 따라서 "빵이 식탁 위에 차려질 때, 그 배후에는 농업과 더불어 요리에 관한 과학과 기술이 자리하고 있다.…인류에게는 자연 상태의 산물로 사용할 뿐만 아니라 풍성한 인간 삶을 위해 그것을 변형하도록 피조물이 주어졌다. 우리는 수호자로서 이미 있는 것을 지킬 뿐 아니라 창조자로서 아직 없는 것을 만든다. 우리는 단지 먹을 뿐 아니라 굽기도 한다."[104] 따라서 빵과 포도주를 축복하

---

[104] 같은 글, p. 169.

는 대단히 평범한 행위 안에는 기독교 예배가 피조물에 대한 하나님의 축복을 재연한다는 의미가 내재해 있다.

둘째, 이미 살펴보았듯이, 주의 만찬은 일종의 거룩한 실망으로서 경험되어야 한다고 말할 수 있다. 왜냐하면 우리는 매주 성만찬을 행하지만, 그때마다 하나님 나라와 그 나라의 잔치가 아직 온전히 도래하지 않았음을 절감하기 때문이다. 매주의 성만찬 제정사는 우리에게 이 사실을 상기시킨다. 우리는 '그가 오실 때까지' 성만찬을 행하기 때문이다. 그렇다고 해서 성만찬이 주는 평화와 기쁨, 양분을 부인한다는 말은 아니다. 오히려 요점은 성만찬이 **종말론적** 만찬임을 강조하려는 것이다. 이것은 일종의 '식당에서 싸 가는' 음식, 혹은 적어도 이동 중에 먹는 음식이다. 이것은 광야에(시 78:19), 그리고 원수의 목전에(시 23:5) 차려진 식탁이다. 따라서 우리는 '달리면서' 이 음식을 먹는다. 이것은 우리가 드라이브 스루(drive-thru)로 패스트푸드를 사서 차 안에서 먹을 때처럼 광적인 속도로 소비하고 주의가 산만하기 때문이 아니라, 주의 만찬이 우리가 지상의 도성에서 여행하는 동안 어린 양의 혼인 잔치를 고대하면서(계 19:9) 나누는 기대의 식사이기 때문이다. 따라서 주의 만찬은 하나님 나라 잔치의 맛보기이며 종말론적 지평에서 그 의미를 이해해야 한다. 주의 만찬은 우리를 종말론적 백성으로 만드는 식사다. 주의 만찬은 그리스도의 죽음과 장례, 부활을 환기하고 요약하는 동시에 하나님 나라의 잔치를 미리 내다본다. 그 자체로 "성만찬은 갱신될 피조물의 징조로 이해되어야 한다. 성만찬은 종말론적 질서의 모형이며, 만물이 마땅히 되어야 할 모습을 보여 주는 소우주다."[105] 따라서 이것은 **규범적** 식사다. 주의 만찬이라는 실천은 우리에게 만물이 마땅히 되어야 할 모습을 맛보기로 보여 줌으로써 그 안

---

[105] 같은 글, pp. 165-166.

에 규범을 담아낸다. 그리고 이 규범은 현재의 질서를 비판하는 기초인 동시에 교회가 장차 올 공동체의 맛보기가 되는 폴리스로서 스스로를 방향 짓는 방법에 대한 실마리다.

예를 들어, 빵과 포도주는 성만찬에 참여하는 모든 이에게 아낌없이 분배된다. 이는 그 자체로 하나님 나라의 풍성함을 예기하는 것이며, 이것이 바로 이스라엘의 갈망에 대한 해답이다.

> 오호라, 너희 모든 목마른 자들아,
> 물로 나아오라.
> 돈 없는 자도 오라.
> 너희는 와서 사 먹되 돈 없이, 값 없이 와서
> 포도주와 젖을 사라.
> 너희가 어찌하여 양식이 아닌 것을 위하여 은을 달아 주며
> 배부르게 하지 못할 것을 위하여 수고하느냐?
> 내게 듣고 들을지어다. 그리하면 너희가 좋은 것을 먹을 것이며,
> 너희 자신들이 기름진 것으로 즐거움을 얻으리라. (사 55:1-2)

성만찬은 어느 누구도 가난이나 소외된 노동 때문에 굶주리지 않는 곳(참고. 사 65:21-23), 장차 올 하나님 나라를 특징짓는 정의가 무엇인지 보여 주는 작은 규범적 그림이다. 어느 누구도 다른 이들이 모자라도록 방치한 채 남는 것을 쌓아 두지 않을 것이다. 성만찬 때처럼 빵과 포도주가 아낌없이 평등하게 분배될 것이다. 주의 만찬은 이러한 하나님 나라 경제를 위한 연습이다. 그리고 우리는 이를 **행하며** 만물이 마땅히 되어야 할 상태를 미리 맛본다.

세 번째 요소는 '만물이 마땅히 되어야 할 바'가 어떤 모습인지를 보여 주

5장 하나님 나라의 실천

는 특별한 예다. 주의 만찬은 용서와 화해의 잔치다. 주의 만찬은 우리 원수의 목전에 차려진 식탁인 동시에, 하나님이 한때 그분의 원수였던 이들과 함께 앉으시는 식탁이기도 하다(롬 5:10; 골 1:21). 성만찬은 용서하시는 하나님과 누리는 은혜로운 교제다. 그러나 그것은 우리가 **서로와 더불어** 먹는 만찬이기도 하며, 이를 위해서 용서 역시 필요하다. 인간의 번영을 위한 하나님의 계획은 고립된 채로 성취될 수 없다. 의존적이며 사회적인 동물로서 우리는 공동체를 이루도록 창조되었다. 그리고 정치적 자유주의나 소비 자본주의를 규정하는 강력한 서사들과는 달리, 서로 간의 경쟁과 적의는 자연 상태의 일로 용인되지 않는다. 오히려 이러한 '만인에 대한 만인의 투쟁'은 창조 질서에 닥친 폭력의 침략으로 간주된다. 모든 상호주관적 관계를 경쟁으로 환원하는 일은 협력과 협동이라는 창조의 이상을 왜곡하며 타락시키는 것이다.

    교회는 피조물의 갱신을 증언하는 한 몸이자 폴리스로서 의존의 공동체—각 지체의 협력과 공헌 없이는 번영은커녕 제 기능도 할 수 없는 몸—가 되어야 한다(고전 12:12-26). 그러나 우리의 깨어진 인간관계, 우리 공동체를 무너뜨리는 학대와 폭력, 경쟁을 감안할 때, 이 몸은 화해와 용서의 실천을 통해 다시 하나로 결합되어야 한다. 하나님 나라의 모습을 본떠 형성된 공동체는 하나님과 '수직적으로만' 화해된 사적이며 고립된 개인들로 만족할 수 없다. 왜냐하면 이런 화해의 명백한 증거는 이웃 사랑이기 때문이다. 이것은 요한일서의 핵심 주제 중 하나이기도 하다. "우리가 사랑함은 그가 먼저 우리를 사랑하셨음이라. 누구든지 '하나님을 사랑하노라' 하고 그 형제를 미워하면 이는 거짓말하는 자니, 보는 바 그 형제를 사랑하지 아니하는 자는 보지 못하는 바 하나님을 사랑할 수 없느니라"(요일 4:19-20). 정말이지 "누가 이 세상의 재물을 가지고 형제의 궁핍함을 보고도 도와줄 마음을 닫으면 하나님의 사랑이 어찌 그 속에 거하겠는가?"(요일 3:17)

따라서 성만찬—교회 예배의 핵심—은 화해를 요구하는 동시에 화해를 이루는 예전적 실천이기도 하다. 식탁은 깨어진 관계의 불쾌함이 표면으로 불거져 나오게 함으로써 우리가 현실을 직시하도록 강요한다[〈길모어 걸스〉(*The Gilmore Girls*)에서 가족이 말없이 서로 점점 끓어오르던 어색한 저녁 식사 장면을 생각해 보라!]. 식사라는 평범하고 보편적인 인간의 실천과 흔히 이야기하는 음식과 교제 사이의 상관관계를 통해, 주님의 식탁은 '수평적' 차원의 화해를 위한 촉매제가 된다. 식사라는 평범하고 일상적인 인간 행위는, 비정상적이지만 너무나도 흔한 적의와 불화라는 인간의 현실을 본래의 상태로 되돌리는 기회가 된다.[106] 예물을 제단에 드리기 전에 화해하라고 예수님이 우리에게 권고하셨듯이(마 5:23-24), 바울도 고린도 교인들에게 주의 만찬에 참여하기 전에 자신을 살피라고 권고한다(고전 11:27-34). 교회가 성만찬을 처음으로 행했을 때부터 화해의 훈련은 성만찬과 결합되어 있었다. 따라서 『디다케』(*Didache*)에서 저자는 "너희 제물이 더러워지지 않도록 친구와 다툰 자는 화해할 때까지 너희 회중에 들지 못하게 하라"라고 경고한다.[107] 식탁으로의 은혜로운 초대는 화해로의 부름이기도 하며, 이는 인간의 책무가 불가피하게 **사회적**임을 상기시킨다. 우리는 홀로 하나님의 형상을 반영할 수 없다("하나님의 형상대로 그들을 창조하셨다").

깨어지고 조각난 세상 속에서 교회는 화해된 공동체를 구현함으로써 새로운 창조의 첫 열매가 되도록 부름받았다. 그리고 우리가 이것을 배우기 시

---

[106] [식탁 교제가 특권과 권력의 명확한 서열을 부과하는 수단으로서, '함께 식탁에 앉을 권리'(commensality)를 엄격히 제한했던 1세기의 체제에 대항해] 성만찬은 모두에게 개방된 "평민을 위한 잔치"이기도 하다. 이에 관한 논의로는 John Dominic Crossan, *Jesus: A Revolutionary Biography* (San Francisco: HarperSanFrancisco, 1994), pp. 66-70를 보라. 『예수』(한국기독교연구소).

[107] *Didache* 14.2, in *The Apostolic Fathers: Greek Texts and English Translations*, ed. and trans. Michael W. Holmes, 3rd ed. (Grand Rapids: Baker Academic, 2007), pp. 365-367. 『열두 사도들의 가르침』(분도출판사).

작하는 곳은 바로 성찬대다. 성만찬의 일부로서 자신을 살피고 화해하는 습관과 실천은 우리가 용서와 화해를 '시험해 볼' 수 있게 해 주는 자전거의 보조 바퀴와 같다. 그리고 이런 점에서 성만찬은 새로운 인류인 교회가 구현하도록 부름받은 현실, 즉 기호나 취향, 계급, 인종에 상관없이 공동선을 추구하기 위해 모인 공동체의 총체다. 나는 자주 나의 자녀들에게 우리가 교회에 가는 이유는 우리가 정말 좋아하지 않는 사람들—우리를 화나게 하는 이상한 사람들, 신경에 거슬리는 사람들(확신하건대, 그들 역시 우리에게 그런 감정을 갖고 있을 것이다!)—을 사랑하는 법을 배우기 위해서라고 말하곤 한다. 때로 우리는 서로의 기대에 못 미치고 서로를 실망시킬 때 느끼는 좌절과 상처까지도 감내해야 한다. **성찬대**는 화해의 실천을 위한 역사적 촉매제다. 그런 의미에서 성만찬은 기독교 예배가 욕망의 교육임을 보여 주는 또 하나의 사례다.[108]

교황 요한 바오로 2세(John Paul II)의 말처럼, 성만찬은 "적극적으로 이웃을 사랑하는 법을 배우는 **학교**"다. 화해하는 훈련으로서 "성만찬은 이런 사랑을 더 깊이 나누도록 우리를 교육한다. 성만찬은 그리스도께서 빵과 포도주의 형태(species) 아래에서 각 사람에게 동일하게 자신을 내어주신다고 한다면 각 사람, 즉 우리의 형제나 자매는 하나님 보시기에 얼마나 소중한지를 우리에게 보여 준다."[109] 이는 우리가 완벽한 화해를 성취한다거나, 성만찬이 우리가 과거에 경험했거나 저질렀던 불의를 마법처럼 원상태로 되돌린다는 말이 아니다. 오히려 이 말은 화해와 용서의 예전적 실천이 이를 시작하기 위한 훈

---

[108] 나는 성만찬이 **단지** '실천'이거나 화해가 우리가 성취할 수 있는 무언가에 달려 있다고 주장할 의도가 없다. 다른 의미에서, 성만찬이 화해를 초래한다. 이에 관한 논의로는 L. Gregory Jones, *Embodying Forgiveness: A Theological Analysis* (Grand Rapids: Eerdmans, 1995), pp. 176-177를 보라.

[109] John Paul II, *Dominicae Cenae*, Pastoral Letter on the Mystery and Worship of the Eucharist (1980), §6. "주님의 만찬"[『가톨릭 교회의 가르침』 제37호(2008년, 한국천주교중앙협의회), pp. 137-175].

련장이라는—그리고 우리에게 그렇게 할 것을 요구한다는—주장이다. "용서와 회개는 평생 계속해야 할 일"이기 때문에,[110] 또한 우리는 "성찬과 이보다 더 긴 시간이 필요한 화해의 과정 사이의 이러한 긴장"을 거의 언제나 경험하기 때문에,[111] 언제나 **소망 가운데** 이를 실천해야 한다. 우리 이웃을 사랑하고, 따라서 화해하는 법을 배우는 학교로서 성만찬은 우리의 원수를 사랑하는 법—장차 올 하나님 나라에 세워질 갱신된 공동체의 가장 큰 스캔들—을 배우는 학교이기도 하다.

### 봉헌: 하나님 나라의 감사의 경제

어떤 점에서 우리는 예배의 절정을 지나 그 대단원에 진입했다. 그러나 또 다른 점에서 우리는 예배의 결론과 텔로스에 다가가고 있다. 예배에서 내려 주시는 은혜—각각 하나님의 축복, 우리의 고백, 하나님이 주시는 사죄의 확신이 포함된 말씀, 세례, 주의 만찬이라는 성례전을 통한—에 대해, 이제 우리는 감사함이나 찬양의 노래뿐만 아니라 사람들이 바닥에 내려놓은 가방과 뒷주머니의 지갑을 허둥지둥 찾는 이상하고도 어색한 순간을 통해 응답한다. 오르간이나 피아노, 기타 연주로 짤랑거리는 동전 소리와 바스락거리는 지폐 접히는 소리를 묻히게 하는 가운데, 마치 손으로 은밀한 작전이라도 벌이듯 바구니 안에 돈을 떨어뜨린다. 봉투와 지폐를 아이들 손에 들려 주면, 아

---

[110] Jones, *Embodying Forgiveness*, p. 179.

[111] Christopher Gundry, "A Table in the Midst of My Enemies? Power, Abuse, and the Possibilities for Reconciliation in Holy Communion", *Liturgy* 23 (2008): pp. 27–34, 인용문 출처는 p. 32. 이 글에서 건드리는 이런 긴장이 성만찬을 통한 화해의 이상화된 설명에 대해 의문을 제기함을 인정하면서 이에 관한 정직한 성찰을 제공한다.

이들은 쟁반이 지나갈 때 기쁜 마음으로 봉투와 지폐를 쟁반 위에 올려놓는다. 화성인 인류학자들에게 이것은 마치 사람들이 유흥에 대한 대가로 돈을 내는 것처럼, 제공된 서비스에 대해 정산하는 것처럼 보일지도 모른다. 그러나 예배의 논리 안에서 봉헌이 어떤 의미를 갖는지에 주의를 기울인다면, 우리는 다른 무언가―하나님 나라의 모습을 암시하는 무언가―를 발견할 것이다.

첫째, 명백한 내용을 반복하는 것이 미안하기는 하지만, 기독교 예배의 실천에서는 현세적이고 평범하며 심지어 ('부정한 돈'이라는 말도 있듯이) '더러운' 무언가―돈이라는 시시콜콜한 현실―를 끌어들인다는 점을 지적할 필요가 있다. 예배는 우리의 배를 건드리듯이 우리의 지갑도 건드린다. 다시 한번 우리는 예배가 얼마나 '세속적'인지 알 수 있다.

둘째, 우리 화성인 인류학자들이 관찰한 바와 달리, 사실 이것은 교환이 아니다. 이것은 상호적 혹은 호혜적 선물 교환이 아니다. 왜냐하면 우리가 받은 선물과 우리가 지금 '되돌려'드리는 선물 사이에는 근원적인 불균형이 존재하기 때문이다. 오히려 봉헌은 감사의 표현이다. 봉헌은 하나님과 인류 사이의 '거래'가 계약이 아니라 언약이며 상품 교환이 아니라 선물 교환임을 보여 주는, 상징적이지만 구체적인 예시다.

셋째, 그 결과 봉헌이라는 예전적 실천은 기독교 예배―새로운 창조의 맛보기―가 새로운 경제, 대안적 경제를 구현함을 보여 준다. 세례를 통해 보았듯이, 장차 올 하나님 나라는 하나님에 대한 사적 헌신을 영원히 추구하기 위해 세례수로 씻긴 깨끗한 영혼들의 집합이 아니다. 오히려 세례는 새로운 폴리스, 새로운 사회-정치적 공동체를 세우시는 하나님의 방식이다. 간단히 말해, 하나님 나라는 정치적이다. 그리고 성만찬을 통해 보았듯이, 장차 올 나라는 하나님과 화해를 이룬 사적 개인들이 아니라 서로 화해를 이룬 인간 공동체에 의해 특징지어진다. 요컨대, 하나님 나라는 사회학의 대상―공동체, 제도, 인간 조직의 체계를 구속하는 일—과 관계가 있다. 그리고 지금 성만찬이 다른 식사와 연속성을 지니듯이, 모여서 드리는 예배에서 주일 헌금은 다른 상업, 분배, 교환 제도와 분리되어 있지 않다. 다시 말해서, 하나님 나라는 경제와 관계가 있다. 이것은 단지 개인적인 자선 행위나 이른바 여윳돈에서 재량껏 하는 기부의 문제가 아니라 분배와 소비를 재편성하는 문제다.

주일 봉헌의 유산과 그것이 가리키는 하나님 나라의 경제는 초대교회의 실천을 통해서 확인할 수 있다. 예를 들어, 오순절 성령 강림의 기적은 전도와 회심만을 불러일으키지 않았다. 제자도의 삶을 자극하기도 했다. 그리고 이 제자도의 핵심이 경제였다. 세례를 받고 "사도의 가르침을 받아 서로 교제하고 떡을 떼며 오로지 기도하기를 힘쓴"(행 2:42) 이 사람들은 함께 모여 "모든 물건을 서로 통용하고, 또 재산과 소유를 팔아 각 사람의 필요를 따라 나눠 주었다"(행 2:44-45). 이 하나님 나라 경제—"은혜에 의한 사회주의"[112]—는 교회의 가장 중요한 표지이자 기독교 실천의 핵심 양상이 된다. 에클레시아가 계속 성장하는 사이에도 "믿는 무리가 한마음과 한 뜻이 되어 모든 물건을 서로 통용하고 자기 재물을 조금이라도 자기 것이라 하는 이가 하나도 없었다"(행 4:32). 아나니아와 삽비라의 실패로 사도행전 서사에서 가장 준엄한 심판의 사건이 일어났다. 두 사람은 기도나 사도의 가르침에 계속해서 힘쓰는 데 실패해서가 아니라 바로 교회의 대안적 경제에 정직하게 참여하기를 거부했기 때문에 심판을 받았다(행 5:1-11).

화해되고 구속된 그리스도의 몸은 우리의 후기 근대 문화를 결정적으로 특징짓는 소비와 축적, 탐욕의 예전에 대항하는 십자가를 닮은 실천에 의해 뚜렷이 나타난다. 따라서 에클레시아는 재화와 부를 분배할 때 전혀 다른 절

---

[112] John Milbank, *Being Reconciled* (London: Routledge, 2003), pp. 162-186를 보라.

차와 기준을 적용한다는 점에서 구별된다. 이 점에서 교회의 말도 안 되는 경제는 하나님 나라 경제를 예기한다. 이사야 55:1-2을 통해 보았듯이, 하나님 나라는 우리가 돈 없이 포도주와 젖을 살 수 있는 경제, 모두가 "기름진 음식"을 아낌없이 먹을 수 있는 경제로 그려진다.

안타깝게도 북미 예배의 맥락에서는 봉헌이 그런 대안적 경제를 흉내 내는 데 그치는 경우가 많다. 그럼에도 성경의 더 폭넓은 전망과 결합된 경제적 실천을 예배에 포함시킴으로써, 예배는 자본주의적 상상력이라는 전제를 거부하는 경제를 우리에게 상기시키는 기능을 한다.

**증인의 파송: 문화 명령이 대위임령을 만나다**

예배의 실천을 통해, 선물과 부르심, 부르심과 반응, 간구와 응답, 먹기와 마시기라는 주고받는 춤을 통해 삼위일체 하나님과 교제를 나누는 동안, 우리는 하나님 나라의 삶을 실천하고 연습했다. 우리는 우리가 지음받은 목적—찬양과 예배—을 실천하기 위해 모였으며, 언어를 배우고 이야기에 참여하며, 공동체적 이마고 데이로서 우리의 사명을 완수하기 위해 훈련을 받았다. 기독교 예배는 영적이거나 종교적인 사람이 되는 법이 아니라 **참 사람**이 되는 법, 창조 때 우리에게 주어진 소명을 수행하는 법을 배우는 정서적 학교이자 욕망의 교육이다. 그리고 이제 우리는 예수님의 완벽한 '문화적' 노력을 본받아 세상을 일구는 하나님의 형상을 지닌 사람이 됨**으로써** 증인이 되도록 이 훈련장—**참** 세상—으로부터 세상으로 보내진다. 이 일에는 다른 이들을 환대하고 환영하는—다른 이들에게 그리스도 안에서 정체성과 소명을 찾고 '새로운 피조물'이 되어 부름받은 대로 살아가는 사람들이 되기를 권하는—교회,

그리스도의 몸이 되는 문화적 노력이 포함된다. 간단히 말해, 증인으로 보냄을 받을 때 우리는 복된 소식을 선포하는, 하나님이 독특한 백성을 구속하고 회복시키셔서 그들이 그분의 형상을 반영하도록 은혜를 내려 주신다는 이 이야기를 선언하는 복음 전도자로 파송된다. 그러나 그렇게 할 때, 이 대위임령을 수행할 때, 우리는 십자가와 부활을 통해 하나님이 행하신 일 때문에 인류가 참 사람이 되고 피조물을 돌볼 책임을 부여받은 군주와 제사장으로서 창조의 소명을 실천하는 것이 가능해졌다는 사실을 증언한다. 따라서 대위임령을 통해 선포된 복된 소식은 하나님이 우리로 하여금 문화 명령에 실제로 참여할 수 있게 해 주셨다는 사실이다.

우리는 제자를 만들도록 세상 속으로 보냄받는다. 즉, 우리는 사람들에게 두 번째 아담이시며 새로운 인류의 모형이신 그리스도 안에서 그들의 정체성과 소명을 찾도록 권하기 위해 세상 속으로 보냄받는다. 그리고 그들은 불려 나온 사람들, 즉 교회의 예배와 실천에 참여함으로써 이 초대에 응할 것이다. 따라서 교회는 그저 영적 충전소나 영혼을 위한 병원이 아니라 문화 중심지다. 교회는 세례의 도성, 하나님의 도성의 문화 중심지다. 제자들의 문화적 과업은 낯설어 보이고 스캔들처럼 보일 것이다. 왜냐하면 그리스도 안에서 하나님의 이야기 속에 드러난 규범에 기초해 이 과업을 전개할 것이기 때문이다. 따라서 글라스 스킬더(Klaas Schilder)는 "신사들의 어머니인 **교회**가 '새로운' 인간을 낳을 때, 교회는 문화적 삶에 관한 한 온 세상의 짐을 진다. 오직 **교회**만이 그들을 끊을 수 없는 교제 안에 하나로 연합시키며, 삶의 모든 관계에 대한 규범을, 심지어는 교회 밖의 관계에 대한 규범까지도 가르친다"라고 지적한다.[113] 교회는 세상을 책임지도록 선택받았으며, 세상에 대한 그리고 세상

---

[113] Schilder, *Christ and Culture*, p. 106.

## 생각해 볼 문제: 낯선 이들의 사라짐에 관한 노래

이 글을 쓰는 사이에 나는 패티 그리핀(Patty Griffin)의 노래 "나쁜 소식은 없어요"(No Bad News)를 마치 처음 듣는 것처럼 노래 가사에서 새로운 깨달음을 얻었다. 중간 절에서 그녀는 사랑의 왕국을 증언하는 증인으로 보냄을 받은 교회의 책무와 다르지 않은 사회적 실험에 관해 노래한다.

> 나는 한 사람을 찾아, 그를 열심히 사랑하고,
> 열렬히 사랑하고, 천천히 사랑할 거예요.
> 우리는 이 요새의 벽을 훌쩍 뛰어넘을 거예요.
> 그리고 우리는 두려워하지 않을 거예요.
> 비록 우리 앞길에 어둠이 다가온다고 해도 결코 두려워하지 않을 거예요.
> 우리는 더 이상 살아 있기를 두려워하지 않을 거예요.
> 그리고 우리 마음으로 우리 사이에 있는 모든 낯선 이를
> 따뜻하게 품을 거예요.
> 더 이상 낯선 사람이 없을 때까지.

어떤 의미에서 이것이 바로 하나님의 형상을 반영하는 사람들이 되도록, 따라서 장차 올 왕국의 공동체적 맛보기를 제공하도록 위임받고 파송받은 새로운 인류로서 교회의 소명이다. 서로에 대한 우리의 사랑은 요새, 즉 우리가 예배를 위해 만든 공간의 벽을 타고 흘러넘쳐야 하며, 낯선 이와 원수를 향한 우리의 사랑은 아무런 두려움이나 부끄러움 없이 "더 이

> 상 낯선 사람이 없을 때까지" 모든 사람에게 하나님의 친구, 하나님의 친구의 친구가 되기를 권하는 초대장이 되어야 한다. 이는 또한 예레미야의 환상에 묘사된 날을 떠올리게 한다. "그들이 다시는 각기 이웃과 형제를 가리켜 이르기를 '너는 여호와를 알라' 하지 아니하리니, 이는 작은 자로부터 큰 자까지 다 나를 알기 때문이라. 내가 그들의 악행을 사하고 다시는 그 죄를 기억하지 아니하리라. 여호와의 말씀이니라"(렘 31:34).

을 위한 교회가 되도록—세상을 구하거나 정복하거나 심지어 변혁하기 위해서가 아니라, 자신의 문화적 사역 때문에 십자가에 달려 죽으신 그분을 본받아 구속된 인간 공동체와 문화가 어떤 모습인지를 보여 줌으로써 세상을 섬기기 위해—부름받았다. 간단히 말해, 우리는 십자가에 달려 죽으신 이를 위한 순교자이자 증인이 되도록 보냄받았다. 이런 식으로 우리는 패배를 통해 이긴다.[114]

창조와 마찬가지로 예배도 하나님의 축복으로 시작해 하나님의 축복으로 끝난다. 목회자는 축복하기 위해 손을 들고, 우리는 그 축복을 받기 위해 손을 뻗는다. 그리고 하나님의 축복이 선포된다.

여호와는 네게 복을 주시고 너를 지키시기를 원하며
여호와는 그의 얼굴을 네게 비추사
은혜 베푸시기를 원하며

---

[114] 순교를 "도구화"하지 말 것을 강조하는 순교에 대한 성찰로는 Craig Hovey, *To Share in the Body: A Theology of Martyrdom for Today's Church* (Grand Rapids: Brazos, 2008)를 보라.

> 여호와는 그 얼굴을 네게로 향하여 드사
> 평강 주시기를 원하노라. (민 6:24-26)

부름받았을 때 우리는 축복을 받았다. 이제 우리는 보냄받으면서 다시 축복을 받는다. 우리는 고아로서 보냄받지 않으며, 우리 자신을 증명하라고 보냄받지도 않는다. 축복은 긍정과 수여의 말씀이다. 즉, 우리는 이 사명을 수행할 능력을 입고, 하나님의 은혜로 좋은 선물을 받은 사람으로서, 성령에 충만하여, 다른 세상에 대한 전망에 자극받은 상상력을 가지고 세상으로 나아간다.

**예배, 제자도, 훈련: 주일을 넘어서는 실천**

우리가 지금까지 분석한 모든 것—기독교 예배의 리듬과 실천—은 대부분의 경우 일주일에 하루, 약 한 시간 반 동안 일어난다. 이는 우리가 한 주의 나머지 시간 동안 몰입해 있는 세속적 예전에 맞서는 대책을 실행하기에 턱없이 부족한 시간이다! 기독교 예배의 실천이 비록 형성적이라고 하더라도 이것이 우리가 3장에서 살펴본 세속적 예전의 힘과 편재성에 맞서는 대항적 형성으로 충분히 기능할 수 있다고 생각하는 것은 순진한 과대평가가 아닐까? 시간의 양만 보더라도 이것이 그저 바람에 불과하지는 않을까? 그리고 기독교 예배가 내가 주장한 대로 '효과를 발휘하지' 않는 것처럼 보이는 것도 이 때문이지 않을까? 북미에서 많은 그리스도인들이 매주 예배를 위해 모이지만, 우리가 그다지 독특해 보이지 않는 것은 아닐까? 즉, 주일 아침에 이웃들이 집에서 신문을 읽는 시간에 우리는 교회에 가는 것을 **제외하면** 우리는 그들과 그다지 달라 보이지 않는다.[115] 이것은 중요한 물음이며, 기독교 실천을 통한 기독교적 형성에 관한 우리의 전망을 더 확장하도록 우리를 압박한다. 논의를 시작하면서 나는 몇 가지를 강조하고자 한다.

첫째, 주일 아침(혹은 토요일 저녁, 혹은 예배하는 시간이면 언제나) 기독교 예배에 소요되는 시간의 양은 제한되어 있지만, 그럼에도 이 시간은 밀도가 높고 의미로 가득 차 있다. 목적의식이 분명한 기독교 예배, 즉 우리가 앞서 설명한 요소들을 포함하며 온몸을 움직이게 만드는 통전적 예배 전통을 활용하는 예배는 형성적 힘으로 가득하다. 이에 덧붙여, 우리는 목적의식이 분명한 기독교 예배에서 언제나 말씀과 세례, 주의 만찬이라는 특별히 강렬한 성례전의 실천을 통해 부어 주시는 하나님의 은혜를 맛보며, 그 은혜는 우리를 성숙하게 하는 자양분이 된다는 사실을 기억해야 한다.[116] 성령께서 성례전 안에 독특하게 임재하심을 감안할 때, 변화시키시는 삼위일체 하나님과 비록 비교적 짧은 시간 동안 만난다 할지라도 결코 그 힘을 과소평가해서는 안 된다.[117]

---

[115] 2권과 3권에서는 이 문제를 중점적으로 다룰 것이다. 크리스천 셰런(Christian A. B. Scharen)은 "'Judicious Narratives', or Ethnography as Ecclesiology", *Scottish Journal of Theology* 58 (2005): pp. 125-142에서 이 문제와 관련해 유익하면서도 도발적인 주장을 제시한다. 여기서 나는 세속적 예전에 대한 나의 설명이, 기독교 예배의 실천이 거기에 참여하는 이들을 변화시키지 않는 것처럼 보이는 이유를 설명할 수 있는 틀을 제공할 수 있다고 주장하고자 한다. 예를 들어, 나는 여기서 논의한 모든 요소를 포함하는, 역사적이고 목적의식이 분명한 기독교 예배를 위해 매주 모이는 회중을 생각할 수 있다. 하지만 샬롬의 관점에서 보면 일부 교인들은 가장 지독한 구조적 불의에 서슴없이 공개적으로 참여하는 사람들이다. 그렇다면 이것은 나의 주장이 거짓이라는 증거인가? 나는 그렇게 생각하지 않는다. 적어도 반드시 그렇지는 않다고 생각한다. 오히려 우리에게는 어떻게 일부 예전이 다른 예전을 **압도하는지**에 관한 더 섬세한 설명이 필요하다. 이 경우에 우리는, 이 교인들이 기독교 예배에 참여함에도 불구하고 다른 세속적 예전이 기독교 예배의 실천을 효과적으로 압도하고 있다고 주장할 수 있다. 이런 관점에서 조사하기 위해서는 경험적 현실에 주목하면서 신학적 소양을 갖춘 심리학, 사회학, 민족지학을 활용할 수 있어야 할 것이다.

[116] 칼뱅 신학에서 말씀의 "성례전화"에 관해서는 Dawn DeVries, "Calvin on the Word as Sacrament", in *Jesus Christ in the Preaching of Calvin and Schleiermacher* (Louisville: Westminster John Knox, 1996), pp. 14-25를 보라.

[117] 성례전에 임재하시는 성령에 관해서는 Calvin, *Institutes*, 4.14.9, 12을 보라.

이것은 두 번째 강조점과 짝을 이룬다. 3장에서 제시한 나의 주장 중 하나는, 문화적 실천과 제도를 예전으로 인식할 때 어느 정도는 그 형성적 힘을 약화시킬 수 있다는 것이었다. 나는 이런 문화적 실천의 본질―우리의 욕망을 형성하며 어딘가를 지향하게 하는 데 열중하는 형성적 예전―을 인식할 때 제한적이나마 그 힘을 무력화시킬 수 있다고 생각한다. 그 정서적 힘은 우리의 비판적 분별을 우회하는 데서 나오기 때문에, 그 본질을 바르게 분별해 냄으로써 적어도 어느 정도까지는 그 효과를 최소화할 수 있다는 말이다. 그렇기 때문에 나는 생각하기를 삼가거나 비판적으로 사고하는 습관을 포기해야 한다고 주장할 의도가 전혀 없다. 사실 이 책의 목표 자체가 우리의 비판적이며 지적인 능력을 활용해 문화적 실천과 기독교 예배 모두를 다르게 이해하려는 것이다. 만약 우리가 문화적 실천의 본질을 깨닫기 시작한다면, 그것은 마치 우리가 문화적 실천에 대해 "너의 꿍꿍이가 무엇인지 알겠어. 그건…"이라고 말하는 것과 같다. 따라서 이런 인식이 기독교 예배에 대한 의도적 참여와 결합될 때 세속적 예전의 형성적 힘을 (제거하지는 못하더라도) 약화시킬 수 있다.

그러나 이런 인식이 문화적 의례의 형성적 힘을 완전히 무력화시킬 수는 없다. 우리가 매우 오랜 시간 동안 문화적 의례에 몰입한 결과, 경쟁하는 다른 왕국의 전망이 우리의 상상력에 깊이 침투해 있기 때문이다. 예를 들어, 비록 우리가 쇼핑몰을 경쟁적 예전으로 인식하기 시작할지라도 일주일에 사흘 밤을 그곳에서 보내고 몇 시간 동안 텔레비전 광고를 흡수한다면(특히 우리는 대개 '느긋하게 쉬기 위해', 즉 비판적 능력을 꺼둔 채 텔레비전을 보기 때문에), 시장의 예전은 축적된 힘을 지니게 되며 그것은 형성적일 수밖에 없다. 따라서 우리는 앞의 물음에 대한 제3의 대답인 수도원주의에 대해 검토해 볼 필요가 있다.[118] (반드시)

---

[118] 수도원주의가 개혁주의 '세계관 및 생활관'과 통약 불가능하다고 생각하는 개혁주의자들에게 나는

사막으로 물러나 기둥 꼭대기에서 살아야 한다는 뜻이 아니다. 그러나 나는 수도원적 삶에는 후기 근대 세계에서 기독교적 형성의 필수 요소로 간주되어야 할 두 가지 요소가 있다고 생각한다. 첫째, 이미 지적한 '몰입의 양'에서 오는 도전을 감안할 때, 새로운 인류의 살아 있는 본보기가 됨으로써 하나의 문화적 세력이 되고자 하는 기독교 공동체는 다른 이들이 정상적이라고 생각하는 일부 문화적 실천에 참여하기를 **자제하는** 것을 생각해 보아야 한다.

지금 내가 '문화 **자체로부터**' 후퇴하라고 충고하는 것이 아니라는 점에 주의하라. 문화 자체로부터 후퇴하는 것은 피조물의 선함을 거부하는 경건주의와 다를 바 없기 때문이다. 클라스 스킬더가 적절히 지적하듯이, 문화 명령은 우리가 창조 때 받은 소명이기 때문에 "문화적 책무로부터의 퇴각은 언제나 죄다."[119] 오히려 수도원적 절제는 문화적 제도의 특정한 양상에 참여하기를 자제하는 것—**구조**가 아니라 **방향성**에 대한 절제—이다. 이는 문화적 제도의 예전적이며 형성적인 힘 때문에 특정한 ('다수가 참여하는') 문화적 실천에 참여하기를 절제하는 것이다. 그러나 이런 절제가 일차적으로 소극적이거나 방어적인 것은 아니다. 이런 전략을 채택하는 목적은 다른 방식으로 문화적 책무에 참여하고, 사랑에 의해 질서 잡히고 하나님 나라를 지향하는 문화적 제도를 발전시키며, 새로운 창조의 맛보기이자 그 자체로 하나님의 구속하는 사랑의 매력적인 증거로 기능하는 문화적 실천을 펼치기 위해서다. 이러한 문화적 책무를 **위한** 수도원적[120] 절제의 입장에서는 스스로 하나의 투

---

Institutes, 4.13.10에서 제시된 "거룩하고 합당한 수도원주의"에 관한 칼뱅의 논의를 추천한다.

[119] Schilder, *Christ and Culture*, p. 91. Brian J. Walsh, Sylvia C. Keesmaat, *Colossians Remixed: Subverting the Empire* (Downers Grove, IL: InterVarsity, 2004), pp. 147-168에서 제시하는 "탈퇴의 윤리"와 비교해 보라. 『제국과 천국』(IVP).

[120] 지면 관계상 수도원주의를 마치 문화 전반으로부터의 경건주의적 후퇴로 간주하고 이를 폄하하는 태도, 특히 개혁주의 전통 안에서 나타나는 이런 태도를 다 바로잡을 수는 없다. 칼뱅이 아우구스티누스로부터 배운 "거룩하고 합당한 수도원주의"는 그 자체가 **문화적** 기획이라는 점을 밝혀 두는 것으로

쟁에 임한다고 생각하지만, '문화 전쟁'을 해야 한다는 어떤 주장도 단호히 거부한다. 왜냐하면 교회의 책무는 세상을 변화시키는 것이라고 생각하지 않기 때문이다. 오히려 증인이자 순교자로서 교회 공동체는 세상에 하나님 나라의 경제, 정치 등을 구체적으로 표현하여 대안적 인간 공동체를 몸소 구현함으로써 장차 올 하나님 나라를 세상에 보여 주도록 부름받았다. 스킬더가 주장하듯이,

> 자신들의 대학을 운영하고, 선교사들을 후원하고, 그리스도께서 맡겨 주신 가난한 이들을 돌보고, 그렇게 함으로써 그들을 (적그리스도의 선봉인!) 국가절대주의의 손아귀에서 구해 내고, 하나님이 요구하신 수많은 다른 일들을 하고, 우선 이 모든 일 때문에라도 이를테면 위압적인 기독교 무대 같은 것은 세울 여력이 없는 그리스도인들…그런 사람들이야말로 영웅적인 공동체다.[121]

이런 공동체주의는 교회라는 요새화되고 고립된 안전지대로의 후퇴가 아니며(아우구스티누스는 그토록 분주한 삶 속에서 도심 수도원의 중요성에 대해 조언했다),[122] 물러나는 경건주의 안에 스스로를 숨기지도 않는다. 이 경우에 절제는 격리의 문제가 아니다. 하지만 세상을 바꾼다는 승리주의적 기획에 임하고 있다고 생각하지도 않는다.[123] 십자가에 달려 죽으신 이께서 부르시고 모으신 백성으

---

충분하다. 이 수도원주의는 경제나 정치, 노동으로부터 물러나지 않았으며, 오히려 대안적 경제, 정치, 노동에 대한 관심을 드러내는 문화적 제도를 만들었다.

[121] Schilder, *Christ and Culture*, p. 93.
[122] Thomas F. Martin, OSA, "Augustine and the Politics of Monasticism", in *Augustine and Politics*, ed. John Doody, Kevin L. Hughes, and Kim Paffenroth (Lanham, MD: Lexington Books, 2005), pp. 165-186를 보라.
[123] 마이클 린지(Michael Lindsay)가 *Faith in the Halls of Power: How Evangelicals Joined the American Elite* (New York: Oxford University Press, 2007)에서 격찬했던 확신에 찬 승리주의나 패트

로서, 교회는 예수님을 깨어지고 상처 입은 세상 속에서 문화적 과업은 어떤 모습이어야 하는지 본보기를 보여 주신 두 번째 아담으로 이해한다. 따라서 이런 수도원주의에서는 창조에 담긴 하나님의 뜻에 부합할 뿐만 아니라 십자가를 닮은 문화적 책무를 추구한다. 이런 수도원주의에서 절제는 나약함으로의 퇴각이 아니라 다른 종류의 힘, 증인이 지닌 약한 힘, 순교자들이 행사했던 이상한 힘으로 물러나는 것이다.[124] 스킬더는 "올바른 방식으로 심방을 했던 나의 **지혜로운** 구역 장로는 복된 사람이었다. 비록 자신은 몰랐을지도 모르지만, 그는 **문화적** 힘이었다"라고 말한다.[125]

수도원주의에는 지혜로운 절제 외에도 '몰입의 양'에 관한 도전에 대응할 수 있는 또 다른 요소가 있다. 바로 **날마다** 예배하는 습관이다. 수도원적 삶의 특징 중 하나는 매일 예배하는 리듬이며, 앞서 지적한 절제의 삶과 결합될 때 이것은 예전적 형성에 결정적인 영향을 미친다. 물론 그리스도인의 삶은 날마다 기도하고 성경을 읽고 묵상하는 것에 의해 특징지어진다. 그러나 이를 사적으로 고립되어 행하는 경우가 많다. 반면에 수도원 전통에서는(그리고 다른 근대 이전의 사회에서는)[126] 날마다 행하는 성만찬을 비롯해 날마다 예배하는 공동체적이며 성례전적인 습관—신체적 참여를 통해 상상력을 활성화하는 전인적 공동 예배를 매일 드리는 습관—을 강조한다. 누가 앞에서 묘

---

릭 헨리 칼리지(Patrick Henry College) 같은 곳에 자극을 준 '변혁주의' 프로그램이 그 예다[Hanna Rosin, *God's Harvard: A Christian College on a Mission to Save America* (New York: Harcourt, 2007)를 보라].

**124** Marva J. Dawn, *Powers, Weakness, and the Tabernacling of God* (Grand Rapids: Eerdmans, 2001), pp. 123-164를 보라.

**125** Schilder, *Christ and Culture*, p. 114.

**126** 다시 말해서, 매일 모여서 드리는 예배는 청빈과 순결, 순종을 서약한 이들의 일상일 뿐만 아니라 가정과 직업의 삶을 사는 이들을 비롯해 공동체 전체의 삶과 일상을 특징짓는 요소가 될 수도 있다. 예를 들어 Augustine Thompson, OP, *Cities of God: The Religion of the Italian Communes, 1125-1325* (University Park: Pennsylvania State University Press, 2005), pp. 235-272를 보라.

사한 예배의 모습이 주일에만 나타나야 한다고 말하는가? 교회사의 풍성한 유산은 그렇지 않을 수 있다는 것을 잘 보여 준다. 수도사뿐만 아니라 가족과 학생들, 노동자와 변호사들이 날마다 모여, 우리에게 자양분을 공급하며 우리를 형성하는 예배를 드리는 방법을 찾을 수 있었다. 예를 들어, 많은 도심의 교회들이 매일 정오에 성만찬을 행하고 있으며, 이를 통해 수도원적 직업에 종사하지 않는 이들도 다른 이들과 함께 모여 전인적인 예배를 드릴 수 있다. 이렇게 매일 모이는 모임은 많은 경우 (다양한 형태를 띨 수 있는) '지향적 공동체'(intentional community)임을 반영하듯 지리적 인접성에 의해 쉽게 활성화될 수 있다.[127] 이것은 물량 대 물량의 싸움이라고 말할 수 있다. 디트리히 본회퍼(Dietrich Bonhoeffer)는 이것을 간단히 '신도의 공동생활'이라고 설명한다.[128]

마지막으로, 그리스도인들은 공동 예배라는 특별히 예전적인 실천을 넘어 온갖 종류의 형성적 실천과 영적 훈련에 참여함으로써 '양의 도전'에 맞선다. 이런 공동체적 실천은 부엌 식탁과 기숙사 방에서, 대학 채플과 구내식당에서, 레스토랑과 나무가 우거진 길에서 일어난다. 가정과 우정은 하나님 나라에 대한 욕망을 배양하는 강력한 장치일 수 있다.[129] 환대와 안식일 준수, 노

---

[127] 공동 예배와 영적 훈련이라는 풍성한 삶에 헌신하는 새로운 수도원 운동의 '표지' 중 하나가 '지리적 인접성'인 것도 바로 이 때문이다. Jon Stock, "Mark 9: Geographical Proximity to Community Members Who Share a Common Rule of Life", in *School(s) for Conversion: 12 Marks of a New Monasticism*, ed. Rutba House (Eugene, OR: Cascade Books, 2005), pp. 124-136를 보라. "새로운 수도원 운동의 열두 가지 표지"에 관해서는 xii-xiii을 보라.

[128] Dietrich Bonhoeffer, *Life Together*, trans. John W. Doberstein (San Francisco: HarperSanFrancisco, 1954), 특히 pp. 40-75("The Day with Others")를 보라. 『신도의 공동생활』(대한기독교서회).

[129] *Lumen Gentium*(제2차 바티칸 공의회 문헌 중 교회에 관한 교의 헌장 「인류의 빛」—옮긴이)을 따르며 '가정 교회'로서 가족을 교회 공동체라는 '첫 번째 가족'과의 관계 속에서 논의하는 데이비드 매카시의 글을 보라(*Sex and Love in the Home*, pp. 113-114). 개혁주의 전통에서는 웨스트민스터 신학자들이 인준한(1647년) "가정 예배 모범"(Directory for Family Worship)을 고려해 보라. 또한 Jacobus Koelman, *The Duties of Parents*, ed. M. Eugene Osterhaven, trans. John Vriend (Grand

래와 용서, 검약과 금식이라는 실천에 임할 때, 그리스도인들은 기독교 제자도를 형성하고 구성하는 삶의 방식에 참여한다.[130] 이러한 '주일을 넘어서는 실천'은 삶의 방식을 미리 연습할, 하나님 나라를 실천하고 연습할 또 다른 기회다. 예를 들어, 내 아내와 나는 지금까지 몇 년 동안 일주일에 한 번 친한 친구들과 함께 모여 우리가 '수요일 밤 포도주 모임'이라고(경우에 따라서 화요일이나 목요일에 모이기도 하지만) 부르는 의례를 행한다. 어린 자녀들이 잠자리에 든 후에(10대 자녀들은 자기들끼리 시간을 보내도록 내버려 두고) 우리는 매주 다른 포도주 한 병을 들고 한 친구의 집에 모여 치즈와 크래커, 그리고 대개 약간의 (스위스) 초콜릿과 함께 포도주를 즐긴다. 우리는 포도주 일지에 맛에 대한 평가를 적고 (아마추어이기는 하지만) 등급을 매긴다. 그리고 그 일지에 우리가 나눈 대화의 주제, 아이들에게 일어났던 일, 지난주에 있었던 중요한 사건도 적어 둔다. 자녀를 키우는 어려움에 관해 서로를 위로하고, 자녀를 키우는 기쁨을 함께 나눈다. 우리는 함께 슬퍼하고, 함께 절망하며, 서로에 대한 긴장을 해소하고, 서로에게 비밀을 터놓는다. 우리가 '교회에서', 모여서 예배하는 우리의 공동체 안에서 어려움을 겪을 때 이 수요일 밤의 식탁은 기분 좋고 마음 편한, '광야에 차려진 식탁'이다. 이 모임은 그야말로 성만찬의 그림자, 주의 만찬의 참다운 확장이다.

나는 '주일을 넘어서는' 다양한 기독교 실천을 공동 예배라는 예전적 실천

---

Rapids: Baker Academic, 2003)를 보라. 『주의 사랑과 훈계로』(두란노서원).

[130] 따라서 크레이그 다익스트라(Craig Dykstra)와 도로시 배스(Dorothy Bass)는 기독교적 실천을 "세상을 위한 하나님의 적극적인 임재에 반응하며, 그에 비추어 그리스도인들이 오랜 시간에 걸쳐 함께하는 행동들"이라고 정의한다. Dykstra, Bass, "Times of Yearning, Practices of Faith" in *Practicing Our Faith*, ed. Dorothy Bass (San Francisco: Jossey-Bass, 1997), p. 5를 보라. 『일상을 통한 믿음 혁명』(예영커뮤니케이션). 이 책은 '주일을 넘어서는' 기독교 실천을 위한 유익한 개요를 제공한다. 영적 훈련에 관한 또 다른 논의로는 Richard Foster, *Celebration of Discipline*, 3rd ed. (San Francisco: Harper, 1988)을 보라. 『영적 훈련과 성장』(생명의말씀사).

의 확장으로 이해하는 것이 가장 적합하다고 주장한다. 이런 실천들은 특별한 예전적 실천의 형성적 힘을 활용하기 때문에(그리고 활용하는 한) 중요하고 형성적이다. 또한 거꾸로 말하면, 이러한 주일 외 실천의 형성적 힘은 이러한 실천이 교회 공동체의 예전적 실천과 분리될 때, 특히 그것이 공동 예배의 어설픈 대용물이 될 때 약해지고 만다. 오히려 나는 (또한 성례전이 실천 이상임을 환기하면서) 예전적 실천의 성례전적 강렬함이 기독교 예배에서의 실천을 위한 잠재적 가능성의 확장인 다른 기독교 실천을 지향하게 하고 강화하는 무게 중심을 제공한다고 생각한다.[131]

은유를 통해 이 점을 생각해 볼 수 있다. 특정한 예전적 실천과 다른 기독교 실천의 관계를 이해하기 위해 기독교적 형성을 성당이라고 생각해 보라. 성당은 하나님의 백성이 예배와 제자도에 참여하는 의도적이며 복합적인 공간이다. 성당이 (십자가 모양으로) 설계된 방식은 무언가를 **말할** 뿐만 아니라 이 공간에 자주 찾아오는 사람들에게 무언가를 **행하기도** 한다. 성당 중심에, 십자가의 교차점에는 제단이 있다. 이곳은 성만찬에서 정점에 이르는 기독교 예배의 초점이다. 그러나 성당 구석구석에는 규칙적으로 일어나는 온갖 다른 종류의 활동을 위한 공간도 존재한다. 성당 주변에는 더 작은 규모의 모임이나 매일 행하는 성만찬을 위해 사용되는, 기도와 숙고를 위한 작은 예배실도 있다. 이런 예배실은 묵상과 신심행위를 위한 성상과 성화도 갖추고 있다.[132]

---

[131] 다익스트라와 배스는 약간 다른 관계를 암시하는 은유를 제시한다. "예배와 매일의 삶 사이의 관계는…맑은 수프와 걸죽한 수프 사이의 관계와 같다. 최선의 경우 예전에서—사람들이 모여 함께 하나님의 말씀을 듣고 성례전을 행할 때—모든 실천의 의미는 두텁고 흥미로우며, 우리가 대부분의 일상적 상황에서 경험하는 것보다 더 진하고 풍성하다"("Times of Yearning", p. 9). 따라서 이들은 예전적 실천을 다른 기독교 실천을 위한 예행연습으로 이해한다.

[132] 중세 성당만 그런 것이 아니다. 로스앤젤레스의 (포스트모던적인) 천사들의 모후 대성당(Cathedral of Our Lady of Angels)에도 열 개의 부속 예배실이 있다. 그중 다섯은 정례적인 기도 모임을 위한 것이며 나머지는 유동적으로 사용된다.

성당에는 그 밖에도 온갖 종류의 활동을 위한 공간들이 있다. 그리고 때로는 성당의 중심에서 예배가 진행되는 동안에도 이런 예배실과 공간에서는 분주히 다른 활동이 이루어지기도 한다.

이것은 공동 예배라는 예전적 실천과 그 외의 다른 기독교 실천 사이의 관계를 이해하고자 할 때 유용한 시각적 은유를 제공한다. 기독교 예배의 실천은 기독교적 형성에서 제단의 기능을 한다. 즉, 기독교적 형성의 마음이자 영혼이며, 제자도라는 책무의 무게 중심으로 기능한다. 그러나 공동 예배의 에너지와 형성적 힘은 성당 주위의 '예배실'―기독교 공동체와 친구들이 함께 모여 의도적으로 성령에 의해 형성된 삶을 추구하고 우리를 하나님 나라를 욕망하는 백성으로 만드는 데 열중하는 형성적 실천에 참여하는 다른 모임과 실천―로 확장되고 증폭된다. 만약 어떤 의미에서―예전적 실천만으로는 세속적 예전에 대항하기에 충분하지 않다는 의미에서―제단이 충분하지 않다면, 예전 외부의 실천 역시 기독교 예배의 실천과 결합되지 못하고 그로부터 자양분을 공급하지 못한다면 그 실천이 갖는 형성적 힘은 약해지고 말 것이다(혹 더 나쁘게는 그 자체가 하나님 나라에 대한 대단히 왜곡된 그림을 지향하는 실천으로 변질될 수도 있다). 다음 장에서 우리는 이 성당의 은유가 기독교 예배의 실천과 기독교 교육의 책무 사이의 관계를 새롭게 이해하는 데 어떤 도움을 줄 수 있는지 살펴볼 것이다.

## 6장 욕망의 교육

**기독교 대학의 목적은 사랑하는 사람을 기르는 것이다**

이 마지막 장에서 우리는 책 첫머리에서 던진 질문으로 되돌아가고자 한다. 교육의 **목적**은 무엇인가? 더 구체적으로 말하면, 독특한 기독교적 교육은 무엇을 목적으로 삼는가? 그러나 처음에 이런 물음을 던졌기 때문에, 나는 이제 우리가 세 가지를 이해하게 되었기를 기대한다. 첫째, 우리 인간은 예전적 동물이다. 세상에 대한 우리의 근본적 지향은 일차적으로 우리가 생각하는 것이 아니라 우리가 사랑하는 것, 우리가 욕망하는 것에 의해 좌우된다. 우리의 세계-내-존재는 근본적으로 우리 마음에 달려 있다. 우리를 좋은 삶에 대한 특정한 전망, 왕국에 대한 특별한 전망을 지향하는 사람들로 만들어 가는 습관이 우리의 사랑과 욕망으로 하여금 특정한 방향을 가리키게 만든다(1장). 이런 습관은 우리 욕망을 훈련시키는 실천을 통해 형성되며, 이는 구체적이며 물질적인 의례를 통해 우리 상상력을 자극함으로써 이루어진다. 이런 형성은 대체로 정서적이고 선인지적이며, 우리의 적응 무의식을 형성한다. 그러나 우리가 정서적이며 상상하는 피조물이라는 사실 때문에 이런 형성은 (비록 은밀하고 비밀스럽게 이루어질지도 모르지만) 훨씬 더 강력하고 효과적이다.

둘째, 우리는 어떤 실천—우리의 근본적 욕구와 욕망을 형성하는 데 열중하는 궁극적 관심에 관한 의례—은 다른 실천보다 '두껍다'고 주장했다. 이런 실천은 우리를 하나님 나라에 대항하는 왕국에 대한 전망을 욕망하는 사람으로 만들기 위해 노력한다(2장). 따라서 우리는 이 두꺼운 실천을 **예전**이라고 불렀으며 북미 문화에서 '세속적' 예전의 예를 살펴보았다(3장).

인간이 예전적인 동물, 욕망하는 동물임을 살펴보고 세속적 예전에 대해 분석한 이후에 우리는 세 번째 주제로 이동했다. 즉, 기독교 예배의 중요성을 재검토하였다. 여기서 근본적인 관심사는 기독교가 인지적이며 지적인 신념의 집합에 불과하지 않음을(더 나아가 일차적으로는 신념의 집합이 아님을) 강조하는 것이었다. 근본적으로 기독교는 세계관이 아니다. (교황 베네딕토 16세가 된) 라칭거(Ratzinger) 추기경이 매우 적절하게 지적했듯이, "기독교는 지적 체계, 교의의 집합, 도덕주의가 아니다. 오히려 기독교는 만남이며 사랑 이야기다. 기독교는 하나의 사건이다."¹ 오히려 우리는 그리스도인들이 생각하고 믿는 바(그들은 정말로 생각하고 믿으며, 이는 좋은 일이다!)는 그리스도인들이 행하는 바로부터 나온다는 것을 보여 주려고 노력했다. 기독교적 실천, 특히 기독교 예배의 실천은 '기독교 세계관'으로 진술되는 것들의 모체다(4장). 우리는 기독교 세계관의 추상적 공식을 진술하는 대신 기독교 예배라는 실천 안에 담긴, 기독교의 사회적 상상 안에 암시된 세계 이해를 분석했다(5장). 이처럼 기독교 예배는

---

1 Ratzinger, "Homily for Msgr Luigi Giussani", *Communio: International Catholic Review* 31 (2004): p. 685, Tracey Rowland, *Ratzinger's Faith: The Theology of Pope Benedict XVI* (Oxford: Oxford University Press, 2008), p. 67에서 재인용. 이것은 1969년에 이탈리아 평신도 운동 "친교와 자유"(*Communione e liberazione*)를 시작한 루이지 주사니(Luigi Giussani)의 장례식 조사에서 했던 말이다. 주사니 역시 *The Risk of Education: Discovering Our Ultimate Destiny*, trans. Rosanna Frongia (New York: Crossroad, 2001)를 비롯해 가톨릭 교육의 본질과 책무에 관해 영향력 있는 성찰을 남겼다. 주사니의 책은 이 책에서의 내 기획과 연결되는 가톨릭의 입장으로 읽을 수도 있다. *The Risk of Education*을 높이 평가하면서, 스탠리 하우어워스 역시 이러한 기독교 신앙의 '지성화'를 비판한다. 이는 특히 개혁주의 전통 내에 존재하는 기독교 고등 교육의 특정한 경향을 매우 정확히 포착하는 것으로 보인다. Hauerwas, "How Risky Is *The Risk of Education*? Random Reflections from the American Context", in *The State of the University: Academic Knowledges and the Knowledge of God* (Oxford: Blackwell, 2007), p. 51를 보라.

그 자체로 욕망의 교육이며, 우리가 몰입해 있는 여타 세속적 예전에 대한 대항적 형성의 기능을 한다. 우리가 온몸으로 참여하는 기독교 예배에는 독특하고 풍성한 사회적 상상이 암시되고 내재되어 있다.

다시 첫머리의 질문으로 돌아가면, 이제 우리는 이 물음을 좀더 균형 잡힌 형태로 재진술할 수 있다. 첫째, 이것은 기독교 교육의 목적이나 목표를 새롭게 상상하는 데 어떤 도움이 되는가? 둘째, 이것은 기독교 교육이라는 과업을 새롭게 상상하는 데 어떤 도움이 되는가? 간단히 말해, 기독교 대학의 목적은 무엇인가? 무엇이 기독교 대학을 독특하게 만드는가? 무엇이 기독교 대학을 '기독교적' 대학으로 만드는가? 남아 있는 지면에서 나는 우리가 만약 예전적 동물이라면 기독교 교육은 어떤 모습일 수 있으며 어떤 모습이어야 하는지를 간략히 제시할 것이다. 그 전에 몇 가지 단서를 달고자 한다. 첫째, 독특한 기독교적 교육에 관해 살펴보면서 나는 유감스럽게도 현재의 기독교 교육 내의 실천에 대해 비판하지 않을 수 없다. 왜냐하면 나는 기독교 대학과 대학교, 학교들이 자신도 모르는 사이에 미숙한 인간 이해와 기독교 신앙에 대한 길들여진 이해를 받아들이고 있다고 생각하기 때문이다. 이런 비판은 현재 이루어지는 기독교 고등 교육에 대한 전면적인 비판이나 거부가 아니다. 나는 지금까지 우리가 검토한 내용이, 기독교 대학의 학생들이 이 제도들이 생겨나게 한 원동력이 무엇인지 이해하는 데 도움이 되기를 바란다. 따라서 비록 비판도 포함되어 있지만, 다음의 성찰은 기독교 교육에 함께 헌신하는 한 사람이 그가 꿈꾸는 바를 그려 본 것이다. 둘째, 어떤 점에서 나는 아래에서 묘사한 교육은 존재하지 않는 대학에 대한 묘사임을 알고 있다.[2]

---

2  그런 의미에서 나는 마이클 버드(Michael Budde)의 논문 "Assessing What Doesn't Exist: Reflections on the Impact of an Ecclesially Based University", in *Conflicting Allegiances: The Church-Based University in a Liberal Democratic Society*, ed. Michael Budde and John Wright (Grand Rapids:

이를 허구의 묘사로 보지 말고 희망을 담은 묘사로 생각해 달라. 셋째, 아래의 논의에서 집으로 가져가 당신의 강의실에서 활용할 수 있는 비결이나 묘안, 탁월한 방법이나 딱 떨어지는 공식을—적어도 아직까지는—찾지는 못할 것이다.³ 그럼에도 나는 이 간략한 논의가 다른 이들이 취할 수 있는 몇 가지 구체적 가능성을 제시할 수 있기를 바란다.

### 대학을 위한 새로운 수도원 운동: 왜 기독교 대학은
### 젊은이들을 타락시켜야 하는가?

기독교 대학의 목적은 무엇인가?⁴ 혹은 기독교 교육의 목적은 무엇인가? 이것이 '무엇이 한 대학을 **기독교적으로** 만드는가?'라는 질문과 동일하지 않다는 점에 주의하라. 서론에서 지적했듯이, 후자의 물음에 대한 가장 흔한 대답은, 기독교 교육은 세상에 대한 '기독교적 관점'을 제공하고 젊은이들이 기

---

Brazos, 2004), pp. 255-271와 같은 취지에서 논의를 전개하고 있다.

3 데이비드 스미스와 나는 현재 신앙인의 교육과 형성을 위한 밸퍼라이조 프로젝트(Valparaiso Project on the Education and Formation of People in Faith)에서 자금을 지원하는 "기독교적 실천으로부터 기독교 교육으로"라는 제목의 프로그램을 함께 이끌고 있다. 이 프로그램에서는 교회와 관련된 다양한 교육 기관에서 일하는 여러 분야의 학자들을 모아서, 기독교의 형성적 실천—예전적인 실천과 비예전적인 실천 둘 다—의 '정수'를 기독교 대학과 대학교의 교육에 적용할 수 있는지를 모색하고 있다. 우리는 2009년 가을에 이 주제로 학회를 열고, 그저 '비결이나 묘안'이 아니라 다른 이들이 이 주제에 관해 더 심층적으로 접근하는 발판이 될 수 있는 구체적인 사례를 적어도 몇 가지 제공할 수 있는 책을 발간할 예정이다.

4 나는 **대학교**(university)와 **대학**(college) 사이에는 차이가 있음을 인정하지만 이 논의의 맥락에서는 두 용어를 교환 가능한 말로 사용할 것임을 미리 밝히는 게 유익할 것이다. 더 나아가 두 용어 모두에 관해 나는 교양학부 대학(liberal arts college)이나 종합 대학, 종합 중등학교와 같이 다양한 학문 분과(더 나아가 전문 분야)를 다루는 학교를 염두에 두고 있다. 따라서 나는 여기서 더 협소한 책무와 정체성을 지닌 '성경 대학'을 논의의 대상으로 삼지 **않는다**. 마지막으로, 비록 여기서는 고등 교육에 초점을 맞추지만 나는 여기서 다루는 많은 주제와 관심사가 기독교 초·중등 교육에도 적용될 수 있다고 생각한다. 이에 관해서는 다른 글에서 더 자세히 다룰 수 있기를 바란다.

독교 세계관이라는 관점에서 학문과 전문 분야의 훈련을 받음으로써 사회에 대해 성공적이지만 동시에 구속(救贖)적인 공헌을 할 수 있도록 그들을 준비시킨다는 것이다. 후자의 물음에 대한 이런 대답은 전자의 물음, 즉 '기독교 교육의 목적은 무엇인가?'에 대한 암시적인 대답을 전제한다. 이 지배적인 패러다임에 따르면 기독교 교육의 목적은, 아이비리그와 주립 대학을 졸업한 이들이 하는 일과 똑같은 일을 하지만 그 일을 '기독교적 관점에서', 그리고 어쩌면 문화를 변혁하거나 사회를 구속하겠다는 목적을 가지고 하는 직업인들을 만들어 내는 것이다. 따라서 기독교 대학은 결국 장래에 주립 대학 졸업생과 거의 동일한 직업이나 경력을 얻을 만한 자격을 갖춘 졸업생을 배출한다. 우리는 엔지니어와 기업가, 간호사와 수학 교사, 박물관 큐레이터와 건축가, 사회 복지사와 청능사(audiologist), 동네 스타벅스에서 일하는 소수의 철학자를 배출한다. 우리의 졸업생들은 사회에 생산적으로 기여하고 문화에 영향을 미치는 인재, 더 나아가 지도자가 되기 위해 꼭 필요한 자격 요건을 갖춘다.[5] 그리고 이 모든 것에 더해 그들은 필수적인 지식과 기술, 자격 요건뿐만 아니라 기독교 세계관까지 갖추고 졸업한다. 그들은 '기독교적 관점'에서 자신의 소명에 관해 생각하고 이를 추구하도록 훈련을 받았다.

그러나 만약 그것으로 충분하지 않다면? 혹은 더 나아가 기독교적 관점이 복음의 급진성을 길들이는 방편에 지나지 않는다면? 만약 기독교 세계관이

---

[5] 존 라이트(John Wright)는 이렇게 학생들을 자격 요건을 갖춘 사람으로 길러 내려는 노력 자체에 대해 이를 재고해 보아야 한다고 지적한다. "교회와 관련이 있는 대학과 대학교들은 표면적으로는 교회에 다니는 젊은 학생들이 교회에 대한 충성심을 유지하는 동시에 사회에 무사히 입문할 수 있도록 만들기 위해 노력한다. 그러나 사회에서는 자유주의적인 사회 구조의 일원으로서 제 역할을 할 수 있는—즉, 자유주의적인 국민 국가에 봉사하기 위해, 기독교적 헌신과 신념을 가지고 있더라도 그런 신념을 사적이며 개인적인 것으로 제한하는 법을 터득한—학생들을 얼마나 잘 모집하고 훈련시킬 수 있는지를 기준으로 교회와 관련된 대학을 평가함으로써 해당 교육 기관의 질을 측정하고 그 교육에 정당성을 부여한다." Wright, "How Many Masters? From the Church-Related to an Ecclesially Based University", in Budde and Wright, *Conflicting Allegiances*, p. 23를 보라.

라는 대단히 추상적인 원리가 장차 올 왕국의 제자로 살아가라는 급진적인 부르심을 길들이고 무디게 하는 방편에 지나지 않는다면? 기독교적 관점을 배우는 것이 사실은 나의 욕망을 건드리지 못하는 것은 아닌가? 내가 기독교적 관점에서 세상에 관해 **생각**할 수 있을지는 모르지만, 결국 하나님 나라가 아니라 시장의 왕국을 사랑하는 것은 아닌가? 기독교 신앙의 정수를 지적인 틀과 비슷한 것—하나의 '관점'이나 '세계관'—으로 축소함으로써 우리는 (어쩌면 자신도 모르게) 기독교를 기독교 제자도를 구성하는 실천으로부터 분리시킬 수도 있다. 그리고 그런 일이 일어날 때 우리는 결국 그리스도인이 된다고 해서 우리의 욕망과 욕구, 우리의 실천과 습관이 급진적으로 바뀌지는 않는다고 생각하게 된다. 물론 우리는 도덕적이어야 한다고 생각할지도 모른다. 그러나 우리는 이것을 개인의 진실성(예를 들어, '정직한' 기업 거래)이나 자선을 목적으로 만들어진 기존의 문화적 제도를 활용하는(예를 들어, 수익의 일부를 자선단체에 기부함으로써 착취적인 기업 관행을 '구속'하거나 최상위 부유층의 기부금을 바탕으로 비영리 자선 단체를 만드는) 차원에서 이해한다. 너무나도 많은 경우에, 기독교적 관점은 이들의 경력과 직업 자체에 대해 아무런 도전이 되지 못하는 듯하다. 더 단호하게 말하자면, 우리의 기독교 대학과 대학교들은 교외에 사는 그들의 다른 이웃과 대단히 비슷해 보이는 졸업생들을 꾸준히 배출하고 있다. 유일한 차이점은, 우리의 졸업생들은 '기독교적 관점에서' 스포츠 유틸리티 차량(SUV)을 운전하며 큰 집에서 살고 중산층의 열광적인 삶과 회사에서의 승진을 추구한다는 것이다.

왜 이런 일이 일어나는가? 나는 기독교 교육이 너무 오랫동안 형성(formation)보다는 정보(information)에 관심을 가져 왔기 때문이라고 주장한다. 이렇게 기독교 대학은 자신의 임무가 "만들어지고 있는" 개별적인 지성을 돌보는 일이라고 생각하기 때문에 기독교적 관점, 즉 하나의 지적 틀을 제공하는 것으로 충분하다고 생각해 왔다.⁶ 그와 더불어 이런 접근법은 기독교를 앙상한 지적 구조로 환원시킨다. 그리고 이렇게 지적으로 표현된 신앙은 우리의 근원적인 열정을 건드리지 못한다. 이는 이렇게 기독교를 지성화시킴으로써 신앙이 교회의 두꺼운 실천과 분리되도록 내버려 두기 때문이다. '기독교 교육'의 기독교가 기독교 세계관이나 기독교적 관점이라는 지적인 요소로 축소될 때, 그 결과로 기독교는 "교회의 중재 없이도 개인이 취할 수 있는 신념 체계"로 변질되고 만다.⁷ 하우어워스는 "이런 전략에서는 그리스도인을 그리스도인으로 만드는 것을 우리가 인간의 조건을 더 잘 이해하고 우리의 경험을 이해할 수 있도록 도와주는 특정한 신념을 견지하는 것으로 여긴다"라고 지적한다.⁸ 이렇게 기독교 신앙을 하나의 신념 체계로 변질시킬 때 기독교는 기독교 예배의 실천으로부터 분리되고, 따라서 기독교 예전에 내재된 사회에 대한 급진적이며 새로운 전망으로부터 멀어지고 만다(5장을 보라). 기독교는 "하

---

6 기독교 대학이 기독교적 형성의 책임에 관해 적극적으로 논의하지 않았던 몇 가지 다른 이유가 있다. 어떤 이들은 그런 논의에 근본주의적인 경건주의의 흔적이 남아 있다고 생각한다. 이런 논의는 기독교 대학을 주일 학교의 연장으로 만드는 것처럼 보인다. 이런 태도는 과거에 성경 학교나 성경 대학이었지만 이제는 스스로 대학으로서의 정체성을 분명히 하기 위해 애쓰는 교육 기관의 경우에 특히 뚜렷하게 나타난다. 또 다른 이들은 대학의 '영역'과 교회의 '영역'을 구별하려는 생각 때문에 이런 논의에 소극적이다. 그리고 세 번째로, 어떤 이들은 캠퍼스에서의 '영적 형성'을 반지성주의적인 것 — 학생들의 삶의 한 부분을 이루는 따뜻하고 몽롱한 것(그리고 이런 것은 학문의 엄격성에 나쁜 영향을 미칠 수 있다) — 으로 이해하기 때문에 기독교 대학을 형성의 공간으로 이해하는 데 과민한 반응을 보이기도 한다. 대체로 이런 우려를 하는 교수진은 교수로서 우리의 책무가 학생들에게 '비판적으로 생각하는' 법을 기르치는 것이라고 강조하는 — 마치 학생들을 온전한 제자로 길러 내는 일에는 비판적 사고가 필요하지 않다는 듯 — 경향이 있다. 내가 보기에 이런 우려 중 어떤 것도 기독교 대학의 책무에서 기독교적 형성이 핵심이라는 사실을 거부할 충분한 이유가 될 수 없다. 반대로 나는 만약 기독교 대학이 기독교적 형성에 초점을 맞추지 않는다면 사실상 존재할 이유가 없다고 주장한다. '기독교적 관점'을 습득하는 훨씬 더 효과적인 방법이 존재한다. 결국 나는 기독교적 형성이 기독교 대학에서 필수적이라는 생각에 반대하는 이들이 자유주의적인 자율성에 대한 헌신 때문에 그러는 것이라 생각한다. 기독교적 형성을 위한 기독교 교육은 '자유주의적이지 않으며', 이것은 잘못된 일이 아니다. 오히려 이것이 기독교 교육을 **기독교적**으로 만들 수 있다.

7 Hauerwas, "How Risky?", p. 51.

8 Stanley Hauerwas, *After Christendom? How the Church Is to Behave If Freedom, Justice, and a Christian Nation Are Bad Ideas* (Nashville: Abingdon, 1991), p. 95.

나님에 관한 신념 더하기 행동이 아니다. 우리가 그리스도인인 까닭은 우리가 믿는 바 때문이 아니라 예수님의 제자가 되도록 부름받았기 때문이다. 제자가 되는 것은 새로운 혹은 변화된 자기 이해에 관한 문제가 아니라 다른 실천을 지닌 다른 공동체의 일원이 되는 것에 관한 문제다."⁹ 그러나 기독교를 하나의 **관점**으로 길들인다면 우리의 실천을 방해하거나 다시 방향 짓기 어렵다. 오히려 그것은 우리 주위에서 볼 수 있는 문화의 형태를 그대로 인정하는 한 방법이 되고 마는 경우가 많다. 우리는 다른 이들이 하는 일을 그대로 행하며 거기에 그저 "예수님을 더할" 뿐이다.[10] 혹은 가장 흔히 사용되는 용어를 인용하자면, 우리 기독교 학교들은 '탁월성'(excellence)에 초점을 맞춘다. 이것은 다른 학교에서도 소중히 여기는 가치다. 우리는 거기에 예수님에 대한 신앙심을 더할 뿐이다. 그러는 사이에, 비록 우리가 '기독교적 관점'에서 **사고하고** 있다 하더라도, 쇼핑몰과 군사-연예 복합체의 예전은 우리를 그들의 왕국을 욕망하는 사람으로 만든다.

대안은 무엇인가? 만약 기독교 교육이 단순히 기독교적 관점이나 기독교 세계관을 습득하는 것이 아니라면 그 목적은 무엇인가? 나는 그 목적이 기독교 예배의 목적과 동일하다고 주장한다. 즉, 공동체로서 하나님의 형상을 지닌 존재가 되라는 창조 때 부여받은 책임을 다하고 피조물의 문화적인 잠재적 가능성을 발전시키는—그러나 십자가의 모습을 띠는 예수님의 문화적 활동을 본받아 성령께서 부어 주시는 힘으로 그 일을 감당하는—예수님의 급진적인 제자, 세례의 도성의 시민을 형성하는 것이다. 만약 기독교 예배

---

9  같은 책, p. 107.
10  게다가 기독교 세계관이 교회의 예배라는 두꺼운 실천과 분리될 때 이 뿌리를 잃어버린 기독교는 좋은 삶에 대한 다른 지배적 전망—보수적인 전망이든 진보적인 전망이든—과 결합되고 만다. 좌파와 우파 그리스도인 모두가 세계관 담론을 이야기하는 것은 바로 이 때문이다.

와 제자도의 목적이 독특한 백성을 형성하는 것이라면, 기독교 교육의 목적도 그와 동일해야 한다. 만약 기독교 대학이라는 것이 존재해야 한다면, 그것은 교회의 사명의 연장으로—성당의 중심에서, 기독교 예배의 제단에서 일어나는 일을 확장하고 강화하는 예배실로—이해되어야 한다. 간단히 말해, 기독교 교육의 책무는 교회의 두꺼운 실천과 다시 결합되어야 한다.

'기독교 대학'—'기독교'를 하나의 지적 체계로 추상화하는 것을 더 용이하게 만드는—에 관해 이야기하는 대신 어쩌면 우리는 '교회의' 대학과 '교회의' 대학교에 관해 이야기해야 할지도 모르겠다.[11] 만약 기독교 신앙이 기독교 세계관이라는 원리로 적절하게 정제될 수 없으며, 오히려 기독교 신앙은 기독교 예배의 독특한 실천 안에 담긴 하나의 사회적 상상이라면, 유의미한 방식으로 '기독교적'일 수 있는 기관은 모두 기독교의 예전적 실천이라는 특수성에 의해 활력을 얻는 예전적 기관이 되어야 할 것이다. 만약 교육이 언제나 형성에 관한 문제라면, 그리고 가장 근원적인 형성은 다양한 예전을 통해 일어난다면, 기독교 교육은 기독교 예전이라는 깊은 우물에서 물을 길어야 한다. 간단히 말해, 기독교 대학은 '엑스 코르데 에클레시에'(ex corde ecclesiae), 즉 "교회의 심장부로부터" 태어날 뿐만 아니라 그로부터 양육받아야 한다.[12] 그렇게 함으로써 기독교 대학은 예수님의 급진적인 제자들을 만드는 데 기여

---

[11] Budde and Wright, *Conflicting Allegiances*에 실린 "교회에 기반을 둔 대학"에 관한 논의와 비교해 보라.

[12] Pope John Paul II, *Ex corde ecclesiae*, Apostolic Constitution on Catholic Universities, 1990.『교회의 심장부』(한국천주교중앙협의회). '교회의' 대학에 관한 논의는 기존의 '기독교' 대학에 도전인 동시에 기회가 된다. 비교파적 정체성을 지닌 대학의 경우에는 어떤 교회가 그 대학이 태어나고 양육받아야 할 심장부인지 알기 어렵다. 반면에 교파적 정체성을 지닌 대학의 경우 그 대학이 교회의 대학이 될 때 교회와 대학의 관계를 더 잘 이해할 수 있을 것이다(그럼에도 교단이나 교회가 그 자체를 '공교회의 일원'으로 이해하기 바란다). 교회의 대학이라는 모형은 내가 다른 책에서 "특수성의 스캔들"이라고 불렀던 것에 대한 후기 근대적 수용을 장려한다. James K. A. Smith, *Who's Afraid of Postmodernism? Taking Derrida, Lyotard, and Foucault to Church* (Grand Rapids: Baker Academic, 2006), pp. 122-127를 보라.

해야 한다. 이들은 양성자의 속성과 달리(Dali)의 초현실주의를 연구하면서도 독특한 백성이 되도록 준비시키는 기독교 예배의 실천에 의해 그 욕망이(따라서 지식이) 빚어진다. 이런 독특한 백성이 될 때 하나님 나라의 두꺼운 전망은 우리로 하여금 세례 받을 때 다짐했듯이 주변 문화가 '탁월성'이라고 간주하는 바를 거부할 수 있게 해 준다.

교회의 대학에서는 기독교 예배 안에서 시작되고 지속되는 형성을 확장하고 강화할 것이다. 다른 세상을 상상할 수 있기 위해 상상력의 예전적 형성을 활용할 것이며, 따라서 "우리가 현실을 당위로 받아들이도록 만드는 것을 책무로 삼는, 근대성을 정당화하는 최고의 기관인" 기성 대학의 예전에 맞설 것이다.[13] 이 점에서 교회의 대학은 반문화적 기관이 되지 않고 대항문화적 기관이 될 것이다. 교회의 대학은 우리의 여정 가운데 '아직'의 단계에서, 십자가의 모습을 한 하나님 나라에 부합하는 방식으로 피조물의 문화적 가능성을 발전시키는 독특한 백성을 형성하고 훈련시키는 기관이 될 것이다.[14]

그러므로 나는 교회의 대학—교회의 예전적 실천에서 자양분을 얻는 기독교 대학—이 대학을 위한 일종의 '새로운 수도원 운동'을 보여 줄 것이라고 주장하고자 한다.[15] 새로운 수도원적 대학은 교회나 교회의 대체물이 아니라 교회의 연장[성당의 신랑(nave, 중앙 회중석—옮긴이)과 연결된 예배실]으로서, 욕망을

---

[13] Hauerwas, *The State of the University*, p. 6.

[14] 하우어워스는 교회의 대학에 대한 꿈이 어려운 질문을 제기한다고 정확히 인지한다. "나는 대학이 기독교적일 수 있는지가 문제가 아니라 기독교 대학을 충분히 유지할 수 있는 교회가 존재하는지가 문제라고 생각한다." Stanley Hauerwas, *With the Grain of the Universe: The Church's Witness and Natural Theology* (Grand Rapids: Brazos, 2001), p. 233.

[15] '새로운 수도원 운동'에 관해서는 *School(s) for Conversion: 12 Marks of a New Monasticism*, ed. Rutba House (Eugene, OR: Cascade Books, 2005)를 보라. 또한 이에 관해 '옛' 수도원 운동으로부터 많은 것을 배울 수 있다. 고전적인 연구로는 Jean LeClercq, OSB, *The Love of Learning and the Desire for God: A Study of Monastic Culture*, trans. Catharine Misrahi (Bronx, NY: Fordham University Press, 1961)를 보라. 이 자료를 알려 준 밥 프레이저(Bob Frazier)에게 고마움을 전한다.

형성하고 상상력을 자극하는 다양한 기독교 실천을 의도적으로 활용하고 받아들임으로써 기독교 형성을 위한 기관이 될 것이다. 교회의 대학은 '모든 것'에 관해 진리를 추구하고 지식을 발전시키는 일에 전념하는 기관이 될 것이다. 하지만 이는 교회의 대학이 주립 대학의 기독교적 모조품처럼 보일 것이라는 말이 아니다. 어떤 연구 영역도 금기가 되지 않지만, 그렇다고 해서 아이비리그와 똑같이 자원을 투자할 것이라는 말도 아니다.[16] 교회의 대학은 문화 지도자들을 형성하는 데 열정적으로 노력하겠지만, 이들이 이끌 '문화'는 대학을 둘러싼 지배 문화가 아닐 것이다. 세례 때 했던 부인의 다짐과 선별적인 문화적 절제 때문에 교회의 대학에서 수행하는 교과 과정은 '기독교적 관점'을 가지고 있으며 '정상적인' 다른 대학과는 다른 모습일 것이다. 새로운 수도원적 대학은 기존의 많은 기독교 대학보다 훨씬 더 낯설지 모르지만, 이런 낯설음은 이곳이 독특한 백성의 형성을 위한 공간이라는 사실에 기인할 것이다.

이제 나의 입장을 완전히 공개하는 차원에서 이런 형태의 기독교 교육이 문제를 야기할 가능성이 있음을 밝혀 두어야겠다. 버드가 정확히 지적하듯이, "교회에 기반을 둔 대학에서 일차적으로 그 학생과 교수진, 직원들을 명확한 방향으로 형성하는 것에 초점을 둔다고 말한다면, 이는 미국 내에 있는 교육과 형성에 관한 지배적인 전제와 충돌할 수밖에 없다."[17] 더 직접적으로 표현하자면, 교회의 대학은 결코 '성공'에 이르지 못할 것이다. 하우어워스가 냉정하게 꼬집었듯이, "이런 대안적 문화 속에서 우리 자녀들을 교육하는 것은, 그들이 받는 교육이 그들을 전혀 다른 문화에 의해 형성된 세상 속에

---

[16] 관련 이슈에 대한 정직한 평가로는 Therese Lysaught, "Love Your Enemies: The Life Sciences in the Ecclesially Based University", in Budde and Wright, *Conflicting Allegiances*, pp. 109-127와 Robert Brimlow, "Who Invited Mammon? Professional Education in the Christian College and University", 같은 책, pp. 156-170를 보라.

[17] Budde, "Assessing What Doesn't Exist", p. 258.

서 성공하는 사람이 되도록 만들어 줄 것이라고 가정할 수 없음을 뜻한다."[18] 사실 이것이 바로 참된 기독교 교육이 만나는 **위험**이다. 우리는 이런 위험을 기꺼이 감수하려고 하는가? 나는 그렇지 않을 것이라고 생각한다. 대부분의 경우 나는 하우어워스의 말에 동의할 수밖에 없다. "기독교 대학을 지지하는 이들은 기독교라는 수식어가 학생들이 받는 교육 때문에 그들이 미국에서 성공하는 데 불이익을 당하게 될지도 모른다는 의미를 갖게 된다면 분명 대단히 불쾌해할 것이다."[19] 그러나 나는 그렇지 않을 수도 있다는 희미한 느낌을 받을 때도 있다. 어쩌면 젊은이들을 장차 올 왕국의 시민으로 만들고, 이로써 지금은 '사회'를 위한 일로 통하는 것에 대해 그들을 (감사하게도) 쓸모없고 비생산적인 사람으로 만듦으로써 '젊은이들을 타락시키는' 것이 기독교 대학의 소명이자 책무라고 이해하는 새로운 세대가 다가오고 있을지도 모르기 때문이다.

**기독교 교육을 위해서는 실천이 필요하다: 세 가지 '수도원적' 기회**

지금까지 나는 기독교 교육이 **교회의** 교육으로 명확히 규정되어야 하며 기독교 예배라는 두꺼운 실천과 더 구체적으로 묶여야 한다고 주장해 왔다. 기독교 대학의 모토가 '이해하기 위해 믿는다'라면, 교회의 대학의 모토는 '이해하기 위해 예배한다'이다. 사실 기독교 예배의 실천이 곧 이해다. 그렇다면 이렇

---

[18] Hauerwas, "How Risky?", p. 53.
[19] Stanley Hauerwas, "How Universities Contribute to the Corruption of Youth", in *Christian Existence Today: Essays on Church, World, and Living in Between* (Durham, NC: Labyrinth, 1988), p. 240.

게 예전에 의해 형성된 배움은 어떤 모습인가? 만약 '기독교적'이라는 말이 그저 기독교적 신념이나 기독교 사상이 아닌 기독교적 실천에 의해 제한되고 규정된다면, 기독교적 교육은 어떤 모습인가? 나는 이런 전망을 실행에 옮기기 위한 세 가지 '수도원적 기회'를 간략히 제시하고자 한다.

**교회, 예배실, 교실을 다시 연결하기: 형성을 위한 배움**

학교 안에 예배실이 있다고 기독교 교육이 저절로 보장되지는 않는다는 사실이 이제는 자명해졌을 것이다. 그리고 적어도 두 가지 이유 때문에 나는 그와 다르게 주장하고 싶지 않다. 첫째, 예배실을 자연과 은혜, 세속적인 것과 성스러운 것 사이의 엄격한 구별의 일부라고 생각하는 경향이 있다. 이 시나리오에서 예배실은 학생들의 '영적 필요'를 충족시키는 기능을 하는 반면, 대학에서 하는 진짜 일―학문 탐구와 교육―은 전적으로 세속적인 일로, 초자연적이라기보다는 자연적인 일로 여겨진다. 예배실과 교실은 둘을 분리시키는 높은 벽에 의해 나뉜다. 혹은 둘째로, 예배실에서 드리는 예배의 모습은 비록 예수님을 열렬히 찬양하는 것처럼 보일지 모르지만, 5장에서 요약했던 기독교 예배의 풍성한 실천과는 거의 비슷한 점이 없을 것이다. 예배실의 예배는 다양한 세속적 예전의 '예수화'된 형태와 거의 다를 바 없으며, 따라서 대항적 형성에 기여하기보다는 자신도 모르게 쇼핑몰과 시장의 예전을 강화하게 될 것이다. 어떤 경우든 예배실은 이 교육을 '기독교적'인 것으로 알아볼 수 있게 해 주는 어떤 일도 행하지 않을 것이다.

학내의 예배와 교실의 학습이 이렇게 분리되어 있기 때문에, 일부 기독교 대학에서는 교수진이 교실에서 표현하며 대학의 사명으로 받아들이는 바와 예배실/학내 예배 사이에 긴장, 더 나아가 적대감이 존재할 수도 있다. 의심은 쌍방적이다. 한편으로, 지적 형성과 '지성의 삶'을 개발하는 엄격성에 초점을 맞추는 교수들은 학내의 예배가 '무비판적인' 행동과 성향을 조장한다고 걱정한다. 그들은 학내 예배에 열심히 참여하는 일부 학생들이 신앙심을 표현하느라 계량 경제학이나 라틴어 어형 변화의 엄격성을 이해하는 데 관심이 없는 것처럼 보인다고 생각할지도 모른다. 다른 한편으로, 학내 예배에 참여하는 이들은 학문과 지식 발전에 헌신하는 학자와 학생들이 예배의 삶을 무시하고 심지어는 교회에 거의 쓸모가 없다고 생각하는 경향이 있다. 그들의 기독교는 거의 표현되지 않으며, 설령 표현된다고 해도 이론적인 개념이나 진보적인 정치에서만 표현되는 것처럼 보인다. 아마도 양측 모두 정당한 우려와 편견에 치우친 오해를 함께 가지고 있는 듯하다. 최악의 경우에 한쪽에서는 왜 학내에 예배실이 있는지 이해하지 못할 것이며, 다른 쪽에서는 이따금씩 '왜 수업에 들어가는가?'에 대해 대답하기 어렵다고 느낄지도 모른다.

나는 양쪽 모두가 우리가 예전적 동물임을 이해하지 못하고 그 결과 형성에서 실천이 핵심적인 역할을 함을 이해하지 못하는 철학적 인간론에 따라 움직인다는 사실에서 이런 불일치와 긴장이 생겨난다고 생각한다. 또한 이와 관련해 양쪽은 기독교를 하나의 신념 체계나 감동적인 경험으로 축소시키는 경향이 있다. 그러나 만약 우리가 인간이 예전적인 동물이며 기독교 예배의 실천 안에 기독교의 사회적 상상이 담겨 있다는 전제로부터 시작한다면 전혀 다른 그림이 떠오를 것이다. 즉, 예배실의 역할은 우리의 감정을 휘젓거나 단순히 우리의 '영적' 필요를 충족시키는 것이 아니다. 오히려 예배실은 교회의 대학 공동체가 하나님 나라를 실천하기 위해(그리고 그 나라에 대비해 훈련하기 위해) 모여서 상상력을 형성하는 예전적 실천에 참여하는 공간이다. 만약 기독교 교육이 형성이며 그런 형성이 온몸으로 행하는 예배의 실천을 통해 일어난다면, 예배는 기독교 교육에서 없어서는 안 되는 요소다. 다시 말해서,

예배는 세상에 대한 기독교적 이야기를 부화시키는 핵심 장치다.

이제 무엇보다도 먼저, 기독교 교육의 예전적 양육은 엄밀하게 말해 교회의 맥락 안에서 이루어져야 한다. 즉, 기독 학생과 교사들은 주일 아침에 교회에서 행하는 공동의 성례전적 예배에 몰입해야 한다.[20] (적어도 개신교 맥락에서는) 성례전을 오직 그곳에서만 받을 수 있다. 예를 들어, 학내 예배에서 행하는 세례에 의해 한 사람의 상상력이 형성되기는 어려울 것이다. 그뿐 아니라, 여러 세대가 함께 드리는 예배에는 대단히 형성적인 힘이 있으며, 이를 통해 교회는 하나님이 부르신 백성으로 빚어진다. 따라서 학생들은 채플이나 학내 예배를 교회의 대체물로 생각하고 싶은 유혹을 뿌리쳐야 한다. 그러나 학내 예배가 나타내는 바는 일종의 수도원적 기회, 즉 매일 모여서 예전적 실천을 준수함으로써 교회의 주일 예배를 확장하고 강화하는 기회라고 말할 수 있다. 예배실을 대학과 교회 사이의 일종의 '매개 기관'으로 이해할 수 있다.

인간이 예전적 동물임을 감안할 때, 예배를 통해 기독교의 사회적 상상이 흡수되고 형성됨을 감안할 때, 나는 학내 예배가 기독교 대학의 **학문적** 기획의 필수 요소가 되어야 한다고 생각한다. 하지만 이것이 예배실을 또 하나의 교실로, 학내에서 가장 큰 강의실로 만들자는 말이 아님에 주의하라. 의심스러워하는 교수진을 위해 예배실을 더 학문적으로 바꿈으로써 그 자체를 '구속'(救贖)하지 않아도 된다. 오히려 가르침과 배움, 학문이라는 책무는 언제나 이미 어떠한 사회적 상상—어떠한 암시적 세계 이해—으로부터 그 원동력을 얻는다. **기독교적 가르침과 배움, 학문이 기독교의 사회적 상상에 의해 형성**

---

[20] 또한 그렇기 때문에 나는 학생들이 자신이 선택한 학내 예배를 '교회'라고 생각하지 않게 하기 위해서 '세속' 대학의 학내 사역이 교구나 교회와 연결되는 것이 대단히 중요하다고 생각한다. 학내 예배나 학내 사역을 폄하하려는 것이 아니라 교회에 모여서 드리는 성례전적 예배를 그 원천과 자원으로 삼기를 권하려는 것이다. 이 점은 교단 소속의 학내 사역 단체에게는 기회인 반면, 선교 단체 소속의 학내 사역 단체에게는 도전이 될 것이다.

되어야 한다면, 학내 예배의 리듬과 의례는 우리의 상상력을 계속해서 형성하고 재형성할 반가운 기회를 제공한다. 그뿐 아니라 교수와 학생들이 함께 예배할 때, 이는 그 자체로 가르침과 배움, 문화적 형성이라는 공동의 책무를 위해 더 많은 자양분을 제공하는 '공동-생활'(본회퍼)의 한 모형이다.

### 강의실, 기숙사 방, 이웃을 다시 연결하기: 배움을 위한 환경

만약 교회의 대학의 예전적 실천이 교회와 예배실, 강의실을 다시 연결시켜야 할 이론적 근거를 제공한다면, 이는 또한 강의실을 교수진의 관점에서는 일종의 지하 세계와도 같은 학내의 구역인 기숙사와 다시 연결시킬 것을 요구할 것이다. 강의실이나 예배실은 그 자체로 진공의 공간이나 섬이 아니다. 학생과 교수는 다른 공간에서 강의실이나 예배실로 들어온다. 일반적으로 학생들은 기숙사, 생활관, 아파트, 어쩌면 사교 클럽에서 그곳으로 들어온다. 교수진은 일반적으로 다른 곳에서 온다. 학교 주변 동네나 긴 통근 시간이 필요한 다른 지역에서, 룸메이트와 함께 쓰는 임대 주택이나 아이들로 분주한 집에서 그곳으로 들어온다. 이런 환경은 어떻게 기독교적 가르침과 배움을 위해 우리를 준비시키는가? (혹은 준비시키지 못하는가?)[21] 이런 환경도 좋든 나쁘든 형성의 공간이 아닌가? 교회의 대학과 예전적으로 형성된 교육이라는 전망은 어떻게 우리로 하여금 생활 환경과 학습 사이의 관계를 재고하게 만드는

---

21  유리 브론펀브레너(Urie Bronfenbrenner)는 생태계라는 관점에서 미시 체계와 중간 체계, 거시 체계의 효과를 지적하면서 학습 환경의 다양한 층위에 대한 매혹적인 분석을 제시한다. Bronfenbrenner, "The Ecology of Cognitive Development", in *Development in Context: Acting and Thinking in Specific Environments*, ed. R. H. Wozniak and K. W. Fisher (Hillsdale, NJ: Lawrence Erlbaum Associates, 1993), pp. 3-44를 보라. 이 틀은 여기서 간략히 논의하고 있는 이슈들을 더 깊이 천착하고자 할 때 매우 유용하게 사용될 수 있다. 이 자료를 소개한 데이비드 스미스에게 고마움을 전한다.

가? 여기서 나는 다시금 기독교 대학의 책무와 소명이 수도원적 기회를 제공한다고 생각한다.

기독교적 형성에 관해 이해해야 할 가장 중요한 요소 중 하나는 그것이 오랜 시간에 걸쳐 일어난다는 점이다. 그것은 몇몇 사건이나 경험에 의해 이루어지지 않는다. 간헐적인 행동만으로는 참된 형성이 일어날 수 없다. 형성적 실천이 스며들기 위해서는—그것이 우리 카르디아에 스며들어 우리의 정체성 안에 효과적으로 새겨지기 시작하고, 그렇게 함으로써 우리의 열정이 하나님 나라를 지향하게 하고 우리가 그런 욕망을 반영하는 행동을 하게 만들기 위해서는—거기에 리듬과 규칙성이 있어야 한다. 5장 마지막에서 보았듯이, 이를 위해서는 주일 아침 예배가 핵심적이지만 그것만으로는 충분하지 않다. 따라서 우리는 공동 예배라는 예전적 실천을 비롯해 매일 기독교적 실천에 임해야 한다고 지적했다. 그러나 매일 30분의 채플이 필수적이며 형성적이기는 하지만, 여기서는 그마저도 최소한에 불과한 것처럼 보인다. 만약 우리가 대학의 더 광범위한 환경을 예전적 실천을 포함한 기독교적 실천을 촉진하기 위한 공간으로 본다면 어떨까? 같은 곳에 거주하면서 공부하는 고등 교육의 독특한 특징은, 기숙사 안에서 성경 공부와 기도를 위해 모일 뿐만 아니라 성무일과나 '거룩한 시간'처럼 정해진 시간에 함께 기도하는 예전적 실천을 비롯해 온몸으로 행하는 다양한 기독교적 실천에 참여하는 지향적 공동체를 만들 기회를 제공한다는 점이다.[22] 이러한 지향적 공동체에서는 공동 식사를 나누고, 안식일을 준수하고, 동네에서 구제 사역을 하고, 매주 학생과 교수 및 대학 공동체 바깥의 사람들을 위해 환대를 베풀고, 일주일에

---

**22** 정해진 시간에 기도하는 실천에 관한 쉬운 입문서로는 Phyllis Tickle, *The Divine Hours*, pocket ed. (New York: Oxford University Press, 2007)을 보라.

한 번 함께 금식을 하고, 지역 교회에서 함께 예배를 드리고, 연간 봉사 계획을 실천하는 등 다양한 일을 할 수 있다. 이런 실천들을 통해 상상력을 배양하고 공동체로 하여금 배움과 학문에 있어서 기독교적으로 사고할 수 있도록 준비시키는 풍성한 형성의 구조를 만들어 갈 수 있을 것이다.

이와 관련된 두 가지 기회를 지적해 두어야겠다. 첫째, 이런 지향적 공동체가 학내 기숙사에 한정되어야 할 까닭은 없다. 학교 밖에 자리한 지향적 공동체는 그 지역 안에서 지역을 위한 공동체가 되어 '도심 수도원 운동'이라는 아우구스티누스의 전망을 실현함으로써 학생들이 세상을 위한 에클레시아가 될 독특한 수도원적 기회를 제공할 수 있다. 지역 안에 자리함으로써, 대단히 구체적인 방법으로 좋은 이웃이 되는 법을 배우고, 버스 시간표에 따라 자기 삶의 리듬을 훈련하며, 식료품을 사러 걸어가고, 실제로 이웃을 알아 가는 등 기숙사의 상황에서는 얻을 수 없는 형성의 기회를 얻을 수 있다.[23] 이런 학교 밖 공동체는, 천상의 도성을 기다리면서(계 21:2) "그 성읍의 평안을 구하라"(렘 29:7)는 명령을 받은 백성으로서 그 모습을 반영하는 환경 속에서 살아가는 리듬을 취할 기회를 제공한다. 혹은 거꾸로 말하자면, 학생들이 일부러 근처 농장에 살면서 지역 사회를 후원하는 농업에 기여하고 지역에서 만드는 먹거리와 지역 경제에 공헌하며, 깨어져 신음하는 피조물을 돌보라는 창조 때 부여받은 책임을 증언하는 공간에서 살아갈 수 있다.[24]

둘째, 앞서 말한 바와도 연결되는 내용으로서, 이런 지향적 공동체가 학생

---

[23] 더 자세한 논의로는 James K. A. Smith, "The Architecture of Urban Altruism: Learning to Love our Neighbor(hood)s", *Comment* (September 2007): pp. 60-64와 Nicholas Wolterstorff, "A City of Delight", in *Until Justice and Peace Embrace* (Grand Rapids: Eerdmans, 1983), pp. 124-140를 보라.

[24] J. Matthew Bonzo, Michael R. Stevens, *Wendell Berry and the Cultivation of Life: A Reader's Guide* (Grand Rapids: Brazos, 2008)의 도움을 받아, 웬델 베리(Wendell Berry)의 활동에서 착안점을 얻을 수 있을 것이다.

만으로 이루어져야 할 이유도 없다. 이런 공동체 안에서 학생과 교수, 직원, 그리고 그들의 가족이 함께 모여 기독교적 실천을 추구한다면 '공동생활'의 풍성함이 더 심화되고 확장될 것이다.²⁵ 이를 위해 교수와 직원 가족을 유의미한 환경 안으로 포함할 수 있는 학내 주거 환경을 만들거나, 학생들로 하여금 교수 가족들과 지리적으로 가까운 집에서 살게 하거나, 우정과 공동 실천을 위한 마을을 만들 수 있다. 이렇게 여러 세대가 함께 어울려 지낼 때, 더 나이 많은 이들이 본보기를 통해, 토론을 통해 더 젊은 사람들의 멘토 역할을 할ㅡ그리고 학생들이 교수와 직원 자녀들의 멘토 역할을 할ㅡ기회가 생길 것이다. 그리고 이 공동체는 독특한 '사도직'으로서의 배움과 학문을 의도적으로 추구하는 것을 포함하는 제자도의 삶을 추구할 것이다. 이것은 교수로 하여금 부모를 대신하는(in loco parentis) 역할을 하게 만드는 은밀한 방법이 아니다. 오히려 이것은 교수와 그 가족들이ㅡ하나님의 백성이 되기 위해 함께 노력하는 공동 기획에 참여한 학생들의 형제자매인 '지혜로운 친구'로서ㅡ친구를 대신하는(in loco amici) 역할을 하는 기회가 될 것이다.²⁶

**몸과 정신을 다시 연결하기: 몸으로 나타나는 배움**

마지막으로, 교회의 대학에서는 실제 교육이 어떻게 바뀔 수 있는가? 교회의 대학의 교육에서는 기독교 예배 안에 내재된 인간론ㅡ이는 우리가 육체

---

25 2008년 봄 영국 요크에서 나와 한 학기를 함께 보낸 학생들에게 고마움을 전한다. 친구가 되는 경험을 통해 나는 이것이 실제로 가능함을 알게 되었다.

26 Michael Hamilton, "Moving beyond Muddled Missions and Misleading Metaphors: Formation and Vocation of Students within an Ecclesial Based University", in Budde and Wright, *Conflicting Allegiances*, pp. 197-201를 보라. 해밀턴은 "결국 우리가 교회와 관련된 대학과 대학교의 교수진이 학생과 '지혜로운 우정'을 만들어 가기를 열망한다고 더 이상 믿지 않는다면, 교회와 관련된 미국의 고등 교육은 어쩌면 살아남을 가치가 전혀 없을지도 모른다"라고 바르게 경고한다(p. 201).

를 지닌 물질적인 피조물이며 세계에 대한 우리의 정향이 상상력에 의해 통제됨을 실천을 통해 긍정한다―을 활용하면서 다른 기독교적 실천과 더불어 기독교 예배의 실천 안에 내재된 교육적 정수를 확장하고 강화할 것이다. 생각하는 사물을 위해 계획된 교육법에 따라 기독교적 내용을 전달하는 것으로는 충분하지(혹은 효과적이지) 않을 것이다. 만약 기독교 예배의 실천이 우리가 몸을 지닌 예전적 동물이며 우리의 욕망이 물질적 실천에 의해 규정된다는 사실을 증언한다면, 독특한 기독교적 교육이 브래드포드 해더웨이(Bradford Hadaway)가 '읽고 말하는' 강좌라고 부르는 것에 의해 효과적으로 이루어질 수 있다고 생각하는 게 얼마나 이상하겠는가?[27] 오히려 예전의 중요성을 받아들이는 교육에서는 예전에서 이미 일어나는 '교육'을 전제하며 이를 활용해서 기독교 실천을 확장하고 만들어 가며, 그렇게 함으로써 상상력을 형성하고 성품을 만들어 가는 의도적 실천에 의해 움직이는 학습 환경을 조성할 방법을 모색할 것이다. 몇 가지 사례만 생각해 보라.

- 대륙 철학 고급 과정 세미나에서는 현대 프랑스 사상의 핵심 주제―특히 에마뉘엘 레비나스(Emmanuel Lévinas)와 자크 데리다(Jacques Derrida)의 작품을 중심으로 다루는 환대라는 주제―에 대해 살펴본다. 실천을 통해 이 주제를 구체화하기 위해 교수자는 세미나 수강생에게 학기 동안 봉사-학습 센터를 통해서 환대를 의도적으로 실천하라고 요구한다. 어떤 이들은 도심의 노숙자 쉼터에서 일하고, 어떤 이들은 교도소의 전과자를 위한 회복적 사법 프로그램에서 봉사하며, 또 어떤 이들은 지역

---

[27] Bradford S. Hadaway, "Preparing the Way for Justice: Strategic Dispositional Formation through the Spiritual Disciplines", *Spirituality, Justice, and Pedagogy*, ed. David I. Smith, John Shortt, and John Sullivan, special issue of *The Journal of Education and Christian Belief* 10 (2006): p. 143.

교회의 난민 지원 사역을 돕는다. 이렇게 환대를 실천하는 동안 학생들은 환대에 관해 논하는 어려운 철학책을 읽고 세미나에서 그에 관해 토론한다. 학기 내내 학생들은 자신과 경험과 독서에 관해 일기를 작성한다. 많은 학생들은 가난한 이들, 노숙자들, 도움이 필요한 이들에게 '환대를 베풀러' 갔지만, 환영을 받은 것은 바로 **그들 자신**이었음을 깨닫고 놀란다. 환대―그리고 환영받기―의 구체적인 실천을 통해 그들은 다른 방법으로는 얻을 수 없었을, 세미나 텍스트에 대한 비판적인 관점도 얻게 된다.[28]

- 독일 문학 강좌에서는 문학 작품을 읽을 때 자비와 겸손의 해석학을 심어 주기 위한 방편으로 렉티오 디비나(lectio divina)라는 기독교 실천을 도입한다. 이를 통해 학생들에게 (우리의 강의계획서가 부추기듯이 게걸스럽게 삼킨 다음 뱉어 내는 소비적인 읽기가 아니라) 더 사랑하는 마음으로 주의를 기울여 텍스트에 접근하는 태도를 길러 줄 수 있다. 그뿐 아니라 학생들의 일기를 보면, 렉티오 디비나를 통해 형성된 성향과 습관이 흘러넘쳐 일반적인 해석학, 세상을 향한 일반적인 자세에도 영향을 미쳤음을 알 수 있다. 한 학생은 자신이 렉티오 디비나를 하기 전과는 다른 방식으로 커피점에서 발견한 의문의 낯선 이를 '읽고' 있음을 깨달았다고 말한다.[29]

- 마지막으로 '빈곤과 부: 경세 정의에 관한 이슈들'이라는 제목의 강좌에 대해 생각해 보라. 이 강좌에서는 다양한 글을 '읽고 토론하는' 표준적인 접근법을 도입하는 대신에 정의를 지향하는 '성향의 형성'을 촉진

---

[28] David I. Smith, Barbara Carvill, *The Gift of the Stranger: Faith, Hospitality, and Foreign Language Learning* (Grand Rapids: Eerdmans, 2000)에서 소개하듯이, 이방인 환대라는 관점에서 외국어 교육이라는 실천의 틀을 바꾸는 것에 관해서도 생각해 보라.

[29] 이 사례를 알려 준 나의 동료 데이비드 스미스에게 고마움을 전한다.

하기 위한 실천을 필수 과제로 포함시킨다. 강의계획서에서는 자발적 검약과 금식 등의 영적 훈련을 활용해 학생들에게 다양한 '도덕적 훈련' 중에서 빈곤 문제와 직결된 실천을 골라서 행하도록 요구한다. 다른 경우에는 상당히 추상적으로 읽어 왔을—특히 대부분 중산층인 학생들이라면—기아와 빈곤, 부의 분배에 관한 문제가 이제는 새로운 활력을, 더 나아가 시급성을 띠게 된다. 학생들이 신체적 실천과 영적 훈련에 임하면서 이 문제를 읽기 때문이다.[30]

이것은 예전적 실천과 영적 훈련의 결합을 전제하고 확장하면서 몸으로 임하는 배움을 포함시킨 교회 교육에 대한 소수의 구체적 사례일 뿐이다. 이것은 사상을 퍼뜨리는 데 만족하거나 정보(in formation)를 제공하는 차원에 머무르는 가르침이 아니다. 이것은 기독교 교육을 형성(formation)으로 보는 두꺼운 전망에 초점을 맞추는 가르침이다. 이런 교육 방식에서는 예전적 동물인 우리의 본성과 확고한 기독교적 교육의 텔로스를 진지하게 받아들인다.

### 교수 개발로서의 기독교 예배: 기독교 학자에서 교회의 학자로

(비록 짧지만) 예전에 의해 규정된 기독교적 가르침과 배움에 관한 이런 성찰은 그와 관련하여 예전에 의해 규정된 기독교 학문에 관한 성찰로 이어진다. 불행히도 지면의 제약으로 여기서는 이 주제를 본격적으로 다룰 수 없다.[31] 만

---

[30] 이것은 Hadaway, "Preparing the Way", pp. 143-165에 소개된 사례다.
[31] 나는 교회와 관련 대학의 교수 개발 프로그램에 관한 짧은 책에서 이 문제를 더 자세히 논할 수 있기를 바란다. 그 책은 기독교 학문과 기독교 고등 교육의 책무를 위한 '성경적 추론'과 '예전적 추론'의 중요

약 기독교 교육을 위해 '실천이 필요하다면', 그 자체가 실천인 기독교 학문 역시 마찬가지라고 말하는 것으로 충분하다. 만약 우리의 이론화와 학문이 세상에 대한 기독교의 설명에 의해 규정되기를 원한다면, 먼저 우리의 상상력이 하나님 나라에 대한 전망으로부터 그 원동력을 얻어야 한다. 그리고 상상력의 형성은 독특한 세계 이해를 담고 있는 기독교 예배('이해하기 위해 예배한다')의 실천 안에서 이루어진다. 그런 이해―사실 기독교 세계관보다 **선행하는 기독교의 사회적 상상**―는 예전에 참여함으로써 흡수된다. 따라서 그 이름에 걸맞은 기독교 학문은 언제나 예배라는 모체로부터 나와야 한다. 간단히 말해, 기독교 학문은 교회의 학문이 되어야 한다.

---

성에 초점을 맞출 것이다.

# 인명 찾아보기

갬블, 리처드(Richard Gamble)　160주28
건드리, 크리스토퍼(Christopher Gundry)
　　311주111
겔런터, 데이비드(David Gelernter)
　　160주28
고백자 막시무스(Maximus the Confessor)
　　24주2, 103
귀더, 앤서니(Anthony Gwyther)　133주2
그리핀, 패티(Patty Griffin)　316
그린, 그레이엄(Graham Greene)　77주27,
　　115주7, 187, 209주12, 215-217, 220,
　　274, 276
글랜던, 매리 앤(Mary Ann Glendon)　39주10


나보코프, 블라디미르(Vladimir Nabokov)　84
넬슨, 로버트(Robert Nelson)　140주8
뉴먼, 엘리자베스(Elizabeth Newman)
　　257주34
니콜슨, 버지니아(Virginia Nicholson)
　　113주5


다익스트라, 크레이그(Craig Dykstra)
　　325주130, 326주131

대니얼스, 스캇(Scott Daniels)　133주2
던, 마르바(Marva J. Dawn)　137주5, 226,
　　235주3, 323주124
데리다, 자크(Jacques Derrida)　67주13
데카르트, 르네(René Descartes)　24, 46,
　　58-59, 68-69
도이어베르트, 헤르만(Herman Dooyeweerd)
　　33주7, 61주7
드레이퍼스, 휴버트(Hubert Dreyfus)
　　95주48
드브리스, 던(Dawn DeVries)　319주116
디킨스, 찰스(Charles Dickens)　84


라이트, 존(John W. Wright)　299, 333주5
라이트, 톰(N. T. Wright)　248, 264주47,
　　280주65, 291주86
라칭거, 요제프(Cardinal Joseph Ratzinger,
　　교황 베네딕토 16세)　330
레이섬, 브랜트(D. Brent Laytham)　161-162
레이하르트, 피터(Peter J. Leithart)
　　226주41, 279-280, 303주102
로신, 해나(Hanna Rosin)　323주123
루어먼, 배즈(Baz Luhrmann)　112-113
르클레르크, 장(Jean LeClercq)　338주15

린드벡, 조지(George Lindbeck) 97주53,
128주19, 293주88
린지, 마이클(Michael Lindsay) 322주123

마르크스, 칼(Karl Marx) 149주15
마리옹, 장-뤽(Jean-Luc Marion) 77주27
마샬, 폴(Paul Marshall) 264주47
마스덴, 조지(George Marsden) 62주10
마우, 리처드(Richard Mouw) 166-168, 261
마틴, 토머스(Thomas F. Martin) 322주122
매카시, 데이비드 매츠코(David Matzko McCarthy) 283-285, 324주129
매킨타이어, 알래스데어(Alasdair MacIntyre) 56주1, 77주28, 80-81, 119주15, 298
메를로-퐁티, 모리스(Maurice Merleau-Ponty) 72주19
미들턴, 리처드(J. Richard Middleton) 246-247, 280주64, 296주89
미챔, 존(Jon Meacham) 160주28
밀뱅크, 존(John Milbank) 41주13, 149주16, 215주24, 313주112

바그, 존(John A. Bargh) 88주40, 116-119
바르톨로뮤, 크레이그(Craig G. Bartholomew) 229주94
배스, 도로시(Dorothy Bass) 325주130, 326주131
밴더 지, 레너드(Leonard Vander Zee) 213, 222주34, 224주37, 278주59, 283주70
버드, 마이클(Michael Budde) 331주2, 339
버렐, 데이비드(David Burrell) 266주49, 267주53, 296주89
버루스, 버지니아(Virginia Burrus) 115주7

베리, 웬델(Wendell Berry) 346주24
벡위스, 프랜시스(Francis Beckwith) 45
벡비, 제레미(Jeremy Begbie) 258주37
보글, 캐슬린(Kathleen Bogle) 176주42
보컴, 리처드(Richard Bauckham) 136-137
복, 데렉(Derek Bok) 175주41
본회퍼, 디트리히(Dietrich Bonhoeffer) 324, 344
볼프, 미로슬라브(Miroslav Volf) 255주32
부르디외, 피에르(Pierre Bourdieu) 97-98
부어스마, 한스(Hans Boersma) 253주30
브란, 에바(Eva Brann) 92주45
브랜덤, 로버트(Robert Brandom) 56주1
브론펜브레너, 유리(Urie Bronfenbrenner) 344주21
브룩스, 데이비드(David Brooks) 86
브룩하이머, 제리(Jerry Bruckheimer) 164-165
블레이크, 리처드(Richard A. Blake) 252주29
비에르마, 네이선(Nathan Bierma) 264주47

샘플스, 케네스 리처드(Kenneth Richard Samples) 45주21
세일리어즈, 돈(Don Saliers) 258-261
섹스턴, 앤(Anne Sexton) 209주12, 220-222
셰런, 크리스천(Christian A. B. Scharen) 87주37, 319주115
쉔, 마크(Mark Schwehn) 32주5
슈메만, 알렉산더(Alexander Schmemann) 132주1, 201주3, 213-214, 283주72, 284
슈미트, 번트(Bernd H. Schmitt) 141주10
스미스, 데이비드(David I. Smith) 349주28
스미스, 크리스천(Christian Smith) 40주12,

62주8
스킬더, 클라스(Klaas Schilder)
　　247주21, 270-271, 315, 321-323
스톡, 존(Jon Stock)　324주127

아리스토텔레스(Aristotle)　80, 87
아우구스티누스(Saint Augustine of Hippo)
　　23주2, 65주12, 68주14, 72, 74-75, 109,
　　111, 136주3, 149, 156주22, 167, 265-267,
　　322
애덤스, 니콜라스(Nicholas Adams)
　　292주87
앳킨, 더글러스(Douglas Atkin)　152
엉클 투펠로(Uncle Tupelo)　137주5
에드워즈, 조나단(Jonathan Edwards)
　　210주4
엥겔스, 프리드리히(Friedrich Engels)
　　149주15
영, 에이머스(Amos Yong)　82주34, 204주7,
　　205, 223주36
오웰, 조지(George Orwell)　40-44, 150주17,
　　175, 192, 196
올타이스, 제임스(James H. Olthuis)　33,
　　73주21
왈쉬, 브라이언(Brian J. Walsh)　321주119
왈키스, 스캇(Scott Waalkes)　235주4
요한 바오로 2세(John Paul II)　310, 337주12
울프, 톰(Tom Wolfe)　176주42, 177-183,
　　192
워, 에벌린(Evelyn Waugh)　115주7, 189,
　　190주59
워드, 그레이엄(Graham Ward)　77주29,
　　79주30, 149주16, 215주24
워시번, 제니퍼(Jennifer Washburn)　175주41

월리스, 이언(Iain Wallace)　151주18
월터스, 알버트(Albert Wolters)　74주22
월터스토프, 니콜라스(Nicholas Wolterstorff)
　　61주6, 226, 227주42, 250주26,
　　346주23
웨버, 로버트(Robert E. Webber)　234주2
위트블릿, 존(John D. Witvliet)　249주25,
　　260
윌리엄스, 찰스(Charles Williams)　110-111,
　　187
윌리엄스, 클리포드(Clifford Williams)　23주1
윌슨, 티모시(Timothy D. Wilson)　81주33,
　　86-89, 95, 117주13
이어우드, 트리샤(Trisha Yearwood)　259주38

자우더바르트, 램버트(Lambert Zuidervaart)
　　216주27
존스, 그레고리(L. Gregory Jones)　310주108,
　　311주110
주사니, 루이지(Luigi Giussani)　330주1

차트런드, 타냐(Tanya L. Chartrand)
　　88주40, 116, 118주14, 119주15

카빌, 바바라(Barbara Carvill)　349주28
칸트, 임마누엘(Immanuel Kant)　59-60
칼뱅, 장(John Calvin)　185-187, 213주18,
　　319주117, 321주118
캐버너, 윌리엄(William Cavanaugh)　139주7,
　　209주13
케네슨, 필립(Philip Kenneson)　127주17
코에만, 케네스(Kenneth D. Koeman)

270주55
쿤, 토머스(Thomas S. Kuhn)　173주38
쿨만, 야코부스(Jacobus Koelman)　324주129
크로산, 존 도미닉(John Dominic Crossan)　309주106
클라인, 나오미(Naomi Klein)　151, 152주20
키즈마트, 실비아(Sylvia C. Keesmaat)　321주119
킬번, 진(Jean Kilbourne)　141주9, 146주13

타르코스프키, 안드레이(Andrei Tarkovsky)　26
토거슨, 마크(Mark Torgerson)　234주1
토마스 아퀴나스(Saint Thomas Aquinas)　68주14, 80, 83주35
톨킨(J. R. R. Tolkien)　104, 220
톰슨, 어거스틴(Augustine Thompson)　323주126
트레이어, 대니얼(Daniel Treier)　202주5, 203주6
티클, 필리스(Phyllis Tickle)　345주22
틸리히, 폴(Paul Tillich)　128주18

파스칼, 블레즈(Blaise Pascal)　71
파이퍼, 존(John Piper)　75주24, 210주4
파파니콜라우, 애리스토틀(Aristotle Papanikolaou)　24주2, 102주58, 223
팔, 존(Jon Pahl)　139주7
퍼시, 워커(Walker Percy)　111, 115주7, 188, 211
포더, 짐(Jim Fodor)　297주90, 299주93
포드, 데이비드(David Ford)　258주36

포스터, 리처드(Richard Foster)　325주130
프로이트, 지크문트(Sigmund Freud)　88, 89주41
플라톤(Plato)　58-59
플랜팅가, 앨빈(Alvin Plantinga)　61주6, 185주49
피오렌자, 프랜시스 쉬슬러(Francis Schüssler Fiorenza)　300주96

하비, 크레이그(Craig Hovey)　159주27, 317주114
하우어워스, 스탠리(Stanley Hauerwas)　60주4, 64, 76주27, 158, 169주37, 207주10, 242주11, 267주51, 298주92, 330주1, 335, 338-340
하워드-브룩, 웨스(Wes Howard-Brook)　133주2
하이데거, 마르틴(Martin Heidegger)　36주9, 40, 68-72, 87, 92주45, 95, 101-102
하지, 찰스(Charles Hodge)　202
하트, 데이비드 벤틀리(David Bentley Hart)　41주13
해더웨이, 브래드포드(Bradford Hadaway)　348
해밀턴, 마이클(Michael Hamilton)　347주26
핸비, 마이클(Michael Hanby)　155-157, 164
핼트만, 매튜(Matthew C. Halteman)　150주17
헤겔(G. W. F. Hegel)　60
헤이스, 리처드(Richard Hays)　279주60, 301
홉킨스, 제라드 맨리(Gerard Manley Hopkins)　215, 220
후설, 에드문트(Edmund Husserl)　68-70, 72, 95주48

# 주제 찾아보기

가정(가족)  104, 120, 182, 278, 283-284, 324주129
개신교  44, 60, 192, 204주7, 205-206, 343
개인주의  145, 158주25
경건주의  290주82, 335주6
경쟁  145, 159, 308
경제  140, 311-314, 322
교리  98-101, 200, 260
　와 실천의 관계  200-208, 260
교육(education)  또한 '교육'(pedagogy)을 보라.
　과 예배  36-37
　교회의 교육으로서의  340
　기독교  23-25, 37, 47-50, 65, 91, 94, 177주43, 329-351
　　과 철학적 인간론  44, 57
　　교회의 가르치는 사명으로서의  50
　　의 목표  38, 48, 55, 226-227, 336-338
　　의 시간성  237
　　제자도로서의  50, 93
　'세속적' 교육은 없다  37
　일련의 실천과 의식으로서의  37
　전인적인 노력으로서의  55
　초·중·고등학교의  24주3
　형성으로서의  24-25, 41, 169-171, 334-337
　오웰의 소설에서  40-44
교육(pedagogy)  347-351
　예전으로서의  34, 39
　욕망의  34-35, 49
　으로서의 영화  165
　은 철학적 인간론을 전제한다  54, 55-57
교회의 대학  339
국가주의  127, 154-166. 또한 '애국주의'를 보라.
국기에 대한 맹세(충성의 맹세)  156, 160-164, 282, 291
군사-연예 복합체  155, 164
기독교 교육  '교육'의 '기독교'를 보라.
기분  35, 40주11, 72, 87, 88. 또한 '처해 있음', '이해'(관점)를 보라.
〈길모어 걸스〉  309


낭만적 신학  110-111, 115, 187
내러티브  '이야기'를 보라.
내스카  156, 157
뇌  86-89, 109, 180

대강절 234-236
대중교통 119
대학(college) 또한 '대학교'(university)를
　　보라.
　교회의 50, 338
　기독교 36, 38, 44-45, 47, 55, 57, 174주40,
　　329-351
대학교(university) 168-183, 337
　기독교 55, 62, 331
　　교회와 관계있는 57, 337-339
　　세속적 168
　　의 예전 168-183
덕 79-80, 103, 169주37. 또한 '성향', '습관'
　　을 보라.
동화 135


마음 34-35, 67, 71, 108, 138, 206
　'오장육부'로서의 37, 82-83, 192
마케팅 107-110, 140, 151-154, 277
매혹된 215, 294
무의식
　새로운 116, 124
　적응적 83-89, 113주4, 117, 139, 329
　프로이트의 88-89
묵시 31, 133-137
문화 103-106, 246, 270, 305
　다수의 192주63
　동사로서의 104, 270-271
　변혁 135
　신학 50-51, 55, 133
　아래에서 창조된 104, 105
　전쟁 191주63
문화 명령 248, 270, 315, 321
문화적 실천 104

예전으로서의 125
　욕망의 교육으로서의 66, 106
문화적 해석 79주31, 131-132, 171
〈물랑 루즈〉 107, 112-114
물질주의 149, 154, 219
　기독교의 220
　신학적 215
미신 220주32


반대 51, 285-290
　경건주의와는 구별된 290주82
보헤미안주의 112-114
부인(세례 시의) 285-290


사랑 35, 46-47, 65, 71-75, 102, 189-190
　과 욕망 72주20
　궁극적 38, 73
　목적론으로서의 75-79, 115
　비의식적 88
　실천에 의해 형성되는 38, 56
　에 의해 규정되는 정체성 37-38, 56, 73
　의 구조/방향 75-79, 115, 186
　이해로서의 95
사죄(용서) 142주11, 244, 272, 273,
　　308-311
사회적 상상 40주12, 94-103
　기독교의 99-101, 142주11, 198, 199-200,
　　215, 222, 231, 233, 257, 343
　에 대한 분석 233-327
　실천 안에 담겨 있는 96-97, 102
사회주의 313
사효론 252주29
상상력 35, 40주12, 41, 77, 83, 94, 95, 96주49,

129, 140, 252, 258, 338. 또한 '사회적
　　　상상'을 보라.
　성례전적　215, 216, 220, 222, 286
　　의 회심　301
샬롬　144, 163, 183, 236, 250, 296
성(性)　107-109
성경　202-203, 297-302
성당의 은유　326-327
성령　137주5, 202, 207, 212, 223-225, 230,
　　244, 249, 259, 296, 313, 318, 319, 327
성례전　213, 214, 223, 224, 226-228, 279,
　　304, 310, 319, 326, 343
성례전성　208-215, 220, 222-224, 304
　자연적인　214
성향　80-82, 85, 87, 103, 115-118, 124, 199,
　　259, 301, 349. 또한 '습관', '덕'을 보라.
세계관　23, 44-46, 61-63, 100, 123-124,
　　330-331, 333. 또한 '사회적 상상'의
　　'기독교의'를 보라.
　개혁주의 전통에서의　46, 61, 65
　과 사회적 상상　91-103
　과 예배　55, 91-93, 330
　비판　32-34, 46-47, 62-64, 89
　예전 안에 내재된　36
　중단　94
　탐지기　123
세례　278-290
세상　285-290
　이라는 말은 성경에서 모호하게 쓰임　288
세속적 예전　'예전'의 '세속적'을 보라.
세속화　62, 170, 238-239
센수스 디비니타티스(신성에 대한 지각)
　　185-186
소비주의　138주6, 139, 142, 145, 149, 151-154,
　　190. 또한 '쇼핑몰'을 보라.

쇼핑몰　26-31, 33, 121, 138-151
　예전적 기관으로서의　32, 33, 123
　의 교육법　34
수도원주의　320-323
순교　159, 317
〈스파이더맨 2〉　134
습관　36, 40주12, 70, 79-91, 115-125, 139,
　　171, 176, 199, 300, 301, 323, 329, 334,
　　349. 또한 '성향', '덕'을 보라.
　미학적으로 형성되는　85
　실천에 의해 새겨지는　83-86
　제2의 본성으로서의　80
신경가소성　87주37
신체성(체현, 몸을 입음)　46, 56, 59, 64-67,
　　82-84, 178-180, 208-212, 225, 258
심미적　83, 216주27

애국주의　156주22, 166-168. 또한 '국가주의'
　　를 보라.
　악마적　160주28
애통　272주57, 296
야구　86-87
언약　249-250, 255, 264주48, 268주54, 283,
　　312
에로스　72주20
예배　73, 127, 132주1, 340. 또한 '예전'을 보라.
　개혁주의　226
　교육으로서의　139-140, 204-205
　기독교　36, 50, 227-232
　대항적 형성으로서의　129, 184, 230-231,
　　286-290
　대화적　255-256
　'세속적'　312
　에 내재된 세계관　36, 47, 99, 203

에서의 행동 226-227, 251
역사적 229-231
욕망의 교육으로서의 54, 310
의 세속화 76주27
정치적인 231, 279-290
종말론적 263
는 성경보다 선행한다 202-203
매일 323, 345
문화적 형성으로서의 51, 204-205
에 대한 자연적 본능 185주49
오순절교 228
와 예전 35주8
의 중요성(우선성) 47, 207, 260
찬양팀 114주7
학내 341-344
예배실 341-344
예술 101
예전 34-37, 125-126, 226-232. 또한 '예배'
를 보라.
규정된 125-128
궁극적 관심을 표현하는 의례로서의 126
문화적 행위로서의 34
'세속적' 35, 54, 126, 129, 131-183, 187,
192주63, 276
압도하는 319주115
예배와 동의어인 35주8, 227-229
욕망의 교육으로서의 34, 35, 128, 140
을 자연화하려는 유혹 224-225
오크 박사 134-135
왕국 78-79
우상숭배 132주1, 185-186
우정 144-145, 174주39, 285, 324, 347
도구화된 175
육체 288주81
음악 257-263

의례 40, 85, 125-128
의학 105
이교주의 220주32, 222
이마고 데이 '하나님의 형상'을 보라.
이야기 78-79, 83, 108, 298-300
이해(관점) 94-100, 101주56, 139. 또한 '기
분', '처해 있음'을 보라.
노하우로서의 95-96, 98, 100
사랑으로서의 102
실천 안에 내재(암시)된 97, 232
실천 안에 담겨 있는 96-97, 252
지식과는 구별되는 95
인간 또한 '철학적 인간론'을 보라.
관계하는 252-257
목적을 지향하는 75-79
부르심받은 244-245
사랑하는 존재로서의 66-102
생각하는 사물로서의 37, 39, 46, 58-60,
93, 107, 191, 199, 348
에 대한 인지 중심적 이해 33, 69, 92
에 대한 주지적 이해 33
에로스적인 피조물로서의 108-111
예전적 동물로서의 34, 36, 47, 54, 56, 184
을 욕망하는 존재로 보는 인간관 72
의 지향성에 관한 설명 68-75
인지하는 기계로서의 28
종교적 동물로서의 56
인간론
감정 34, 71-72
철학적 24, 33, 54, 58, 114주7, 192, 201.
또한 '인간'을 보라.
교육으로 간주되는 39, 44, 54, 55
기독교의 57-106
주지주의 39, 59, 93
화성인의 인류학적 연구 26, 138, 171, 233

인간을 생각하는 사물이라고 보는 입장  92
인종차별주의  83, 271, 272주57, 296
인지과학  87주37
인지주의  88

자격 요건  333주5
자동성  116
자동화  86-88, 117-119
자본주의  40주12, 140, 149주15, 151,
　　191주63, 308
자연주의  215
자유  159, 165, 263-267
자율성  265-267, 284, 335주6
정서  23주2, 76, 83, 94, 111, 113주4,
　　205-206
정신분석학  88
제자도  51, 114, 191, 204
존재론  149주16, 214, 223주35, 295-297
　수행적  295
좋은 삶  24, 29, 31, 35, 37-38, 73, 75-81, 83,
　　89, 90, 91, 105, 112, 115, 126, 131-132,
　　140, 265-267, 300, 336주10
　'왕국'으로서의  78-79
　의 성상(우상)  29, 79
죄  142, 186, 269-277
　구조적  171
주의 만찬  302-311
지도(사례)  98-99
지향적 공동체  345-347

처해 있음  40주11, 71. 또한 '기분', '이해'를
　　보라.
철학적 인간론  '인간론'의 '철학적'을 보라.
축귀  285-290

카르디아  '마음'을 보라.

테네브레  204
통근  120
통치자들과 권세들  137주5, 288

폴리스  223주36, 280-283, 288, 291, 300,
　　307, 308, 312
피조물의 선함  215, 222, 286, 290, 305,
　　321

하나님의 형상  245-251
　책무로서의  246, 270
학문의 대성당(피츠버그)  170
행동주의  87
현상학  69-72
홀마크  235
화해  262, 272, 308-311
환원론  66
후각  141주10

옮긴이 박세혁은 서울대학교 서양사학과를 졸업하고 연세대학교와 에모리 대학교에서 신학을 공부했으며, 지금은 GTU(Graduate Theological Union) 박사과정에서 미국 종교사를 공부하고 있다. 『배제와 포용』, 『복음주의자의 불편한 양심』, 『복음주의 지성의 스캔들』, 『복음주의와 세계 기독교의 형성』, 『과학신학』, 『소비사회를 사는 그리스도인』, 『가치란 무엇인가』, 『하나님 편에 서라』, 『하나님 나라의 모략』(이상 IVP), 『목회자란 무엇인가』, 『목회의 기초』(이상 포이에마), 『이렇게 답하라』, 『예수 왕의 복음』(이상 새물결플러스), 『약한 자의 친구』(복있는사람), 『배제의 시대, 포용의 은혜』(아바서원), 『원.라이프』(성서유니온선교회) 등을 우리말로 옮겼다.

## 하나님 나라를 욕망하라

초판 발행 2016년 11월 21일
초판7쇄 2025년 4월 25일

지은이 제임스 스미스
옮긴이 박세혁
펴낸이 정모세

편집 이성민 이혜영 심혜인 설요한 박예찬
디자인 한현아 서린나 | 마케팅 오인표 | 영업·제작 정성운 이은주 조수영
경영지원 이혜선 이은희 | 물류 박세율 김대훈 정용탁

펴낸곳 한국기독학생회출판부 | 등록번호 제2001-000198호(1978.6.1)
주소 04031 서울시 마포구 동교로 156-10
대표 전화 (02) 337-2257 | 팩스 (02) 337-2258
영업 전화 (02) 338-2282 | 팩스 080-915-1515
홈페이지 http://www.ivp.co.kr | 이메일 ivp@ivp.co.kr
ISBN 978-89-328-1468-1
ISBN 978-89-328-1636-4(세트)

ⓒ 한국기독학생회출판부 2016

책값은 뒤표지에 있습니다.
무단 전재와 복제를 금합니다.